中華老學

第八辑

明白四達

泰禹慈善基金全程资助文化项目

詹石窗
宋崇道
谢清果
主编

九州出版社 JIUZHOUPRESS | 全国百佳图书出版单位

图书在版编目（CIP）数据

中华老学. 第八辑 / 詹石窗, 宋崇道, 谢清果主编
. -- 北京 : 九州出版社, 2023.3
ISBN 978-7-5225-1706-3

Ⅰ. ①中… Ⅱ. ①詹… ②宋… ③谢… Ⅲ. ①道家②《道德经》—研究 Ⅳ. ①B223.15

中国国家版本馆CIP数据核字(2023)第048738号

中华老学·第八辑

作　　者	詹石窗　宋崇道　谢清果　主编
责任编辑	郝军启
出版发行	九州出版社
地　　址	北京市西城区阜外大街甲 35 号 (100037)
发行电话	(010)68992190/3/5/6
网　　址	www.jiuzhoupress.com
印　　刷	北京九州迅驰传媒文化有限公司
开　　本	720 毫米 ×1020 毫米　16 开
印　　张	20.5
字　　数	438 千字
版　　次	2023 年 3 月第 1 版
印　　次	2023 年 3 月第 1 次印刷
书　　号	ISBN 978-7-5225-1706-3
定　　价	76.00 元

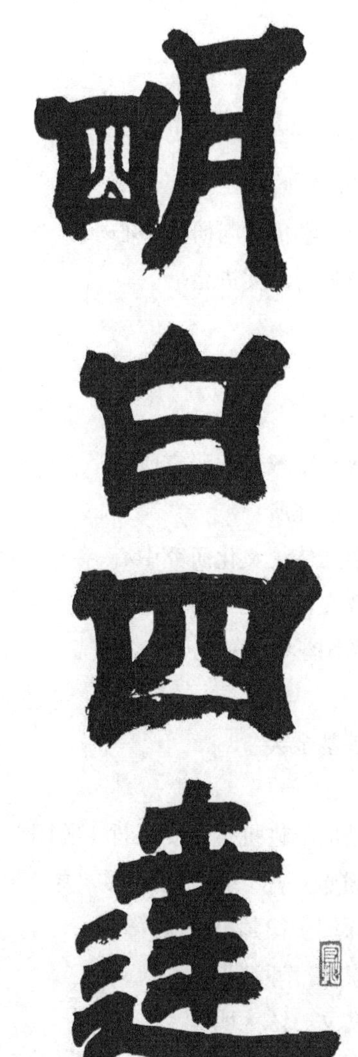

本辑主题词：“明白四达”——《道德经》

中华老学编委会

你的第一印象价值百万

——《道德经》与个人形象管理

（代序）

宋崇道

《道德经·第二章》有言：圣人处无为之事，行不言之教。

这句话所谈的思想就是指无声传导魅力的个人形象，做自己应该做的，不在妄为上消耗自己，用无声的行为和无需言语的品德来教化引导别人。

曾有心理学家做过实验证明，你与别人 7 秒的交往时间，可以在对方的记忆中保持 7 年，对方对你的印象一旦形成，则很难在短时间得到改变。我们以一个实际行为为例：我们可以在 30 米之外觉察对方的表情，如微笑。生活中你如果去别人家做客，对方 30 米之外的微笑是可以让你迅速知道主人会积极接纳你的，也就是说，对方报以一笑时，我们对他的大脑印象立刻形成。

科技的发达、信息传播的快速，让社交圈也变得越来越广泛，时间变得越来越宝贵，人与人之间的接触越来越频繁，你的个人形象管理变成越来越重要的一项工作，甚至有学者已经将个人形象管理当作一门学科在研究，他们认为，个人形象管理，是一门整合性科学，涵盖传播学、行销学、社会学、心理学、风水学和美学的概念，它有两个非常重要的理论作为基础支撑，那就是传播学与行销学。

一、个人形象指哪些

有学者是这么定义的：人本身及其与之相关的人、事、物、地点所传递出来的信息，通过视觉、听觉、嗅觉、触觉等被接收后，对方结合自身的文化、品位、道德、认知以及价值取向在头脑中形成的综合观感，从而对一个人的整体印象得出的评价与判断，则称之为“个人形象”。好的个人形象，不仅能体现出你良好的文化素质、知识水平、道德修养，而且有助于你事业的成功，有利于你建立和保持良好的人脉关系。

二、管理个人形象的方法

《道德经》用一句话就把个人形象的管理方法全部告诉了我们。在《第四十四章》有言："道生之，德蓄之，物形之，势成之。"这句话如果从个人形象的角度而言，其意思是，如果我们在个人形象管理中，将道嵌入，就会有源源不断的向上的力量与生机，如果加上你个人内在所积蓄的品德，你整个人的举手投足、穿着打扮、言谈颦目则会自然形成管理自己个人形象的方法，从而达到你希望的"别人眼中的自己"完美的个人形象。

综合而言，个人形象管理分为两个大的部分：首先是个人外在的穿着打扮，即视觉表现；其次是个人内在的道德素养，即行为体现。所以，我们常常说："欣赏一个人，始于颜值，敬于才华，终于人品。"

前面谈过，当下的时代是快节奏的时代，导致我们在关注人、物、事上面停留的时间也越来越短，可以说，这是"眼球价值评判的时代"，我们从社交平台的短视频就可以看出，1 分钟以内的视频是现在人比较容易接受的观看习惯；140 字以内的微博等平台文字发表是比较容易接受的阅读习惯……这些现象都已经很清晰地告诉我们，这是一个只有 1 分钟或者说 60 秒的认知时代，前 30 秒向人们展示你是谁，后 30 秒让别人决定是否接受你。在这短暂的 1 分钟里，很少有人能够洞察到你的内心和智慧，那么，你的外在仪表形象能不能成功为你"行不言之教"，取决于你的样貌、服饰、气质、品位等因素的综合。

美国心理学教授艾伯特·梅拉比安有个关于个人形象研究的结论叫"55387 定律"，它是由几个百分比数字组成，两个人相互之间给对方留下的印象：外表占 55%，行为占 38%，当时说话的内容和背景占 7%。从这个定律看，外表视觉的占比超过整体印象的一半多，也就是说，我们的个人外表形象得体不一定保证能成功，但不得体的外表形象是肯定要失败的。

（一）个人外表形象管理要得体

1. 穿着形象要符合见面的场合

《道德经·第五十八章》有言："光而不耀。"用时髦的话说，要尊重现场，所以在见面之前，要思考场合里可能出现的人、事，以及整体的氛围和环节，第一要素就是要契合，"去甚、去奢、去泰"（《道德经·第二十九章》）。极端、太奢侈、太过分就不应出现，会造成人的内心反感；第二才寻找个性，而不是过分夸大张扬个性。"光而不耀"，有亮点，能够吸引友善尊重的目光，但不过分炫耀，才是最恰当的。

2. 穿着形象最好预前分析对方的喜好

在穿着形象管理上，可以把对方当作自己喜欢的对象，如果要进一步细化你的形象是否得体，有一项是需要提前做的，那就是预设你的见面对象，分析其年龄段、职业素养、喜好兴趣、图文禁忌、颜色习惯、生活环境等，然后结合自己的年龄、职业、兴趣喜好等综合因素来进行穿着形象的管理，只有这样才可以做到“和其光，同其尘”（《道德经·第五十六章》），大大赢得见面对象的印象分。

3. 坚决做到个人形象干净整洁明亮

“执大象，天下往”（《道德经·第二十九章》），站在个人形象管理的角度，这个个人形象的“大象”，应该是指以一个人穿着容貌干净、服装及饰物整洁、整体的精气神明亮。所以，找到自己的外表形象规律就很重要：

第一，全面了解自己的外貌特征。对自己的内在心理特质以及五官、脸型、体形等外在的优缺点做一个全面的了解，否则，就很难恰到好处展现自己最美丽的一面。当然，如果想为自己外在形象做改变，应该首先对自己的气质做充分了解，明白什么样的装饰和打扮才真正适合自己，而不必刻意追赶时髦，可以买一些时尚杂志和书籍，参考里面的着装建议。

第二，找出自己的装饰规律。从头到脚找出最适合的装扮规律包括：服装用色、款式、质地、图案，鞋帽款式，饰品风格与质地，眼镜形状与材质，脸型与发型分析等。

第三，认真做好个人形体分析。通过测量身体比例，计算出身体各部位的优点和缺点，利用衣服的款式表现身材的优势，重新打造完美的个人体形。

诚然，美丽的容貌、时髦的服饰、精心的打扮，都能给人以美感，但是这种外表的美却是肤浅短暂，如昙花一现。一个人的真正魅力主要在于其自身特有的气质，这是一种内在的人格魅力。“清静为天下正”（《道德经·第四十五章》），妆扮、服饰透露着你的气质、品位，面容的美丑不是后天所能决定的，故而大可不必执着和在意先天的不足，而是怎么下足功夫在“损有余而补不足”（《道德经·第七十七章》）上做文章才是最重要的。如果对自己的面容不够自信的，可以多参悟中国的传统文化，如“道法自然”“明心见性”等，培养自己的好心性，在不完美中寻找完美，散发自己的光。

（二）恰当地表现个人行为

谈完个人形象管理的“视觉表现”，我们来讨论下“行为体现”，这个虽然在“55387 定律”里只有 38% 的比重，却在形象“1 分钟理论”的后 30 秒别人对你的评价中占很重要的比分。一个人从表到里，大致可以分为五个层面：外貌、仪范、能力、品德、涵养。你与对方短暂交往的一切行为表现如性格、才华、人品、气质会进入别人脑袋中的“评价体系”。你的气质取决于你眼中的审美、身上的阅历、脑中的学识以及心中的涵养。

1. 表述语调要适当

商业心理学有个研究结论，人与人之间的沟通，除了外表形象之外，所产生的影响力和信任度还取决于两个大的方面：表述与语调。《道德经·第六十二章》言：“美言可以市尊。”从个人行为体现而言，好的语言表达方式和适当的声音，可以获得别人的尊重。而如果在这方面需要有长足进步的话，一个最好的方法就是坚持看中央电视台的《新闻联播》，另外就是坚持每天有声阅读 15—20 分钟。

2. 人格气质要高雅

《道德经·第六十二章》言：“美行可以加人。”气质是稳定的、习惯化的思维方式和行为风格，它贯穿于人的整个心理，是人独特性的整体写照，可以了解真实的自我。气质不是一天两天就能修炼出来的，但“虚其心，实其腹，弱其志，强其骨”（《道德经·第三章》）告诉我们，可以通过调整自己来丰富充实自己的气质，如最简单的可以多看书提高自己的文化修养和内在修为，腹有诗书气自华，“善为士者，微妙玄通”（《道德经·第六十八章》），“镇之以无名之朴”（《道德经·第三十七章》），言谈举止，无不透露着你的学识、担当、勤劳、积极、阳光、大方，使得你的气质可人，可以说，真正的才华与智慧是一种见识，他们的魅力来自丰富、内敛、温情、善良，是由内而外地散发。

3. 见前五分钟调气

一个不守时的人，在别人眼中就是不值得托付和信任的人，这种人基本上是很难成功的，即使偶然因素成功，相比他的整体生命也只是昙花一现。从长远看，你的个人形象在别人心中要有分量的话，务必和别人见面，养成一个好习惯，提前 5—10 分钟到达目的地。《道德经·第十六章》言：“致虚极，守静笃，万物并作，吾以观复。”人在慌乱中是很狼狈和被动的，如果不想自己和别人见面一团尴尬或留有遗憾，那就需要给自己留时间守静，宁心静气智慧才生。

4.“玄德”二字全自己

人品好的人自带光芒，无论走到哪里总会熠熠生辉，然而体现人品的善良、真实、自然是最宝贵的东西，“善人者，不善人之师”（《道德经·第二十七章》）。善良就是与人为善，心有善念，便会给别人和自己带来欢乐。《道德经·第三十八章》言：“上德不德，是以有德，下德不失德，是以无德。”善良是润物细无声的，不是做作张扬的，所以古人说：“善为至宝，一生用之不尽；心作良田，百世耗之有余。”《道德经·第三十八章》又言：“上德无为而无不为，下德无为而有以为。”所以，“大丈夫处其厚，不居其薄，处其实，不居其华”，有德才能达到自然、真实的流露，就是一个人最大的魅力。怎么培养自己令人敬慕的德行呢？《道德经·第十章》告诉我们一个方法，就是只要活着就应该慢慢积德，“生之畜之，生而不有，为而不恃，长而不宰，是谓玄德”。

5. 知书达礼预先知

《道德经·第七章》用在个人形象管理方面非常适合，“天长地久，天地所以能长且久者，以其不自生，故能长生。是以圣人后其身而身先，外其身而身存。非以其无私邪，故能成其私”。它强调的是中华文化的魅力在于它的包容性、利他性。一个人要懂得把握场合里的度，这个度就是预知，除了日常的行走之礼、见面之礼、入座之礼、饮食之礼、接物之礼、待人之礼要懂得之外，要注意尊卑、长幼、男女、宾主之间的礼仪区别，以及礼仪用语、形体礼仪的日常练习，“熟能生巧”，习惯了就成了自然，自然了就会凸显你的气质。

三、个人形象管理的意义

《道德经·第五十四章》言：“修之于身，其德乃真；修之于家，其德乃余；修之于乡，其德乃长；修之于国，其德乃丰；修之于天下，其德乃普。故以身观身，以家观家，以乡观乡，以国观国，以天下观天下。”如果从个人形象的角度，修可以理解为个人形象管理。一个人的形象管理，说小了是自身素质的价值体现，说大了是组织、国家的素质体现，所以，一个人的形象管理的意义有三重：

（一）成就个人的身价

个人形象管理，其实是一门塑造和维护个人自身价值的学问，要是认真琢磨起来，都蕴含着丰富的审美学、心理学、传播学、风水学、营销学等知识，所以，把个人形象管理做好，从营销的角度而言，就成了一种投资，如果养成一种习惯，长期地持续下去，其所成就的个人身价会带来丰厚的回报。

（二）成就组织的光环

很多人认为，个人形象管理的好坏只是牵涉自身，与他人无关，这绝对是一个非常错误的想法。个人形象在很大程度上，于小处见整体，“治大国若烹小鲜”（《道德经·第六十章》），非常关键地影响着一个组织的成功或失败，在非常主张打造个人IP的今天，个人形象管理的良莠也直接关系组织的运气好坏是显而易见的，只有当一个人真正意识到了个人形象与修养的重要性，才能体会到个人形象对于组织机遇的决定性。

（三）成就群族的高贵

个人形象好坏是折射组织好坏的缩影，与之有关的群体形象管理的良莠是折射整体族群好坏的反映，这就是“1+1>2”的道理。只有养成好的个人形象管理习惯，才能为你所在的组织和所代表的族群或国家创造更多的无形价值，这种价值远胜于你当下的既得利益，所以“风物长宜放眼量”，每个人做好自己的个人形象管理，其实是在为自己所代表的族群或国家输送长效价值。

《道德经·第二十九章》言：“执大象，天下往。”何谓大象，站在个人外表形象管理角度，就是指给人留下整体好印象的方法，人靠衣裳马靠鞍，找到恰当的方法，万事皆会如意。换句话说，个人形象的提升可以大幅度带动国民素质的整体提升。

因此，如果希望自己成为一个生活的优渥者、事业的佼佼者、成功圈层的一分子，那么你就需要注意自己的穿着打扮、言谈举止、待人接物等方面，以维护好你的个人良好形象。

（宋崇道，博士，《中华老学》集刊主编，中国宗教学会理事，国家“十三五”规划文化重点工程——《中华续道藏》编修监委，华夏老学研究会常务副会长，江西师范大学宗教研究所客座教授，武汉科技大学国学研究中心终身客座研究员，宜春学院兼职研究员，中国道教协会权益保护委员会委员，江西省道教协会副秘书长，袁州道教协会会长，宜春市崇道宫住持。）

目 录

特稿

《道德经》与儒释道关系研究

《道德经》历代注释研究

《道德经》章句研究

《道德经》的哲学思想

特　稿

从“道德静虚真”的字源了解道家道教思想

汪登伟*

内容提要： 道、德、静、虚、真等词语是道家道教极其重要的概念，深入了解这些语词，就能更好地认识理解道家道教思想。因此须从文字演化规律的角度进行分析，解析出道、德、静、虚、真诸字的本意及其在道门里的独特内涵。通过分析，可知道字本意为道路，老子将之引申为万物之本原、归宿。德字原意是品德，老子将之引申为所得于道者之得。静字原意为去除烦乱或整治混乱而安定之意，后引申为与动乱相对的静定之意，老子则称“归根曰静”。虚字原意为空谷、空虚。真字原意为填，引申为充实、真实。这二字，老子未做引申。静、虚、真三字，后世的道家道教多有发挥。因未掌握文字学规律，部分人容易随意折字或联想进行解释，如杜而未以月为道，文末略有批评。

关键词： 道　德　静　虚　真

道、德、静、虚、真等词语是道家道教极其重要的概念。道、德两字在《老子》文本中频繁出现，静字则使用十多次，虚、真两字也使用三四次。《庄子》对真字深入发挥，并创造出“真人”的观念，对后世神仙信仰有极其重要的影响，以致秦始皇在一段时间内“自谓真人，不称朕”[①]。虚字后来则几乎成为道字的代名词，所以吴筠称道为“虚无之系”[②]，何道全有“道乃虚无”[③]之说。丹道说“忘形以养气，忘气以养神，忘神以养虚”[④]，此虚亦即同于道。因此深入了解这些语词，就能更好地认识理解道家道教思想。

---

* 汪登伟（1969—）主要从事丹道研究，现供职于中国道教协会研究所。

① 司马迁：《史记》卷六，北京：中华书局，2011年，第257页。

② 吴筠：《宗玄先生玄纲论》，《道藏》第23册，北京：文物出版社，上海：上海书店，天津：天津古籍出版社，1988年，第674页。

③ 何道全：《太上老子道德经述注·无源章第四》，日本明历二年（1656）荒木利兵卫刊本。

④ 谭峭：《化书》，《道藏》第23册，第589页。

解释字词的基本意义，绕不过《说文解字》等字书。随着甲骨文、金文和简帛等文献的出土，我们对字词的基本意义又有更进一步的认知。然而，即使是在现今文字材料十分丰富的条件下，仍然有不少人不遵循文字规律，进行别解，以曲证其想象之见。这里我们从文字演化规律的角度进行分析，以期解析出道、德、静、虚、真诸字[①]的本意及其在道门里的独特内涵。

道，《说文解字》云：“所行道也。从辵从𩠐。一达谓之道。”[②]此句以为道是人们所走的道路，直达的道路就叫作道。按：道字，金文作（衜），从行（原意是十字通衢，或说为十字路口）从首，首亦声。道是形声兼会意字，原意指人于通衢中所选行之道路，或人在道路中行走。道中之人，或以整个人表意，故写作㣔。或以人之最重要表征头首表示，且以其为音符，故写作“衜”。衜字在古文字中有许多变形，或于首下添“止”，强化行走之意，成。其后又省右边之亍，作，演化成从辵从首，成今道字。或加又字，成（一说下部变止为又）。或加寸字，成（一说下部变止为寸）。此两字即导字，是道之引导义的分化字，其意如《释名》说“道，导也。所以通导万物也”[③]。又省行，成䢜（此是《说文解字》所收道之古字，实即导字）。

㣔字《说文解字》未收，但甲骨文中不仅多有其字，如、、等，还有省亍或彳符的“简化字”，如、等（详见中国科学院考古研究所编辑《甲骨文编》[④]）。参照衜的繁化与分化，笔者从甲骨文等字书中找到㣔字的部分繁化字与分化字。㣔字下面添加止字成，省亍符成，它们也是道字的变形。《汗简》中的字，增加了寸字符，实际也是导字。甲骨文中的字，大致即是䜼字，是道字表称道、言说之意的分化字。另外，甲骨文中有、、、等字，即永字，像人在水道中游泳，为泳字的初文。与㣔字在字形有些近似，或有误用、混用情况，但其字形差异明显，永字从水或水省、且从行省，而㣔字从行或从行省。因此，、、、等，宜释作㣔，而不是永（其中的人字，“甲骨文正反每无别”[⑤]）。[⑥]

① 道、德、静、虚、真诸字的古文形态与部分解析，主要参考 1999—2004 年上海教育出版社古文字诂林编纂委员会所编的《古文字诂林》。道字见该书第 2 册，第 455—461 页。德字见该书第 2 册，第 470—475 页。静字见该书第 5 册，第 262—263 页。虚字见该书第 7 册，第 506—507 页。真字见该书第 7 册，第 442—446 页。

② 许慎：《说文解字》，北京：中华书局，2013 年，第 36 页。

③ 刘熙：《释名》卷四，《丛书集成初编》补印本，北京：商务印书馆，1959 年，第 51 页。

④ 中国科学院考古研究所编辑：《甲骨文编》，北京：中华书局，1965 年，第 83 页。

⑤ 徐中舒主编：《甲骨文字典》，成都：四川辞书出版社，2006 年，第 1235 页。

⑥ 㣔、永的相关问题，曹定云有详论。参考曹定云：《释道、永兼论相关问题》，《考古》，1995 年，第 11 期，第 1028—1035 页。

道字和路字是近义词，但含义有所不同。路强调足行，是践履，鲁迅名言“其实地上本没有路，走的人多了，也便成了路”，用的即是其本意。而道强调头首，是要领，是人之所行，而人以意识为胜，所以后来道有思想、方法的引申意。所行道，有朝向，有限定，故而又引申有途径、引导、法则、规律之意。道之指向，可以让人明了所指，故有指称、表述之意。道之所终，是为最终目标，故有导向于终极之意。老子所说的道，即为终极之道（而百家之道，便是路上的风景了）。终极之处，即是归宿。反过来说，也是导引出万物的本原。因此，老子和道家、道教所说之道，既指宇宙的本原，也指万物的归宿，还指天地万物生成与归根的根本动力。道家道教所说“象帝之先”之道，成为超越世间的最高范畴，所以在古代中国，“虚而不屈，动而愈出”的道是最高的观念。

古文道字字形逻辑关系示意图

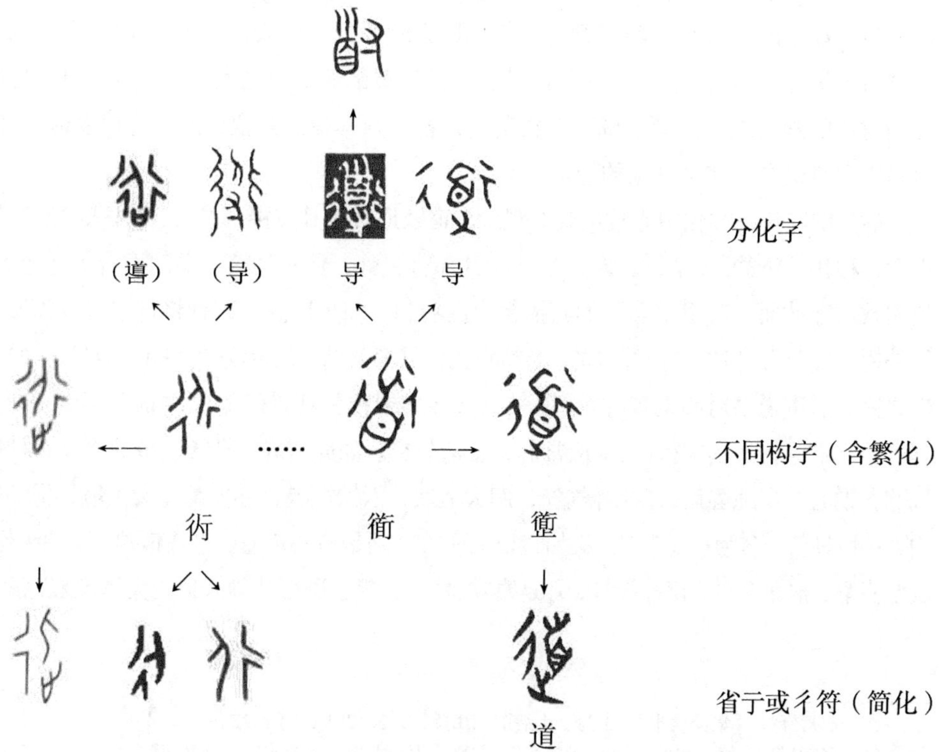

德，甲骨文作，从行从直，直亦声。或省作（从彳从直），或省作（从直从亍）。德也是形声兼会意字，原指行路中正见直视之所得（《集韵》中有“德，

行之得也”[①])，引申为正直的品德。故金文加心符，如，意为行视中而心有所得，其意同得。得，原作导，所得也。甲骨文作（从手从贝），后增彳符，作，意为行有所得。得，侧重于实物；德，侧重于精神，强调内中之所蓄。《老子》做更进一步的发挥，其所说的德不是品德、小德，而是“唯道是从”的孔德、玄德，乃得于道者（《管子·心术》谓“德者，道之舍”[②]）。老子说“生之畜之，生而不有，为而不恃，长而不宰，是谓玄德”，意思是说像大道一样生育蓄养万物，虽然生育而不占有、作成而不自恃、领导而不主宰，才是玄德（玄德，幽深玄奥之德）。

静，金文作、等（楚简写作青），从青从争，是形声字。青为音符兼意，有分别色彩之意（如徐锴说“丹青，明审也”[③]），引申为审别，所以《说文》谓“静，审也”[④]。从青之字，多有表示检择之意者，如精、猜、清、靖。争同样是音符，也兼意，表示争取、竞争、抗争之意。从争之字，有由争较而清明安定之意，如净、挣、睁、竫。由此可知，静原意为辨争虑谋去除烦乱后的安定（即如《管子·内业》说“勿烦勿乱，和乃自成”[⑤]）；又同靖，即整治混乱而安定之意。由安定引申为与动乱相对待的静定之意。老子说“夫物芸芸，各复归其根。归根曰静，静曰复命”，以为归于大道根本，才是真正的静定。

静是中国传统文化中非常重要的观念，道家道教尤其重视“静”，又加入“清”的观念，称作“清静”（清，针对重浊、杂乱而言；静，针对动荡、滞塞而言）。《老子》指明致虚守冲而“归根曰静”的归根复命内功和“知足以静，万物将自定”以化天下的外用。《庄子》指出“抱神以静，形将自正。必静必清，无劳汝形，无摇汝精”[⑥]的长生之路。后世道书对静也多有发挥，如《太上老君说常清静经》说：“欲既不生，即是真静。真常应物，真常得性；常应常静，常清静矣。如此清静，渐入真道。”[⑦]《存神炼气铭》说心一向纯静后，“神静气安，四大适然，六情沉寂，心安悬（玄）境，抱一守中，喜悦日新，名为得道”[⑧]。又如晋道成所言“须是澄心定意，打叠精神，无动无作，真清真静，抱元守一，存神固气，乃是真功也”[⑨]，都强调由清静入道。大体说来，欲入

---

① 赵振铎校：《集韵校本》，上海：上海辞书出版社，2012 年，第 1572 页。
② 黎翔凤撰，梁运华整理：《管子校注》，北京：中华书局，2004 年，第 770 页。
③ 许慎：《说文解字》，北京：中华书局，2013 年，第 101 页。
④ 许慎：《说文解字》，北京：中华书局，2013 年，第 101 页。
⑤ 黎翔凤撰，梁运华整理：《管子校注》，北京：中华书局，2004 年，第 932 页。
⑥ 郭象：《南华真经注疏》，《道藏》第 16 册，第 415 页。
⑦ 《太上老君说常清静经》，《道藏》第 11 册，第 344 页。
⑧ 《存神炼气铭》，《道藏》第 18 册，第 458 页
⑨ 晋道成：《晋真人语录》，《道藏》第 23 册，第 697 页。

道、欲长生，先须得"静"，所以孟郊《求仙曲》说"仙宗静为根"[①]。

静是消除浊乱与昏滞而泰定的功用，而虚是清除浊乱与昏滞后的空虚境界，它们是修养道德的必经之路。

虚，简书作、、等，从虍从丘，虍亦声。丘是其意符，在这里表虚空之意。按丘，甲骨文作、等，既像山丘之形，也像山丘中空谷之形（即如《说文解字》说"四方高，中央下为丘"[②]），虚字即得意于丘之空谷意。《老子》书中，冲字与之同意。冲，为盅的假借。盅，"器虚也"，本指中空之器具，引申为空虚，故段玉裁《说文解字注》冲字注说："凡用冲虚字者，皆盅之假借。"[③]虚并非指绝对的死寂的虚无，而是相对于诸实有而言之空虚。此虚而能生诸有，故老子以为天地万物诸实有源自虚空的变动，所谓"天下万物生于有，有生于无"。此虚之妙，老子亦喻之为"谷神"。人们只有"致虚极，守静笃（若依郭店楚简本，守静笃应作守中（冲）笃）"才能与道合同，且观见天下万物归根复命。庄子也说"唯道集虚"。可见，虚是道的重要属性之一，故《史记·论六家要指》说道家"以虚无为本"。

真，金文作、等，从匕从鼎（甲、金文中贝、鼎有时混用）。《说文解字》所收古文作，郭忠恕《汉简》作，小篆讹变为。它是会意字，表示用匕往鼎器内添加物品之意，即"填"字的初文（章樵《古文苑注》卷一转引郑樵注《石鼓文·銮车》真字说："即填字，亦作镇。"[④]《字汇补·目部》："真，又借作填。《石鼓文》：'真然会同。'"[⑤]则谓为假借）。后引申为充实、实在之义。以它为声符的字，如稹、镇、瞋、謓、寘、阗、嗔、滇、鬒、慎等字，多取充实之意[⑥]（段玉裁《说文解字注》）。又引申出我们现今常用的与假伪相对的真实之义。

《老子》说"修之于身，其德乃真"，其后衍生出修身、修真观念。什么是修真呢？从充实的意思上说，修真，即要我们不断调整自己（修，整饬之意），充实自身。当然，充实不是用食物填饱肚子，不是用情感观念填充心理，而是用黄老道家所说的精气充实身心。《老子》说"其精甚真"，谓虚无之道因动而有的精气是非常实在的。庄子即修证有得，因"彼其充实，不可以已"而发泄成瑰玮淑诡的文章。庄子称道境为真境，回归于道即谓"反其真"，他又称充实而与天地精神相往来之"能登假于道"

① 其诗云："仙教生为门，仙宗静为根。持心苦妄求，服食安足论？铲惑有灵药，饵真成本源。自当出尘网，驭风升昆仑。"郭茂倩编：《乐府诗集》第5册，北京：中华书局，1979年，第1327页。

② 许慎：《说文解字》，北京：中华书局，2013年，第166页。

③ 段玉裁：《说文解字注》，北京：中华书局，2013年，第552页。

④ 章樵：《古文苑注》，《景印文渊阁四库全书》第1332册，台北：台湾商务印书馆，1986年，第577页。

⑤ 吴任臣：《字汇补》，《字汇 字汇补》，上海：上海辞书出版社，1991年，第143页。

⑥ 段玉裁：《说文解字注》，北京：中华书局，2013年，第388页。

者为真人。与庄子同时代的孟子说“充实之谓美”，有了精气的充实饱满（“气，体之充也”），便会显得愉悦自得（“美在其中”）。借孟子的话说，“充实之谓美”后所谓“充实而有光辉之谓大，大而化之之谓圣，圣而不可知之之谓神”[①]，则是充实的功夫所在。

今人有误将从匕从鼎之（真）释作贞者，并把它假借作真字。按：贞、真虽然音同义近而通假，但贞、从卜（卜为意符）从鼎（鼎为声符），不从匕，即使因形近而误，也不可混淆。而贞字早期未有意符，作，以鼎为声，并借鼎字为贞字，原意为正，引申为征问、卜问。

由上可知：依道家而论，道是天地万物的本原，德是道在我们身上的总体表现，静、虚是道之冲虚在我们身心上的具体表现，真则是我们在修道中的充实程度。因此可以说，道是本根，德是依据，静、虚则是我们体认道德的修持，真是修持的成果。道教从功夫的角度，对静有更多的发挥，其意并不侧重清虚，而包含了充实。北宋时又出现入静的观念，近来人们对入静也有较为深入的解读（入静是道门功夫的门坎，这个我们留待他文再说）。

以上解说和古贤时哲解读虽然有所不同，却是依循文字发展规律进行的正解。古往今来也有人们或为己所用，或未知原意而通过拆字进行别解，甚至依据想象乱解。或将道字拆作首走，如清代范宜宾说：“道者，下交之义，如初功自首下走之意，合首走岂非道字乎？”[②]著名字书《说文解字》对真的解释也让人忍俊不禁，其谓：“眞，仙人变形而登天也。从匕，从目，从乚。八，所乘载也。”[③]台湾杜而未原本“从中国字书中看不出道的原始意义”，但根据月亮神话，说“道实在是月亮，毫无疑义”[④]。后来从“词源学”解说道字中的“首”代表的是月亮，“路（道）”即是我们观察的天空中运行至晦暗的月亮[⑤]，以为“道（月）是黑白二色的”[⑥]。将道解释成月亮、月神这类“得意的发见”而有的新奇解读或许会开发出一些新义，但恐怕只会混淆视听，妨碍正知识的传播。

---

① 杨伯峻：《孟子译注》，北京：中华书局，2010 年，第 310 页。

② 范宜宾：《阴符经玄解》，《藏外道书》第 3 册，成都：巴蜀书社，1994 年，第 658 页。

③ 许慎：《说文解字》，北京：中华书局，2013 年，第 166 页。

④ 杜而未：《中国古代宗教系统》，台北：台湾学生书局，1977 年，第 8—12 页。

⑤ 杜而未对道字的“词源学”（interpretation of the word’s origins）解释，转引自 Red Pine（赤松）所译，其原文为：According to Tu Er-wei, the “head” in the character tao is the face of the moon. And the meaning of “road” comes from watching this disembodied face as it moves across the sky. Red Pine (Bill Porter). Lao-tzu’s Taoteching. San Francisco: Mercury House,1996, p. i. 以头首为月，见杜而未《易经以月神宗教为基础》一文，其说：“新地（指新西兰——笔者注）和中国都以‘头’指圆月。”（陈德述，蜀才编著：《周易正本通释：百年名家说易》下册，成都：巴蜀书社，2014 年，第 425 页）他又将婆罗洲的 TOH 之音与汉字头字画等号，说“按 Toh 等于‘道’（月）”，说“‘道’（月）字包括‘首’（人头）”（杜而未：《老子的月神宗教》，台北：台湾学生书局，1978 年，第 5—8 页）。赤松说杜而未以首为月，可能即来自此等说法。

⑥ 杜而未：《老子的月神宗教》，台湾：台湾学生书局，1978 年，第 11 页。

《道德经》与儒释道关系研究

苗善时《玄教大公案》的老学思想研究

杨秀礼 彭亚敏*

内容提要：《玄教大公案》作为弘法传道精华，苗善时在该著作以道性解《老》为出发点，展开对当世修道者的批判，并开创以公案解老的先河。体现了元代前期以性命为宗、融合佛儒尤其是佛学的老学取向，《玄教大公案》也由此成为全真南北两宗合流以道学为中心、三教学说融合的典范。

关键词：苗善时 《玄教大公案》 老学 三教融合

基金项目：国家社会科学基金重大项目“中国诸子学通史”（19ZDA244）。

苗善时，字太素，号实庵，元代前期道士，师从江南名道李道纯修习全真道，著有《玄教大公案》二卷、《纯阳帝君神化妙通纪》七卷，现均见于明正统《道藏》。其中《玄教大公案》继承了李道纯三教合一及性命双修观点，“是全真道南北宗合流后道教禅的代表作之一”[①]。据卷首王志道《序》题作于“泰定甲子（1324）”来推测，该书当著成于元泰定元年（1320）之前。全书正文分为两部分：一为“升堂明古”，是“以列祖道统心法模范学人，采摭诸经枢妙，升堂入室，举其纲要，于列祖言外著一《转语》，复颂录之。以《易》数为六十四则”为内容；二为“入室三则”，直陈性命修炼之要。《玄教大公案》是苗善时弘法传道的精华结集，在元代江南全真道发展中发挥了独特作用。然而以往全真道研究对该书关注并不多。即使偶有提及，也是把它当作全真道受佛教禅宗影响的一个例子，谓全真道吸收佛教思想干脆连著作名字也用“公案”等云云。实际上，该书可以看作全真道理论建构在老学诠释向度上的一个典范，全书上下卷六十七则，其中专引《老子》者达二十三则，占三分之一强，文章拟以此为基础展开讨论，以求正于方家。

---

* 杨秀礼（1977—），江西玉山人，上海大学文学院副教授，研究方向为道家道教典籍与文学；彭亚敏（1996—），安徽合肥人，上海大学文学院研究生，研究方向为先秦两汉文学与文献。

① 孔令宏：《宋明道教思想研究》，北京：宗教文化出版社，2002 年，第 286 页。

一、道性说解老

以性命双修解老在宋元《老》学中已几成一代尤其是全真道的风尚，并无做重要讨论的必要。全真道无论是南宗，还是北宗在探讨修炼时，均提倡性命双修，区别仅在孰先孰后的问题。苗善时亦不脱时代窠臼，他对《老子》之学的阐明无不是从全真丹道“性命双修”的视角出发，以《老子》“法本”之语印证全真修道之旨的。在卷首“金陵青溪九曲逸民”唐道麟所作序言中，就提到作者自己“时闻实庵老师法诲，使人累释心清而造元返本，神凝气息而安命乐天”[①]，从心性和气命两方面论道是苗善时的一贯特色。而作为士大夫阶层学道代表的行台监察御史王从义，则赞叹苗善时《玄教大公案》是“养元炁融冲慧命，寂本性安平道心，伟乎美矣！”[②]也是从性、命两个层面肯定其价值。苗善时的独到之处更多是在论证人人皆具道性的基础上，进一步提出道性之说在老学中的运用。

（一）“道性”一说，是道教在与佛教不断进行义理交涉过程中发展起来的。人人兼具佛性，所以人人都有成仙成佛的可能，这本是佛家普度众生得以成立的基本观点，后来被引入道教学术建构中。与佛教的“佛性”思想比较，“道性说”更加突出了道家本身“道”的特色，即“性”是经由宇宙间无所不在的“道”在具体天地万物中表现出来的，尤其是道内化而为人“性”。就此而言，“道性”一说有着深厚的宇宙本体论背景。苗善时把这一思想在老学中做了推广和发展：

> 太上《道德真经》云：道可道，非常道；名可名，非常名。只这两句，扫尽三教一切有无声色诸法，使学者于动静语默外密密承当。故夫道也，非形非相，不色不空，物物全彰，人人本具。乃天地未始之大象，父母未生之至灵，不属思求，非从言会。[③]

上引诸语，曾经有人评价为“将三教枢机精妙、中正体用、偏执见解，已尽剖判”[④]。细考之，苗氏实际是从《老子》“道”具有不可言说的特性，用“非形非相，不色不空”这一佛家语言来阐述“道”本体性质，就是因为此本体超然物外，不能自显，因此需要一定的客体才能得以承载，而这个客体便是世间的万事万物，所以

① 唐道麟：《〈玄教大公案〉序》，《道藏》第23册，北京：文物出版社、上海：上海书店出版社、天津：天津古籍出版社，1988年，第889页。

② 王从义：《〈玄教大公案〉序》，《道藏》第23册，第889页。

③ 苗善时：《玄教大公案》卷上，《道藏》第23册，第891页。

④ 王从义：《〈玄教大公案〉序》，《道藏》第23册，第890页。

道体“物物全彰，人人本具”，引申出“道”本自固在人身，而且是先天性的，故人人均具修道证仙的可能，因为“道”内化于人身。

苗氏的这一论证与其师李道纯思想有密切的关系，只是苗氏在此基础上又将之推进到人心本具的境界以做落实。苗善时在《玄教大公案》中所说《老子》的“道”，其实很多是从人人本具“道性”层面展开。如在第十一则，苗氏就说：“故得此道者，顿超物表，性象太空，周流六虚，动静无碍。是以道之在天下，犹川谷之于江海，泛兮其可左右，微兮其可色声，瞻之在前，忽焉在后。虽然如是，诚能万缘顿息，一念归中，方知道元来自有，不必他来。”[①]不难看出，他把原来《老子》文本中对具有客体性“道体”的状述，比较完美地嫁接到了对修道者内在心性思想即“道性”的状述上去了，由此完成“道”兼具主客体特性的论述。他在本则颂偈中直接说“心即道兮道即心，不劳思想别追寻”[②]，将客体的“道”内化为主体的“心”，在苗氏看来，“道”与“心”是同一的，这颇有宋明理学的味道。如此“修道”首先要从“修心”入手，而向内寻求生命本身的奥秘，则恰恰是全真道思想的出发与归宿。《玄教大公案》在从对《老子》的诠释中，利用《老子》自身的思想资源，对其实行改造，对全真道思想的发展做了一定的推动。

（二）从苗善时的角度来看，因为“道”与“心”内具于人人本身，无形无迹，不有不空，这使得人们很难通过自己的感官来直接具体把握，或者进行表述。为了让人们更好地见“道”识“心”，苗善时亦借诠释《老子》的重要概念来多方描述“道心”与“道性”的特质。在对《老子》“无为”的解说中，《玄教大公案》中说“所谓无为者，非土木偶人，推之不去，呼之不来，逼之不动，块然一物也。贵乎一点灵明，圆混混，活泼泼，无心为而为，时止时行，以辅万物之自然。所以道：道常无为而无不为。”[③]这里苗氏所指的“一点灵明，圆混混，活泼泼，无心为而为，时止时行，以辅万物之自然”，即指称道的心性，即是全真道的“本真”“元初”“主人公”“本来面目”“真性”“本元”等，它是自然而充满天地生机的。

又如在《玄教大公案》第十八则中，苗善时为了解释真正的道性不是一个看破红尘厌世者的生活态度，以“圣人之心”做了一个譬喻：“若悬宝镜在堂，物来则照，物去则空，随机应变，活泼泼、圆混混、虚豁豁、明皎皎，因其利而利之，以辅万物之自然。”[④]对“圣人之心”的描述与前面的描述基本一致，颇有点“内丹”修成的感觉。又在第十四则偈颂中，苗善时写道“物物中含太极真，奈人暴弃自蒙昏。下

① 苗善时：《玄教大公案》卷上，《道藏》第23册，第893页。
② 苗善时：《玄教大公案》卷上，《道藏》第23册，第893页。
③ 苗善时：《玄教大公案》卷上，《道藏》第23册，第891页。
④ 苗善时：《玄教大公案》卷上，《道藏》第23册，第896页。

愚执僻心茅塞，上士虚中性玉纯。识性空无名本性，凡人了达即真人。回光直入玄元境，庶免区区再转轮”[①]，在第二十二则偈颂又写道“性若良金无杂伪，心如美玉绝瑕垠”[②]，所谓“无云障”“无私照”“无点染”“无杂伪”“绝瑕垠”等都是用来形容人心性的本来面目。所谓的性功修炼，也就不是要修道者有为地去修炼什么，而是显露自己这个本来具全的天真之性，步入超脱于众生所难以企及的“玄元境”。

二、对当世之修道者的批判

有元一代，统治者与社会对道教的相对重视，道教和老学具备了良好的发展机遇，并切实得到长足发展，优厚的发展条件也给道教和老学带来一系列问题。比如社会上的某些投机分子或者其他因为各种原因动机不纯者也加入道教行列，这对道教和老学的健康发展肯定是不利的。苗善时对当时这一现象有着很多感触，首先他的老师李道纯有着极高的地位，颇受追捧，李道纯现存的文字多有与各界人士的交往记录，作为李氏得意弟子的苗善时随侍左右时，对当时社会各色好道人士应有所接触、感发。苗善时在自立门户之后，更是出现“良朋霞友云集，明公贤相风从。虚而往，实而归，诚不言而信；近者悦，远者来，咸无为而成”[③]的繁闹场面。道教尤其是全真道在元代发展曾有反复，武宗时期的全真道虽由复苏而重新走向兴盛，但更多地表现为全真道政治地位的提高，入元后蒙元统治者对全真道主的人事干预逐渐加强，而全真道在教义和队伍建设方面并无大的促进，这种情形下，全真道越来越趋于“官府化”，教主地位虽然显赫，实际等同于政府官僚机构，很多时候已没有出家人的清修形象。面对元代道教界如此纷繁复杂的局面，苗善时在解《老》过程中，对当时种种不良现象在有意无意之中，有所批判和揭露。

（一）好为强知者，在对《老子》第71章“知不知，上；不知知，病。夫惟病病，是以不病。圣人不病，以其病病，是以不病”进行解读时，苗善时颇有感触地做了如下发挥：“达道之士，若拙若愚，若昏若讷，洞彻本元，含光寂照，自昭明德，光而不耀。故曰知不知，上也。今之我辈，未悟为悟，未明为明，荧光井量，自为了达，强辞口鼓，卖弄精魂，此乃不知强知之节病也。圣人秉气纯厚，德性朴真，八达六通，常若无知，三才一贯，常如不及。以其中虚安静，恬退柔和，并无昧已自欺，好胜争能，自见自是，许多节病。”[④]由于学道和修道本身就是要进入常人不可用思维理性予以解释，只可意会而不言传的智慧领域，因此“好胜争能，自见自是”

① 苗善时：《玄教大公案》卷上，《道藏》第23册，第894页。
② 苗善时：《玄教大公案》卷上，《道藏》第23册，第897页。
③ 王志道：《〈玄教大公案〉序》，《道藏》第23册，第890页。
④ 苗善时：《玄教大公案》卷上，《道藏》第23册，第897页。

必须为修道之士自觉严加规诫自我的重要内容。为了很好地说明这一问题，苗善时遵循《老子》话语脉络，通过正反两方面的对比来警示人们应该如何学道。苗氏认为当时社会上一部分“荧光井量，自为了达，强辞口鼓，卖弄精魂”的学道者，是浅薄、不可取的，是“不知强知之节病也”。真正的“达道之士”“圣人”因为“秉气纯厚，德性朴真”体现出“中虚安静，恬退柔和”的高尚人格，不仅是一种伟大的精神，更是得证道果境界的体现，堪称修道者的表率，对浅薄者更是一种警示与鞭挞。当然，苗善时说教也就从《老子》处获得了神圣支持，成为后来其他门人弟子道行规范。

（二）好为人师者，师传本来是道教得以延续与发展的保证，尤其是内丹修炼更是通过师徒的口口相传才得以流传。但过犹不及，苗善时反对好为人师者有其特指人群。

在解读“善行无辙迹，善言无瑕谪，善计不用筹策，善闭无关键而不可开，善结无绳约而不可解”时，苗善时认为:“圣人大机大用，无门可入，不可度思，皆自然而然，无可不可。”但在那个时代，却有不少人因不了解而好为人师。苗氏因此感叹道:“嗟乎，我辈行不遵道，言不中理，甚至于思虑计较，密察关防，卖弄精魂，好为师范，自是自见，自祸自殃，去道远矣。”“行不遵道，言不中理”即自身修炼尚未得证道果的人，如“卖弄精魂，好为师范，自是自见”而好为人师，则会带来“自祸自殃，去道远矣”，与学道、修道本意相背驰的结果，不管对他人还是自己的修炼都是有害的。对这一问题的解决“若不直下悔过自新，果行育德，则安能承袭太上真明，光晖天下，利益群生”[①]。苗氏认为有上面这些不良习气的人，首先要“悔过自新”，对自己的行为有深刻的认识，在此基础上，加强自己的功行修炼“果行育德”，通过正确途径和方式“利益群生”，从而最终修炼得道。

（三）好为名利者，从苗善时的语气来看，他尽管对“好为强知者”与“好为人师者”有所批判，但语气相对委婉客气，对试图通过修道而获取一己名利者，苗善时则表现得相当鄙薄，批判也比较尖锐些。

从元代道教发展历程看，全真道的发展尽管有所谓“岁在至元壬午”之厄，较之儒家，道教总体还是得到了官方与民间更多的支持。正是这样一种境况，使不少心术不正之徒，有了可乘之机，苗善时尽管没有明指确说，但在他的解老文字中，却依稀透出这样的信息。比如他对“道生之，德畜之，物形之，势成之。万物莫不尊道而贵德。道之尊，德之贵，夫莫之爵而常自然”的解读，道因何而尊？德因何而贵？是因为“夫大道生生不穷，玄德畜养平等，物随气而赋形，势因时而成就。

① 苗善时:《玄教大公案》卷上，《道藏》第23册，第893页。

是以万物莫不尊道为本，贵德为元”。正因如此，“故体道之士，天下莫敢臣，侯王莫能友，常乐自然”。体道之士也正因为独立的人格特性，使得道、德获得了尊崇的地位。接着，苗善时引用了历史上著名证道人士对独立人格坚持的三个典故加以论证，即“昔帝尧让位许由先生，辞而避之；帝舜让位善卷先生，避之而入山。又如庄子休于子陵，辞黄金百镒，不受相位”，得出“古今达道志士，有至于三诏不赴者甚多”的引申，并颇引以为荣地说道：“可谓道之尊，德之贵，而莫之爵。”接着笔锋急转而下，对当今所谓体道之士，实则为贪图浮华名利之士提出了尖锐的批判：“今之我辈，未造实理，不有真功，未知道妙深奥，玄理幽微，恃自井量管见，扇惑愚俗，彰扬口鼓，要誉利名，不羞之甚。上忝仙圣道风，下缘市尘俗气，似此违避太上慈训，胡不寒心。速改速改。”[①] 苗氏认为贪图浮华名利之士并未真正体道，更未能真正修炼得道，并不知“道”的深奥幽微，只是仅凭自己仅有的井量管见，愚弄民众，以获取名利，这种人是“违避太上慈训”的，必须“速改速改”。苗善时对这些人一边给予了较为尖锐的批判，认为他们是背离了道家的真正宗旨，另一方面又希望这些人能够悬崖勒马，迷途知返。

三、以公案解老

苗善时继承了其师李道纯的思想，具有三教融合的观念。而这一观念，在当时就有很多人给予了积极的评价。《玄教大公案》四篇序文都提到了苗善时善于融三教于一炉的特点：

> 言言明本，句句归宗，体用一真，圆混三教。[②]
>
> 其性理天道之妙，明心见性之机，圆混于中，一一明白。[③]
>
> 如《大公案》始一则，将三教枢机精妙、中正体用、偏执见解，已尽剖判。……实前代道儒宗师，皆未尝道。[④]
>
> 吾师实庵仙翁，……掀翻三教，融混一元，扫荡邪宗，豁开正道，斲削后学，造大本宗，烹炼高明，达先天境。[⑤]

这些评价虽嫌涉溢美，但与事实差距大体不远。苗善时本身对《老子》的诠释，

① 苗善时：《玄教大公案》卷上，《道藏》第23册，第895页。
② 柯道冲：《〈玄教大公案〉序》，《道藏》第23册，第889页。
③ 唐道麟：《〈玄教大公案〉序》，《道藏》第23册，第889页。
④ 王从义：《〈玄教大公案〉序》，《道藏》第23册，第890页。
⑤ 王志道：《〈玄教大公案〉序》，《道藏》第23册，第890页。

这一点是清楚的。苗善时多取佛教、儒家学说发挥《老子》思想，建构全真之道。从整个老学史的实际情况来看，引入禅宗来诠释《老子》并不是苗善时的首创。比如老学中影响非常深巨的“重玄学”，就深刻地受到了佛禅的影响，到宋代时朱熹甚至有“禅自道家起”的说法。时至元代，这更是成为一种流行，尤其是在李道纯一脉中随时随处可见。如李道纯《莹蟾子语录》卷一，取禅宗“文殊出不得女子定”“两僧卷帘”“夹山法身”“洞山宝镜三昧”“五位显诀”等公案，又取《老子》《周易》《孟子》之语，以禅理释之，以禅法进行参究，以为道教公案。李道纯模仿看话禅的公案形式，以《老子》为素材，把《老子》文句融入禅宗“机锋”“棒喝”之中，以一种别开生面的形式启迪弟子，开悟后学，在《清庵莹蟾子语录》中随处可见，制造出了许多道教公案。试看《清庵莹蟾子语录》中的以下记载：

> 师曰：“第一章末后句云玄之又玄，众妙之门。切谓三十六部尊经，皆从此经出，且道此经从甚处出？离却父母所生，道一句来。”嘿庵作开经势，定庵喝。①
>
> 师曰：“第四章象帝之先一句，以口说，烂却舌根，以眼视，突出眼睛，含光嘿嘿，正好吃棒，诸人作么会？”李监斋举似，实庵打圆相。②
>
> 师曰：“第九章功成名遂身退，天之道。且道退向什处去？”定庵曰：“虚空一喝无踪迹。”嘿庵曰：“无处去。”师曰：“都未是。”或曰：“如何是？”师曰：“两脚橐驰藏北斗。”③

师指李道纯，嘿庵、定庵等均是其弟子，而实庵即为苗善时，可见苗氏以公案解老的方式得了李道纯的真传。并将之发扬光大，使之在老学研究中成为一种独立的文献体式。据与苗善时交好的金陵“渊嘿道人”柯道冲所言：“惟清庵李君，得玉蟾白真人弟子王金蟾真人授受，为玄门宗匠，继道统正传，以袭真明，亦多典集见行于世。实庵苗太素师事之，心印其要，盖青出于蓝而青于蓝者也。”④如果不是苗善时确实在道教理论上确有所领悟和建树，在师承森严的道门中，即使好友，柯道冲也不会轻易用“青出于蓝”的话语来赞赏苗善时，何况苗善时之师李道纯在当时已具有崇高地位。

所谓“公案”，本为公文案牍，官府文件。禅宗自唐宋以来形成一种风气，非常

---

① 李道纯：《清庵莹蟾子语录》，《李道纯学案》，济南：齐鲁书社，2010年，第165页。

② 李道纯：《清庵莹蟾子语录》，《李道纯学案》，第165页。

③ 李道纯：《清庵莹蟾子语录》，《李道纯学案》，第166页。

④ 柯道冲：《〈玄教大公案〉序》，《道藏》第23册，第889页。

重视前代宗师典范言行的教化启迪意义，创设一些特殊言行，曲折地阐发禅宗某些特定的教义、规则。这种被记录的高僧大德言行，由于具有如政府公案那样的权威性，同时又可作为后学参禅的重要资料，供学禅者研究参考，启发思想，定夺宗门是非，以达开悟定慧的局面，禅家因此亦把记录下的高僧大德言行称作公案。如宋代由临济宗大慧宗杲禅师倡导的看话禅即为此，看即专心观看，话即“公案”的话头，即专心观看“公案”中的话头，以为方便，获得开悟，老学公案显然在形式内容方面深受看话禅的启发。

应该说，苗善时以公案解老是受了禅宗看话禅与李道纯的影响，但苗善时有其独特的地方。《玄教大公案》不用禅宗现成公案，而选《老》《庄》《文》《列》等道书、《周易·系辞》，及王重阳、周敦颐等人话语以为《玄门公案》六十四则，呼应《周易》六十四卦之数。仿效禅宗师徒对答印证“机锋”，《玄教大公案》关于心性的语录、偈颂、用语、口气、说法，其中禅宗语录偈颂痕迹显而易见，在道教修道论和悟道法上应是一种独特贡献。

苗善时《玄教大公案》将禅宗悟佛方式，特别是公案话头参究法引入老学领域，是《玄教大公案》的最高价值所在。在《玄教大公案》开篇第一则颂语中，苗善时既以“机锋敏捷，竖拂拈槌。语默敲喝，瞬目扬眉。随情说法，即事起疑”[①]之语阐述以禅解老的方法。《玄教大公案》关于《老子》全部注解内容，绝大部分也渗透了苗氏这种方法与思想。

> 太上云：有物混成，先天地生，寂兮寥兮，独立而不改，周行而不殆，可以为天下母。昔日我祖纯阳帝君语此一篇，与南岩俨禅师，同度湖南何祖师成证道果，至今三真一脉，香火不绝。后禅师以此义作一颂云：有物先天地，无形本寂寥。包含万象体，不逐四时凋。大众，只这一物是什么物？师寂然良久云：不与万法同侣，所以独立而不改；大圆通无断灭，所以周行而不殆；得此道者，能化化而不化，能生生而不生，故可为天下母。母，道也。[②]

上面这段话出自《老子》第25章，注解者对“物”的界定争论一直没有停止过。苗善时高明之处在于，他不是从字面来理解“物”，既不是从理性的逻辑思维给予阐述，从而陷入一般的偏执；他提供给人们一个参究的场景，而不做任何解释。这个场景的真实性暂且不论，让人们进入对“物”的思考，而不用任何语言解释却是实

① 苗善时:《玄教大公案》卷上，《道藏》第23册，第891页。

② 苗善时:《玄教大公案》卷上，《道藏》第23册，第892页。

实在在的；当弟子们或有得，或迷惑而期待老师解答的时候，苗善时用一种现象描述而非正面具体方式来阐述。这种超脱于物外的方式颇有些禅宗的味道，而苗氏这一方法、手段也颇合《老子》本意。不妨找一个更具意思的场面：

> 太上云：千里之行，始于足下。只这一步，向何处起脚。大众会么？师寂然良久，空中画一画，云：夫大道蓦直坦平，宽阔无涯，十极八方，六通四达，绰然无碍。①

《老子》之“道”由于虚无超然而很难进行把握，《道性解〈老〉》一小节对苗善时论证人人修道、得道的可能已做了一定的讨论，但如何才能得道，使之转化为现实，用语言来阐述描绘是很难达到理想效果的。苗善时采用肢体、动作语言等方式予以展现，这正是全真道汲取禅宗法的重点，李道纯《道德心要》体现尤为充分，其内容为李道纯传授《道德会元》给弟子道可时，与其他弟子包括苗善时等参悟方法的汇集，其中就有不少以集体非口头语言来展现参悟感受的记载。如：“师曰：第十章载营魄，师曰：魄好驰骋，好运动，好刚勇，以何法度治之？有心治则属情，无心又治不得，作么治？嘿庵弹指一下。”“师曰：第十一章三十辐共一毂，当其无有车之用。且道辐不辏毂时，车在甚处？嘿庵曰：转辘辘。定庵推车势。”苗善时在本则中做一个在空中画一画的动作等，是对其师李道纯参悟法的继承。其目的正是不让人们的思路进入一个实际的“起脚处”，以免落于逻辑思维的执着。所谓空中一画，意味着无处不是“起脚处”，随处可起修行，即苗氏下文所说的“十极八方，六通四达，绰然无碍”，无言的动作在这个意义上，往往比具体语言具有更佳的传道效果。苗善时以公案的方式引导人们来理解《老子》本义，从而达成体悟道的真貌，比单纯的文字交代更直观、便捷。

公案的运用，同时也使苗善时在解老释惑中能利用禅宗的手段，充分注意到通过“不断追问”而启发悟道的方法。如对很难用逻辑进行把握的“道”，苗氏的解说：“太上云：视之不见名曰夷，听之不闻名曰希，搏之不得名曰微，此三者不可致诘。真空无象，视之不见；大音希声，听之不闻。此妙也，如云出岫，若月印潭，难为摸索，搏之不得，既非耳目所及，拿捉不住，又不可得而言。问毕竟如何？”②这是苗氏第一问。“道”不可以常人的感觉进行把握，即非人的感官可直接感觉。从而引导学生起疑惑，反思其体道的方式。苗氏进而又说：“嘻，此道也，昭彰在上而不明

① 苗善时:《玄教大公案》卷上,《道藏》第 23 册，第 896 页。
② 苗善时:《玄教大公案》卷上,《道藏》第 23 册，第 893 页。

皦，潜密在下而不昏昧。所以仰之弥高，放之弥满六合；钻之弥坚，收敛全无朕迹。迎之莫见其首，随之莫见其后，辉今耀古，莫始莫终。”[①]对“道”做了一番这样的描述之后，苗氏又设问：“且道只今是谁主，是谁御道来？”[②]“道”既如此不可捉摸，它的宰制、支配者何在？苗氏在这些对“道”的反向性形容中，揭示的理路是阶次渐进的。等到学生也将这两个问题参悟到深处的时候，苗善时乃以一首偈颂来进行开示：“无形无影寂无声，耀古辉今号赤文。妙有有如潭底月，真无无若岭头云。遇缘常默灵光照，对镜休生业火焚。和会三元归一极，主人终日醉醺醺。”[③]这种传道教学法，在唐宋以来的禅宗内部是经常使用的，而禅宗的形成本来深刻渗透着中国传统的老庄思想。因此，苗善时以禅宗参公案的方式来引导弟子理解《老子》玄旨，进而体悟全真奥妙，也就不再圆凿方枘，而是浑然天成的事情了。

从苗善时的《玄教大公案》来看，其选择公案、偈颂这一种方式，不仅说明了他思维的高妙之处，同时也表现了他较好的文学修养。[④]有元一代，道教在某一阶段，成了文士物质与精神的避难所，儒道的渗透交融得到了极大的推进，因而此时道士的综合素养较前代有了大的提高。不妨看看苗氏的偈颂作品，如“万里无云障，碧天日正中”“旻天清肃家家月，春日和融处处花”“雨收山色翠，云散月圆光”。单纯从这些诗性语句形式，很难想象这是用来诠释哲学与宗教思想的话语，没有哲学说理给人“味同咀蜡”的感觉。无论是从意象的选择，还是文体的选用，甚至对意象的经营，均可见苗善时极其深厚的人文修养，同时苗氏通过自己的笔触，不经意间传达出了他本人对生活的热爱与闲逸之情，全无出家人看破红尘的厌世感。“碧天”“春日和融”“处处花”“雨收山色翠”都带给了读者无限的遐想，这也正是苗善时借用禅宗方式解读《老子》的一种手段。

比如“万里无云障，碧天日正中”两句，是苗善时《玄教大公案》第十二则用来解读《老子》第40章“反者道之动，弱者道之用”旨趣的。苗氏认为“念有偏倚，则以正反之；心有妄想，则以觉反之”，这是“道之动”。如果“不反不弱，则道之丧矣”，强调当人内心有不正确的念想时就要以“道”来“正之”“反之”，这样才能保持自己的道性，从而参悟到“万里无云障，碧天日正中”般心无挂碍的修道状态。苗氏认为“天下本无事”就像“雨收山色翠，云散月圆光”，即一切任自然就如雨后山色、云散月光，本色而美好。因此“体道神清泰，安常德义香”。但由于“人心自

① 苗善时：《玄教大公案》卷上，《道藏》第23册，第893页。

② 苗善时：《玄教大公案》卷上，《道藏》第23册，第893页。

③ 苗善时：《玄教大公案》卷上，《道藏》第23册，第893页。

④ 苗善时的《纯阳帝君神化妙通纪》多唱和或者赞颂吕洞宾之作。一般而言，赞颂及炼丹感受之作，是极不容易表现文采的，但苗善时的创作仍有不少文学性，比如《步蟾宫·阳复乾纯阳姤午》与《望江南·清高士》两首和吕洞宾之作。详参《纯阳帝君神化妙通纪》，《道藏》第5册。

热忙”，人们自身的不清静让他们进入“偏妄”的境地。从这些分析可见，这些诗句在苗氏那里只是用来形象说理的工具，但字里行间却透出“空灵”的诗歌意境。

苗善时《玄教大公案》在解《老》文献体式上是一种创新，从某种层面来讲也是全真道理论建构过程中重要的一环。《玄教大公案》继承和综合了全真南北两宗在开创伊始就具有的性命为宗、融合佛儒尤其是佛学的基本取向；也开启了这一思想理论取向在明清时期的发展，发展更加圆熟稳固。明后期以来兴起的、影响巨大的伍柳道派，在义理与修证的双向层面上，实际上就是以全真道学为中心，三教学说成功融合的典范。

《老子》《庄子》在佛教文化传播中的作用

田　湖*

内容提要:《老子》《庄子》是中国先秦诸子百家中道家思想的代表，佛教思想文化创发于古印度百家争鸣时期，二者都属于人类"轴心文明时期"的思想代表。在历史流延过程中，这两种文化在中国汉代以降发生了历史性的遭遇。自汉魏两晋以来，佛教典籍不断译介到中土，并出现了大量的研习者。在佛教典籍翻译、理解、诠释和创造性发挥的过程中，《老子》《庄子》中的大量范畴、隐喻和典故在其中扮演着重要的角色，为这场绵延不绝的文化交流提供了思想桥梁，为作为外来文化的佛教思想文化融摄在中国传统文化大家庭中做出了很大的贡献。

关键词:老庄　僧肇　思想桥梁　文化交流

异质文化的碰撞、交流与融合是人类文明进程中的普遍现象，人类"轴心文明"之间的遭遇，更是迸射出耀眼的光芒。德国存在主义哲学家卡尔·雅斯贝尔斯在其《历史的起源与目标》一书中提出"轴心时代"理论，在学术界引起了很大的反响。他认为，在公元前500年左右的时间范围内，即从公元前800年到公元前200年，人类社会在不同的地理空间出现了惊人相似的文明形态，他把这个时期称为"轴心期"(Axial Period)[①]。中国先秦时期、古代印度、古希腊和古中东地区，在公元前500年左右的时段横空出世了一大批哲人智者。这是一种奇特的人类历史文化现象。令人更为惊奇的是，古印度文明中的佛教文明与中国先秦文明在中国汉以降出现了历史性的遭遇，两种古老文明在中土进行碰撞、交流和融合，熔铸成了中国传统文化的特色形态。

《老子》《庄子》(此下简称《老》《庄》)是先秦道家的经典，它们对中国哲学文

* 田湖(1985—)，哲学博士，讲师，供职于江西宗教问题研究中心(江西省哲学社会科学重点研究基地)、宜春学院宗教文化研究中心(江西省高校人文社会科学重点研究基地)。

① 雅斯贝尔斯:《历史的起源与目标》，魏楚雄、俞新天译，北京：华夏出版社，1989年，第7—8页。

化的影响极大。那么，在两种文明的遭遇中，《老》《庄》扮演着怎样的角色呢？下面就此做一分析。

一、为佛学家提供传统文化素养

《老》《庄》思想范畴在佛教典籍译介、在人们理解佛典以及进行创造性的诠释佛典等阶段都发挥了重要的作用。这得益于一大批有着深厚《老》《庄》理论素养的佛学家。他们让异质文化的营养融入中国本土文化的土壤中，为外来文化本土化做出很大的贡献。那么，历史上谙熟《老》《庄》思想的有哪些佛学家呢？

（一）魏晋南北朝谙熟《老》《庄》思想的佛学家

梁代慧皎《高僧传》记载众多高僧具有《庄》《老》道学基础。如《高僧传·慧严传》云：

> 释慧严，姓范，豫州人。年十二为诸生，博晓诗书。十六出家。（中略）严后著《无生灭论》及《老子略注》等。[①]

刘宋时期的慧严是鸠摩罗什门下的高足，通《老子》并撰注疏。《高僧传·竺法雅传》云：

> 竺法雅，河间人，凝正有器度。少善外学，长通佛义。衣冠士子，咸附谘禀，时依门徒并世典有功，未善佛理。雅乃与康法朗等，以经中事数拟配外书，为生解之例，谓之格义。乃（及）毘浮、相昙（昙相）等，亦辩格义以训门徒。[②]

晋代的竺法雅、毘浮、昙相等高僧，都用世典（《老》《庄》等）等思想来诠释佛典，并以此训导门徒。《高僧传·支道林传》云：

> 支遁，字道林，本姓关氏，陈留人，或云河东林虑人。幼有神理聪明秀彻。（中略）论云：支遁、向秀、雅尚《庄》《老》，二子异时风好玄同矣。[③]

---

① 慧皎:《高僧传》第7卷,《大正藏》第50册，第367页中、第368页上。
② 慧皎:《高僧传》第4卷，第347页上。
③ 慧皎:《高僧传》第4卷，第348页中、349页下。

《北山录》又云："支遁注《庄子·逍遥篇》，希玄之宾，高其致也。"[①]

可见，东晋高僧支道林谙熟《庄》《老》。《高僧传·竺法汰传》云：

竺法汰，东莞人。少与道安同学，虽才辩不逮，而姿貌过之。（中略）汰弟子昙一、昙二，并博练经义，又善《老》《易》。风流趣好，与慧远齐名。[②]

东晋高僧竺法汰的弟子昙一、昙二，都擅长《老子》和《周易》，与庐山慧远齐名。《高僧传·释道立传》云：

释道立，不知何许人。少出家事安公为师，善《放光经》，又以《庄》《老》三玄微应佛理，颇亦属意焉。[③]

东晋高僧释道立也通达《老》《庄》之学。《高僧传·释慧远传》云：

释慧远，本姓贾氏，雁门娄烦人也。弱而好书，珪璋秀发。年十三，随舅令狐氏游学许洛。故少为诸生，博综六经，尤善《庄》《老》。性度弘博，风鉴朗拔。虽宿儒英达，莫不服其深致。[④]

东晋高僧庐山慧远，是道安大师的高足，也是中国净土宗的创宗之祖，他对本土典籍非常熟悉，所谓"博综六经，尤善《庄》《老》"，当时的儒学名家也非常敬服他。《高僧传·释僧肇传》云：

释僧肇，京兆人，家贫以佣书为业。遂因缮写，乃历观经史，备尽坟籍，爱好玄微，每以《庄》《老》为心要。尝读《老子道德章》。乃叹曰："美则美矣，然期神冥累之方，犹未尽善也。"后见旧《维摩经》。欢喜顶受，披寻翫味。乃言："始知所归矣。"因此出家。[⑤]

东晋高僧僧肇，是鸠摩罗什门下高足，善解佛家"空"义。他的经史子集功底

---

① 神清：《北山录》，慧宝注，第9卷，《大正藏》第52册，第627页下。

② 慧皎：《高僧传》第5卷，第354页中、355页上。

③ 慧皎：《高僧传》第5卷，第356页中。

④ 慧皎：《高僧传》第6卷，第357页下。

⑤ 慧皎：《高僧传》第6卷，第365页上。

深厚，对老庄思想尤其熟悉，所谓“爱好玄微，每以《庄》《老》为心要”。后来因读《维摩诘经》归心出家。《高僧传·释僧瑾传》云：

> 释僧瑾，姓朱，沛国人。（中略）少善《庄》《老》及《诗》《礼》。（中略）后至京师，值龙光道生。（中略）先是智斌沙门，初代昙岳为僧正。斌亦德为物宗，善《三论》（中略）《庄》《老》等。（中略）复有沙门昙度，续为僧主。度本琅琊人，善三藏及《春秋》《庄》《老》《易》。①

从这里可知，刘宋时期的僧人僧瑾、智斌、昙度等人都擅长《老》《庄》思想。《高僧传·释法珍传》云：

> 释法珍，姓杨，河东人，少而好学寻问万里。（中略）时宋熙有昙瑶者，善《净名》《十住》及《庄》《老》。②

刘宋时期僧人昙瑶也擅长《老》《庄》之学。《高僧传·释弘充传》云：

> 释弘充，凉州人，少有志力，通《庄》《老》，解经律。③

刘宋僧人弘充也通达《老》《庄》思想。《高僧传·释僧慧传》云：

> 释僧慧，姓皇甫，本安定朝那人。（中略）慧少出家，止荆州竹林寺，事昙顺为师。顺庐山慧远弟子，素有高誉。慧伏膺以后，专心义学。（中略）又善《庄》《老》，为西学所师。④

晋齐高僧僧慧，也擅长《老》《庄》之学。其授业恩师昙顺是庐山慧远的高足，慧远博综六经，尤其擅长《老》《庄》，通过这个师承也可理解。《高僧传·史宗传》云：

> 史宗者，不知何许人。常着麻衣，或重之为纳，故世号麻衣道士。（中略）

---

① 慧皎：《高僧传》第7卷，第373页下、第374页上。
② 慧皎：《高僧传》第7卷，第373页下、第374页中、下。
③ 慧皎：《高僧传》第8卷，第376页上。
④ 慧皎：《高僧传》第8卷，第378页中。

后憩上虞龙山大寺，善谈《庄》《老》。[①]

晋代韬隐大士史宗（麻衣道士）擅长《老》《庄》之学。《高僧传·释昙迁传》云：

释昙迁，姓支，本月支人，寓居建康。笃好玄儒，游心佛义，善谈《庄》《老》。[②]

刘宋西域大月氏高僧昙迁，笃好玄儒，并善谈《老》《庄》思想。《高僧传·释昙智传》云：

释昙智，姓王，建康人。出家止东安寺，性风流善举止。能谈《庄》《老》。[③]

刘宋僧人昙智对《老》《庄》思想也能讲说。《续高僧传·释宝唱传》云：

释宝唱，姓岑氏，吴郡人。（中略）年十八，投僧祐津师，而出家焉。（中略）从处士顾道旷吕僧智等，习听经史《庄》《易》。（中略）自《礼记》（中略）《庄》《老》，（中略）往哲所未详悉，皆为训释。[④]

梁代高僧宝唱，谙熟《老》《庄》，并为其做了训诂诠释。

（二）隋唐时代谙熟《老》《庄》思想的佛学家

唐代道宣《续高僧传》记载众多高僧具有《庄》《老》道学基础。如《续高僧传·释智琳传》云：

释智琳，姓闾丘氏，高平防舆人也。（中略）年在幼学，服膺请业。《礼》《易》《庄》《老》，悉穷幽致。[⑤]

隋代的智琳能穷究《老》《庄》幽微。《续高僧传·慧頵传》云：

① 慧皎：《高僧传》第10卷，第390页上、中。
② 慧皎：《高僧传》第13卷，第414页上。
③ 慧皎：《高僧传》第13卷，第414页上、中。
④ 道宣：《续高僧传》第1卷，《大正藏》第50册，第426页中。
⑤ 道宣：《续高僧传》第10卷，第503页下。

和上讳慧頵，俗姓张氏，清河人也。（中略）旁询《庄》《老》（中略），莫不镜识根源，究寻支派。末乃思其真际，崇尚自然，驻采练形，终期羽化。①

唐代慧頵谙熟《老》《庄》之学。《续高僧传·释慧持传》云：

释慧持，姓周，汝南人也。（中略）又听高丽实法师《三论》。钩探幽极，门学所高，兼善《老》《庄》《易》《史》。（中略）隋末避难，往越州，住弘道寺，常讲《三论》《大品》《涅槃》《华严》《庄》《老》，累年不绝。②

唐代僧人慧持，擅长《老》《庄》之学，并常讲说。《续高僧传·释慧璇传》云：

释慧璇，姓董氏，少出家在襄州。（中略）唐运斯泰，又住龙泉。《三论》《大经》，镇常弘阐。兼达《庄》《老》《史》《子》，谈笑动人。③

唐代僧人慧璇，通达《老》《庄》之学，且善讲说。《续高僧传·释昙迁传》云：

释昙迁，俗姓王氏，博陵饶阳人。（中略）国子祭酒博士权会（中略）先授以《周易》。（中略）乃更授以《礼》《传》《诗》《尚》《庄》《老》等书，但经一览义无重问。（中路）。自尔留心《庄》《易》，归意佛经。④

隋代高僧昙迁，早年得行家传授，博综典籍，擅长《老》《庄》，能游心其思。《续高僧传·释法琳传》云：

释法琳，姓陈氏，颍川人。（中略）少出家，游猎儒释，博综词义。（中略）琳素通《庄》《老》，谈吐清奇。道侣服其精华，膜拜而从游处。情契莫二，共叙金兰。”⑤

① 道宣：《续高僧传》第 14 卷，第 533 页下。
② 道宣：《续高僧传》第 14 卷，第 537 页下、538 页上。
③ 道宣：《续高僧传》第 15 卷，第 539 页上。
④ 道宣：《续高僧传》第 18 卷，第 571 页中、下。
⑤ 道宣：《续高僧传》第 24 卷，第 636 页中、下。

唐代僧人法琳，谙熟世典，通达《老》《庄》，并与儒道人士交好。《续高僧传·释净辩传》云：

释净辩，姓韦，齐州人。少涉儒门，备闻丘索。孔、墨、《庄》、《老》，是所询谋。忽厌浮假，屏迹出家。经律具尝，薄通幽极。[①]

隋代僧人净辩，也通达《老》《庄》之学。

宋代赞宁《宋高僧传》也记载了一些有庄老思想基础的僧人。如《宋高僧传·释神会传》云：

释神会，姓高，襄阳人也。年方幼学，厥性惇明。从师传授《五经》，克通幽赜。次寻《庄》《老》，灵府廓然。览《后汉书》，知"浮图"之说，由是于释教留神。[②]

唐代高僧神会，是禅宗六祖慧能大师门下五大法匠之一。早年谙熟世典，通达《老》《庄》之学。后来成为扶持禅宗南宗而贬北宗的核心人物。《宋高僧传·释香育传》云：

释香育，姓李氏，济阴人也。（中略）育有道性，常研习《庄》《老》，根器奋发。俄于释典留神，决捐俗态。[③]

唐代僧人香育，早年常研习《老》《庄》，谙通此典。《宋高僧传·释日照传》云：

释日照，姓刘氏，岐下人也。家世豪盛，幼承庭训，博览经籍。复于《庄》《老》而宿慧发挥，思从释子。[④]

唐代禅僧日照，家学深厚，博通经籍，游心《老》《庄》，开发宿世慧根。

从上可知，晋代竺法雅、昆浮、昙相等僧人，隐士史宗（麻衣道士），东晋支道林、竺法汰的弟子昙一、昙二、释道立、庐山慧远、僧肇等高僧，晋齐高僧僧慧，

① 道宣：《续高僧传》第26卷，第676页下。

② 赞宁：《宋高僧传》第8卷，《大正藏》第50册，第756页下。

③ 赞宁：《宋高僧传》第8卷，第759页下。

④ 赞宁：《宋高僧传》第12卷，第778页中。

刘宋慧严、僧瑾、智斌、昙度、昙瑶、弘充、昙智、西域大月氏人昙迁等僧人，梁代宝唱，隋代的智琳、昙迁、净辩等僧人，唐代慧頵、慧持、慧璇、法琳、神会、香育和日照等僧人，都通达《老》《庄》之学。这为他们诠释佛典，乃至佛教义理中国化理解，奠定了坚实的哲学理论素养。

二、为早期佛典翻译提供语言范式

当印度佛教文化典籍开始传入中土时，翻译是一个很大的问题，毕竟这是两种异质文化的转换。那么，当时的翻译家们是怎么做的呢？《老》《庄》思想范畴在翻译中扮演了怎样的角色？

（一）《老》《庄》思想在“格义”中充当思想桥梁

这里涉及一个中国古代翻译史上一个重要的名词——“格义”。那么，“格义”的意涵是什么呢？“格义”一词最早被东晋僧人鸠摩罗什的高足僧叡所用。他在《〈毘摩罗诘堤经〉义疏·序》中说：

> 自慧风东扇，法言流咏已来。虽曰讲肆，格义迂而乖本，六家偏而不即，性空之宗，以今验之，最得其实，然炉冶之功微恨不尽。①

僧叡是鸠摩罗什门下四哲之一，博通经论。他认为，佛教文化东传、佛学思想流布中土以来，虽然人们都在讲经说法，但对于文意的理解，是用“格义”的方法迂回理解，并没有完全忠实于原文。“六家”（当时的玄学化理解佛教的六个派别：心无宗、本无宗、即色宗、识含宗、幻化宗和缘会宗）所解印度佛教经典只能偏得其旨，未全其意。只有“性空”这一派，最为接近原典的意思，但尚未达到炉火纯青的地步。僧叡在这里专门指出了“格义”方法理解佛典与原典有违。南朝梁代的律学大师僧佑也提到“格义”一词。他在《出三藏记集·鸠摩罗什传》中说：

> 自大法东被，始于汉明。历涉魏晋，经论渐多，而支竺所出，多滞文格义。②

这里指出，佛教文化从汉明帝以降开始东传，经历魏晋时期，翻译过来的经典逐渐增多。然而，当时的佛学家支道林（即支遁）、竺法雅等人以老庄思想诠释印度

① 僧祐：《出三藏记集》第8卷，《大正藏》第55册，第59页上。

② 僧祐：《出三藏记集》第14卷，《大正藏》第55册，第101页中。

传来的典籍，因此多用文辞格义方法解读，属于玄佛学风的先驱人物。那么，“格义”到底是什么意思呢？

梁代佛学家慧皎在《高僧传·竺法雅传》中指出：

（竺）法雅，河间人。（中略）时，依门徒并世典有功未善佛理，雅乃与康法朗等，以经中事数，拟配外书，为生解之例，谓之格义。乃毘浮相昙等。[①]

这里指出，由于当时的佛教徒对佛理不能通达，因此竺法雅、康法朗等玄佛合解的先驱们就用佛教经典中的范畴与儒道等典籍中的范畴对应起来，以达到大家能理解的目的（即“以经中事数，拟配外书，为生解之例”），这样的方法就叫作“格义”。

方立天先生在《中国佛教哲学要义》中说：

所谓“格义”，就是量度（格）经文，正明义理，也就是用中国固有哲学的概念、词汇和观念来比附和解释印度佛教经典及其思想，由此也就形成了“格义”式的佛教哲学。[②]

方先生明确指出了“格义”的定义，即“用中国固有哲学的概念、词汇和观念来比附和解释印度佛教经典及其思想”。

《老子》《庄子》典提出了一系列哲学层面的范畴，诸如道、玄、有、无、有为、无为、清静、自然、恬淡、虚无、逍遥、“无待”等范畴或意指，僧人们可以用这些本土词汇去“格”佛学思想中的“义”。这为佛教经典的早期翻译和深入理解提供了丰富的思想桥梁。

（二）《老子》《庄子》为佛典翻译提供语言范式

早期的佛典翻译，是通过“格义”来完成的。“格义”的素材取自此土固有的哲学思想范畴。《老子》《庄子》中的思想范畴在此过程中扮演了很重要的角色。早期翻译佛经的一大批翻译家，都不同程度地运用了《老》《庄》思想范畴。

后汉时期，安息国高僧安世高在翻译《安般守意经》时，用“清净无为”“有”“无”等范畴来转译。如，“安为清，般为净，守为无，意名为，是清净无

① 慧皎：《高僧传》第4卷，《大正藏》第50册，第347页上。

② 方立天：《中国佛教哲学要义》，北京：中国人民大学出版社，2002年，第33页。

为也”[①]，这里用“清静无为”来翻译“安般守意”。又如，“安般守意，名为御意至得无为也。安为有，般为无”[②]，这里用“有无”来理解“安般”，“安般守意”即“御意至得无为”。本来，“安般守意”，梵文Ānāpāna，即安那般那，是佛教早期修行出入息的“数息观”。如，“安名为入息，般名为出息，念息不离，是名为安般”[③]，“安般”即“入息出息”，安世高用道家词汇转译。

“无为”“无”等哲学范畴即出《道德经》。如老子云：“道常无为而无不为。”[④]（《第三十七章》）又云：“天下万物生于有，有生于无。”（《第四十章》）后汉支娄迦谶翻译《道行般若经》云：“何所是本无者？一切诸法亦本无。如诸法本无，须陀洹道亦本无，斯陀含道亦本无，阿那含道亦本无，阿罗汉道、辟支佛道亦本无，怛萨阿竭亦复本无，一本无无有异，无所不入，悉知一切。”[⑤]三国吴时支谦所译《大明度经》云：“如来诸法，本无，无师，无为寂寞，明度无极。天中天！”[⑥]这些经文中，充斥着“本无”“无为”的道家思想范畴。这里是用“无”范畴来代替后来所用的“空”范畴。

《道德经》提出了“自然”的思想范畴，如老子云：“人法地，地法天，天法道，道法自然。”（《第二十五章》）又云：“道之尊，德之贵，夫莫之命[爵]而常自然。”（《第五十一章》）很多早期翻译家用“自然”范畴来翻译佛典章句。如后汉支娄迦谶译《佛说无量清净平等觉经》云：“天道自然，不得蹉跌，故有泥犁、禽兽、薜荔、蜎飞蠕动之属，展转其中，世世累劫，无有出期，难得解脱。”[⑦]又云：“无量清净佛国皆积德众善，天道自然，在所求索，无有诸恶大如毛发。”[⑧]曹魏时期的康僧铠译《佛说无量寿经》亦用“天道自然”范畴，如其译云：“天道自然，不得蹉跌，故有自然三涂无量苦恼。”[⑨]又云：“欲寿一劫、百劫、千亿万劫，自在随意皆可得之，无为自然次于泥洹之道。”[⑩]唐代的菩提流志译《大宝积经》云：“设使生死及与无为自然本无，生死本无，以无所行本无自然。无行本无，不违本无，诸行本无自然。”[⑪]这些翻译都充斥着道家哲学思想范畴。

---

① 《佛说大安般守意经》，安世高译，第1卷，《大正藏》第15册，第164页上。

② 《佛说大安般守意经》，安世高译，第1卷，第163页下。

③ 《佛说大安般守意经》，安世高译，第1卷，第165页上。

④ 楼宇烈：《老子道德经注校释》，北京：中华书局，2008年，第90页。注：此下所引《道德经》，悉同此版本，只标章节。

⑤ 《道行般若经》，支娄迦谶译，第5卷，《大正藏》第8册，第450页上。

⑥ 《大明度经》，支谦译第3卷，《大正藏》第8册，第489页中。

⑦ 《佛说无量清净平等觉经》，支娄迦谶译，第4卷，《大正藏》第12册，第296页下。

⑧ 《佛说无量清净平等觉经》，支娄迦谶译，第4卷，《大正藏》第12册，第297页下。

⑨ 《佛说无量寿经》，康僧铠译，第2卷，《大正藏》第12册，第276页下。

⑩ 《佛说无量寿经》，康僧铠译，第2卷，《大正藏》第12册，第275页下。

⑪ 《大宝积经》，菩提流志译，第8卷，《大正藏》11册，第45页中、下。

《道德经》把“道”上升到极高哲学范畴，深深地影响着整个中国哲学文化的历史长河。老子云：“道可道，非常道。”（《第一章》）又云：“有物混成，先天地生（中略），吾不知其名，字之曰道。”（《第二十五章》）佛教经典翻译中的“修道”“成道”“得道”“悟道”等，都是用“道”范畴。如西晋白法祖译《佛般泥洹经》云：“佛初得道为佛时，面色好如是。”[①]东晋法显译《大般涅槃经》云：“如来成道，始为人天转妙法轮，故大地动。”[②]佛教思想中的一系列范畴，诸如三善道、三恶道、六道、八正道、修道、得道、成道、阿罗汉道、解脱道、菩萨道、菩提道、佛道、无上菩提道等等，都援引了道家所用的“道”这一概念范畴，指向佛教思想中的“修行方法”或“终极指向”。虽然内容有别，但名谓被长期援用。

先秦时期，庄子提出了“无待”的思想。如其云：“若夫乘天地之正，而御六气之辩，以游无穷者，彼且恶乎待哉！故曰，至人无己，神人无功，圣人无名。”[③]（《庄子·逍遥游》）若能顺应自然规律，把握六气变化，游于无穷之境，那么他还有何依待的呢？因此，“至人无己，神人无功，圣人无名”。这里的“恶乎待哉”，即指出了“无所依待”“无所待对”的思想。这种无待对的表述也被运用于翻译中。如后秦鸠摩罗什译《大智度论》云：“十八空皆因缘相待，如内空因内法故名内空；若无内法，则无内空。十八空皆尔。是独空无因无待，故名独空。复次，独空者，如虚空、如、法性、实际、涅槃。”[④]它指出诸如“虚空、如、法性、实际、涅槃”等“独空”无所对待。又如，唐玄奘译《大般若经》云：“菩萨摩诃萨所有般若波罗蜜多，是无待对波罗蜜多。”[⑤]又译云：“无待对波罗蜜多，是菩萨摩诃萨般若波罗蜜多。”[⑥]又译云：“佛所说法无待对相，无第二故。”[⑦]用无所待对，来翻译“般若波罗蜜多”以及“佛所说法”。

庄子提出“逍遥”思想范畴，并用长篇幅阐述逍遥思想。其云：“仿徨乎，无为其侧；逍遥乎，寝卧其下。”（《庄子·逍遥游》）“逍遥”有“自由”“怡然自得”等意涵指向。这个范畴也被用于早期翻译中。如西晋竺法护译《文殊师利普超三昧经》云：“彼时如来向欲入城，见三幼童众宝庄挍璎珞其身，逍遥中路而共游戏。”[⑧]东晋天竺僧帛尸梨蜜多罗译《佛说灌顶经》云：“念此孤遗子，一身在军中，远离旧乡土，

---

① 《佛般泥洹经》，白法祖译第2卷，《大正藏》第1册，第168页中、下。

② 《大般涅槃经》，法显译，卷上，《大正藏》第1册，第192页上。

③ 陈鼓应：《庄子今注今译》（最新修订版），北京：商务印书馆，2007年，第20页。注：此下所引《庄子》，悉同此版本，只标篇名。

④ 《大智度论》，鸠摩罗什译，第70卷，《大正藏》第25册，第551页上。

⑤ 《大般若波罗蜜多经》，玄奘译，第10卷，《大正藏》第5册，第51页上。

⑥ 《大般若波罗蜜多经》，玄奘译，第450卷，《大正藏》第7册，第27页上。

⑦ 《大般若波罗蜜多经》，玄奘译，第548卷，《大正藏》第7册，第823页上。

⑧ 《文殊师利普超三昧经》，竺法护译，第2卷，《大正藏》第15册，第413页下。

逍遥逐异风。”[①]三国吴康僧会译《六度集经》云:“其国俗，以月晦十五日夜常为乐，（中略）男女携手，逍遥歌舞;菩萨随之，国人欣叹。”[②]以“逍遥”表“自得”来翻译佛典章句。

老子、庄子提出“恬淡”思想范畴。老子云:“兵者，不祥之器，非君子之器。不得已而用之，恬淡为上，胜而不美。”（道德经·三十一章）庄子云:“夫虚静恬淡，寂寞无为者，万物之本也。”(《庄子·天道》)“恬淡”表达了一种“恬静淡泊”的状态，后来被用于佛典翻译中。如，后汉安玄译《法镜经》云:“何谓我之有？谓是布施教化，恬淡自守，道之根原，亦藏隐之德本，是为我有也。”[③]安世高译《太子慕魄经》云:“至十三岁，捐弃形骸，志存虚无，漂漂不说，饥寒恬淡，质朴意如枯木。”[④]西晋竺法护译《文殊师利佛土严净经》云:“于时城中，有贵姓子名弃恶，（中略）诸根寂定恬淡玄默,和雅其性如水澄渟。”[⑤]东晋法显译《大般涅泥洹经》云:“恬淡寂灭大牟尼尊。”[⑥]姚秦竺佛念译《出曜经》云:“若人毁辱不怀畏惧,卧寐恬淡则常安。”[⑦]

庄子提出“虚无”思想范畴。如其云:“夫恬淡寂寞，虚无无为，此天地之本，而道德之质也。”(《庄子·刻意》)“虚无”也被用于早期佛典翻译中。后汉安世高译《五阴譬喻经》云:“譬如此大沫聚随水流，目士见之观视省察，即知非有、虚无、不实、速消、归尽。”[⑧]后汉竺大力、康孟详译《修行本起经》云:“身非已有，世间虚无，难得久居。”[⑨]西晋竺法护译《佛说如幻三昧经》云:“设一切法，虚无、不实，所受诸法亦复虚妄，幻譬如空，亦如芭蕉、梦影、野马，离欲虚妄而无坚固。”[⑩]

老子云:“夫物芸芸，各归其根。归根曰静，静曰复命。”(《道德经·十六章》)三国吴支谦译《太子瑞应本起经》云:“吾观众行，一切无常，皆化非真。（种类）故吾欲一心思四空净，度色灭恚，断求念空，无所适莫，是将反其源，而归其本，始出其根，如我愿得，乃可大安。”[⑪]这里借用“归根复命，返本还源”的句式来翻译。

综上可知,《老》《庄》提出了“道、无、无为、清净、清净无为、自然、天道自然、无待、逍遥、恬淡、虚无”等思想范畴。这些概念范畴都被广泛用于早期的

---

① 天竺僧:《佛说灌顶经》，帛尸梨蜜多罗译，第 10 卷,《大正藏》第 21 册，第 527 页下。
② 《六度集经》，康僧会译，第 5 卷,《大正藏》第 3 册，第 29 页下。
③ 《法镜经》，安玄译，第 1 卷,《大正藏》第 12 册，第 18 页中。
④ 《太子慕魄经》，安世高译，第 1 卷,《大正藏》第 3 册，第 408 页中。
⑤ 《文殊师利佛土严净经》，竺法护译，第 1 册,《大正藏》第 11 册，第 892 页上。
⑥ 《大般涅泥洹经》，法显译，第 1 卷,《大正藏》第 12 册，第 853 页上。
⑦ 《出曜经》，竺佛念译，第 7 卷,《大正藏》第 4 册，第 648 页中。
⑧ 《五阴譬喻经》，安世高译，第 1 卷,《大正藏》第 2 册，第 501 页上。
⑨ 《修行本起经》，竺大力、康孟详译，第 2 卷,《大正藏》第 3 册，第 469 页上。
⑩ 《佛说如幻三昧经》，竺法护译，第 2 卷,《大正藏》第 12 册，第 151 页上。
⑪ 《太子瑞应本起经》，支谦译，第 1 卷,《大正藏》第 3 册，第 476 页中。

佛典翻译中，对早期翻译做出了巨大的贡献。

三、为佛学家诠释佛理提供思想范畴

佛典翻译涉及异质文化的转换，《老》《庄》为佛典的早期翻译提供了思想范畴。佛典的理解与诠释又涉及更深层次的交流。早在佛教传入初期，人们就将“佛教”与“黄老思想”等价起来。如《后汉书·镶楷传》云：“又闻宫中立黄老、浮屠之祠。此道情虚，贵尚无为，好生恶杀，省欲去奢。”[①]时人认为佛教贵尚“无为”，这与道家“清净无为”通同。佛学家在诠释佛理的过程中，对《老》《庄》思想范畴进行了大量的运用。

（一）两晋南北朝佛学家对《老》《庄》的运用

东晋高僧慧远大师就开始运用《庄子》思想讲解佛理。《北山录》云：“尝有客，听远公实相义。往复移时，弥增疑昧。远引《庄子》义为连类，惑者乃悟。自后安公时，听远不废俗典。”[②]

从这段记述可知，当佛典初译时，人们很难理解其内涵。东晋庐山慧远为人们讲解佛教的“实相”意涵，人们越听越糊涂暗昧。慧远于是援引《庄子》的内涵来诠释，大家的疑惑因此冰消。从此以后，道安（慧远的师父）就允许慧远运用《庄子》等典籍讲解佛学。这是《庄子》思想在诠释佛学中的作用。后来慧远在《沙门不敬王者论》中讨论“形尽神不灭”时也援引《庄子》，其云：

> 庄子发玄音于《大宗》曰：“大块劳我以生，息我以死。”又以生为人羁，死为反真。此所谓知生为大患，以无生为反本者也。[③]

庄子提出了，大自然（大块）给我们形体，用死亡让我们休息。这就是以死亡为返归本真。形体虽有生灭，而精神永存。慧远认为庄子思想也有“形尽神不灭”的思想。

此外，援引《老》《庄》思想的概念范畴或思想旨趣，来诠释佛教义理的典型，莫过于僧肇法师，他是后秦著名翻译家秦鸠摩罗什门下的高足。他在《肇论》中广泛引用了《老》《庄》思想范畴。唐代元康在为《肇论》做疏解时，进行了佛学理论和中土典籍思想的区分，让我们可以清晰看到援引传统经典的“量”与“质”。汤用

---

① 范晔：《后汉书》，李贤等注，第四册，北京：中华书局，1965年，第1082页。

② 神清：《北山录》，慧宝注，第9卷，《大正藏》第52册，第627页下。

③ 僧祐：《弘明集》第5卷，《大正藏》第52册，第31页下。

彤先生在谈论“僧肇之学”时说：

> 肇公子学，融合《般若》《维摩》诸经，《中》《百》诸论，而用中国论学文体扼要写出。凡印度名相之分析，事数之排列，均皆解除毕尽。此虽亦为文字上至更革，但肇能采掇精华，屏弃糟粕，其能力难觅匹敌。而于印度学说之华化，此类作品均有绝大建树。盖用纯粹中国文体，则命意遣词，自然多袭取《老》《庄》玄学之书。因此《肇论》仍属玄学之系统。概括言之，《肇论》重要论理，如齐是非，一动静，或多由读《庄子》而有所了悟。惟僧肇特点在能取庄生之说，独有会心，而纯粹运用之于本体论。其对于流行之玄谈认识极精，对于体用之问题领会尤切，而以优美有力文笔直达其意，成为中国哲理上有数之文字。①

在汤先生看来，僧肇的理论在“命意遣词”方面，多有“袭取《老》《庄》玄学之书”，而且“齐‘是非’、一‘动静’”等思想，因读《庄子》而悟达。僧肇对“玄学”认识极为精微。

僧肇在撰写《肇论》的过程中，用了大量传统文化的思想范畴，其中引用了众多《老》《庄》思想范畴。例如：

《物不迁论》中“言淡而无味”②借用老子“淡乎其无味”(《道德经·三十五章》),“交臂非故”③引庄子“交一臂而失之”(《庄子·田子方》),“野马”④(指游气)出于庄子的“野马也”(《庄子·逍遥游》),“微隐”⑤意出老子“曰希曰微”(《道德经·十四章》),“藏山”⑥援引庄子“藏山于泽”(《庄子·大宗师》)。

《不真空论》中“一气”⑦语出庄子“游乎天地之一气”(《庄子·大宗师》)、“通天下一气”(《庄子·知北游》),“涤除万物、寂寥”⑧出于老子“涤除玄览”(《道德经·十章》)、“寂兮寥兮”(《道德经·二十五章》)。僧肇所谓“园林托指马之况”⑨出

① 汤用彤:《汉魏两晋南北朝佛教史》，北京：北京大学出版社，1997年，第237-238页。

② 僧肇:《肇论》第1卷,《大正藏》第45册，第151页上。

③《肇论》第151页中。

④《肇论》第151页上。

⑤《肇论》第151页中。

⑥《肇论》第151页中。

⑦《肇论》第152页上。

⑧《肇论》第152页中。

⑨《肇论》第152页下。

于《庄子》,“园林”即指“漆园吏”，即庄子。[1] 僧肇略为“园林”。“指马”出于庄子“以指喻指之非指,（中略）以马喻马之非马”（《庄子·齐物论》)。

《般若无知论》中“希夷”[2] 出于老子“视之不见名曰夷,听之不闻名曰希”（《道德经·十四章》),“游刃”[3] 出于庄子“游刃必有余地”（《庄子·养生主》),“罔象其怀”[4] 取意庄子“象罔得珠”（《庄子·天地》)。僧肇所谓“虚其心而实其照，终日知而未尝知也。故能默耀韬光、虚心玄鉴，闭智塞聪而独觉冥冥者矣”[5] 句式取于老子“虚其心，实其腹”（《道德经·三章》)、“塞其兑，闭其门”（《道德经·五十六章》)、庄子“昭昭生于冥冥”（《庄子·知北游》)。僧肇所谓“圣人无私于知会以成其私”[6] 句式出自老子“圣人后其身而身先（中略），非以其无私耶？故能成其私”（《道德经·七章》)。僧肇“聖人功高二仪而不仁”[7] 句意取于老子“天地不仁，以万物为刍狗；圣人不仁，以百姓为刍狗”（《道德经·五章》)。“和光尘劳（中略），恬淡无为而无不为”[8] 出于老子“和其光，同其尘，是谓玄同”（《道德经·五十六章》)、庄子“夫虚静恬淡、寂漠无为”（《庄子·天道》)、老子“道常无为而无不为”（《道德经·三十七章》)

对于援引《老》《庄》思想范畴，唐代僧人元康说：“秦人好文，译经者言参经史；晋朝尚理，作论者辞涉老庄。言参经史，不可谓佛与丘且同风；辞涉老庄，不可谓法与聃周齐致。”[9] 由于“好文尚理”的风气，对传统典籍的援用就不可避免，但内容指向上不一定完全相同。僧肇广泛采用《老》《庄》的思想范畴或句式意蕴，可见《老》《庄》思想范畴对僧肇理解佛教义理影响极大。

（二）唐代佛学家对《老》《庄》的运用

佛学家不但用《老》《庄》思想范畴来翻译、理解和诠释印度佛教典籍，同时还使用这些范畴来发挥自己的佛学见解。他们运用《老》《庄》思想范畴或句式意蕴去诠释印度佛学文化，走一条异质文化中国化的道路。那么，这种情况有具体是如何表现的呢？

---

① 因为庄子曾做过漆园吏。如《史记》云：“庄子者，蒙人也，名周。周尝为蒙漆园吏。”（司马迁：《史记·老子韩非列传·附庄子传》，北京：中华书局，1959 年，第 2143 页。）

② 《肇论》第 153 页上。

③ 《肇论》第 153 页上。

④ 《肇论》第 153 页上。

⑤ 《肇论》第 153 页上、中。

⑥ 《肇论》第 153 页中。

⑦ 《肇论》第 153 页中。

⑧ 《肇论》第 154 页中。

⑨ 元康：《肇论疏》第 1 卷，《大正藏》第 45 册，第 167 页中。

唐代玄奘门下高足窥基在为《摄大乘论释》作序云：

摄大乘论者，盖是希声大教，至理幽微，超众妙之门。闭邪论之轨，大士所作，其在兹乎。若夫实相宗极，言亡而虑断，真如体妙，道玄而理邈。壮哉法界，廓尔无为。信矣大方，超然域外。[①]

窥基为了赞叹“大乘论”和“真如实相”的超绝深妙，运用了很多道家的言辞，诸如“希声”，取于老子“大音希声”（《第四十一章》）；“众妙之门”取于老子“玄之又玄，众妙之门”（《第一章》）；“道”“玄”“无为”等范畴亦出于老子之言。备如前引。

中国华严宗初祖杜顺在《华严一乘十玄门》提出了“十玄门”之说：

一者，同时具足相应门；二者，因陀罗网境界门；三者，祕密隐显俱成门，四者，微细兼容安立门；五者，十世隔法异成门；六者，诸藏纯杂具德门；七者，一多兼容不同门；八者，诸法相即自在门；九者，唯心回转善成门；十者，托事显法生解门。[②]

杜顺从时空等众多不同的侧面，描述了《华严经》思想的境界。他把这“十种”不同的境界维度称为“玄门”，故称“十玄门”。“玄门”即出于老子所谓“玄之又玄，众妙之门”。

华严宗第四祖澄观在《华严经疏》卷 15 云：

知即心体，了别即非真知。（中略）。知之一字，众妙之门。若能虚己而会，便契佛境。[③]

澄观指明“心体”之“知”，乃“众妙之门”，语词出于老子之言。澄观在《华

① 世亲释：《摄大乘论释》，真谛译，第 1 卷，《大正藏》第 31 册，第 152 页上。

② 杜顺、智俨：《华严一乘十玄门》第 1 卷，《大正藏》第 45 册，第 515 页中。法藏也提出“十玄门”，但与杜顺所名，名目略有小异。如其云：“显义理分齐者，然义海宏深，微言浩汗。略举十门，撮其纲要。一、同时具足相应门；二、广狭自在无碍门；三、一多兼容不同门；四、诸法相即自在门；五、隐密显了俱成门；六、微细兼容安立门；七、因陀罗网法界门；八、托事显法生解门；九、十世隔法异成门；十、主伴圆明具德门。然此十门，同一缘起，无碍圆融。随有一门，即具一切，应可思之。”（法藏：《华严经探玄记》第 1 卷，《大正藏》第 35 册，第 123 页上、中。）

③ 澄观：《华严经疏》第 15 卷，《大正藏》第 35 册，第 612 页中、下。

严经随疏演义钞》卷1中特别指出了这点。其云：

二约事事无碍，十玄之相，本自具足，即是别教之意也。然众妙两字，亦老子意。彼《道经》云："道可道，非常道。名可名，非常名。无名天地之始，有名万物之母。常无欲以观其妙，常有欲以观其徼。此两者，同出而异名。同谓之玄，玄之又玄，众妙之门。"释曰："然彼意以虚无自然，以为玄妙。复拂其迹，故云又玄。"此则无欲于无欲，万法由生，故云众妙之门。今借其言而不取其义，意以一真法界为玄妙体，即体之相为众妙矣。①

澄观指出"众妙"出于《道德经》，但他指出老子的"众妙门"指"虚无自然"而后再拂去其"迹"，是无欲于"无欲"，即是"双遣"后的境界。澄观借用这个范畴而不取此意涵，他借此以明"一真法界"的玄妙体相。

澄观又云："显德相于重玄之门，明相不碍体也。重玄，即是理体，明德相只在体上。若离体有相，相非玄妙。胜德之相，名为德相。言重玄者，亦即空空。语借《老子》。老子云：'玄之又玄，众妙之门。'彼以有名、无名，同谓之玄。河上公云：'玄者，天也。'天中复有天。庄子云：'天即自然。'则自然亦自然也。依此而生万物，故云众妙之门。今以空空之中，无德不备耳。"② 为了表明"空空"的内涵，澄观借用"重玄"范畴，"重玄"即出于老子"玄之又玄，众妙之门"。他又借助河上公用"天"来诠释"玄"的意涵，那么"玄之又玄"就是"天中之天"，再加上借用庄子诠释"天"为"自然"，那么"玄之又玄"就成为"自然中之自然"，也就是"重玄"的内涵。以此指"空空"包含一切万德。

此外，鸠摩罗什翻译完印度龙树的《中观论》后，其高足僧叡作序云：

是以龙树大士，析之以中道。使惑趣之徒，望玄指而一变，括之以即化。令玄悟之宾，丧咨询于朝彻。荡荡焉，真可谓：坦夷路于冲阶，敞玄门于宇内，扇慧风于陈枚，流甘露于枯悴者矣。③

这里僧叡为了盛赞龙树《中观论》对佛学流延的作用，也运用了"玄门"的范畴。隋代三大法师之一的吉藏对此做了阐释，他为《中观论·序》作疏云：

① 澄观：《华严经随疏演义钞》第1卷，《大正藏》第36册，第2页中。
② 澄观：《华严经随疏演义钞》第1卷，《大正藏》第36册，第7页下、第8页上。
③ 龙树：《中观论》，鸠摩罗什译，第1卷，《大正藏》第30册，第1页上。

敞玄门于宇内者，前化及一方，此明遐宣六合。玄门者，老子云："玄之又玄，众妙之门。"借斯言以目今论也。天地上下曰宇，往古来今称宙。故云：敞玄门于宇内也。[①]

这里指出了"玄门"即出于老子"玄之又玄，众妙之门"的语句。借此以明《中论》具足玄妙之门意蕴上的功用。正是因为佛学家有了《老》《庄》思想的学理基础，借用其理论来诠释佛教思想，才得以绽放出不同的思想异彩。

结 语

在《老》《庄》思想中，既有道、无、无为、清净、清净无为、自然、天道自然、逍遥、恬淡、虚无、谷神、玄门、寂寥、希微、抱一等等思想范畴，也有恶乎待哉（无待）、淡而无味、和光同尘、独觉冥冥、无私成私、虚极静笃、有名无名、方内方外、恍惚窈冥等哲学指向的句意，更有一气、野马、指马、交臂失之、不徐不急、藏山于泽、游刃有余、象罔得珠、凫鹤续断、郢匠挥斤、目击道存等特殊隐喻或典故。这些思想范畴、隐喻和典故，被大批通达《老》《庄》思想的佛学家，或用于佛典的早期翻译中，或用于诠释印度佛学思想，或用于阐述诠释者自己独创性（中国化）的佛学理解路向。有了这样的理论范式基础，在源源不断且浩如烟海的佛教典籍译介过程中，人们从陌生到熟悉，再到游刃有余，而后通过不同的形式创新发展，为中华文化大家庭增添思想异彩。可见，《老》《庄》思想为中印两种异质文化交流、碰撞和融合提供了思想质料，为两种古老文化遭遇而碰撞出新的思想火花提供了思想层面的现实可能，为外来优秀哲学文化融入中华文明大家庭发挥了巨大的作用。

① 吉藏：《中观论疏》第1卷，《大正藏》第42册，第4页上。

“三易”视野下的《易》《老》关系刍议

胡 宁*

内容提要：探讨《易》《老》关系，当在“三易”框架下，着眼于殷易《归藏》与《周易》两者。《老子》对前者的继承，不仅表现在对“雌”“柔”“母”等的反复强调，还表现在“道生一，一生二，二生三，三生万物”宇宙生成论方面，这在郭店楚简《大一生水》中得到了详细地阐述。《老子》对《周易》的继承，则不仅关涉多个具体卦象、卦辞，还表现为对以另一种“三易”即“变易、不易、简易”为标识的易学核心精神的承续。

关键词：“三易”《归藏》《周易》《老子》

从巫、卜到史、儒，这是中国文化理性化的发展历程，前辈学者多有言及。史的执掌中包括卜筮，《庄子·天下》篇云：“其明而在数度者，旧法世传之史尚多有之。”“数度”主要指卜筮之数。汪中说：“天地、鬼神、灾祥、卜筮、梦之备书于策者，何也？此史之职也。”[①] 龚自珍也说：“周之世官，大者史。史之外，无有语言焉；史之外，无有文字焉……易也者，卜筮之史也。”[②] 关于《易》《老》关系，学者也多着眼于《史记》所载老子“史”的身份，李镜池就说《周易》的“编著者是卜史……如后来的老聃为周柱下史……都是这一类人”。[③] 老子的身份其实不能说是史官，笔者在《老子论“学”之言与春秋晚期“不学”思潮》一文中有详细论述，[④] 此处不赘。尽管立论的基础有问题，将《易》与《老》联系在一起看，仍不失为一个好的研究视角，古来多有学者提出了具有启发性的见解。

---

* 胡宁，安徽舒城人，历史学博士，上海大学历史系副教授，硕士生导师，主要研究方向为先秦史。

① 汪中：《述学校笺》，李金松校笺，南京：凤凰出版社，2020 年，第 38 页。

② 龚自珍：《古史钩沉论二》，载《龚自珍全集》，上海：上海人民出版社，1975 年，第 21 页。

③ 李镜池：《周易探源》，北京：中华书局，1982 年，第 2 页。

④ 胡宁：《老子论“学”之言与春秋晚期不学思潮——道家思想来源与形成过程管窥之一》，《安徽史学》2022 年第 3 期。

《周礼·春官宗伯·大卜》中言及古有"三易":"掌三易之法，一曰连山，二曰归藏，三曰周易。""连山"与"归藏"分别是夏易、殷易之名。《老子》中确实能看到易学的影子，而且不仅有《周易》的影子，还有殷易《归藏》的影子，前辈学者已有论及，但结合郭店简本《大一生水》，从宇宙论角度阐论的尚罕见。至于着眼《周易》立论，可以发掘的亦尚多。笔者拟在这两方面略述拙见，以就教于方家。

一、与殷易《归藏》的关系

《易》有三，《周礼·春官·太卜》云:"掌三易之法，一曰《连山》，二曰《归藏》，三曰《周易》。其经卦皆八，其别皆六十有四。"金景芳先生认为老子"重母性"，"重柔弱"，是受殷文化影响，尤其受殷易《归藏》影响，《归藏》首坤次乾，与《周易》正相反，反映出殷道、周道的不同。他说:

> 关于殷道、周道这两个概念，在《史记·梁孝王世家》褚先生补编中也能看到。在那里，首先是窦太后和汉景帝说:"吾闻殷道亲亲，周道尊尊，其义一也。"以后，袁盎等解释说:"殷道亲亲者立弟，周道尊尊者立子……周道太子死，立嫡孙。殷道太子死，立其弟。"他们所谈的殷道、周道，主要是指君位继承制来说的。殷周二代为什么君位继承制不同呢？从他们用亲亲、尊尊来解释，可以看出，亲亲是重母，反映还存在母权制的残余；尊尊是重父，反映父权制完全确立。①

金先生此论可谓独具只眼。商代有较多的母权制残余，可以用甲骨卜辞证明。卜辞中出现了很多女性祖先的名字，他们受到隆重的祭祀，占卜内容涉及社会政治生活的方方面面，女性在商代还可以有自己的庄园乃至军队，政治参与度相当高，虽然不能说与男性并驾齐驱，其地位显然不是周代能比的。

结合《老子》中对"雌""柔""母"等的反复强调，说老子思想与"殷道"有很深的联系，应该没有什么问题。"殷道"主要被保存在春秋尚存的《归藏》(《坤乾》)一书中，可用孔子的话为证，《礼记·礼运》记孔子言:"我欲观夏道，是故之杞，而不足征也，吾得《夏时》焉。吾欲观殷道，是故之宋，而不足征也，吾得《坤乾》焉。《坤乾》之义，《夏时》之等，吾以是观之。"因此论《易》《老》关系，学者颇有着眼于殷易者，陈鼓应先生的观点可为代表:"《老子》中'阴'字一见，'雌'字二见，'牝'字五见，'静'字九见，'母'字五见。阴、雌、牝、静、母等字于

① 金景芳:《金景芳古史论集》，长春：吉林大学出版社，1991年，第384页。

《老子》中之习见并处于矛盾对立中的主导地位，这很有可能与老子对《易》的哲学思考有关，具体说，很可能老子所习的《易》乃是以‘坤乾’为序次的《归藏易》。”[①]

关于《老子》与殷易《乾坤》之间的关系，其实还可以从宇宙论方面加以阐述。《老子》四十二章：“道生一，一生二，二生三，三生万物。万物负阴而抱阳，冲气以为和。”若将这段话与《易传》的“易有太极，是生两仪，两仪生象，四象生八卦”相对照，应说两者有本质的不同，后者重在两分而前者重在浑一。那么，这种不属于《周易》系统的宇宙论当作何解呢？愚意以为此解就在郭店楚简本《老子》前的《大一生水》一文中，此篇学界一般认为是关尹的著作，依据在《庄子·天下篇》，其中论“关尹、老聃”一派，有“建之以常无有，主之以太一”两句，常、无、有皆习见于《老子》，“太一”则不见，故学者认为应是关尹著作中的主要范畴，“大”“太”古通用，《大一生水》简又与《老子》简相连，自然就被视为关尹的著作。《天下篇》是将关尹、老聃视为一个整体加以论述的，两者思想必极相近。此文第一段云：

> 大一生水，水反辅大一，是以成天；天反辅大一，是以成地；天地【复相辅】也，是以成神明。神明复相辅也，是以成阴阳。阴阳复相辅也，是以成阴阳。阴阳复相辅也，是以成四时。四时复相辅也，是以成沧热。沧热复相辅也，是以成湿燥。湿燥复相辅也，成岁而止。[②]

“大一”即《庄子·天下》篇“主之以太一”之“太一”，绝非如某些学者所言是惠施“至大无外，谓之大一”（《庄子·天下篇》）的“大一”，惠施的“大一”是逻辑学、数学概念，“大一生水”的“大一”是宇宙的本体，不可混为一谈。今本《老子》中无“大一”一语，只有“一”和“大”。二十五章：“有物混成，先天地生。寂兮寥兮，独立而不改，周行而不殆，可以为天下母，吾不知其名，字之曰道，强为之名曰大。”“大”正应读为“太”，是“道”的一个名称，指从“本原”的意义而言的“道”。三十九章：“天得一以清，地得一以宁，神得一以灵……”“一”也是“道”的名称之一，指从“万物共同本质、本性”的角度而言的“道”。将“太”与“一”结合起来，恰能将宇宙本体表达出来。因此“大一”或言“太一”也就是老子所言的“道”，它不仅是宇宙的初始，也是万物的统一。

此文道段所表达的宇宙论可分为三个阶段：一、“大一生水”；二、“反辅”阶段；三、“相辅”阶段。“水”首先从“大一”中产生出来，表明水与大一具有直接

---

① 陈鼓应：《道家易学建构（增订版）》，北京：商务印书馆，2010 年，第 15 页。

② 李水海：《关尹其人暨〈大一生水〉研究》，西安：陕西人民出版社，2016 年，第 16 页。

同一性，故第二段言“天地者，大一之所生也。是故大一藏于水……”“水反辅大一”“天反辅大一”用“反 ”而非如下文用“相 ”，说明水与大一、天与大一都不是处于同一层次上的对立面。水、天、地实际上都是大一的产物，但产生的先后不同，而且先产生者对后产生者的产生起作用。尽管严格地讲水、天、地也不是处在同一层次上的，但我们可以近似地将“反辅”阶段的每一环节视为对立一方经由“大一”而产生出它的对立面。这样，“天”就与“水”“地”皆构成对立关系，这就决定了“水”与“地”具有某种共同的性质。前面已经讲过，殷易《归藏》首坤次乾，故又名《坤乾》。按《周易》的说法，坤之象为地，但坤并不就是地，而是地之道，如同乾之象为天，但乾并不是天而是“天行”一样。天之行以日月星辰，地之行则以河流，《帛书周易·二三子问》：“圣人之有□也，犹地之有川浴也，财用所自出也。”日行自东向西，水行自西向东，正相对。因此，坤之象也是水。帛书《周易》的坤卦作“川”，就是证明，《说文》：“川，贯穿通流水也。”殷易首坤次乾，不是将地置于天前，而是将水置于天前，《大一生水》正是如此的，且《归藏》之名亦疑与“大一藏于水”有关。殷人重卜，尤重卜旬，以十日为一周期，而此文中从“大一”至“岁”恰为十个阶段。让我们再回到数至“三”而止，《老子》中的“三”所对应的应该就是“水”“天”“地”三者，有了这三者，宇宙就形成了，万物的产生已具备了条件。凡此诸端，皆说明《老子》与《大一生水》中的宇宙生成论源自殷易《归藏》。

“相辅”阶段是现实世界的运行模式，从现象的整体而言，这种运行即是“岁”，而运行的根源（就本阶段而言）是“阴阳”，至于“神明”，愚意以为是在反辅阶段与相辅阶段之间设置的一个神秘屏障，表示阴阳二气未生之前的状况和过程是不可思议的，或用老子的话来说是“不可致诘”的。阴阳、四明、沧热、湿燥都是对立面的统一。也就是说，世界是以对立统一的方式存在和运行的，这在《老子》中被反复言及。

在“相辅”阶段，“大一”的存在是隐性的，其载体是“水”，其表现是以时令更替为主要标志的自然规律。《大一生水》又曰：“是故大一藏于水，行于时，周而或（始，以己为）万物母，一缺一盈，以己为万物经。”[①]“能缺能盈”显然是月的形象，则此处将水与月视为一体的关系，《淮南子·天文训》中说：“积阴之寒气为水，水气之精者为月。”其远源当在此。月之盈缺体现了宇宙之道，故云“为万物经”。这个宇宙之道或言自然规律是什么呢？就是“天道贵弱”，即“缺成者，以益生者。伐于强，资于弱”。熟读《老子》的人对这样的话应该不会感到陌生，老子正是将“柔弱

① 李水海：《关尹其人暨〈大一生水〉研究》，第16页。

胜刚强”，“损有余而补不足”视为“天道”——自然规律的，这也正是《归藏》首坤次乾所表达的核心精神。

二、与《周易》的关系

以上通过对《大一生水》一文的分析，将殷易与《老子》从宇宙论乃至整体精神上联系起来。但《归藏》早佚，今存者只有《周易》。谈论《老子》与《易》的关系能不能用《周易》中的材料呢？能。一是老子本人毕竟曾在周王朝任职，不能完全不受周代官学的影响。再者殷、周二《易》本即有承续关系。《周礼·春官宗伯·大卜》言三易“其经卦皆八，其别皆六十有四”，则卦数相同。古籍中所记《归藏》卦名，有一些与帛书本《周易》相同或类似，与今本卦名可通假，则卦名应无大差异。王锦民先生依据出土与传世文献材料，对殷、周二《易》的关系有详细的论述，兹摘抄于下：

> 从考古资料中我们发现这种情况，在文王的时代，东方的殷人的易已经普遍采用了重卦筮法，而西方的周人的易还在使用比较落后的单卦筮法。周人采用重卦筮法可能自文王始。文王在殷事纣王，后又为纣王囚于羑里，先后在殷多年。在殷期间，文王学会了殷人的重卦筮法，并借鉴殷人的重卦筮法将周人旧有的单卦革新为重卦，这就是文王重卦说的真相……筮与辞总是要先筮后辞，文王创立新易后，必须运用一个时期才可能积累足够的筮辞，而在此之前用作占筮参考的只能是以往殷人的占筮材料……在周人自己的筮辞积累到足够的数量之后，封辞、爻辞的编纂者开始尽量选用周人自己的材料，但仍有不少殷人的筮辞保留在定本的卦辞、爻辞中。比如《周易》乾卦的爻辞，描述龙的运动变化，近人高文策认为乃是记录殷人所观测到的星象，龙的运动变化实际上是“角—心—箕”星团一年中的运行情况。高氏试图证明，这样的星象记录只能是在殷末安阳地区观测的结果。如果高文策的考证是正确的，那么乾卦的爻辞即是取自殷人。此外《周易》大壮卦云“丧羊于易”，既济卦云“高宗伐鬼方”，泰卦与归妹卦云“帝乙归妹”，等等，均是可以考知的殷人故事，这些爻辞也是取自殷人。[①]

可知周易筮法仿效殷易，筮辞亦多采自殷人。周易与殷易尽管有种种不同，如卦爻辞、卦序、占用七八、九六等，但周易对殷易的继承是明显的、深入的、全方

① 王锦民：《古学经子：十一朝学术史新证》，北京：华夏出版社，1996年，第187页。

位的。这样看来，我们虽无《归藏》可资参考，以《周易》为资料亦未尝不可。况且老子为周史，没看过《周易》是说不过去的。三易各有其时代特色而又承接贯通，应该说老子继承的是大的易学传统。

《周易》有经、传，传的成书时代晚，不能单独使用。我们应立足于经，从象、辞中探究其反映的哲学思想，参照传中相关章句，才能探究《老子》的易学之源。从“象”来看，阳爻和阴爻是基本符号，代表万事万物的六十四卦皆由此构成，这本身就表明了对立统一的思想，而对立统一规律的阐述也正是历来读《老子》者最容易注意到也最常谈论的。六十四卦每一卦都是内在联系，而《老子》中关于“一”的论述也正是说明“事物普遍联系”的观点。《周易》中两卦为一组，其关系可分为两类：一类六爻次序完全颠倒，一类六爻阴阳完全相反。两卦的意义或表示的事物也具有相对性。这就表达了对立双方相互转化的普遍性和转化形式的多样性。这种思想在卦爻辞中也多有表现，如“小往大来”（泰）、“大往小来”（否），“无平不陂，无往不复”（泰），“先号而后笑”（同人）、“先笑后号 ”（旅）等。而且《易》为占卜之书，所据以占卜的，就是爻的阴阳转变，也就预示了吉凶的相互转化。老子总结继承了这一思想，将“反”作为一个普遍规律。他说“反者道之动”（四十章），又说“玄德深矣，远矣，与物反矣，然后乃至大顺”（六十五章）。《老子》中关于对立面转化的文字俯拾皆是，如“祸兮福之所倚，福兮祸之所伏”（五十八章）、“正复为奇，善复为妖”（同上）、“将欲废之，必固兴之……”（三十六章）、“曲则全，枉则直……”（二十三章）。正因认识到对立转化规律，老子试图找到防止好的一方向坏的一方转化的方法。孙以楷说：

> 比如为了防止荣耀而向耻辱转化，就必须有意识地据守耻辱一方；为了防止白向黑的一方转化，就必须以黑的形式出现；为了防止雄健的本质转向雌顺，就必须以柔顺的姿态出现。这就是著名的守柔原则。老子的这一认识可能得益于对《易经》卦体构成的研究……第一,六十四卦中凡上卦是阴卦者，多为吉卦；凡上卦是阳卦者，多为凶卦。这表现了柔弱处上刚强处下则吉的思想。第二……阳卦多阴爻，阴卦多阳爻，这表明《易经》作者具有一种以反成正的思想，或者说知其阳守其阴，知其阴而守其阳。这些正是老子柔弱胜刚强……的认识来源……老子赞美婴儿之柔，是充满阳气之阴柔。老子从不赞美老弱，因为老弱是阳气将尽，生命力衰竭之弱。所谓“坚强者死之徒，柔弱者生之徒，”这里的坚强，是指衰朽将死之物。所谓“贤强处下，柔弱处上”，正是对吉卦的描述。[①]

① 孙以楷:《老子通论》，合肥：安徽大学出版社，2004 年，第 296 页。

事物的普遍联系，对立面的相互依存和转化，这些认识成果，从《易》到《老》是一脉贯通的。

更为重要的是《易》《老》在事物循环运动方面的相通。《易经》中初爻为阳，上五爻为阴的卦叫“复”，这一卦象本身即可说明：尽管帛书《周易》晚出，但将六十四卦排列或几组周而复始的顺序是内在于《周易》的一种“易之义”，《周易》本就将事物的运动变化视为循环往复的过程。老子同样如此，他说：“万物旁作，吾以观其复。夫物芸芸，各复归其根，归根曰静，静曰复命，复命曰常。”（二十五章）老子认为循环运动是永恒运动，万物皆自“道”出，终将复归于“道”，这是恒定不变的，故曰“常”。

《复》卦的卦爻辞对我们理解《老子》也有帮助，抄录如下：

> 复，亨。出入无疾，朋来无咎。反复其道，七日来复。
>
> 初九，不远复，无祇悔，元吉。
>
> 六二，休复，吉。
>
> 六三，频复，厉，无咎。
>
> 六四，中行独复。
>
> 六五，敦复，无悔。
>
> 上六，迷复，凶。有灾 。用行师，终有大败，以其国君凶。至于十年，不克征。

先看爻辞，“不远复”为“元吉”（大吉），因其“无祇悔”，《老子》云“其出弥远，其知弥少。是以圣人不行而知，不见而名，不为而成”（四十七章），复归其本心本性也。“休复”亦“吉”，因其见好就收。《老子》云：“功成而不居。夫唯不居，是以不去。”（二章）“频复”则“厉”，但毕竟可复，故“无咎”。“中行”则“独复”，似叹世道。《老子》云：“既知其子，复守其母。”（五十二章）“我独异于人，而贵食母。”（二十章）“迷复”则“凶”。《老子》云：“复命曰常，不知常，妄作，凶。”（二十五章）凡此皆对应相通。

《易》中尚有一卦，实为《老子》中诸多观念之源，即谦卦。张舜徽说：

> 六十四卦中，惟谦卦六爻皆吉。《象》曰：“君子以裒多益寡，称物平施。”《彖》曰：“天道下济而光明，地道卑而上行。天道方盈而益谦，地道变盈而流谦，鬼神害盈而福谦，人道恶盈而好谦。谦尊而光，卑而不可逾，君子之终也。”此即其大义所在。而初六象辞：“谦谦君子，卑以自牧也。”九三爻辞：“无不利，

> 谦。"盖谦之为德，法天道之下济，地道之上行。上行下济，以称物平施。故亏盈、变盈、害盈、恶盈，所以裒多也；益谦、流谦、福谦、好谦，所的益寡也。谦受益，满招损，斯不易之道矣。……古书中阐发谦德之美，未有逾于《易》者。[①]

老子说"天之道，损有余而补不足"（七十七章），认为"持而盈之，不如其已"（九章）、"欲上民，必以言下之；欲先民，必以身后之"（六十六章），主张"功成身退"（九章）、"不敢为天下先"（六十七章）。处处贯穿着谦的精神、慎的态度，应该说是对谦卦之理的继承和发扬。

特别值得注意的是，《老子》第四十一章有引用"建言"的一段话，可以作为《易》《老》相关的直接证据，原文为："是以建言有之曰：明道若昧，进道若退，夷道若类。上德若谷，大白若辱，广德若不足，建德若偷，质真若渝。大方无隅，大器晚成，大音稀声，大象无形。道隐无名。夫唯道，善始且善成。"

"是以建言有之曰"显然为引文开头，则"建言"当为书名或篇名。是什么性质的文字呢？文中有"建德若偷"一句，俞樾说："'建'，当读为'健'，《释名·释言语》曰：'健，建也，能有所建为也。'是建、健音同而义亦得通。'建德若偷'，言刚健之德，反若偷惰也。正与上句'广德若不足'一律。"[②]《周易》有乾卦，《说卦传》："乾，健也。"高亨注："乾为天，天道刚健，故乾为健。"[③]《象传》亦曰："天行健，君子以自强不息。""乾"与"健"皆群纽元部字，仅音调不同，可通用。既然"建德若偷"的"建"读为"健"，同在一段之中，"建言"之建亦当读为健，建言即健言，也即乾言，当为解易之书，解说的是乾卦易理（类似《文言传》上篇）。乾卦全阳，乃进取之象、刚健之德，但爻辞中多谦下戒慎之语，"潜龙勿用"不正是"建德若偷""大白若辱"吗？"君子终日乾乾，夕惕若"不正是"夷道若退"吗？"飞龙在天"不正是"大器晚成"吗？"亢龙有悔"不正说明"道隐无名"吗？其实也无须一一对应，只要认真体会，爻辞与《建言》在整体精神上的一致不难看也。顺便提一句，乾卦用九："见群龙无首，吉。"《象传》："用九，天德不可为首也。"天体运行无始无终，《老子》中关于循环运动的观念与此有关、"不敢为天下先"（六十七章）的政治主张和"小国寡民"的社会理想，恐亦脱胎于此。前已言之，《周易》乾卦爻辞乃取自殷人，无论从殷易还是从周易，抑或从总的易学传统来看，此处所引《建言》都应与《周易》乾卦之辞有关。

---

① 张舜徽：《旧学辑存》，武汉：华中师范大学出版社，2007年，第539页。

② 俞樾：《诸子平议》，北京：中华书局，1954年，第152—153页。

③ 高亨：《周易大传今注》，济南：齐鲁书社，1979年，第616页。

总的来说，易之义有三：变易、不易、简易，这也可称为“三易”。《老子》正是在“夫物芸芸”（变易）中求其“常”（不易），因循“甚易知，甚易行”（简易）的大道，以得其安身立命之所。《老子》继承易学，在于内在精神、整体思路，非仅一言一句或某个方面也。第二章曰：“故有无相生，难易相成，长短相较，高下相倾，音声相和，前后相随。”一切都是相对的，而相对本身是绝对的，一切都在变易中，而变易本身是不变的。“常道”之所以不可道、不可名、不可知，就因为物是无常的，而识知言语是因物而生的。第二十九章曰：“天下神器，不可为也。为者败之，执者失之。故物或行或随，或嘘或吹，或强或羸，或挫或隳。是以圣人去甚，去奢，去泰。”神，变幻莫测也，《易传》“神无方而易无体”，“夫天下，神器也”，即天下万物变化无方。故后文说：“故物，或行或随，或嘘或吹，或强或羸，或培或隳。”情况复杂，变化不已，若以有为治之则顾此失彼，疲于奔命，故曰“为者败之，执者失之”，当以自我调整为主，以不变应万变。“五千言”中像这样浸透了“三易”精神的地方可以说到处都是。

三、结语

考其人，论其书，说《老子》是易学传承的一个环节并不为过，魏晋玄学《易》《老》并称实非无因。宋人高似孙著《子略》，论老子始于论易，精采之至，姑抄其文其文前半结束本文：

> 卦始于庖牺，重于文王，成于孔子，天人之道极矣。究人事之始终，合天地之运动，吉凶悔吝，祸福兴衰，与阴阳之妙，迭为销复，有无相乘，盈虚相荡，此天地之用，圣人之功也。《易》有忧患，此之云乎。《书》纪事，《诗》考俗，《春秋》以明道，《礼》、《乐》以稽政，往往因其行事，书以记之者也。《易》之作，极圣人之蕴奥，而天下无遗思矣。《老子》之学，于道深矣。反覆其辞，钩研其旨，其造辞立用，特欲出于天地范围之表，而道前古圣人之所未道者，然而不出于有无相乘、盈虚相荡之中。所谓道者，盖牺皇之所凿，周、孔之所贯，岂复有所增损哉。①

---

① 高似孙：《子略》，张艳云校点，沈阳：辽宁教育出版社，1998年，第44页。

《道德经》及道教的天象渊源试探

——以拱极星象为中心

易　宏*

内容提要：“推天道明人事”是公认的道家道教特点，而天道又多被以堪称无不自带时空信息的星象来呈现。于是借助天文考古探查《道德经》及其他道经所见天象的出现年代，可进而推知相关事象或意象的缘起时间。据“圣人抱一为天下式”文所载太一星象，可推定有关意象可能源于大约4500年前。《道藏》所收《北斗经》等多种道经所记北斗六开阳又名北极（星），实为约6000年前北极星象，是古人据此认定北极并以开阳为北极星的记述和传承。对有关发现的考辨、释疑和确认，把有文字记载且可考的中华文明史前推上千年，为天文学及华夏文明和人类文明的起源探索找到了新的远古支点。柿子滩岩画所示可能是古人在10000多年前认七公星官等为群极星并以之为至上神祭祀的场景，甚至可能还是后世道教踏罡步斗之祖形。自约21000多年前开始的约六七千年间，可见天汉银河通极中天过顶壮观景象，很可能是水源北方、水几于道、南北中轴线崇拜等诸多不限于道家道教的意象的取象来源。“龙汉开图”、“赤明启运”、大火授时等等，可能也都萌芽于那个年代。探明这些，对中华文明探源，华夏文化寻根，不忘文明初心，讲好中国故事，具有重大意义。这些，是道教对中华文明和人类文明的重要贡献。

关键词：道教天文考古　中华文明探源　开阳北极　河汉经天　龙汉开图

一、引言

北极[①]、太一、道与太极，这几个分属于科学、宗教、哲学乃至巫术领域的基本

---

* 易宏，北京独立学者，哲学博士，高工。

① 汉语“北极”一词，最初只是天文概念，指北天极，西方地理学传入之后才落地。赤道、南极亦然。若无特别说明，本文所称北极、北天极等，皆指天球赤道北极。

概念，在先秦时期，是可以相互替换和诠释的。有关这些，葛兆光[①]、李零[②]等学者早已注意到并做详细考证。王卡先生也曾言："天道信仰是中国传统文化的核心。"[③]这说明，道，这一概念的形成，不仅有身体特别是生殖渊源[④]，而且还有天象渊源。

天道通过星象来显现，天道信仰通过星象崇拜来表现。华夏星象崇拜，又以北极星和北斗、过极天汉银河等拱极星为中心（参见图 1）。

拱极星，通常指北天极附近的星。显然，这是一个认识到北天极的存在之后的概念。通极银河、北斗、北极星以及其他拱极星，都不是北极本身。如果把北极比作月，那么，帮助人们辨认北极或寄托人们的北极崇拜的任何星，都只是指月之指，而非月本身。当然，如同今人以都城喻政权一样，古今中外，类似以指月之指代称月，乃至误以为指即月的现象，也并不罕见。

图 1　北京天坛祈年殿前仰望北天拱极星轨（于汝文 / 摄），其中北极不免给人"渊兮似或存"的感觉。

① 葛兆光：《众妙之门——北极与太一、道、太极》，《中国文化》1990 年第 3 期，第 46—65 页。

② 李零：《"太一"崇拜的考古研究》，见于氏著《中国方术续考》，北京：中华书局，2006 年 5 月，第 158—181 页。

③ 王卡：《天道信仰是中国传统文化的核心》，https://zhuanlan.zhihu.com/p/408770796。

④ 易宏：《道脉"真"源略探》，收录于中国道教协会编《行道立德 济世利人·第三届国际道教论坛论文集》，北京：宗教文化出版社，2014 年 11 月第 1 版，第 654—660 页；《"真""道""人""身""德（得）""大""天""地"——道家道教几个核心概念的身体渊源略探》，《东方哲学与文化》第一辑，北京：中国社会科学出版社，2019 年 9 月，第 114—138 页。

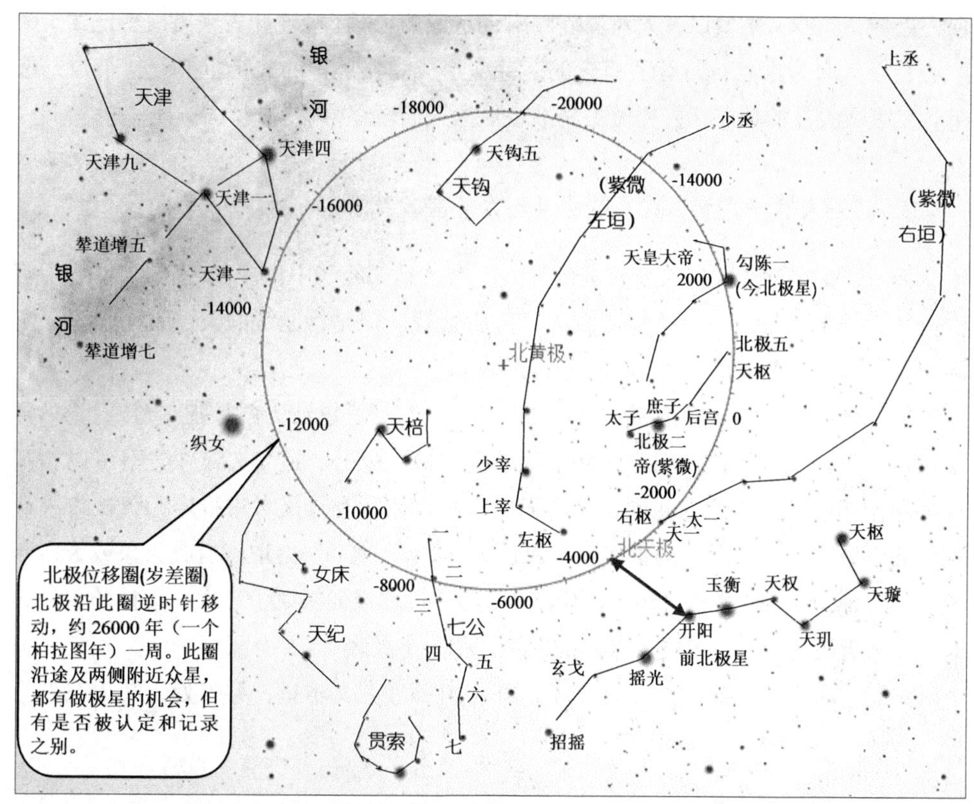

图2 北天极在岁差圈上的移动与北极星的变化示意图（取BC4001年秋分初昏星象）

在认识到北天极的存在之前，先民观星，虽然没有专门观测拱极星的意识，但会逐渐注意到，有些星终年每天整夜一直高悬天空，不落入地平线，于是对这些星给予较多关注。从效果上讲，这也就是以拱极星为重点进行了实际观测。

作为空间坐标意义的北天极，不论人们是否认识到，它是客观存在的。而且，由于一种被称作岁差的天文现象，如图2[①]所示，北极的位置不是固定不变的，而是以大约26000年的周期围绕黄极旋转（南极同）。也就是说，北极移动到一颗较亮星附近并以之做北极星时，北极星就比较亮，容易被找到；移动到一颗较暗星附近并以之做北极星时，北极星就不容被观测到；北极移动到附近无可见星天区时，也就没有北极星。北极星的这种时明时暗、时隐时现，似乎也是一种“忽兮恍兮”“恍兮忽兮”。

天道说，或天、道相通说，是从其源头上成立的。对相关概念之间关系的考察，

① 作者据自由软件Stellarium（虚拟天文馆）生成BC4001年秋分日20时的图后描绘并加注而成。岁差圈沿途所示数字为天文年代。“0”和“-”号表示BC（n+1），其他直接对应AD年代。

前人已详备。本文主要以古人对岁差圈附近星象的记载[①]（亦即古来拱极星记述）为中心，以天时为重点，对有关概念的萌芽、形成和发展中的几个重要年代节点，按笔者发现或关注的顺序，择要做更精准、更深入而较综合的考察。[②]

二、“圣人抱一为天下式”的北斗与太一星象渊源

天，以单字词或加后缀复合词的形式，在《道德经》中出现 90 多次，在五千言中占比近 2%。可见，《道德经》重天，毋庸置疑。但是，笼统的天，大而无当。实际观天，得“为大于其细”，从星星点点做起。

《道德经·二十二章》所言“圣人抱一”之“一”，就认为就是指“道”，未见异议，作“太一”解，也没问题。基于对前引北极、太一、道与太极在先秦可以相互替换和诠释的考察结论的认同，结合天上有可据名称和天文考古推定为曾被古人认定的北极星——太一星[③]的事实，可以认为，“圣人抱一”之取意有其天象或天启渊源。其时，当不晚于距今 4500 多年前太一星迎近北极而被赋予“太一”神圣名号之时（稍早近极的天一，可视作太一的同义别称，参见表 1）。

至于“天下式”之“式”这个字，在《道德经》文本里，共五处，其中三例为

---

① 基本预设：在我国历史上，虽然有东晋天文学家虞喜（281—356）独立发现冬至点每岁西移，即所谓岁差，但其值同近现代科学计算值相差大。至于虞喜之后的中国古代天文学家，甚至有李淳风等反对岁差说，支持岁差说者也各有不同计算结果。又，祖暅（祖冲之之子）在公元 6 世纪初注意到当时的极星（北极五，纽星）并不在北极点上，而是相差 1 度有余。但星极不同位与二者之间角距的变化长期没被同岁差相关联，甚至被认为是观测不精准。国人科学的岁差概念，到明朝才开始建立。因此，后人根据岁差原理篡改曾经的极星的有关记载或其在星图中位置的情况，应当可以不考虑。正如冯时先生言：“……岁差发现之后的伪造或误记，那是完全不能令人相信的。”（冯时：《中国天文考古学》，北京：中国社会科学出版社，2007 年 1 月，第 219 页）

② 此前相关研究参见拙文《华夏天道信仰和道家思想萌芽与初成的几个节点略探——以拱极星为线索》，第四届昆仑高峰论坛暨老子道学文化研究会 2019 年年会论文集，兰州，2019 年 9 月 21 日，第 43—55 页，集刊《东方哲学与文化》通知收录；《上天作证，有文可考华夏文明史提前上千年——道经载北斗六开阳又名北极所示 6000 年前星象的意义略谈》，《中华文明》2020 年第 1 期，第 107—120 页；《蹑天纪拜七公——柿子滩万年前岩画禳星场景或为道教踏罡步斗祖形》，《恒道》2020 年第 1 期·春季号，第 24—33 页；《道教天文考古尝试与道教天文学传承略谈》，连载于《弘道》2020 年第 1 期第 14—26 页和第 2 期第 14—20 页；《同天共地——天道信仰视域中的人类文明起源与发展略探》，《中华文明》2021 年第 2 期，第 149—193 页；《洞渊神咒斋仪考论——缘敦煌本〈太上洞渊三昧神咒大斋仪〉考察并探相关天文意象与实象》，道教思想与文献学术研讨会，2021 年 10 月，中国社会科学院道家与道教文化研究中心·北京恒源祥大厦；《道经所记北斗——北斗星象的天时与文明史意义略说》，《弘道》，2022 年第 3 期，第 22—33 页。相关研究，会在相当长一个时期里呈现既有发现论证不断完善和新发现不断涌现的持续进行状态，欢迎指正并共举。

③ 太一作为星名指北极星。北极星不唯一，太一星也不唯一。本文太一星所指如图 2，但不太执着。

第二十二、二十八章的“天下式”，另两例为第六十五章的“稽式”。[①] 其异同微妙，虽有待详考，但可基本确定，都同占式之“式”不无关联。特别是“天下式”之式，或较多取意于可被认为是宇宙模型的占式之式。[②]

图 3　出土汉式举例：左，安徽阜阳出土西汉初汝阴侯漆木式（“太一九宫占盘”）天盘；中，故宫博物院藏西汉末象牙式天盘；右，甘肃武威出土西汉末漆木式。

说到式，在汉语里，单用一个式字指称的器物就是占式。如图 3[③] 所示，见存汉式天盘中央的北斗图样，中心点都取在玉衡或权衡之间。显然，这并不是天枢为北斗七星中最近极星的秦汉星象的直接应用。若拟斗勺状司南（如果有的话），旋转中心似当在天玑或璇玑之间。因此，可以推定，对于尚不知岁差并推算北极点移动轨迹的古人来说，不大可能放弃当时实际所见天象不用而倒推做古，而只能理解为人们对开阳、玉衡、天权接近北极时代的天象记载和相关应用传承。特别是玉衡、天权二星的名称，可能也有造式渊源。

再者，在见存 8 件出土古式的 7 件六壬式中，其天盘中的北斗星象除 1 件定枢于玉衡天权间之外，其他皆定轴于玉衡。如此定枢轴，不合北斗—天枢在北斗诸星中最近北极的汉代北斗—北极星象。笔者认为，那实为玉衡被认作北斗诸星中最近极星时的天象。其时，大约在距今 5000—4000 年之前。进而推定，见存古式大约成型于距今 4500 年左右之前（和太一星近极年代大致相当）。这个年代，大致对应传说中的黄帝[④]时代。由此可见，关于黄帝等古帝的传说，当非完全虚构。“权衡”之说，以及人们的重视，可能也源于此。

① 相关《道德经》经文是：“是以圣人抱一为天下式。”（第二十二章）“知其白，守其黑，为天下式。为天下式，常德不忒，复归于无极。”（第二十八章）“民之难治，以其智多。故以智治国，国之贼；不以智治国，国之福。知此两者，亦稽式。常知稽式，是谓玄德。”（第六十五章）

② 李零：《中国方术正考》，北京：中华书局，2006 年，绪论、第一章、第二章；《人往低处走·〈老子〉天下第一》，北京：生活·读书·新知三联书店，2016 年重印，第 100 页。

③ 三幅式图，采自李零著《中国方术正考》，北京：中华书局，2006 年，第 70—74 页。

④ 三皇五帝等，可能实为上古信息记忆高度压缩标识，天文考古或为解压缩有效途径。

古式（特别是太一式）的存在，显示着“圣人抱一为天下式”绝不只是文字演绎，而是蕴含着源自远古的族人宇宙观或天道观。也许还可设想，老子，对式很熟悉，甚至可能就是《北斗经》（06/102，经在《中华道藏》册数 / 册内号，下同）中的开阳—北极等古星象和式法的重要传人。[①]“为天下式”之前提“知其白,守其黑”，或许也缘自昼夜观天象。

又鉴于棋局、博局，很可能和式同源。[②]《资治通鉴·第三十九卷·汉纪三十一》也有“天文郎按式于前，莽旋席随斗柄而坐”之说。据此，将《北斗经》中的老君高座“玉局”，解读为（天下）式，似更通文脉或道脉。如是观之，“惚兮恍兮”，自远古，经老圣，及至后世高道（如《北斗经》首传者等），“恍兮惚兮”，或有一条观天司星修道传承脉络。河南鹿邑老君台和商丘阏伯观星台的相似，可能也暗示着类似传承。早期高道，恐多为被迫和少数主动离开权力中心的司星世家后裔。“推天道明人事”“蔽于天而不知人”等古传对道家的描述或评判，不论褒贬，也都抓住了天道特征，皆有所当。

三、道经所记“北斗第六北极”（星）之类实为约6000年前北极星象

华夏传统文化的核心是天道信仰，族人天道信仰的核心则是北极崇拜。而北极并非实体，只是人们认识中由模糊到清晰、由宽泛到聚焦的北方天空中的一个点。作为其有形象征的北极星，也是由星群（或称星官或星座）到单星。不论精确程度如何，单颗北极星的认定，才可以说是北极点的确认。

“斗极”[③]之说的存在与流传,或可视作古人曾把北斗整体视作极星（姑且称此类非单极星为群极星）的例证。但是，见存相关文献传世当时并非所记星象可见的年代。对此，天文学家伊世同先生和被誉为中国天文考古学开创人的冯时先生等学者，早已借助天文考古方法的考定：

> 约五千年前，开阳（北斗六·ζ UMa）距北天极最近（角距≈10°），可视为当年的极星……六七千年前，北斗本身就是天极的象征，也是天极（天帝的）

① 仅就众所周知的老孔身世相比较，老子比孔子了解并传承更多的古代天文及相关知识，也在情理之中。

② 李零:《中国方术正考》，北京：中华书局，2006年，第132—139页。

③ 桓谭（约BC23—AD56）《新论·离事第十一》曰：“……天之卯酉，当北斗极。北斗极，天枢，枢，天轴也；犹盖有保斗矣，盖虽转而保斗不移。天亦转，周匝，斗极常在……”此为“斗极”说见存最早文献，但此“斗极”究竟是北斗与北极合称还是以北斗整体为北极星，或即指北极，尚存异说，本文存而不论。

崇拜者、保卫者，具有多重身份……[①]

计算表明，约公元前3000年前，北斗的第六星开阳（ξ Ursa Major）距天北极约有10度的角距离；公元前4000年前，北斗的第六星开阳和第七星摇光（η Ursa Major）距天北极均约13度。很明显，北斗七星作为一个完整星官，去当年真天极的距离已十分接近，这意味着北斗不仅完全有理由充当过当年的极星，而且也是惟一有资格成为极星的星。[②]

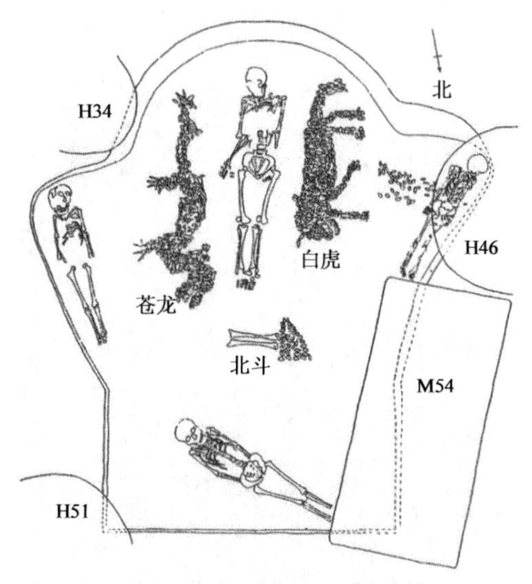

图4　河南濮阳西水坡45号墓平面图

确定古人以北斗整体为北极星的年代当在距今六七千年前，而且可以北斗六开阳为北极星的年代在距今约五千年前。伊冯两位之所以能据天文计算确定古人以北斗整体为北极星当在六七千年前，是由于既有"斗极"说文献线索，又有西水坡45号墓(参见图4[③])的天文学考察[④]和碳14年代测定[⑤]。不确定开阳是否曾在约5000年前被认作北极星，则是由于极星并非天体本身存在或运行的客观需要，而是一个天体在人们宇宙观中的一种呈现。因此，一颗星在时空上具备做极星的必要条件之后，

① 伊世同:《北斗祭——对濮阳西水坡45号墓贝塑天文图的再思考》,《中原文物》1996年第2期，第22—31页。其中和下引冯时先生文所示年代数据，同笔者据Stellarium所得相比，不尽相同，也许是由于工具或判据差异，但不影响基本结论。

② 前引冯时《中国天文考古学》第133—134页。

③ 前引冯时《中国天文考古学》第375页。

④ 冯时:《河南濮阳西水坡45号墓的天文学研究》,《文物》1990年第3期，第52—60、69页。

⑤ 濮阳西水坡遗址考古队,《1988年河南濮阳西水坡遗址发掘简报》,《考古》1989年第12期，第1057—1066页。

能否成为实至名归的极星，取决于它是否被人们认定并命名。亦即，北斗七星中曾经离北天极最近的那颗星，虽然的确是第六星开阳，但很难从这个常见名称上看出它有过担当北极星这一神圣职位的履历。

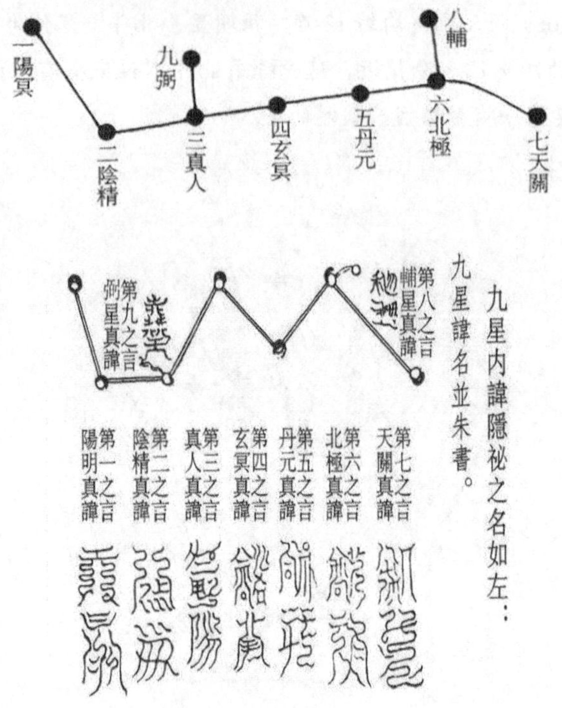

图 5　上，《洞真太上八素真经精耀三景妙诀·服北斗九星法》（01/015）图；下，《上清曲素诀辞箓·上清河图九皇宝箓》（01/054）九星内讳。

不过，令人振奋的是，笔者注意到，在《道藏》中，有据称出于东汉永寿元年并以《北斗经》之简称著名的《太上玄灵北斗本命延生真经》，载有“北斗第六北极武曲纪星君”之说；也有如约出于东晋南朝的早期上清派经典《上清河图内玄经》（02/006）载（北斗）“第六北极星，玉皇北晨飞华君。阊阳星，此北极魄灵也”之类，直接说北斗第六星就是北极星的道经；还有，约出于东晋南朝的《洞真太上八素真经精耀三景妙诀》（01/015）、《洞真上清太微帝君步天纲飞地纪金简玉字上经》（01/020）、《上清曲素诀辞箓·上清河图九皇宝箓》（01/054）等道经，以星图明示北斗第六星为北极（星）（参见图 5[①]）。

笔者认为，道书中的这些将北斗第六星同北极或北极星直接关联同位或同称的

① 在同一视角或画面上呈现北斗和二十八宿时，需将其中之一画作不同于平常分别实见的方向，容易理解。可是，此处上下两北斗星象，虽然均为单独呈现，但却皆为地上不可实见之镜像或背像，道经中多如此，山东嘉祥东汉武氏墓祠“斗为帝车”星象图亦如此。

说法，应当是源自数千年之前的星象观测记忆经长期口耳相传之后的文字化①记述。除非古人已知岁差（圈），否则不可能出自数千年之后的想象或追认。特别是“北极（星）”这样有明确空间位置对应的标签，不可能随便乱贴并获得广泛而长久的认可。②冯时先生也明确指出：“岁差发现之后的伪造或误记，那是完全不能令人相信的。”③还说：“古代文献文本的晚近并不等同于其所记载的观念的晚近。”④早已不合天象的“斗柄东指，天下皆春……”（24/009）说，时下仍在流行；千年前的田园风光仍会经常出在现当今画家笔下……这和道经里出现远古星象实为同类文化现象，或为吾族文化特征之一。⑤甚至如图16所示，北斗卫星导航系统LOGO里的北斗星象，实际已经不可能出现在正北方，因此，那个北斗星象，与其说是取自当今人们所见，不如说取自中华民族集体记忆。

或因堪称“定极开阳6000年”的这一发现太过出乎人们的意料之外，有师友善意提醒，道经记载的证据力度或许不够，最好能找到更多证据，特别是藏外证据。对此，我衷心感谢并高度重视，但或因我文献功夫不够，暂未找到。不过，再仔细一想，再多的文献证据，哪怕早于见存道经乃至诗书易，其实，那也都只是辅证。或当说，那些都只是线索。只有当时的天象——现代天文学计算模拟出的天极移动轨迹显示（类似据文献线索在地上做考古发掘）北极确实在约6000年前接近开阳，而且，开阳是当时的北极附近最亮星，这，才是真正唯一不二的铁证（参见图2）。至于文献材料，与其说是证据，毋宁说是线索，只要能够证明传世文献的有关记载不是伪造或偶然笔误即可。对此，笔者所用素材已足够互证可靠，而且应比众所周知的将《尚书·尧典》所记四仲星线索适用天文考古更可靠。实际上有效线索一条就够，尤其无需同一指向线索的堆砌。⑥

再者，自约7000年前至今，北极附近一直不缺足够让人辨认的亮星，吾族先辈有什么动机或必要在远离北极处找一颗星命名为北极（星）呢？再考虑到北极（星）

---

① 不排除当时有某种符号乃至文字记录的可能性。

② 其实，稍做训诂便知，“北极”一词的本义，只能是名位相符北天极。至于所谓“南作北，东作西”“面南看北斗”之类的说法，只不过是无所象、无所会的纯粹文字游戏。

③ 前引《中国天文考古学》第219页。

④ 冯时：《文明以止——上古的天文、思想与制度》，北京：中国社会科学出版社，2018年，第37页。

⑤ 开阳—北极的发现，让笔者在惊讶的同时，信心大增，以道经为中心，又发现了可证族人北极和拱极星崇拜至迟始于本轮岁差圈北极近进银河的两万多年前，甚至可能在超过一个岁差圈的约三万两三千年前。这和伊世同先生主要运用道经之外素材所得结论基本一致，正好互相补充，互相支持。前引伊世同《北斗祭》。 再者，考虑到北斗众星中在约7000年前才全部进入中原地区恒显圈，虽然位于中原北部的濮阳会略早，但西水坡45号墓所呈现的北斗崇拜水平，似乎不是在北斗初入恒显圈一千来年间可以达到的，因此，不排除古人对在上一轮岁差周期里的北斗近极星象已有深刻记忆，并被它再次近极而触发以致迅速强化的可能。

⑥ 另一方面，虽然偶闻不信之言，但未见证伪之据。

这一名号直接表明了其所指的空间位置，若非在名符其位的当时命名并获得足够认可后的记忆传承，又如何能让人在不缺名位相符的北极星的时候，接受一个名位不符的“新北极星”并长期传承呢？基于这些事实或常识，我们不能太过低估有着悠久的北极北斗观察与崇拜传承的古人的眼力和智商吧。

还有，《道门定制·卷之三》（42/026）有“北斗玄冥游击府天辅文曲星君（旧作天心，今正之）”和“北斗北极太常府天心武曲星君（旧作天辅，今正之）”校订后并加注的文句。这足以说明，北斗第六星开阳（武曲）又被称北极，不仅非笔误，而且还有同位语天心加持。这些名号，应当是古代道经编纂者知晓的一种传统。

另一方面，《道藏》中有关北斗第六星开阳又名北极（星）的记述，大多出现在科仪类道经或仪式性图文里，或因此而被认为缺少科学性，以致被天文学史以及科学史研究者忽视。但若换一个视角，观之以公认仪式传承具有超稳定性的人类学方法，可以认为，笔者的这些发现是经得起验证的极可靠线索。

表 1　以北斗为中心重点关注恒星的亮度与考察年代大致星极距离及相关说明与解读一览表

星名		亮度星等	最近北极点		逐星说明与分析
汉名	西名缩写		天文年代	星极距	
左枢 / 紫微左垣一	ι Dra	3.25	-4708	05°08′	此时，摇光、开阳、玉衡、右枢四星极距分别大约为：11°56′、13°19′、17°14′、10°49′。
摇光 / 北斗七 / 天关 / 天柱	η UMa	1.85	-4244	11°31′	此时开阳星极距亦约 11°31′。很巧，摇光最近极和斗中最近极星位次由摇光向开阳转移几乎同时发生。
开阳 / 北斗六 / 北极 / 天心	ζ UMa	2.20	-3386	09°59′	开阳最近极点，也是北斗众星最近极点。此时，或既是斗极混同之盛，又是斗极分离之始。当时，右枢星极距 3°24′。开阳若非此前被认作极星，此后，去极渐远的开阳若无老字号余威，恐难匹敌渐近极的右枢。
玉衡 / 北斗五 / 丹元 / 天禽	ε UMa	1.75	-2911	12°07′	当时斗中还有开阳约 10°29′ 更近极。大约直至 -1969 年，玉衡才超过开阳成为斗中最近极星。

续表

<table>
<tr><th colspan="2">星名</th><th rowspan="2">亮度星等</th><th colspan="2">最近北极点</th><th rowspan="2">逐星说明与分析</th></tr>
<tr><th>汉名</th><th>西名缩写</th><th>天文年代</th><th>星极距</th></tr>
<tr><td>右枢 / 紫微右苑一</td><td>α Dra</td><td>3.65</td><td>-2786</td><td>07′49″</td><td>右枢最近极点小于 8 角分，若非曾同左枢共享双极星称号，似当留下独立极星尊号。</td></tr>
<tr><td>天一 / 天乙</td><td>iDra</td><td>4.55</td><td>-2611</td><td>58′35″</td><td rowspan="2">天一、太一以其名号以及分别不到 1°和 2° 的最近极距，让人确信它们曾被认定为极星。但大约直到 -2158 年，二星极距均在约 2°47′ 半时，太一才以秒差略微更近极。这说明古人当时观测细致还是有其他原由？</td></tr>
<tr><td>太一 / 太乙</td><td>HIP66798</td><td>5.85</td><td>-2508</td><td>01°54′</td></tr>
<tr><td>天权 / 北斗四 / 玄冥 / 天辅</td><td>δ UMa</td><td>3.30</td><td>-2357</td><td>14°51′</td><td>看数据，当时斗中还有开阳 12°06′ 和玉衡 12°42′ 更近极，天权不曾为斗中最近极星，但视觉上未必能分辨。</td></tr>
<tr><td>天玑 / 北斗三 / 真人 / 天冲</td><td>γ UMa</td><td>2.30</td><td>-2317</td><td>19°19′</td><td rowspan="2">斗底二星，一目了然，视图可判，数据亦然，没有成为斗中最近极星的机会。</td></tr>
<tr><td>天璇 / 北斗二 / 阴精 / 天内</td><td>β UMa</td><td>2.00</td><td>-1529</td><td>21°23′</td></tr>
<tr><td>天枢 / 北斗一 / 阳明 / 天蓬</td><td>α UMa</td><td>2.00</td><td>-1246</td><td>16°51′</td><td>当时斗中还有玉衡天权分别以约 16°34′和 16°46′ 更近极。在极距 16°51′ 台上，天枢约相继于 -1222 年、1186 年，以秒差分别超过天权和玉衡之后，才成为斗中最近极星，但其最近极距，难免让人对其似极星名生疑。</td></tr>
<tr><td>帝星 / 北极二 / 紫微</td><td>β UMi</td><td>2.05</td><td>-1058</td><td>06°32′</td><td>多见以此为帝星被认作极星的年代，但早在约 -2807 年，它以约 10°42′ 星极距超过北斗众星，而成为距离真北极最近的 2 等以上亮星以来，就可能随时被认作北极星了。帝星何时被认作极星并得名？可详考。</td></tr>
</table>

综合说明与分析

①在本文主要考察时段内，以北斗七星为中心，选取如上 12 星，按其近极年代顺序由上至下排列。

②北斗诸星名称有多组，本文不展开考辨。不过仅就天枢……摇光这组来说，可能与各星在斗中位置及其同北极的关系等有关，比如北斗一天枢之定名，很可能为斗中最晚，当不早于该星近极。

③斗前边天枢、天璇二星最后进中原恒显圈（未另加说明时以天象仿真软件 Stellarium 内置洛阳北纬 34°41′0.99″ 为基准）。公元前 5500 年星极距，天枢约 34°06′。刚进恒显圈；天璇约 36°17′，尚未进恒显圈。北斗七星全部在中原周年整夜可见，应该是距今约 7000 年之后约 5500 年间的事。
④上列 12 星中，除斗底天璇、天玑二星之外的 10 星，从所见星名和仿真所得最近极距等方面来看，都可能曾经被认作北极星，但情况比较复杂，而且可能存在同一时代的不同地域各自认定不同北极星的可能，还可能存在或位置优先或亮度优先或综合考虑等不同认定原则。

精确点，如表 1 所示，科学计算表明，开阳，不仅曾以其二等星之亮排他性地充当距离北极最近的最亮星，长达 1400 多年之久，而且还在 2000 年以上时间里是北斗诸星中最接近北极的一颗星。再考虑视觉和记忆的惯性，在没有明显亮度劣势的同时，开阳的更大优势则是几乎一直保持无明显位置劣势约 3000 年。基于这样的时空优势，且有北斗众星团队加持，人们赋予它北极（星）之名，很是自然。可以说，开阳能在传世文献中直接留下极星尊号，是有足够时空保障的。综合位置排他和亮度等因素考虑，开阳被认定为北极星的年代范围，当在开阳星极距小于摇光的公元前 4244 年到它最近极的公元前 3386 年之间。至于说开阳又名北极（星）为约 6000 年前天象之说中的“6000 年”，是一个概数，是参考仿真数据以开阳大致能排他被视作北极星的位置推定，而非据星极距最近点判定。（参见图 2）

又，在注意到道经中有关北斗第六星开阳又名北极（星）的记述之前，笔者已据北岁差圈星图（如图 6[①] 之类）将左枢和右枢二星解读为双极星。亦即，推定在约 6000 年前北极大致位于左右二枢之间的时候，其他族人确认了北极，并据之命名此二星。紫微垣的确定虽然可能很晚近，但其入口定在左右二枢之间，很可能也暗示着古人对二枢曾为双极星且天极仿佛从此二星之间穿过的记忆。[②] 左右二枢、紫微垣

① 底图采自维基百科，汉注由笔者添加。该图清晰地显示了，在本轮岁差圈里，北极有约 6000 年位于银河之中。笔者 2012 年参加广州“道教与星斗信仰学术研讨会”论文即用此图，当时的主要关注点在太一、天一和右枢。直到 2020 年 5 月和家人去看永定河通水时，才注意到银河曾通过北极（和南极），那时应当可见天汉银河通极中天过顶壮观景象。莫非这也是践行仰观俯察身验传统才得来的一点启示？

② 名枢之星，除左右二枢很可能曾为双极星之外，还有北极五又名天枢和纽星且的确曾被认定为北极星，北极一或北极二（又名帝星、紫微星，可确定曾被认定为北极星）可能也曾名天枢（见本注后文）。但还有北斗一虽有貌似极星的正名天枢，但其最近极距远达将近 17° ，很难让人感觉它真的曾被认定为极星。更有又名天枢的南斗五（《道门定制》），完全不可能被认定为极星。因此，让笔者坚持判定左右二枢曾为双极星的决定性判据，与其说是“枢”字，毋宁说是它们占据着紫微垣入口两侧。

另一方面，北极星官五星都具备做北极星的客观时空条件，但其中目前可确认曾被认定为北极星的只有北极二（帝星）和北极五（纽星）。可是，《上清河图内玄经·观星要法》载：“天中心号北辰，有五星。第一大星，名天枢，为母，第二天子，第三太子，第四次子，第五名北极，天一所生。”好像把北极一和北极二弄反了，但若细究，或不尽然，且“天一所生”似含深意。更值玩味的是，五星北极星官整体及其中个体之得名历程如何？若是累进记录，判明即可。但只要其中一星名是在它近极前定，就意味着在某种程度上预测了北极移动轨迹。可确定得名于勾陈一被认定为极星之前的勾陈星官之得名，或亦有此意。颇待详考。

入口、开阳—北极，它们共同见证了吾族先贤在距今约6000年前对北天极和北极星的确认。此可谓三重证据。[①] 而西水坡45号墓遗存及冯时先生和伊世同先生的相关天文考古结论，则可视作第四重证据。[②]

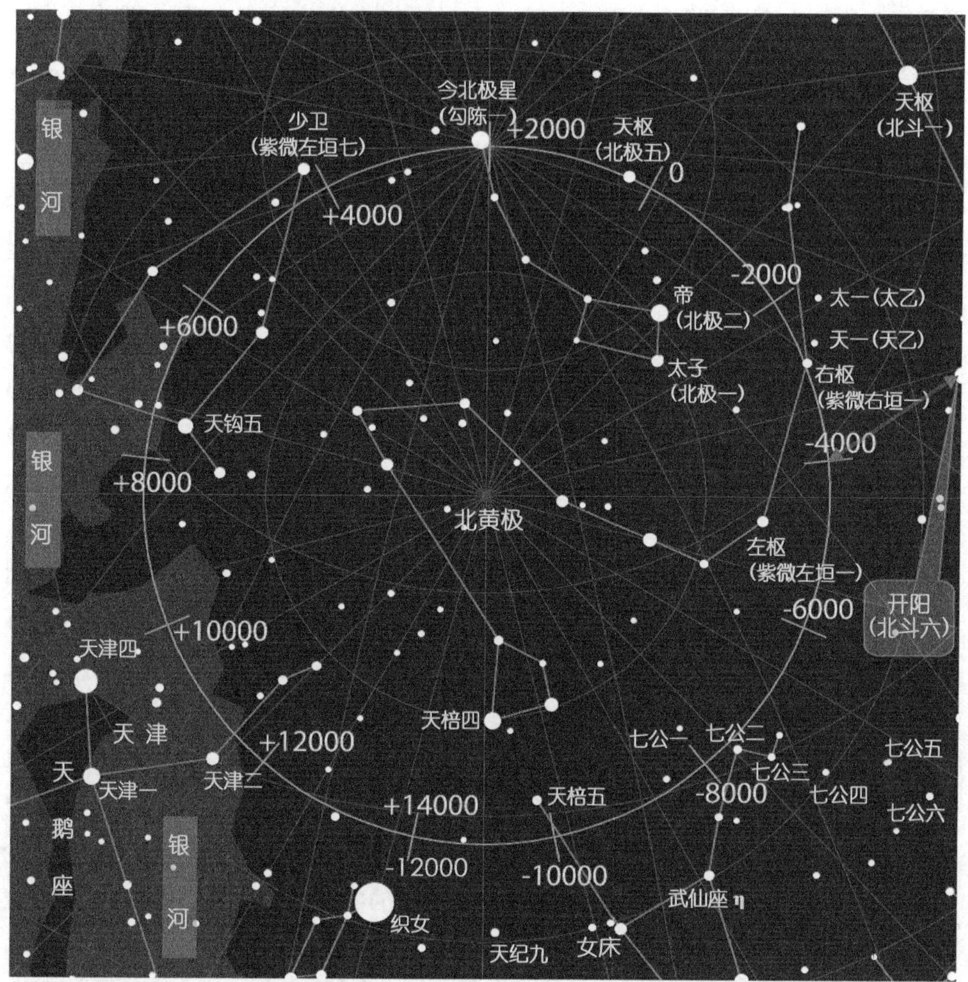

图6 显示天汉银河的北天极岁差圈示意图（沿圈所标阿拉伯数字为天文年代，0=BC1）

① 笔者在做出这些判断之后又发现，李约瑟博士曾注意到紫微垣的左枢右枢二星，并言："公元3000年前，天极的位置恰在这两'枢'之间"，但未见他确定中国古人曾认定北极当时就在二枢之间。"李约瑟（Joseph Needham）著：《中国科学技术史》（第三卷），梅荣照等译，北京：科学出版社，2018年，第238—239页。

② 笔者关于道经所记开阳—北极的考察的线索、证据、正反证明与结论已足够自洽可靠，再加前引冯时先生《河南濮阳西水坡45号墓的天文学研究》和伊世同先生《北斗祭》关于西水坡45号墓的天文考古结论的相互支持，就更加牢固，而且足以消除《北斗祭》提到的被因所谓孤证而遭受的质疑。其实，笔者以为客观证明无须堆砌证据，确凿证据一条就够。有关西水坡遗址考察的关键点并不在于那是否是孤证，而在于那是北斗（与龙虎）星象图这一不无主观性的判断的可靠性。在这一方面，笔者的考察和伊冯二位的相关研究也是相互支持的。有关细节待另文专题探讨。

左右二枢双极星的认定，大概既是后来非常接近真北极（最近星极距小于 8 角分）的右枢，在汉语中始终顶着“右派”帽子而未获独立极星名的原因（开阳 - 北极星的早先认定，很可能也属此类原因），也很可能是近乎不可思议的，让后来的且在位置和亮度两方面均无优势的天一和太一二星（参见表 1、图 2、图 6）拥有可推定为极星之尊号的原由。当然，还是把开阳被认作极星的年代，只能推向它最接近真北极之前能排他即可，而非最近极时点的理由。若非如此，汉语中的最早独立极星名，似乎应当非右枢莫属。

再者，从帝星的受尊程度似乎远不如北斗的现实来看，道教及整个中华文化中的北斗崇拜或信仰，至迟在帝星被认定为北极星之前已经超级稳固，以致近极度胜过北斗众星中任何一颗且无亮度劣势的帝星，未能取代北斗的受尊地位。

另外，我的发现与证明，就跟海因里希·施里曼（Heinrich Schliemann）依据饱受质疑的荷马史诗线索找到特洛伊古城遗址一样，只是他用锄镐在地上挖，而我则依据未曾被注意的道经线索，用电脑在天上（星空模型中）找。找到实物证据或科学证据，才能真正确定。[①] 若无现代科学计算仿真，大概不论线索多少多早，也都无法揭示、证明或确认开阳又名北极（星）的天文和历史意义。

当然，我所做的，也只是在伊世同先生和冯时老师等前辈学者研究成果（特别是客观的时空符合性考定）的基础上，向前迈进一小步，发现《道藏》里面的确有多部道经，以图文等多种方式记述了北斗第六星开阳（又名北极星）。对此，可用公认可靠的现代天文学方法证明，那就是古人对约 6000 年前天象和以此为据认定北极与北极星的记述。

这些记载，可能既是见诸传世文献且年代可考的人类最早的北极和北极星认定或天文观测，也是载于典籍且年代可考的族人最早文明活动。从道经中找回失落的约 6000 年前的北极星，把有文字记载且年代可考的中华文明史，前推了上千年。这些，是道教对中华文明和人类文明的重要贡献。

又鉴于中国传统上对北天极的特别崇拜，而且北极、太极、道、太一可以互释。北极还可称天心。于是可说，中华文明之初心在天心，天道信仰是华夏文明之根脉。因此，天北极的确认，是以天道信仰为核心的华夏文明形成的重要标志。我在道经中的这些发现，虽然没能像施里曼以荷马史诗为线索那样用来在地下挖到金银财宝，但却在天上找到了吾族先贤在约 6000 年前认定的北极星，打开了被折叠在传世文献中的 6000 年前华夏文明记忆。这些，对中华文明探源，华夏文化寻根，不忘初心，

① 失落的特洛伊古城被施里曼挖出来之前，也是议论纷纷、嘲讽嚷嚷。其实，那些言语或文字游戏，不论臧否，若不付诸足够有效的行动，或都无异吃瓜。古代遗存，挖到地下的，仿真出天上的，这才是硬道理。

讲好中国故事，具有不亚于其他考古发现的重大意义。

四、天纪和七公及其附近诸星（官）可能是一万多年前的北极星群

自北极远离织女星，至北斗众星渐次迎近北极，其间亮星稀少，或因此而少被关注。

笔者留意岁差圈这一段的缘起，也并非星图，而是在发现开阳—北极之后再看关注者众多的山西吉县柿子滩岩画（图7）。关于该岩画的绘制年代，被考定在该遗址晚期，即大约距今10000年之前，大多认同。关于内涵解读，总体上，多有祭祀仪式场面说。对画面中部似女像，基本都视作女巫或女神，其中多有直接认作女娲者。至于画面上下部星点，虽然多以上七点北斗、下六点南斗为说，但也有不同的说法，其中包括认同星象说但不同意确定南北斗说者。①②③

图7　新石器时代女巫禳星岩画。左：引自冯时《中国天文考古学》；右：引自赵永恒《"太一"星象考》

笔者认为，不能忽视的是，在距今约10000年前，北极在七公二附近（参见图2），现在所说的南北二斗，都不在当时的中原地区（包括约在北纬36°的柿子滩）恒显圈内，它们基本没有以南北关系出现在人们视野里的机会。在当时，人们对此二星官（或星座，本文不严格区分此二者），即便有所关注，但也大概率不会太崇拜。因此，依据年代测定为约10000年前的结果与那个年代的天象仿真，排除该岩画中上下星点是北南二斗之可能。

① 前引冯时《中国天文考古学》第137页。

② 赵永恒：《"太一"星象考》，《重庆文理学院学报（社会科学版）》2012年第2期，第17—21页。

③ 朱磊：《中国古代的北斗信仰研究》，北京：文物出版社，2019年7月，第26、29—31页。

人们通常不会舍近求远，因此，笔者认为，岩画中那上七星点，极有可能就是当时最近北极的七公星官；下六星点，则最有可能的是，更早被当作拱极星而受到关注的天纪或同附近诸星的某种组合（参见图8[①]、图2）。

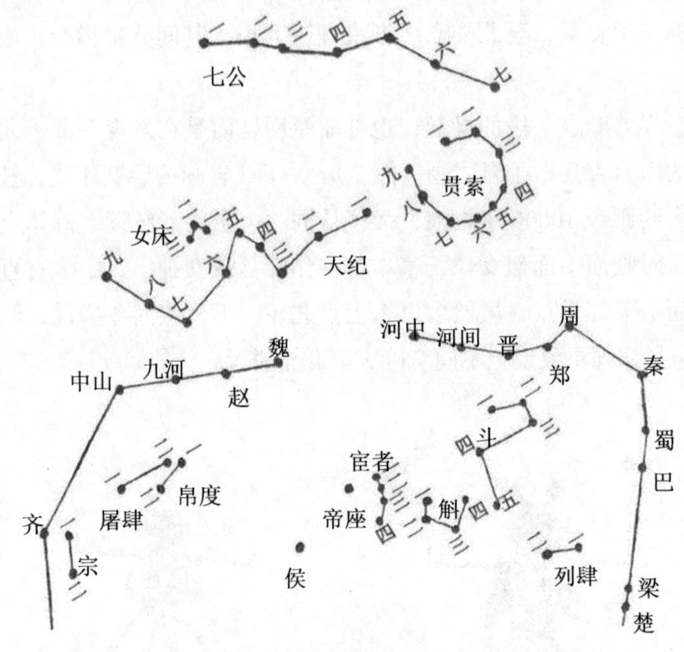

图8　七公星官及其所在之天市垣局部图

（距今10000年左右之前的北天极大致在七公二附近）

在当时，七公很可能被当作指针状回旋授时星座，并因此而受到特别关注和崇拜。这，大概也是后来北斗崇拜能够很快登峰造极的预热。

女巫脚踏下方六星点的样子，显示人们当时已有飞天脚踏拱极星接近或礼敬北天极的朦胧意识和相关礼仪。甚至，这可能就是后世道教科仪踏罡步斗（参见图9）之祖形。而天纪，则可能是步罡踏斗又称步纲蹑纪、飞罡蹑纪所说的“纪”。或说，蹑纪，就是道经对脚踏天纪、祭拜七公的柿子滩岩画女巫那样的祭祀礼仪步伐的描述和传承。女床星座之名，或许就是女巫禳（北极）星平台之意。再者，开阳又被称“纪星”[②]（如前引《北斗经》等），未必不是天纪近极余韵？图5上之类不太像的

① 底图引自陈遵妫《中国天文学史》，上海：上海人民出版社，2016年，第206页。此处所示，系将原图逆时针旋转30°并截去下部后的局部图。

② 此类“纪”，或许也蕴含在了《道德经》第十四章所言“执古之道，以御今之有。能知古始，是谓道纪”里。

北斗星象图，也难免让人想到七公；图 10[①] 所示之类玉刀上的七孔多被认为取象于北斗，但其中大量直线或近直线排列的七孔未必不是取象于七公？若能判定这些，不仅可以肯定，道教踏罡步斗，起源于万年之前，并传承至今，而且，还能确定，道经及更多出土文物记述着上万年之前的华夏先民活动。

图 9　当今道士踏罡步斗仪态（同柿子滩岩画何其相似？）

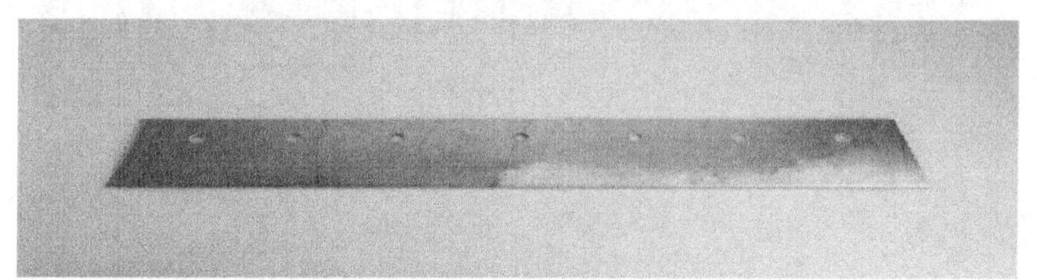

图 10　被誉为二里头夏都遗址博物馆镇馆之宝的七孔玉刀

也就是说，不论岩画中女神或女巫像下方星点表示哪个星官或星座，似乎都在暗示，脚踏拱极星，接近北天极，以亲近上帝或道，是族人礼星斗、敬天道相关礼仪的基本形式，由来久远。后世道教科仪的踏罡步斗，很可能在那时已有雏形萌芽。柿子滩岩画中那位女巫的原型，可能也就是后世道士的老前辈。[②]

① 七孔玉刀，二里头夏都遗址博物，https://www.eltxdmuseum.com/bao/view/187.html。

② 参见前引拙文《柿子滩万年前岩画禳星场景或为道教踏罡步斗祖形》。更细致、更全面的相关考察待另文。

五、“汉正南北”、北极大泉，水源北而几于道、太一生水等说的天汉银河过极通顶中天星象渊源试探

在华夏大地上，既没有多少北方湖泊，也不多见由北向南流的河川，但却有着堪称体系化的水源北方说。其典型有《山海经》所说“夸父与日逐走，入日。渴，欲得饮，饮于河、渭。河、渭不足，北饮大泽”[①]；在五行五方说中，水被配在北方；河图[②]、洛书都把水配在北方，且“天一生水”[③]说同洛书相对应以示水生于北方（参见图 11）；道、太一（天一）和北极可以互释[④]，《道德经》又言水几于道;《庄子》开篇道：“北冥有鱼，其名为鲲……化而为鸟，其名为鹏……”……不胜枚举。

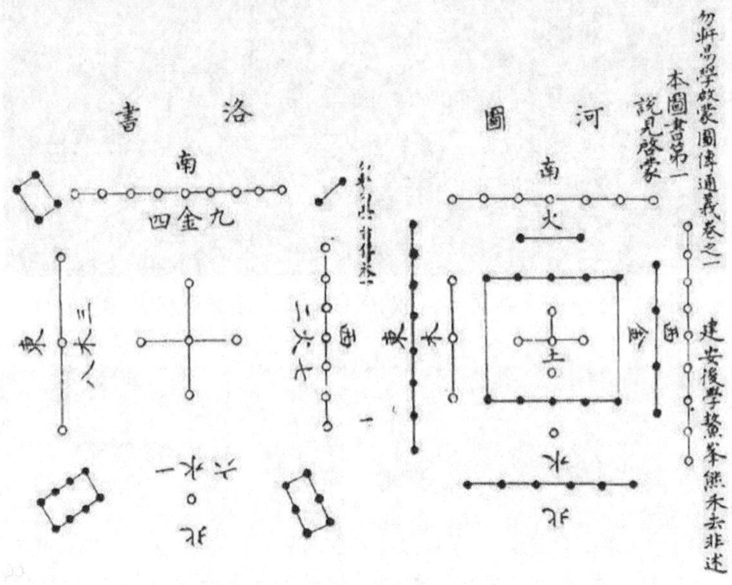

图 11　水配北方的河图与洛书

① 冯时先生把“夸父追日”解读为实追日影，并认为这个故事是立中思想的体现，且引清华大学战国竹书《宝训》谓商先祖甲微“追中于河”为证。参见冯时《中国古代物质文化史》，北京：开明出版社，2013 年，第 21—22 页。不过，“追中于河”究竟当作何解？似尚无定论。笔者以为，如果考虑到北极确为人们认识中的空间意义上的天之中，且在一个长达数千年的时间里，缘天河而寻天中北极是可行的。“追中于河”等说，或许也是古人对银河过极中天印象的一种遗存，甚至可能是以河洛地区为地中和中原的重要原因。于是，把北极、天汉银河也纳入对中考察的要素，或将有更新或更中的发现？ 再者，或许有来自贝加尔湖周边的大批南下移民带来北方存在大片水域的记忆，但包括贝加尔湖在内的西伯利亚河湖水，基本都是向北流入北冰洋的，似难仅由此形成水源北方说。当然，不排除这些北流之水，曾给人以通过北极光或其他近极天象，让人有上接银河升天再通过银河巡天利泽天下印象的可能。 另外，会不会是曾经生活在永定河上游泥河湾古湖的人类祖先记忆的后世呈现？或也可关注。

② 河图之河，一定指黄河吗？是否也指甚至原本指天汉银河？待详考。

③ 郭店楚简《太一生水》，同《河图》“天一生水”，或为同源异说，其共同取象来源可能就是天汉银河过极星象。

④ 前引葛兆光《众妙之门——北极与太一、道、太极》。

但若考虑到在北极相继经过天钩五、天津四、天津二附近五六千年（宽泛点甚至可说约七八千年）间，银河穿过北极，那时，人们可以看到星汉银河通极经天过顶壮观景象。（参见图 12 左）

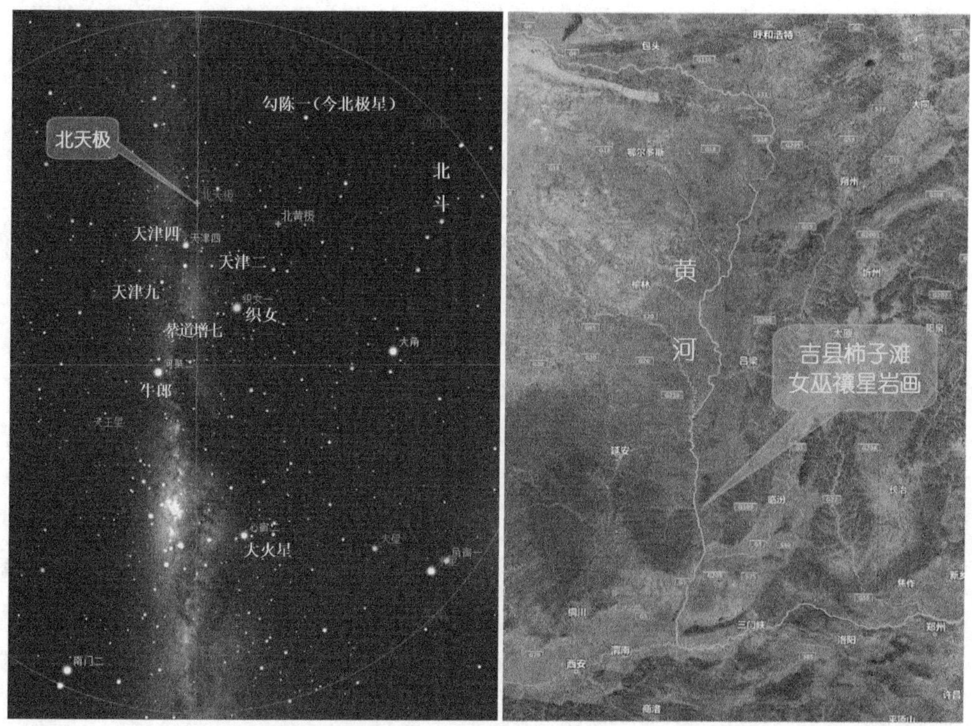

图 12　左：天汉银河在约 20000 年前冬至初昏过极中天通顶星象仿真示意——宛如一条可见子午带（图中大十字线为子午卯酉线，圆圈为地平线）；右：秦晋界黄河。

于是，我们可以推定，能够给人以无水不自北来的水源北方意象的，似乎也只能是由于被认为是天上之河的星汉银河的过极周天运转，给人一种凡水皆源北极而利泽天上地下万物的印象。大概这也是地上的河、汉二水与天上银河同名的缘由。[①]甚至“河”“水”二字的甲骨文，可能也取象于天上银河。“黄河之水天上来”意象，很可能直接缘于过极中天的星汉银河，同地上秦晋之间由北向南流区段的黄河，看似互为镜像的一种印象（参见图 12），可能是来源久远的一种说法。[②]《史记·龟策列传》所言“汉正南北”，应当是对源自祖先曾见之银河过极中天景象而形成的崇拜传统的趋近式描述，而非已不可见的近似图 15 右的春秋至汉代当时实际天象，足显古

① 黄河北南走向河段，正是华夏文明重要原发源地；汉水，是华夏文明核心地区的重要南北水路。

② 另有，甘肃天水，得名于天河注水传说。道经中还有《道枢卷二七》（23/054）：“黄河自天汉而下”；《道法会元卷四七》（36/001）：“流布天河，灌通斗极”；《道法会元卷九四》：“黄河接天河，昆仑万丈处”，等等。

人对过极中天正南北走向银河印象之深刻。[①]再者，干吉的《太平经》（当时称《太平清领书》）于（古）北岳所在之曲阳泉上，显然蕴含了对北极和源北且几于道之（天）水的崇拜。类似前引《上清河图内玄经》多言北斗，恐实为作为远古天汉银河过极印象的河图，同北斗近极星象的叠层表达。还有清代名道刘一明《汉上遇师》之说。这些线索，可能也暗示着道（教）蕴含北极崇拜的天汉银河崇拜渊源。

实际上，我们既然已知自约六七千年前以来族人同时或相继对北斗—帝星（紫微）—勾陈一（α UMi，1.95 等，今北极星）亮星群给予了特别关注和崇拜，就没有理由怀疑，北斗之所以被特别崇拜，主要是由于表现为拱极星崇拜的北极崇拜，在北极接近北斗之前早已有之，而北斗崇拜只是不断强化的拱极星崇拜的一个（新）阶段。在更早的时候，岁差圈沿途的另一亮星群——天钩—天津—织女星群[②]以及天汉银河（参见图 12），因北极的接近和穿行，而曾被古人特别关注甚至崇拜。而这种天象，只有在约 21000 多年前北极趋近天钩五、天津四而近进银河的约 6000 年（宽泛点甚至可说近 8000 年）间，才可能看到（参见图 2、图 6、图 12、图 13）。我们若参天解经通古，不难发现，在道藏所收道经里，有诸如《洞真太上素灵洞元大有妙经》（01/007）“太上神仙洞渊洞玄阴景西皇素灵仙玉童，讳冲渊，字北极”说，《太上洞玄灵宝五符序》（04/007）“北极太渊”说，《太上升玄三一融神变化妙经》（05/011）“北极大泉”说，《西山群仙会真记·卷之四》（19/020）“北极大渊”说，[③]《道德经》水几于道说，广见之洞极、洞天、洞渊……三洞说或多洞说之洞[④]，《庄子》

---

① 族人的类似执着，至今仍在延续。典型如源自两三千年前天象的北斗斗柄四方指向对应四季说，但如今同样的天象需要滞后约半季才能看到。可是，尽管如此，却仍有许多人罔顾实际天象而固执那个已经明显不合当今天时的古老说法。汉口汉正街名，或亦缘自类似传统。知此，当有助明察古说中的某些时空错位。

② 其中有 2.45 等天钩五、1.25 等天津四、2.20 等天津一、2.45 等天津九、2.90 等天津二、0.00 等织女诸亮星，不输于北斗—帝星—勾陈一亮星群，且有天汉银河加持。

③ 与此类说法存在明显差异的是，道经中还有天河水源出东井星宿说。笔者以为，这实为古人在北极远离银河之后，再给银河找一个水源的说法。泉渊天成，水井人凿。因此，可以推定，天河水源出东井说，实为不明“北极大泉”及类似说法本来意涵的相对晚近的补偿性说法。井宿本义也未必就指水井。

④《说文》释“洞”曰：“疾流也”，但此义近乎不见用。“洞”，虽有峒、硐、硐、峒等多个可见取象来源的异体字，但为何稳定于因水而难出入以致几乎不可实见取象来源的“洞”？远古祖先所居，似当为不积水的峒或硐或硐或峒，而非多水的洞。那么，“洞”，究竟取象于哪个或什么大家认可的洞，以致被道教高高顶起？如果我们认可“洞天”说，则已实际承认“洞”的取象来源在天上，那么也可认同“洞极”说，这也就更清晰地显示了“洞”的取象来源就是北极。参见图 1。

北冥鲲鱼化鹏鸟说（参见图13、图14）①，还有太学辟雍环水规制，等等，似乎都在暗示着银河经过寓道之北极，绕极巡天，润泽天下的天河水皆源出北极这一天象（意象）崇拜渊源。若能穿越时空，回到那时，仰望星空，便可发现，通极经天过顶的星汉银河，壮观无比，宛如可见（天顶）子午线—经线—经文—名副其实的经天之文，南北中轴线崇拜，乃至人间社会崇尚和谐统一的传统，同北极崇拜互为表里。②这，或许就是我们可以想见的更久远的天道信仰之源，也是道教与中华文明共有之远源。

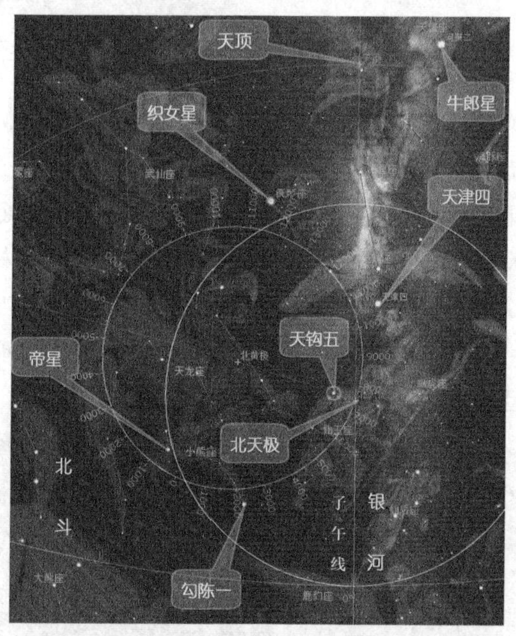

图13 天钩五近极时（约21050年前）的初冬初昏（或仲秋午夜）北天星象仿真。若穿越时空，回到那时，北望天极，银河通极经天过顶，北极似洞、似泉、似渊、似冥，“北冥有鱼，其名为鲲……化而为鸟，其名为鹏……是鸟也，海运则将徙于南冥”，仿佛就在眼前。诸如此类，许多古传难解意象，或许多缘于古星象？

① 或可设想西方天鹅和庄子鲲鹏就是同象异名。虽然不知当时的古人如何想象飞天喜鹊或大鹏或仙鹤，但也不妨碍咱们用所知大鹏形象替换或混搭西方天鹅星象，勇敢地穿越时空，到约15000—21000年前，在银河通极过顶中天时，仰望北极，眼前呈现的天象，不正是（鲲在北冥或北极太渊里化生出的）大鹏振翅南飞壮观雄姿吗？而且，以定时观测拱极星象的半年（南北）“反向”周期，合“六月息”，似乎也讲得通。 图14左图，器藏成都金沙遗址博物馆，图源该馆网，www.jinshasitemuseum.com/Treasure?nodeName=金银器，至于该金饰上的鸟形取象原型，很像是飞行中腿脚长过尾翼的鹤类侧视状，而不大像是尾翼遮足的乌鸦（喜鹊属乌鸦科）。右图，器藏安康市花园民俗馆，图自刘勇先《“飞鸿延年”大瓦当与“北斗九星”之谜》，中国文物网，www.wenwuchina.com/article/20178/285711.html。该文称瓦当上的9个乳钉象征北斗九星，难免让人感觉牵强。但笔者认为，若将该瓦当纹样整体同图13相比对，是否感觉更像天津、天鹅座及附近诸星的某种组合？于是，金沙神鸟逆时针飞翔金饰，与其说是象征金乌负日，毋宁说是象征（似鹤）神鸟拱极运四时？

② 参见前引拙文《同天共地——天道信仰视域中的人类文明起源与发展略探》，《洞渊神咒斋仪考论——缘敦煌本〈太上洞渊三昧神咒大斋仪〉考察并探相关天文意象与实象》。

图 14　左：金沙遗址神鸟逆时针飞翔金饰；右："飞鸿延年"大瓦当

很可能源自银河过极经天意象的遗存，不限于文字和传说，可能还有图像。图15左为近1500年前的北魏元乂（公元484—525年）墓室顶部壁画星图[①]。在那个年代，北极已经远离天汉银河，这幅墓室顶星图中的银河走向，足以说明那不是元乂墓建造当时的实际天象（图15右[②]）。银河在星图中疑似通过北极且近乎正南北走向的呈现，如果是某个司星家族或流派的传承，似可推定，那在当时也已经传承了至少14000年以上。可以说，这幅星图，不论是远古星象图的传承，还是建墓描绘当时人们的意想，都足以显示人们对过极中天银河星象的崇拜。

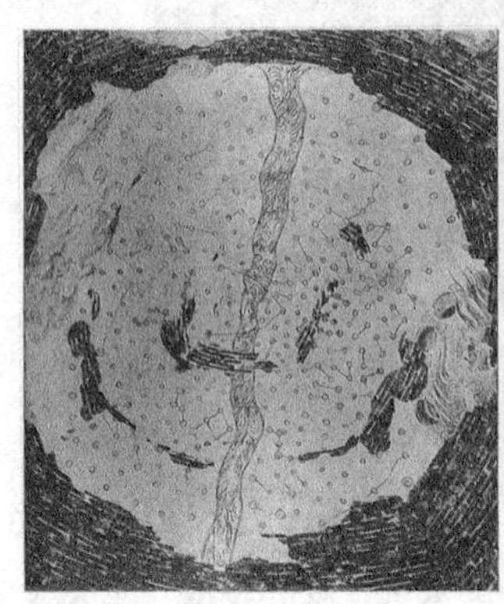

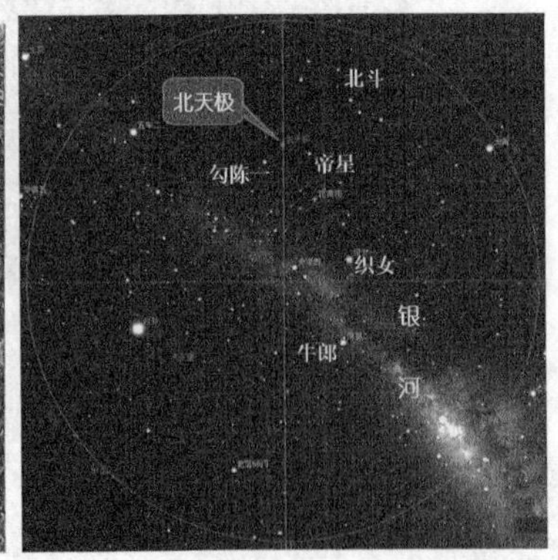

图 15　左：北魏元乂墓星图；右：500年秋分日20时洛阳星空仿真

（十字线为子午卯酉线，圆线为地平线）

又，经，在汉语中是很神圣的。与经线（子午线）重合的中轴线崇拜、经文崇拜以及经主纬从、经天纬地、天经地义等说法，都是典型例证。通过天极且中天时的银河，是人们可以见到的跨度最大的银河，大概也是最壮观的银河。蕴含北极崇

① 洛阳网，《北魏元乂墓天象图：天文资料 历史珍品》，news.lyd.com.cn/system/2019/08/20/031437987.shtml。

② 在图15右中，星斗银河周日视旋转的中心是（北）天极，而非子午卯酉线交叉大十字中心所示天顶。因此，以右图所示河极距，银河不可能呈现出左图所示走向。

拜的南北中轴线崇拜，或许正起源于银河过极中天通顶星象崇拜。用“中”字的一个取象来源——表，所测之正午日影，实为子午线之投影显现或部分形象。吾族尚中正，实同北极崇拜和子午线崇拜互为表里。

另一方面，众所周知。龙、汉二字，在吾族人心中很神圣，虽然其分别使用在日常生活中很常见，但其连用却几乎属于道经专用，其常见用例有：“龙汉元年”“龙汉祖劫”“北极龙汉天君”“龙汉之前，幽幽冥冥”“元始开大有，落落诸天明。妙哉龙汉道，八会结成经”“昔往初劫，龙汉开图”“龙汉初时，元始开图”“荡荡龙汉始，无有恶对民”“龙汉开图，天地始分”“灵宝之文，生乎龙汉”“三洞御运，起乎龙汉”“上开龙汉，神仙之宗”“元始以龙汉之时出世教化”“赤明启运”“赤明元年”“赤明之时”等等[①]。显然，这些“龙汉”“赤明”之类几乎都指向一个极其重要的开辟性年代。若从道教的立场来理解，或可解读为元始天尊创教之时。若从宗教学、人类学、天文学、神话学等学术视角来看，或许是受银河通极中天过顶壮观星象的长期激发，中国传统星象体系自此以银河（天汉）为纽带，由北极大泉—商参（龙虎）发端，基于星象观测的观象授时（或如“火历”[②]之类）初步确立;与之相伴人们的生产活动开始从采集狩猎向农耕过渡；以天道信仰为核心的足以获得广泛认同的堪称宇宙宗教的华夏原始道教具备雏形，相关核心概念萌发其间。

那么，这样的“龙汉初时，元始开图”“赤明启运”究竟是在什么时候呢？是虚构还是有事实依据的远古记忆？综合长期文献研读、遗址考察、天象仿真等等，笔者认为，这个“龙汉之时”“赤明之时”，很可能就在约 21000 年前北极趋近天钩五、天津四而近进银河的约 6000 年（宽泛点甚至可说近 8000 年）间，甚至不能完全排除前轮岁差周期的累层印象。[③]

关于吾族远古星象的记忆或遗存，在西水坡 45 号墓和柿子滩岩画等遗址之外，在笔者主要以道经为线索给予关注之前，至少还有伊世同先生早已注意到并反复强调：

> 中国传统文化——以天文为核心的天文文化，有着近一个岁差周期（26000 年）的演变背景，是先前未料及的，但也不足为怪。[④]
>
> 两万六七千年前，龙、虎、龟、凤所居天球分至点的位置，和今天的情况

① 皆出《中华道藏》，为简洁，所出经名从略。

② 庞朴：《火历勾陈——一个遗失已久的古历之发现》，《中国文化》创刊号·1989 年第 1 期。

③ 近年发现的如“满天星斗”般广见于华夏大地的数千年前早期文化遗存之所以多有相似，或许正是在两万多年前开始的数千年银河过极时期肇始于某地的同源文明星火的流传。

④ 伊世同：《华夏文明的史前天文与人文背景》，《濮阳职业技术学院学报》2013 年第 5 期。

差不多，就是说，中国传统星象的萌始年代，实乃距今约一个岁差周期。

……

古人祭祀大火，有着更为悠久的史前期故事，起码不会晚于万年，可谓“万岁星象”。①

伊先生的这些“先前未料”，大概也会让许多人感到意外乃至惊讶，但只要经得起科学考察分析，也就“不足为怪”。他还特别提示了道教典籍的天文史价值：

作为传统星象的主要传承渠道之一，道教典籍中的天文星象或流传的天文图，都是值得重视的。近些年也确实有所发现和突破。由于官方天文学处于独特的垄断地位，道教在有关方面可以说是来自民间的营养或补充。动荡年代，官方仪象因相互争夺而遭受毁坏或失传，待局势稳定后，来自民间的天算人才或逸民隐士也常有道家子弟。当然，道家对经典天文也有其出于本身发展的解释，甚至保有某些落后的内容，但，这些也往往能反映更为古老的历史实践，是应该注意的。②

笔者的尝试和伊先生的工作殊途同归，从遗址考察和文献解读等多方面开启了面向远古而来往自由的时空之门。

结 语

综合前人研究和笔者自己的考察，可以认为，拱极星或岁差圈线索，不仅是早期道家道教史的重要线索，而且，更是以天道信仰为中心的中国宗教史以及中国思想史、哲学史、科学史的主干线索，或综言之，为中华文明史核心线索。笔者的道教天文考古尝试，虽然仅限于几个宏观天时节点的粗略考察，但也可由此大致确定，以北极、北斗、通极天汉银河等为中心的道教星象崇拜与天道信仰，不是后来吸收的，而是自古传承的。集大成于老子的道家思想，也同样有着远古的星象崇拜与天道信仰渊源，古道、古始，绝非虚言。

古传星名，是先贤留给后人的天书。久远的人类拱极星崇拜史，就写在岁差圈沿线及其附近。历代汉传拱极星名，犹如华夏先贤写在星空中的高度浓缩版中华文

① 伊世同:《龙龄索——龙腾东方的萌始年代与其天文学求解》,《濮阳职业技术学院学报》2015 年第 1 期。

② 伊世同:《星象考原——中国星象的原始和演变》,《濮阳教育学院学报》2001 年第 3 期。

明萌芽与发展史，也是人类文明史的重要组成部分。沿着岁差圈，笔者初步拜读了这部汉传天书。对华夏星象崇拜与天道信仰的源流，有了这么一点粗浅认识。以道经所记开阳—北极为中心的考察，找回了失落的约6000年前的北极星，为天文学史、科学史以及中华文明和人类文明史的探索找到了新的远古支点。结合道经线索，考察银河通极中天过顶星象，把华夏天道信仰和天道文明的渊源，前推到了约20000年之前。这既是对天道信仰与中华文明探源的大幅大拓展，也是对人类文明起源的重要探索。

在这一考察的过程中，笔者深切地体会到，天文学，的确既是一切科学中最早诞生的学问，又是最早诞生的宗教。[①] 不忘文明之初心，仰望星空，敬读天文，参天解经，方可明了古道本源、天道真意，以期法道顺天，通古达今，利地和人。

因此，可以认为，对以北斗、北极星等拱极星和北极的崇拜为中心的星象崇拜、天道信仰和道家道教等方面的关注与考察，既是解读华夏文明源流的众妙之门，又是重建中华民族信仰和强化华夏身份认同的不二文化根基。

一个民族，星空天书的有无和续写情况，都是他们的存在与发展状态的直接体现。在这天生北斗真君逐渐远离北极，又难称“北斗”之时，吾族贤达，精心制作了一个全球昼夜“恒显”的人造“北斗”(图16)，续写了华夏文明天书。信者，再也不用担心找不着北了。

深邃玄妙的天道，通过惚恍星点来显现。欲观天道之玄妙，不可舍星点之闪微。道家、道教，或许保持如《阴符经》所言，“观天之道，执天之行”，秉承源远流长的宇宙宗教情怀，方可续写人文天书，承传华夏道统。

图16　难免让人联想到华夏古式或罗盘乃至太极图的中国北斗卫星导航系统LOGO

① 冯时先生言：“天文学与其说是一切科学中最早诞生的学问，倒不如说是最早诞生的宗教。”（冯时《中国天文考古学》第17页）“天文学作为中国文化之源……这个事实也看得愈来愈清楚。这意味着如果我们不从古代的天文学与天文观入手，不对传统的天人关系进行探索，要从本质上理解中国文化是根本不可能的。”（冯时《文明以止——上古的天文、思想与制度》自序第2页）

论《老子》的宗教精神

张　磊*

内容提要： 宗教精神作为一种精神超越，体现了对现实世界的超越和对宇宙人生的终极关切。老子之思想以“道”为理念信仰，以“自觉”“节制”“无我”三重特征构建起了“圆满精神”，老子思想也具有浓厚的宗教精神。同时老子在具体社会问题的讨论中又展现出了与众不同的独特思想品质。老子思想中所蕴含的高贵精神品德为今天缓解社会矛盾、构建和谐社会具有重要意义。

关键词： 老子　宗教精神　信仰　自觉　节制　无我

哲学不同于宗教，哲学总是尝试通过抽象的概念，借助于理性论证得出结论，而宗教则建立在信仰的基础上，追求一种精神超越，体现对终极理想世界的向往与追求。考察世界上三大宗教，它们都具有一些相同的价值追求，在这些共同的价值追求背后其实都蕴含着深厚的宗教精神。

何谓宗教精神？这一概念向来缺乏严格界定。唐君毅先生论中西文化精神，专门对宗教精神有过一番界定，本文所用宗教精神，即采用此。唐先生区别了两种宗教精神，一是流俗所谓宗教精神，二是真正的宗教精神。前者只是“第二义以下之宗教精神”，而后者才是真正的宗教精神。具体言之，他所认为的“真正的宗教精神”“是一种深切的肯定人生之苦罪之存在，并自觉自己去除苦难之能力有限，而发生忏悔心，化出悲悯心；由此忏悔心、悲悯心，以接受呈现一超越的精神力量，便去从事道德文化实践之精神”[①]。按照这一界定，中国古代文化并不缺乏宗教精神，[②] 只

---

* 张磊（1992—），字珞石，山东德州人，湖北大学哲学专业博士研究生，主要从事道家哲学研究。

① 唐君毅：《人文精神之重建》，桂林：广西师范大学出版社，2005 年，第 8—9 页。

② 蔡德贵先生曾指出，中国传统文化中的儒家和道家都隐含着宗教精神，这可从老子《道德经》、孔子的《论语》中表现出来。《道德经》说“孔德之容，惟道是从”，尊道贵德，把道作为一种最高的宇宙本体来看待，提倡对道要敬畏，如冬涉川，若畏四邻。这类宗教精神体现了宗教家悲天悯人的信仰情怀。参见《人类三种基本精神的和谐发展》，《济南大学学报》2003 年第 6 期。

是在后来宗教渐渐失去了其原有的地位，而理性精神得到了切实弘扬，从而实现了对宗教精神的继承、弘扬与超越。

一般而言，道家有别于道教，然先秦道家却在汉代发展出拥有固定的教团组织、以神道设教为方式、崇尚天道鬼神信仰的道教，这绝非偶然。如果我们把宗教精神视为一种宗教的内核的话，那么道教中无疑也蕴含着浓厚的宗教精神，而这种宗教精神其实早在老子哲学中既已体现，这也是道家之所以顺理成章地演化出道教的关键。本文以老子的哲学为中心，着重探讨其宗教精神。

一、信仰:《老子》宗教精神的内在依据

诚如上文所引论，“真正的宗教精神”盖有两大特征:(一)信仰——“超越的精神力量”;(二)由此精神引申出对圆满德性的追求和向往。就第一大特征而言，在老子的思想中，“道”毫无疑问就是这种“超越的精神力量”的终极来源与支撑，但人们对于“道”的情感，是否可以用“信仰”来加以界定呢？站在研究者的角度，不难发现在人与“道”的关系建立中“信仰”确实存在。

首先，在“道”的形成过程中“信仰”起着举足轻重的地位。虽然对于“道”的来源与形成，后世学者仍有分歧：唐兰先生认为老子之“道”是由春秋时期表示具体法则的“道”概念推衍而成，即通过“把春秋时的‘道’生展成一个系统”而确立其哲学意义；[①] 童书业先生在《先秦七子研究》中提出过老子的“道”是从春秋以来的具有泛神论意义的“命”的观念发展而来的；[②] 徐复观先生则把“道”当作老子据于人生的需要逐步上推而获得的“副产物”[③]。但无论采取何种说法，[④] 我们都忽视不了两个一脉相承的问题：人对“道”的尊奉实际上本源于人类对生命终极本源的一种追问、敬畏，这可视作古老信仰的延续——“道”从产生到被奉为至上的存在，

① 唐兰:《老子时代新考》,《古史辨(第六册)》，香港：太平书局，1930年版，第617页。

② 童书业:《先秦七子研究》，济南：齐鲁书社，1982年版，第114—115页。

③ 徐复观:《先秦人性论史·先秦篇》，上海：上海三联书店，2001年版，第287页。

④ 按：郭沫若与陈鼓应先生认为的“道”乃老子的“发明”或“预设”。参阅郭沫若:《先秦天道观之进展》,《郭沫若全集(第一卷)·中国古代社会研究·青铜时代》，北京：人民出版社，1982年版，第351页。陈鼓应:《老子今注今译》，北京：商务印书馆，2016年版，第22页。笔者不认同这种说法，因为“发明”代表着“被创造”；而“预设”除了有“被设定”的意味之外，还兼具着“为保证××的合适性而必须满足的前提”的内涵。但实际上“道”的产生不应来源于“预设”，而是来源于“推定”，即通过对经验世界的观察与总结推论出这样的一个终极存在，正如徐复观所言:“老学的动机与目的，并不在于宇宙论的建立，而依然是由人生的要求，逐步向上面推求，推求到作为宇宙根源的处所，以作为人生安顿之地。”冯友兰也曾提出过“常道”的把握来自对事物的观察，老子静观万物的生存演变，发现“夫物芸芸，各复归其根”，而此一恒常规律即宇宙演变之常道。那么这样的“道”也必定不会是“发明”。参阅徐复观:《中国人性论史(先秦篇)》，上海：上海三联书店，2001年版，第287页。冯友兰:《中国哲学史(上册)》,《三松堂全集(第2卷)》，郑州：河南人民出版社，2001年出版，第409页。

其间离不开“信仰”的作用。《老子》诞生之前，“天”“帝”“神”“鬼”“命”这些古老的原始宗教观念在不同时期，不同程度地享受着超然的地位，而老子之“道”一经出现便成了凌驾于上述概念之上的绝对存在，尽管我们可以说老子之“道”具备了卓越的理性精神，不再完全等视于原始宗教性质的以上认知。但是我们也不得不承认，“道”地位的确立是通过“推求”的方式实现的——“有物混成，先天地生”，而这种“推求”并未打破以往“垂直型”[①]世界建构框架，也未真正突破既有的对最高存在的理解模式。值得一提的是，我们上述解读侧重“生成论”角度，并非是忽视“存在论”，主要是“存在论”也好，“宇宙生成论”也罢，都是基于现代哲学的研究框架与方法，恐怕都不熟最初所设想的方面，正如刘笑敢所说，在老子的时代，古代圣哲们还没有认识到要区分实然与应然，也不认为形而上与形而下之间有什么不可逾越的界限，[②]这就更加印证了“道”的提出源于原始信仰框架下的“推求”。由是可见“道”作为至上存在而被人们接受的过程中，古老信仰依然起着重要的作用。在老子的言谈中，也透露过类似的信息，如“上士闻道，勤而行之；中士闻道，若存若亡；下士闻道，大笑之。不笑不足以为道。故建言有之：……”（《老子·四十一章》）。从哲学视角来看，“上士”“中士”“下士”体现了对“道”的三种不同认知状态；而从宗教角度来看，这三种不同的认知状态本质上体现了“信仰”与“非信仰”的差异。并且这种差异是真实且古来长期存在的，不然他也不会言及“建言有之”。

其次，也正因为“信仰”的存在，“道”才变得合理与完满起来。我们从不迟疑“道”之所以能够成为被信仰的“道”，在于其原初地具备着令人信服的因子或被人向往的价值追求：如对自然界客观规律的总结与揭示：“夫物芸芸，各复归其根”（《老子·十六章》）；对人生境遇的归纳与提升：“祸兮福之所倚，福兮祸之所伏”（《老子·五十八章》）；以及对人类文明现实的担忧与批判：“天下多忌讳，而民弥贫；人多利器，国家滋昏；人多伎巧，奇物滋起；法令滋彰，盗贼多有”（《老子·五十七章》）。“道”所蕴含的这些认识与见解毫无疑问是从人类历史发展过程中推求、提炼出来的智慧，成了令人信服乃至信仰的基础。但是我们也不得不承认，老子之“道”带有极大的朴素性质，它并不能很好地揭示所有问题：诸如作为“万物之宗”“天下母”的“道”，以“自然”“无为”作为本质属性，为何会创造出一个充满欲望且不

---

① ［日］浅野裕一：《古代中国的宇宙论》，吴昊阳译，南京：江苏人民出版社，2020年版，第42页。

② 刘笑敢：《老子：年代新考与思想新诠》，台北：东大图书公司，2005年版，第201页。

断竞争的“人道”世界？[①] 以“天之道”作为善政追寻而缺乏制度设计的子哲学是否可以真正地实现？[②] 面对类似上述颇为直观的理论困境，自古及今的崇道者并未因此对“道”产生过怀疑，而是不遗余力地做出各种解释，[③] 以期化解其中矛盾，从而使“道”不至于负有直接责任。其中缘由，并不是“老子那时候没有科学”，也非我们不重视“科学”，而应是像牟宗三先生所言的那样“道、无之客观性、实体性只是一种姿态，乃由‘本’义、‘根据’义而显示，而实则可消化于主体之自在、自然、自适、自得而为一种境界”[④]，诚然，将“将老子形上概念完全限定在观念发生过程中来了解，收在主观亲证之下，以‘主观心境’观‘道’而不能以‘道’观‘道’，则未

① 按：完全放任道生天地万物，产生的纯粹自然之秩序，应当是完美的，这就是老子所讲的“天道”。但现实世界之所以不完美，并不是因为道的缘故，而是因为人的存在，一切问题都本源于人自身。老子作《道德经》以“天道”“人道”并称，是在“天道”与“人道”背驰的背景下提出的，其目的正是要将“人道”重新纳入“天道”之中，而非超越“天道”，或者与“天道”对立。但是这个问题还可以继续追问，“道”作为“天地母”的终极存在，起作用必然是无古无今、一直发挥作用的，那么为什么会出现“天道”与“人道”背驰的局面的？或言人为什么会有能力脱离“天道”呢？“道”如果赋予了人否定自身的能力，那么这个“能力”也就成了自然的一面，再让“人道”复归“天道”，岂不是“道”打着“自然”名义在违背“自然”，这必然是充满矛盾的。

② 吕锡琛：《善政的追寻——道家治道及其践行研究》，北京：人民出版社，2014 年版，第 83 页。

③ 如就“天道”“人道”问题的回答，将相关思路摘录如下：（一）老子“道”的提出虽然在思维方式上受上古时代“天”“帝”等观念影响，乃至于在终极性、超越性方面具备高度相似性，但老子之“道”没有人格意志，尽管“道”也能对天地万物生杀予夺，但这种作用并不是“道”有意为之，而纯粹是自然的结果。因此人类并不需要通过祭祀或其他方式来表达对“道”的崇敬（但人类仍然可以通过祭祀去表达对鬼神的存在的敬畏，老子并不否认鬼神等存在），可见并不存在一个超越万物之外的带有人格意志的“道”，“道”就在天地万物之中。（二）“道”亘古亘今，无时不发挥作用，但“道”发挥作用的方式也不同于“天”“帝”（通过各种神祇降下各种灾害之类），“道”的作用只是自然而然、不带有情感意志。对于这种自然而然的作用方式，在漫长的历史经验总结后，人类也开始逐渐体会，并因而逐渐弱化了以往那种对于“天”“帝”鬼神的无比敬畏，甚至开始怀疑与挑战（这也是“道”得以产生的一个重要原因，“道”可以看作这种经验总结的具体思想显现），上述举动一则可以说明人类理性思维的发展；再则正好说明人类对于外部超越存在的藐视。这种“藐视”的背后又是无限膨胀的自信心与欲望在作祟，带来的后果是“人道”对于“天道”的背叛。因此可以说“道”创生万物，但“道”却无力阻止人类按照自身意愿的发展——哪怕是违背“道”的发展，“道”唯一的方式就是再通过自然而然的作用来惩罚人类，但这种惩罚也并非“道”作为异己的、外在的、超自然的力量实现的，归根结底还是人类自身所致。（三）“道生万物”作为人存在的终极基础，“道法自然”作为终极形上建构，二者的结合意味着在经验世界中“道”必然要通过天地万物的自然来呈现。因此，我们可以说“道”赋予了人的一切，但却不能说“道”明确规定了人类某方面的具体认知（如若说一切都是“道”的赋予，那人类便丧失了自由的可能，也就没有自然可言），《老子》书中也多次申明“道”生万物，却“生而不有，为而不恃，长而不宰”。在“道”的弱作用力下，天地万物可以是自然无为的，只有人会不断地追求自由意志（理性观念、情感欲望），并在过程中妨害了其他天地万物，导致了“人道”与“天道”的相违背，以及“人道”自身的崩塌决裂。但庆幸的是人拥有内在精神，精神本源于“道”，具有一种灵性，能够反思自身的行为，人类正是因为这种本源于“道”的精神发挥作用，自觉地认识到人类自身就是“道”的载体之一，是“道”的担当者，因而能够节制自己的行为、意志，可以自觉地复返于天道之中。以上是与导师萧平副教授商榷而来，这种解释虽然已经颇为圆满，但是否是全部来源于老子之本义，还是有“假说”的痕迹，却实难确定。

④ 牟宗三：《心体与性体》，长春：吉林出版社集团有限责任公司，2010 年版，第 398—399 页。

必是老子的本意”[①]，但是牟氏在理解老子之“道”时关于“境界形态”的创见，却透露出了“道”不是通过逻辑分析抽象出来的概念，也就是说，人们对于“道”的信服并非来自合乎理性，而是来自一种内在体验和情感上的契合，这亦可看作“信仰”的表征。

对“道”感知的非理性化，以及“道”本身“寂兮寥兮”的特性，造成我们很难用“认知”的方式进行传道，甚至我们也很难用“认识”和“认识对象”这样的词去勾勒整个理解“道”的过程，而只能代之以“把握”“证悟”等这样的词汇，这一点在《庄子》中表现得尤为明显，《知北游》载：“夫体道者，天下之君子所系焉”。[②]所谓“体道”按照熊十力先生的理解即“自然内外浑融，冥冥自证，无对相待”[③]，可见这种“体道”既不是感性认知，也不是理性知识，而是体验性知识，确切地说是内在精神体验，这里所说的“精神体验”不仅仅意味着“心”的知觉、思考和判断，更意味着身心脱落的入神状态。[④]不难发现“精神体验”仍是“信仰”范畴下的“躯体的智慧”（body wisdon），[⑤]“可以评价为是一种神秘主义（mysticism）”[⑥]。《老子》文本中相关问题的表述虽不直观，却仍旧有迹可研，老子热衷于去“名”与“言”，尝有“无名之朴”“道隐无名”“不言之教”“希言，自然”等语，老子这一做法的目的除了渲染“道”之玄妙之外，还使人对“道”的理解由命题式的判断与界说上升到了运思与盈盈诗意的感受之中。这种“诗意的栖居”何尝不是一种信仰呢？即便是在海德格尔那里。

“信仰”的具备成了《老子》宗教精神得以成立的内在依据。但是，务必要加以申明的是这种“信仰”并非完全出于“诗意”，其背后仍蕴含着巨大的价值——因为“信仰”的存在，“道”的原则与宗旨才能够通贯于个体之精神之中。这种通贯又保证了“道”的最大开放性——“修之于身，其德乃真；修之于家，其德乃余；修之于乡，其德乃长；修之于邦，其德乃丰；修之于天下，其德乃普”（《老子·五十四章》）——这毫无疑问一方面是与“道”自然、无为的特性所暗合的；另一方面也延展了“道”的周适性、反向增强了人的信服力和内在体验感。信服力的增进和内在体验感的增强不断敦使着这种“信仰”的向外绽放，从而实现内在精神性体验向外在实践智慧的转捩。

---

① 袁保新：《老子哲学之诠释与重建》，台北：文津出版社，1991年版，第74页。

② 郭庆藩：《庄子集释》，北京：中华书局，1961年版，第755页。

③ 熊十力：《新唯识论》，北京：中华书局，1985年版，第255页。

④ 郑开：《道家形而上学研究》，北京：中国人民大学出版社，2018年版，第196页。

⑤ 坎农：《躯体的智慧》，范岳年、魏有仁译，北京：商务印书馆，1982年版。

⑥ [日]池田日久：《问道——老子思想细读》，王启发、曹峰等译，桂林：广西师范大学出版社，2019年版，第117页。

二、圆满德性:《老子》宗教精神的现实追求

既然“道”所蕴含的“超越的精神力量”通过“信仰”之途通贯于个体精神之中，使得此精神得以开显，进而展现为具体的现实追求。那么“此精神”是否符合唐氏所言的“圆满”特征呢?显而易见，老子所倡言的“自然”“无为”等价值追求无疑都是此“圆满德性”的体现。但是我们也应注意到无论是“自然”也好，还是“无为”也罢，我们通常认为它是哲学概念，①而哲学思考的核心命题在于人文精神，与本文所要探讨的“宗教精神”大有径庭，②因之，我们不得不舍弃这些既有哲学概念，重新引入新的名词来对其蕴含的宗教精神加以概括、梳理与分析。

这种“圆满”首先表现为“自觉”。在惯常思维中，“自觉”与“宗教”是一对相反的概念，因为宗教作为“还没有获得自身或已经再度丧失自身的人的自我意识和自我感觉”③是不可能给以“自我意识(Selbstbewusstsein)”为中心的“自觉”留下丝毫余地的。但是“宗教精神和宗教不同”④,宗教精神往往更倾向于对超越现实性的价值源泉的肯定与追求，而非投身于一个“绝对之他在(The Wholly Other)”⑤，正得益于宗教精神这种弱化“绝对之他在”而强调“终极价值”的“面向”，才得以使生命回到人自身上来，进而使得“自觉”成了宗教精神的主要的特征，当然，此时的“自觉”更应该被理解为“本源行动(Thathandlung)”⑥,即“一种原初的实践活动，

---

① 按:“通常认为它是哲学概念”的意思是指我们在日常言说与研究过程中，通常认定其为哲学概念，但这并不意味着其背后仍蕴含着宗教精神，就如庞朴分析“无为”时言:“(无为)不是行为的基本形式，而是行为者的心理状态——行为那一刻的精神状态”，而这种“精神状态”很显然是“宗教精神”的表征。按照基本的逻辑分析，我们亦可得出相同的结论，人对“道”的崇奉包含着信仰，那么对“自然”“无为”等核心概念理解、践行和追求自然也带有“信仰”的色彩。参阅[美]森舸澜:《无为：早期中国的概念隐喻与精神理想》，史国强译，上海：东方出版中心，2020年版，导论第9页。

② 李维武先生在《人文科学概论》中曾对“人文精神”与“宗教精神”做过区分:“所谓人文精神，就是把对人的文化生命和人的文化世界的肯定灌注于人的价值取向与理想追求之中，强调通过人的文化生命的弘扬和人的文化世界的开拓，促进人的进步、发展和完善，反对把人的存在归结为自然生命，也反对把人的存在归结为神的世界或人的文化世界的一部分(如科学、技术、经济)。换言之，人文精神强调有自己的生命和人的文化世界，与单纯把人归结为自然人的观点不同，与立足于神的宗教精神相对立，又有别于片面夸大科技的科学主义和单纯强调经济作用的经济主义。”李维武:《人文科学概论》，北京：人民出版社，2007年版，第35—36页。

③ 马克思、恩格斯:《马克思恩格斯文集(第1卷)》，北京：人民出版社，2009年版，第3—4页。

④ 贺麟:《文化与人生》，北京：商务印书馆，1998年版，第132页。

⑤ 瑞士新教神学家卡尔·巴特语。

⑥ 关于费希特的“Thathandlung”，学者们有不同的译法：贺麟先生将其译作“健行”，唐君毅先生将其译作“纯行”，梁志学先生将其译作“本源行动”，吴汝钧先生将其译作“动作”，商务印书馆《善的研究》将其译作“纯粹活动”。参阅毕文龙:《论西田几多郎的“自觉”——基于〈自觉中的直观与反省〉》，硕士学位论文，贵州大学，2020年，第32页。

并非自我具有行动的本性，而是自我原本就是行动本身”[①]。纵观老子的理论，恰恰是以这种“自觉”作为基础前提的思想。《老子》文本中往往表现出强烈的脱离“人伦”（即社会道德规范约束）的倾向，如“故大道废，焉（安）有仁义；六亲不和，焉（安）有孝慈”[②]，那么人一旦抛开了外在规范，又该以何种状态栖身人世间呢？老子也给出了回答，即“常德不离，复归于婴儿”（《老子·二十八章》），所谓“婴儿”即“动不知所为，行不知所之”[③]，也就是行动即我、我即行动的“自觉”状态。除此之外，老子思想中的一个核心概念——“无为”——也可以看作老子宗教精神自觉特征的文据，“无为”作为“道”之常，是“道”的规定，“无为”即顺道而为，无计度、无造作，落实到人则可以看作对人无意志、无目的“自觉”行“道”的一种概括，而论及此种“自觉”的来源，又恰恰是“道”的赋予以及自身对“道”的觉悟。由之，“自觉”站在传统哲学的角度可以看作“天人合一”境界的表达，而站在宗教精神的维度则更应看作对“道”虔诚信奉状态下的真诚流露。

其次是“节制”。“节制”源自古希腊文化，它与正义、勇敢、智慧共同被认为是城邦四大美德；也是基督教教义中“四主德”与“七大美德”之一。如果说“自觉”完成了人与“绝对精神”的合一，那么“节制”则是人在这种合一状态下的具体行事风格，诚如贝尔所指出的那样：“节制是耶稣及其使徒的行事风格”[④]。作为行事风格，它几乎会贯穿于现实生活的全部，如政治的节制、写作的节制[⑤]、欲望的节制，乃至情感的节制等等，不一而足。上述所牵涉之“节制”正是老子要鼓励人们“自觉”去做的具体内容。《老子·第十七章》云：“太上，不知有之；其次，亲而誉之；其次，畏之；其次，侮之。信不足焉，有不信焉。悠兮其贵言。功成事遂，百姓皆谓：‘我自然’。”这是政治的节制。《老子·第八十一章》云：“善者不辩，辩者不善。”这是写作（语言）的节制。《老子·第十二章》云：“五色令人目盲；五音令人耳聋；五味令人口爽；驰骋畋猎，令人心发狂；难得之货，令人行妨。”这是欲望的节制。至于情感的节制，老子似没有做过明确界说，但我们仍可以从部分论述中看

---

① 张东辉：《费希特知识学从绝对自我到相互承认的思想嬗变》，《哲学动态》2013 年第 3 期。

② 此处按竹简本抄录，通行本作“大道废，有仁义；六亲不和，有孝慈”（《老子·第十八章》）。参阅刘笑敢：《老子古今（下）》，北京：中国社会科学出版社，2006 年版，第 839 页。竹简本中“焉”或“安”应作“于是”解，参阅［日］池田知久：《郭店楚简〈老子〉新研究》，曹峰、孙佩霞译，南京：江苏人民出版社，2022 年版，第 20 页。

③ 郭庆藩：《庄子集释》，北京：中华书局，1961 年版，第 785 页。

④ 法国哲学家皮埃尔·贝尔语。

⑤ 所谓“写作的节制”即“即公允而不攻击、诽谤”，这恰恰是老子精神的彰显，老子云：“善者不辩，辩者不善”，言“辩”即有分判，有分判即有好坏，有好坏则有好恶，一如庄子所言“有左，有右，有伦，有义，有分，有辩，有竞，有争”，这毫无疑问是对“道”的戕害。老子倡导“善者不辩”正说的是要维系“道”的公允而不有意竞争。

出，如“宠辱若惊，贵大患若身”（《老子·第十五章》）中的“惊”此类。但值得注意的是老子的后学庄周却对情感的节制格外热衷，为此他借助“鼓盆而歌”“有情无情论”等故事专门表述此思想。同时“节制”又可看作“谦卑”的同位语，如果说“节制”是人的具体行事风格，那么“谦卑”就是人在行事时具体的心理情态。政治的节制是君王对人民的谦卑；写作（语言）的节制是对万物的谦卑；欲望的节制是对生命的谦卑；情感的节制是对理性谦卑。老子尝言“上善若水”“水几于道”，他极力推崇水的原因便在于“水性善下，道贵谦卑”[①]。

最后是“无我”。基督教中有一条“道德金律”（the golden rule），即“你要别人如何对你，就要如何对人”，人都不都希望他人以自私自利对己，因而自己也不可自私自利，不自私自利即是“无我”，这是基督教徒行事的必然法则，也是其追求的理想目标；佛教也谈“无我”，即“无形体之我”“无意所成之我”“无想所成之无形我”[②]，可见佛家之“无我”也注重无成心成意，并将此作为佛陀度化众生的关键法则及禅机所在。康德对于这一“法则”便极为推崇：“即使人们还没有把它作为宗教学说来考察，就在这一点上提供了一个至善的（上帝之国）概念，只有这个概念才使实践理性的这种最严格的要求得到满足”[③]，并指出“唯一真正的宗教所包含的无非是法则，即这样一些实践的原则，我们能够意识到它们的无条件的必然性，我们因此而承认它们是由纯粹的理性启示的（不是经验性的）”。[④]老子思想与之不同的是，老子不仅将“无我”作为处世的法则与理想目标，更加突出了其精神境界属性及审美意味，这一点从《老子》的圣人形象中便可看出：（一）圣人贵不争之德，“圣人去甚，去奢，去泰”（《老子·第二十九章》），能“除去美进，荣利之心”[⑤]，此是以“无我”为法则行事的展现；（二）圣人贵无为之治，“圣人在天下，歙歙焉，为天下浑其心”（《老子·第四十九章》），百姓“无避无应，则莫不用其情矣。……如此，则言者言其所知，行者行其所能”[⑥]，此是以“无我”作为社会理想目标的昭示；（三）圣人贵天地之境，圣人“含德之厚，比于赤子”（《老子·第五十五章》），尊朴贵真，此是对“无我”之“道”境的实现，也是对自身“信仰”的一次“复命”，诚如韦政通所言“工

① 王琳娇：《试论〈老子〉中“水”的价值内涵》，硕士学位论文，内蒙古大学，2020年版，第20页。

② 雷雪阳：《佛教“无我”思想溯源——以印度早期三大纲领为核心的考察》，硕士学位论文，吉林大学，2019年，第14页。“无形之我”实际上就是“身体之我”；“无意所成之我”即无自私自虑之我；“无想所成之无形我”即不要刻意追求无我之态，也不要刻意摒弃身体之我，我依靠身体之我行无自私自虑之我。

③ 康德：《实践理性批判》，邓晓芒译，北京：人民出版社，2003年版，第174页。

④ 康德：《康德论上帝与宗教》，李秋零译，北京：中国人民大学出版社，2004年版，第432页。

⑤ 王弼、楼宇烈：《老子道德经注校释》，北京：中华书局，2008年版，第77页。

⑥ 王弼、楼宇烈：《老子道德经注校释》，北京：中华书局，2008年版，第130页。

夫的历程恰像一个圆周，始于本真，又归于本真"[①]。（四）圣人贵生命之美，"圣人终日行不离辎重。虽有荣观，燕处超然"（《老子·第二十六章》），圣人"在宇宙根源的地方来决定人生与自己根源相应的生活态度"[②]，不违逆人的个体"本然情性"，肯定人的生命自由，"强调返归内心，由对知识的荡涤，进而体验万物，通于天地，融自我和万物为一体，从而获得灵魂的适意"[③]，此是对"无我"之美的内在体验，是一种无须"他者"救赎的生命安顿。

上述"圆满德性"构成了老子宗教精神的现实追求，并且这种德性的"圆满"不仅展现在追求价值的圆满，即指引人追求"自觉""节制"与"无我"。还表现为追求过程的圆满——以"自觉"为起点、以"节制"为行事风格、以"无我"为核心法则与追求目标，"节制"是"自觉"的实现，是"无我"前提；"无我"是"自觉"的要求，是"节制"的原则；"自觉"是"节制"的基础，是"无我"的关键。三者互为前提，互为结果实现了老子宗教精神的圆融圆满。

三、隐秘细节：老子宗教精神的独特表达

老子文本虽言简，但亦对人类社会的某些重大命题进行过论述，在论述中无异其宗教精神也会贯通其中。此问题本无必要进行专门论述，但考虑到仅对老子宗教精神的特征进行分析，难免有囫囵之嫌，毕竟这些宗教精神之特征在其他宗教抑或思想中亦有体现，要想更加契合主题，还需继续申论。而思想具有共通性，所别在于细节，因此要想对老子宗教精神的独特性进行展现，尚待对其具体表现加以分析。

结合当时社会背景及《老子》文本，我们不难发现老子所论的社会重点问题主要集中在三个方面：人的生活方式、社会治理与兼并战争。老子对这三个问题的具体看法，我们都可以嵌套一个公式——"XX应自觉地秉持无我的原则对自身XX行为进行节制"——进行回答。正如上文所言，这样一个公式不仅适合于老子所论及的这三个核心命题，也同样适用于其他富有宗教精神的思想及其他命题，因之我们要着力分析老子思想中隐秘的细节，以彰显老子宗教精神的独特性。

在对于人生活方式探讨中，老子宗教精神在具体落实上体现出了思辨性与践行性的高度统一。在轴心文明时期，世界各大文明，不管形态如何，哲学或宗教，都倡导人生活方式的节制，如柏拉图的对话中，就将节制视为一种美德。[④]老子对人生活方式的主张无疑集中体现在"无为"思想之中，老子的"无为"思想充满着无

① 韦政通：《中国思想史》，上海：上海书店出版社，2003年版，第116页。

② 徐复观：《中国人性论史》，武汉：湖北人民出版社，1963年版，第298页。

③ 朱良志：《中国美学十五讲》，北京：北京大学出版社，2006年版，封面。

④ 柏拉图：《理想国》，郭斌和、张竹明译，北京：商务印书馆，1997年版，第144页。

为与善为的张力，因此具有多层次的内涵，我们可以大致将其概括成：“无为”是顺性而为、不智而为、适度而为与用反而为的综合体系。然而在基督教中，尽管其对人生活方式的立场和态度也有类似精神的体现，但受“实体本位”思维方式的制约，基督教思想似乎只能从反向否定的角度对人生活方式做出相应的限制，就像托马斯·阿奎那所说的那样“克己意谓克己之私，对象是私欲，即相反理性的或不正当的欲望，特别是强烈的欲望，而不是全面禁欲”[①]，而未能像老子一样从否定的背后去发现并肯定其所应有的价值维度，[②]这一点也体现在基督教学者对《老子》的理解之中，如英国传教士湛约翰在翻译老子之“无”时译作“non-existence”[③]，即没有、不存在，这当然是没有把握老子之“无”的内涵；保罗·卡鲁斯虽然看到了老子的“为”不只是“do”，还应指一种行为的状态，即“act”，指带有主观能动性的作为，比如炫耀，自现，自夸等，但他仍然只认为这种对自大、自现、自夸的反对体现了老子对个人修为和道德情操的重视和追求，[④]而没有发现其背后所存在的意义。佛教对人应有的生活方式的理解显然比基督教更贴合老子的精神，佛教主张“应无所住而生其心”[⑤]，这就是在从正、反两个层面去界定与引导人的生活方式，但是由于“一般佛学，除了注重在根身，和去后来先做主公的寻讨以外，绝少向器世界（物理世界）的关系上，肯做有系统而追根究底的研究”[⑥]，因此它在实现人应有的生活方式的具体方法上更注重“运用‘意识’来作‘观想’”[⑦]，而缺少具体的实践程序——如缺少老子“无为”思想中所蕴含的适度而为与用反而为。

在社会治理方面，老子宗教精神中折射出了更加圆融且现实的调和倾向。他一方面寄希望于人民自觉践行“天道”，一方面又希望于“圣人常无心，以百姓心

① 托马斯·阿奎那：《神学大全（第十一册）》，胡安德译，台南：中华明道会、碧岳学，2008年版，第320页。

② 基督教宗教精神的具体展现中没有表现出此种特色，并不意味着西方哲学中没有类似的思考，如柏拉图将“节制”定义为“正确而有益地行事”，亚里士多德认为“适度是节制，过度是放纵”，这显然都和老子的“无为”观念有相似之处——即否定错误，又强调积极。但在基督教中，由于“上帝”的存在，这一思想发生了变化，人们更倾向于依靠上帝的意志和权威限制人的行为。参阅柏拉图：《普罗泰戈拉篇》，《柏拉图全集（第一卷）》，王晓朝译，北京：人民出版社，2002年版，第332a页。亚里士多德：《尼各马可伦理学》，廖申白译，北京：商务印书馆，2003年版，第1107b页。

③ Chalmers, John. *The Speculations on Metaphysics, Politics and Morality of "The Old Philosopher"*, Lau -tsze. London：Trübner & Co., 60, Paternoster Row., 1868.（湛约翰：《老子玄学、政治与道德的思辨》，伦敦：图伯纳出版社，1868年版。）

④ Paul Carus, *The Teaching of Lao-Tzu. The Tao Te Ching*,St. Martin' s Press, 2000.（保罗·卡鲁斯：《老子的学说——道德经》，纽约：圣马丁出版社，2000年版。）

⑤ 鸠摩罗什：《金刚般若波罗蜜经》，《大正新修大藏经（第八册）》，北京：中国书店出版社，2021年，第749页。

⑥ 南怀瑾：《楞伽大义今释》，上海：复旦大学出版社，2001年版，“自叙”第4页。

⑦ 南怀瑾：《道家、密宗与东方神秘学》，上海：复旦大学出版社，2003年版，第62页。

为心”（《老子·第四十九章》），于是有了“小国寡民”的主张——“老子还主张有‘国’，……（但）要统治者不干扰人民”[①]，这种折中与调和也使得“小国寡民”成为了一种由现实生活通往理想社会的可能途径。这显然有别于基督教对国家认识的二元主义精神，基督教一方面通过对世俗权力的神性的确认，为国家的存在提供了宗教的合法性，从而抵制了教会内滋长的无政府主义倾向；一方面它又通过对世俗权力及统治者的俗性的确认，拒绝了国家僭越的企图，从而消解了国家主义毒素。[②]基督教的国家观是矛盾的，它既肯定国家，同时又否定国家，在这种矛盾中产生的只有对世俗国家的冷漠与疏远，诚如面对死亡命运的耶稣平静地对审讯他的罗马总督彼拉多说：“我的国不属于这世界。”相较于基督教对世俗国家的疏离，佛教则对国家抱有极大的热忱，首先他并不像基督教一样认为王权是“上帝不情愿的赐物”，而认为国王的出现是解决社会矛盾的必由之途，即“今者宁可立一人为主以治理之，可护者护，可责者责，众共减米，以供给之，使理争讼。……众人闻已，皆大欢喜，皆共称言：善哉！大王！善哉！大王！于是，世间便有王名，以正法治民，故名刹利，于是世间始有刹利名生”[③]。同时，它也不排斥君主运用手中的权力“以正法治化”[④]，主张以佛教的“五戒十善”等戒律制度作为国家运行的标准，并且它对君主的德行也提出了自己的要求，即“八法”[⑤]“五事”[⑥]，在这一点上颇像儒家“先王之治”的政治主张，但在最终追求上却又大相径庭，儒家的“先王之治”即便再“艺术化”，终究是人世间的，但佛教所倾慕的“人间净土”与“他方佛国”却有十足的脱离人世间的意味。

对于兼并战争的评判，老子的宗教精神更突显了独特的“爱”的深意。“爱”是人类永恒的话题，几乎所有的宗教都倡导“爱”，如基督教宣扬博爱，佛教主张慈悲，

---

① 童书业：《先秦七子研究》，济南：齐鲁书社，1982年版，第175页。

② 丛日云：《基督教二元政治观与近代自由主义》，硕士学位论文，天津师范大学，2001年，第33页。

③ 耶舍、竺佛念：《长阿含经》，《大正新修大藏经（第一册）》，北京：中国书店出版社，2021年，第38页。

④ 耶舍、竺佛念：《长阿含经》，《大正新修大藏经（第一册）》，第38页。

⑤ “云何王成就八法？彼刹利王七世以来父母真正，不为他人所见轻毁，是为成就初法。彼王颜貌端正，刹利种族，是为二法。彼王戒德增盛，智慧具足，是为三法。彼王习种种技术，乘象、马车、刀牟、弓矢、战斗之法，无不具知，是为四法。彼王有大威力，摄诸小王，无不靡伏，是为五法。彼王善于言语，所说柔软，义味具足，是为六法。彼王多有财宝，库藏盈溢，是为七法。彼王智谋勇果，无复怯弱，是为八法。彼刹利种王，成此八法。”参阅耶舍、竺佛念：《长阿含经》，《大正新修大藏经（第一册）》，第99页。

⑥ “夫为国王当行五事。何谓为五事？一者，领理万民无有枉滥；二者，养育将士随时廪与；三者，念修本业福德无绝；四者，当信忠臣正直之谏，无受谗言以伤正直；五者，节欲贪乐，心不放逸。行此五事，名闻四海福禄自来。舍此五事，众纲不举，民困则思乱，士劳则势不举；无福，鬼神不助；自用失大理，忠臣不敢谏；心逸国不理臣，民则怨。若如是者，身失令名，后则无福。”参阅法炬、法立：《法句譬喻经》，《大正新修大藏经（第四册）》，北京：中国书店出版社，2021年，第606页。

怜爱众生。老子在论述兼并战争时亦明确表达了慈爱，如《老子》第三十一章、第六十七章，老子以“慈”作为三宝之首，并主张以悲戚的心情面对所有在战争中死去的人，这种超越了敌我对待的慈爱似与《新约》中讲的——“就像阳光照耀一切人，照耀你的朋友也照耀你的敌人”——博爱如出一辙，亦与佛家所讲“大慈与一切众生乐，大悲拔一切众生苦”[①]有相类之处。然而三者却也不尽相同：基督教的博爱终究是属神的，唯有上帝才是爱的发出点和源泉，上帝之爱具有至高无上性，而人之爱，包括人对上帝的爱、邻人之爱、对敌人之爱、只能是上帝“神爱”[②]（Agape）的回应，或者是对上帝之爱的延伸。没有上帝对人类的启示与恩赐，人不能通过自身能力意识到爱，也不可能去实践爱。佛家的慈悲虽来源于人智慧的起观，[③]但其最终指向却是出世的，“集中体现在一个‘度’字上”[④]，如“以大慈悲力，度苦恼众生”[⑤]“是诸众等，久远劫来，流浪生死，六道受苦，暂无休息。以地藏菩萨广大慈悲，深誓愿故，各获果证”[⑥]。唯有老子之“爱”是既属人又面向当下的，老子的慈爱源于人对一切生命的平等看待，这种“平等”发端于人对“道”所蕴含的精神价值的认同与信仰，归根结底还是主体认知在起决定作用，而非来自“神”的灌输；老子的慈爱源于平等，其目的也是为了实现人世间真正的平等，老子言“天道无亲”的目的是为了实现“圣人不仁”，而老子的“圣人”从来都不是脱离人世间的。也正因为老子的慈爱出于平等、入于平等，由是而开出一种母性的温情——以悲悯、宽容的态度对待任何情况而不藏私，老子言“报怨以德”，“以德报怨是真诚的，而不是虚伪的或邀买人心的，是一视同仁的，而不是偏向的或厚此薄彼的”[⑦]，恐怕只有对全部生命都怀有伟大母性关爱的人才能做到。

① 龙树:《大智度论》，鸠摩罗什译，上海：上海古籍出版社，1991 年，第 181 页。

② “神爱”（Agape）的意思较为宽广，其本质不是对于占有或占有财富的渴望，而是一个人为了他人而做出的慷慨举动。但它的基本意思是用来表示人与上帝或人与自己同伴之间的关系。后来的基督教神学家在使用这一概念时对它的限定慢慢严格起来，使它更倾向于指那种自发的、单向给予的爱，这样一来，上帝就成了爱的根源。参阅黄亚娟:《亚里士多德友爱与基督教博爱思想比较研究》，硕士学位论文，西北师范大学，2006 年，第 26 页。

③ 按：佛教的慈悲则主要是基于智慧观照下对于苦难众生的关注。佛菩萨正是明悟了缘起性空之真相，依此智慧才对迷苦众生起了慈悲关照。此处虽特言“佛”“菩萨”，但按照佛教“一切众生，皆具如来智慧德相，只因妄想执着，而不征得”(《华严经》) 的观点，可见众生与佛菩萨并不存在天然隔离。

④ 霍进风:《孔孟仁爱和佛教慈悲之比较及其现实意义》,《江南大学学报（人文社会科学版）》，2019 年第 6 期，第 70 页。

⑤ 鸠摩罗什:《妙法莲华经》,《大正新修大藏经（第九册）》，北京：中国书店出版社，2021 年，第 262 页。

⑥ 实叉难陀:《地藏菩萨本愿经（卷上）》,《大正新修大藏经（第十三册）》，北京：中国书店出版社，2021 年，第 412 页。

⑦ 刘笑敢:《老子古今（下）》，北京：中国社会科学出版社，2006 年版，第 605 页。

结语:《老子》宗教精神的价值意义

老子的思想始终将“道”作为终极诉求，对“道”抱有一种价值情感的信仰与认同，在这种情感意志的支撑下，人们形成了“自觉”“节制”“无我”的精神特质，并以此为基础，勇敢地超越经验世界，从而展现出诸多的高尚道德品格，这些高贵的品格无疑成了确保社会和谐的可靠力量。因之，老子思想中所体现出的宗教精神为我们今天建立整体价值秩序的理念提供了新的启示，即通过塑造精神信仰的方式为人类道德之实践提供动力和内在保障。

同时我们也应该注意到，《老子》书中这些高贵品格的产生、理解与践行，并不能完全将其混同于一般，尽管在某些特征上它具有一般性，但在具体问题的理解与实行上，仍旧保持着自身独有的特性，这是老子运思的独特之处，也是中国传统文化特质使然。所以我们在通过塑造精神信仰的方式为人类道德之实践提供动力和内在保障的同时，也应注意挖掘老子思想中所蕴含的民族精神，以增强文化自信。

《道德经》历代注释研究

林希逸《老子鬳斋口义》中的心学思想

于宏伟　林　娜*

内容提要：林希逸在注《老》过程中深化了《老子》思想中的“心学”意涵。林希逸认为对于《老子》的理解并不能同以往从抽象的天地进入阴阳未分之前（无），而是要由切己之心进入现实世界（有），进而对“道”进行认识，即揭示其以心解《老》的进路。肃翁在解《老》时以“某某之心”的表达方式展现了“心”的不同面向，丰富了心的向度。其中无容心、无心作为《老子口义》中心学的重要概念得到了彰显。并由此推出君王法于天地，进而达到由自然到无为的修心工夫。

关键词：老子　心　无容心　无心　自然

基金项目：2021 年湖南省研究生科研创新项目“儒道视域下的林希逸思想研究——以《老子鬳斋口义》为中心”（CX20210523）。

林希逸，南宋艾轩学派代表人物之一。作为理学家，其对于佛、道思想却与有宋以来其他理学家有着不同的公开、兼收并蓄的态度，更为《老》《庄》《列》作注。在其注中，林希逸自觉地对《老》《庄》二者的思想旨趣作了区分。他认为《老子》一书“不畔于吾书”，而《庄子》一书则“多合于佛书”[①]。这里“吾书”指的就是儒家典籍。由此可知，林氏在注《老子》时更倾向于以儒比《老》。虽然他强调其注解《老子》是为“研究推寻，得其初意”，但不可否认的是，林希逸注《老》的基础仍然是“儒家本位”思想。这也就使其在注《老》时对《老子》进行了一定程度上的自觉式的“误读”。但也正由于这种“误读”才产生了其独特的阐释方式，其中一个非常明显的特点就是深化了《老子》思想中的“心学”意涵。基于此，本文将针对其《老子口义》中的心学思想进行展开论述。

---

* 于宏伟（1991 年—），湘潭大学中国哲学专业硕士；林娜（1995—），湘潭大学 2020 级博士研究生。

① 林希逸：《老子鬳斋口义》，上海：华东师范大学出版社，2009 年，“发题”，第 2 页。

一、天地与心：万物与仁义所由出

林希逸认为第一章为本书之大旨。此“旨”可从两个角度来看，一是指《老子》思想之大旨；二是指进入《老子》思想的根本方式。至有宋一代，对《老子》首章的断句大体分而为三：一为王弼、河上公之“无名，天地之始；有名，万物之母。故常无欲，以观其妙；常有欲，以观其徼”，此种多为道教之属所承；二为王安石始以“无，名天地之始；有，名万物之母。故常无，欲以观其妙；常有，欲以观其徼”为读；第三种则以苏辙为主，以“无名，天地之始；有名，万物之母。故常无，欲以观其妙；常有，欲以观其徼”为读。林希逸在断句上取第三种。对于此三种断句及其所产生的阐释与理解问题，并不能以正误来判断。

中国思想的发展自汉始，无不是以“经学”的方式在前进，即以解经来阐发自我之义。而这种现象恰恰反映其时代特色与时代思想。诚如刘固盛教授所说：“也许很多学者为《老子》作注疏的初衷都力求其解符合老子的原义，但实际情况是注者往往自觉或者不自觉地进行一些发挥,将自己本人的思想融贯其中。”[①]所以林希逸采用第三种句读方式解《老》，亦是想在不同层次中凸显《老子》之义，但又不可避免地融入思想。林希逸在研究推寻《老子》书时拈出一“谕”字，认为“读者未得其所以言”[②]正在于把《老子》譬喻之语看实，而忘乎其明道之意。

林希逸认为《老子》第一章居一书之首，一书之大旨具于此，其意盖以“道本不容言”[③]。“容”即为容许之意，可以说“道”本身是不允许被言说的，因为一旦言说就陷入主客二分当中。言语之于道只能是一种描述性的活动，并不能直接呈现“道”之全体,即其所说“才涉有言,皆是第二义”[④]。林希逸此句引佛家词以说明“道”的不可描述性、言语的遮蔽性及主体通过言语所表现出的分判性。

“道”于本体为“太极未分之时”，于人心则为“寂然不动之地”。[⑤]故而人对于“道”的认识不能仅诉诸于言语，还要通过“心”来理会。“道”不容名言，根本处在于其为“未分”与“寂然不动”的“无”的状态。林希逸在注“有物混成，先天地生”时说：“有物混成，道也，无极而太极也。其生在天地之先，言天地自是而出也。”[⑥]他在注“天下万物生于有，有生于无”时说：“有天地然后有万物，故曰‘物生

① 刘固盛:《〈老子〉首章无欲、有欲问题辨析》,《中国哲学史》2015 年第 4 期。
② 林希逸:《老子鬳斋口义》,“发题”,第 2 页。
③ 林希逸:《老子鬳斋口义》,第 1 页。
④ 林希逸:《老子鬳斋口义》,第 1 页。
⑤ 林希逸:《老子鬳斋口义》,第 1 页。
⑥ 林希逸:《老子鬳斋口义》,第 27 页。

于有’，然天地孰生之？天地之始生于太虚，是生于无也。”[①] 如在为“道生一，一生二，二生三，三生万物”作注时说：“一，太极也。二，天地也。三，三才也。言皆自无而生。道者，无物之始，自然之理也。”[②] 又如他在为“道生之”作注时说：“道，自然也，无也。凡物皆自无而生。”[③] 以此可知，林希逸用“无极而太极”“太虚”“自然”“无”来诠释“道”，即在极力避免将“道”等同于“虚无”的倾向。

“道”是“无”，但又非“无”，只有如此来理解，才能真正认识“道”，也才能真正理解《老子》之意。其中介于有无之间的“天地”起到关键作用。林希逸对于“天地”之意并非只是在说其作为最大客体存在之物，而是在强调其“出”意。其言：“太极未分，安有春夏秋冬之名？寂然不动，则安有仁义礼智之名。”[④] 不论是四季还是五常都是在“分”的情况下所出。因此按照林希逸的理解，“无名，天地之始”即为太极未分，心寂然不动的状态；而“有名，万物之母”则为太极分，心始动的状态。万物由天地出，天地由太极（阴阳）出，太极由道（无极、太虚、自然）而出。林希逸又强调：“其谓天地者，非专言天地也，所以为此心之喻也。”[⑤] 太极分判后有天地，故而有春夏秋冬之行；而心分判后方有春夏秋冬之名。由此可知，林希逸认为《老子》言世间之物，由天地出；世间之名，则由心出。

林希逸认为，对于道的认识，并不能将道与万物割裂开，其只是从隐到显的一个过程。故而其言：“母，造化也。子，万物也。知有造化而后知有万物，知有万物又当知有造化，盖言无能生有，有出于无，知有者不可以不知无。”[⑥] 此为《老子》由有进无，由万物进道的认识路径。林希逸在注“常无，欲以观其妙；常有，欲以观其徼”时说：“‘常无’‘常有’两句，此老子教人究竟处……常于无时就无上究竟，则见其所以生有者之妙；常于有时就有上究竟，则见其自无而来之徼”[⑦]。其训“徼”为“窍”，即是强调通过有无之统一性与连续性以观察万物之所由出，即不断显现的过程。而林希逸在“欲”字前断句，意在突出“欲”的重要性。其训“欲”为“要也，要如此究竟”[⑧]。这里的“要”意为“只有”，只有通过“有—无”才能得道之究竟。如果从主客体的角度来看，“欲”字突出了主体性精神，而此主体性即为“心”。

林希逸在注《老》时明言：“此章人多只就天地上说，不知老子之意正要就心

① 林希逸：《老子鬳斋口义》，第 45 页。
② 林希逸：《老子鬳斋口义》，第 47 页。
③ 林希逸：《老子鬳斋口义》，第 55 页。
④ 林希逸：《老子鬳斋口义》，第 1—2 页。
⑤ 林希逸：《老子鬳斋口义》，第 2 页。
⑥ 林希逸：《老子鬳斋口义》，第 56—57 页。
⑦ 林希逸：《老子鬳斋口义》，第 2 页。
⑧ 林希逸：《老子鬳斋口义》，第 2 页。

上理会。如此兼看，方得此书之全意。”[①]从此句我们大体可以理解林希逸的解《老》思路。他将认识道的路径分成两个阶段，一是从“天地（有）”上言说，二在“心（无）”上理会。他认为在理解《老子》大旨时，并不应同以往那样只从“天地”进入，所谓“天地”，即是从客体性的角度，通过感官去把捉天地等外在之物。但认识道并不能仅诉诸这种“道心二分”的方式，其最终是要在此基础上归之于“心”，即在主体性观念下从“无名”的角度进入“寂然不动”的“道心不分”之境。而且在认识“道”的过程中亦不能略过“天地”而直接至于“心”，只有二者相顾，才不会使“道”落于虚空，而缺乏现实说服力。

二、“某某之心”：“心”的多向性

如前所言，对于道的认识不能仅从“天地”进入，因为从以天地为代表的万物进入“道”只是对其进行主客式的言说与描述，并不能真正认识“道”。林希逸认为，老子教人识“道”的路径，是要通过言说“道”再进而打消掉所言说的“道”，从而进入“常道”。而打消的过程就是“就心上理会”。

“心”在林希逸注《老》过程中有着重要的地位及意义。据笔者统计，《口义》凡“心”字118见，其中1处为标题，10处为《老子》原文，其余107处皆为林注中所使用。林希逸认为，作为可以理会“道”的“心”，其本然状态是“寂然不动”的。用“寂然不动”指“心”的存在状态在宋代是普遍的用法。“寂然不动”本出自《周易·系辞》：“《易》无思也，无为也，寂然不动，感而遂通天下之故。”[②]此句原本指占筮时的心理状态，但至宋儒将其提升至《易》之体用，并将其置于人心。如理学朱熹言：“无思无为，言其无心也。寂然者，感之体。感通者，寂之用。人心之妙，其动静亦如此。”[③]陈淳亦言：“心有体有用，具众理者其体，应万事者其用。寂然不动者其体，感而遂通者其用。”[④]即使心学一派的杨简亦以“寂然不动”来修饰人心。由此可见，林希逸所描述的心“寂然不动”状态即是无思、无为的本然状态。也只有此“心”才能与“道”相交感。

但“心”并不能很好地保持“寂然不动”的状态。其言：“人惟不见其所可欲，则其心自定。”[⑤]人只有不受“欲”的引诱才能保持心不动。这里的“欲”与上面所说的第一章的“欲”并不相同。第一章的“欲”是一种自觉所发出的“要”的行为；

① 林希逸：《老子鬳斋口义》，第2页。

② 朱熹：《周易本义》，北京：中华书局，2010年，第238页。

③ 朱熹：《周易本义》，第238页。

④ 陈淳：《北溪字义》，北京：中华书局，2009年，第11页。

⑤ 林希逸：《老子鬳斋口义》，第5页。

此处所指的“欲”为外在诱心进而产生“欲心”之“欲”。林希逸认为:“欲心既萌,何时而足。”[①] 一旦产生了欲心,什么时候知道满足呢?除外物所引出的“欲”对于“心”的破坏之外,人通过对于外物的认识而产生的“知(智)”亦是使“心”不断分判的重要因素。如其在注第二章时说:“美而不知其美,善而不知其善,则无恶无不善矣。”[②] 当人不知美、善之时并没有恶与不善的意识,而当有了美、善的观念之后,分别之心也就随之产生。针对于此,林希逸希望通过一定的工夫,使处于“件件是有”的世间之“心”复归到无欲、无知的寂然不动之地。

因欲与知(智)的缘故,使“心”有了更多的可能性,同时也使“心”在普遍性上得到的扩充。林希逸在其注本中常使用“某某之心”这种表述方式。“之”在此处作为助词,相当于“的”。但同时“之”还具有一定的指向性,此即表明“心”绝不是“没有”意义上的“虚无”,而是包含着一切可能性。在《口义》中,林希逸一共使用了33次“某某之心”,现将《口义》中的“某某之心”胪列于下:欲得之心、机巧之心、分别之心、不垢不净之心、无为而为之心、雌雄交感之心、宰制万物之心、好恶之心、不信之心、婴儿之心、求赢余之心、有余之心、自异之心、弃人弃物之心、取天下之心、主宰之心、爱利之心、断制之心、百姓之心、疑见之心、自矜自足之心、害物之心、天下之心、轻易之心、不敢为之心、至小之心、狭厌之心、畏死之心、执怨之心、求索之心。除百姓之心与天下之心外,这些“之心”大体可以“欲得之心”“分别之心”与“婴儿之心”分而类之。“婴儿之心”作为老子回归寂然不动之心的现实体现,故将其置于最后修心工夫中讨论。

林希逸在注《老》过程中并未忽视《老子》思想中所体现的现实性,即思想中的形上性与形下性是不能断然割裂开的。在林注中,由欲而引出了机巧、宰制、狭厌、执怨等心。而使原本寂然不动之心动而产生诸多问题的原因主要在于“人”。人对于物的获取本是一种自然的行为,但是由此自然的行为演变为非自然的行为,主要在于对于物的矜尚,这使自然之物成了可欲之物。林希逸言:“以贤为矜尚,则必起天下之争”、“以宝货为贵,则人必皆有欲得之心,其弊将至于为盗”,而且“动其欲亦不止此二事”[③]。由此可见,心动而欲得之心出,其根本处并非在于“物”,而在于“事”。如“货”为“物”,而“贵货”则为“事”,“事”是有人参与的行为。而由“欲”直接导向的就是“我”与“私”。其言:“人之为道,何为而不然,乃欲损人而益己,欲以天下之不足,而为一己之有余。”[④] 欲的直接面向就是对于自我的满足,

① 林希逸:《老子鬳斋口义》,第50页。
② 林希逸:《老子鬳斋口义》,第10页。
③ 林希逸:《老子鬳斋口义》,第4—5页。
④ 林希逸:《老子鬳斋口义》,第81页。

而在满足过程中则会产生对于他人的伤害，这种伤害包含他人之物、身及心。

人存在于万有的世间，固然需要对于人自身以外的种种“有”进行认识。林希逸认为“大道则无分别”[①]，从大道角度来看万物本没有贵贱、好恶之分别，只有从“人”的角度对其进行价值认识之后才会有如此分判。人不仅对其身外万物进行分别，而且对于“人”自身亦进行分别。“人之分别善恶，自为好恶。”[②]对于善、恶与好、恶，皆是人自为的。而相较于“人知（智）”，“圣知（智）”的破坏性更强，其曰：“圣知之名出，而后天下之害生，不若绝之弃之，而天下自利。仁义之名出，而后有孝不孝、慈不慈分别之论，不若绝而去之。与道相忘，则人皆归于孝慈之中，而无所分别也。”[③]孝与不孝、慈与不慈皆是在对于人与人之间的关系中所认识出来的“名”。而“既有仁义之名,则千条万端自此而始”[④]。而知（智）的指向同“欲”相同，皆是指向于个人。“人以辱为下，自萌好恶之心，故得之失之皆能惊动其心，此即患得患失之意。身者，我之累也，无身则无累矣。”[⑤]何以会萌发好恶而惊动其“心”，就在于对于个人之“身”的珍贵。如此，分别之心始盛。

三、无容心：法天地以教民

林希逸对《老子》的理解，并非从不可捉摸的“道”的形上性进入，而是从更切己的“心”进入。换言之，鬳翁在解读《老子》时，更关注在现实的价值问题上。而“价值”所体现的并非万物自身的价值，而是人所赋予的价值。但人的价值行为在林希逸看来，又是由心的分判而产生的。所以林希逸在突出“人”在世间所具有的意义同时又肯定“心”在《老子》思想中的重要性。“人”在林注中大体可分为：一、泛指一切之“人”；二、与君相对的“民”与“百姓”；三、居于统治地位的“王”；四、理想中法于自然以教民的“圣人”。

太极未分之前，道是混然的；心在未动之前，心是寂然的。而天地分判，万物由此而生；当心既动，仁义礼智由此并出。而当心动而生仁义时，如上文所论，其指向则为“我”与“私”，即一种“有我”之“我”。一旦如此，其一切行为也都将指向自我。而这一切的源头都在“我”以“欲”与“知（智）”对“心”的破坏。林希逸认为，现实世界中最大的“我”为“君王”。其在注“不尚贤，使民不争；不贵难得之货，使民不为盗”一句时言：“我以贤为矜尚，则必起天下之争。”“我以宝货

---

① 林希逸:《老子鬳斋口义》，第46页。

② 林希逸:《老子鬳斋口义》，第78页。

③ 林希逸:《老子鬳斋口义》，第20页。

④ 林希逸:《老子鬳斋口义》，第1页。

⑤ 林希逸:《老子鬳斋口义》，第14页。

为贵，则人必皆有欲得之心，其弊将至于为盗。”[①]其在两句前加上主语“我”，以突显“我”，即居于统治地位的“王”在这些行为中的主导作用。既然如此，由王所统治的国与民就可能导致不同的存在样态。所以林希逸希望统治者通过对于“道”的认识，消除掉“有我”之“我”而回到“无我”之“我”的状态，从而达到“民自化”“我自然”的社会状态。

基于此，林希逸强调作为君王，应该法“天地”与“圣人”教民、养民之法。如其在注《天地不仁章》时所说：“天地无容心于生物，圣人无容心于养民。”“容心”一词最先出于《列子·天瑞》，因杞国之人担忧天塌陷，故列子言：“言天地坏者亦谬，言天地不坏者亦谬。坏与不坏，无所不能知也。虽然，彼一也，此一也。故生不知死，死不知生；来不知去，去不知来。坏与不坏，吾何容心哉？”[②]晋代张湛《注》为：“生之不知死，犹死之不知生。故当其成也，莫知其毁；及其毁也，亦何知其成？此去来之见验，成败之明征，而我皆即之，情无彼此，何处容其心乎？”[③]世间并没有生死成毁，那将这些生死成毁置于心的什么地方呢？即强调不要执于“情无”之事。而唐代卢重玄则从劳攘的角度来说，其《解》曰：“夫天地者，物之大者也；形体者，物之细者也。大者亦一物也，细者亦一物也。有物必坏，何用辩之哉？且人生不知死，死不知生，来去不自知，成坏不能了。近取诸己，且未能知，亦何须用心于天地，而忧辩于物外耶？”[④]卢氏首先肯定凡是物则一定有毁坏的时候，随后又强调心应该安之于内，不应该劳攘于外。对于物外而不可知者，耗费精神于此是没有必要的。而林希逸在《列子口义》中对此句注曰：“盖学道之人，不当容心于有无来去也。”[⑤]依是注，首先，有无来去作为一种相对的存在关系，并不是绝对的。其次，有无来去之间有时截然分开互不相知。第三，来去有无皆是从分别的角度来看待。故而，此处之“无容心”即强调学道之人不应该将这些事情放置在心中。

以上于“无容心”有说，但并未尽解“无容心”之意。又宋陆九渊在其《与李宰》一文中提到“容心”出于《列子》之“吾何容心”一句，并解其意为“无心”，又引孟子之心说，批《列子》之“无心”为邪说。[⑥]针对于此，牟宗三有详细的分辨：

> 李宰所谓“容心立异”意即“有心立异”。象山说“吾何容心”之说即“无心”之说，是也。但此“无心”是作用义之“无心”，是所造之境界，非存有义

① 林希逸：《老子鬳斋口义》，第 4 页。
② 杨伯峻：《列子集释》，北京：中华书局，2012 年，第 31 页。
③ 杨伯峻：《列子集释》，第 31—32 页。
④ 杨伯峻：《列子集释》，第 32 页。
⑤ 林希逸：《列子鬳斋口义》，上海：华东师范大学出版社，2016 年，第 32 页。
⑥ 陆九渊：《陆九渊集》，北京：中华书局，2008 年，第 149 页。

之无心，意即并非于存有上无心也。此亦如说“天地无心而成化”，无心是“自然”义，非“有意”义，亦即“有天下而不与焉”之意，“物各付物”之意。象山说“人非木石，安得无心？”此是把作用之无心说成存有上之无心，此则非是。难说象山不解此“无心”（吾何容心）之意。彼自急于说“心于五官最尊大”，说此心之实有；进而说心之邪正，故云“心当论邪正，不可无也。”此即于存有上遮拨“无心”之说。故又云：“以为吾无心，此即邪说矣。”于存有上说“无心”，当然是邪说。但于作用上说“无心”，则不是邪说。此处当有分别。[①]

牟宗三将“无心”分成作用义之与存有义，认为“吾何容心”所体现的“无心”并不是就存有义上来说，而是强调其行为的自然性，以此来理解林希逸所言的“天地无容心于生物，圣人无容心于养民”，即在强调天地并不将“生物”一事置于心中；圣人亦未将养民一事置于心中。其行为是一种自然而然的状态，并不存其意于其中。由此可以理解，不论是修身还是养民，其指向都在于“心”。君王诱民欲心，而使人民为盗；君王不诱其欲心，则人民自治。君王养民而执其仁，则为“容心”；君王养民而忘其德，则为“无容心”。故而王以害民，在于其心；王以养民，亦在于其心。由此而看出“心”在林希逸注《老》中的重要性。

四、自然到无为：否定式的修心工夫

当然，林希逸在解《老》的过程中，更注重其现实性。所以对于人，他并不否定人拥有欲望，甚至希望统治者在教化人民时应“属民而使之见素抱朴，少私寡欲，而天下自无事矣”[②]。“属民”意为将民众聚集起来，然后以“见素抱朴、少私寡欲”之论来教化他们。人们收敛其欲心，而没有盗贼与争夺，天下自然就会和平。但其前提则在于作为统治者，先要通过修身而达到作为统治者的标准。修身的重点依然在于修心。同时林希逸认为，人与道并没有绝对的界限，所以其引《论语》中“为仁由己，而由人乎哉”一句强调自我的主体性与道的遍在性。其言：“古之以此道为贵者何也？求则得之，道本在我。”[③]道之所以珍贵，就在于求道不在人，而在于我，我欲道斯道至矣。因此求之于道，改之于心，并不是能与不能的问题，而是自我是否愿意的问题。

老子所代表的道家，在修养工夫上“是一种消极的进路，是一种负的方法、减

① 牟宗三：《从陆象山到刘蕺山》，台北：联经出版事业有限公司，2003 年，第 43—44 页。
② 林希逸：《老子鬳斋口义》，第 20 页。
③ 林希逸：《老子鬳斋口义》，第 67 页。

的方式”[①],即不断减损见闻之知与欲得之心。从而达到向内为“无心”,向外则为“无为”。对于具体的修养，林希逸认为学道需要有一个过程，首先是对于外在见闻的拒斥，其言:“绝学而归之无，则无忧矣。”[②]又言“为学则日日求自益，为道则日日求自损。故前言‘绝学无忧’盖言道不在于见闻也。大慧云:‘读书多者，无明愈多。’亦此意也。黜聪明，隳肢体，去智与故，则损之又损，则可以无为无不为矣。”[③]林希逸认为不断增加见闻之知即是在不断增加我之“执”,“我”对外的认识越多，内心充满的分别就越多，而且自见、自是、自伐等不断充斥内心。所以林希逸批评“于不可知之中,而自以为知,此学道之病也”[④]。不自知与自以为知是修养过程中最大的障碍。

其次，回归于内心的无知状态。人存在于现实世界，不可避免地会受见闻之知的影响，所以对于“知”的剥落过程，必然是一个主动性的活动。由主动的行为而达到“无知”的状态。此种状态就是《老子》所提倡的“婴儿”状态。林希逸在解释“婴儿”时更多是强调其“未有闻见”[⑤]“无知”[⑥],而婴儿之心则为“全无知识”的状态。[⑦]“无知”并不是强调其无所知，而是强调其心寂然不动的原本状态。林希逸引《心经》中“不垢不净”来诠释心之“寂然不动”状态。即强调垢与净的对立本是分别之心的产物，心中有分别则垢为垢，净为净。而分别之心的产生就在于“闻见之知”，即为“前识”。而“前识者，多识前言往行也。以多识为智，则非道之实矣”[⑧]。只有不断打消掉“知”对于自身的遮蔽，才能回复到原初的自然状态。

最后，由自然到无为。自然是一种自然而然的行为，即没有“我”参与的行为。而无为则是行动主体以“无心”的方式向外发出的动作。二者在内涵上并不相同。林希逸说:“天地之间，只‘自然’两字可以尽天地之理。”[⑨]而且“人则法地，地则法天，天则法道，道又法于自然，是自然又大于道与天地也。其意但谓道至于自然而极”。此并不是说在道之上还有一个自然,《老子》明确说“域中有四大”，人（王)、地、天、道。“自然”是对存在状态的描述，不论是天地还是道，都是在自然而然地存在着。而“人”则不同于前三者，人生而有心，心生而有动，所以想回归到寂然不动的状态就需要对“心”进行克服。这种状态于道与天地名之曰“自然”，而对

① 罗安宪:《中国心性论第三种形态：道家心性论》,《人文杂志》2006 年第 1 期。
② 林希逸:《老子鬳斋口义》，第 21 页。
③ 林希逸:《老子鬳斋口义》，第 52 页。
④ 林希逸:《老子鬳斋口义》，第 76 页。
⑤ 林希逸:《老子鬳斋口义》，第 22 页。
⑥ 林希逸:《老子鬳斋口义》，第 31 页。
⑦ 林希逸:《老子鬳斋口义》，第 22 页。
⑧ 林希逸:《老子鬳斋口义》，第 42 页。
⑨ 林希逸:《老子鬳斋口义》，第 25 页。

于"人"来说则为"无为"。而达到"无为"的直接工夫即是"忘"。其言:"生物仁也，天地虽生物而不以为功，与物相忘也。养民仁也，圣人虽养民而不以为恩，与民相忘也。"[①] 从字形上看，"忘"从心从亾，而"亾"从字形上为逃遁不见之意，故而"忘"亦有心不在之意。"相忘"所表达的彼此忘记之意，也有着无心于彼此的内涵。

综上所述，"心"在通行本《老子》中共出现10次，说明《老子》已经开始重视"心"的作用及意义。如《老子》在论述治民时，极其注重圣人之心与百姓之心的相互关系。同时《老子》又从修养层面来阐发其理想当中的生命样态。而林希逸在此基础上，将"心"置于其解《老》的路径当中，并深化"心"的意涵。他强调如果想真正理解《老子》不应该只着眼在"天地"，而应当就"心"上理会。"天地"是外在万物的统称，凡此种种皆是自然而然之物。而"心"的存在正在于与道的相通和与对物的交感，即"心"将"道""人"及"万物"联系在一起。但是林希逸注意到物对心的反作用。人通过心以认识万物，而万物又会使心打破"寂然不动"的状态，而产生多种可能性，这其中包括种种欲望。而从欲望的角度，林希逸并没有直接将其否定掉，而是同情地承认"人"的这种欲望。但是他又不希望人放纵欲望，因为欲望的扩大，不论是对人还是对己都是一种伤害。所以他希望统治者能够以"少私寡欲"来引导和教化人民，以达到"民心不乱"的存在状态，进而使天地万物与人构成一种自然且和谐的生存关系。而达到这种状态及关系的关键正在于"心"。

① 林希逸:《老子鬳斋口义》，第7页。

王者之上师

——从《御注道德真经》看朱元璋的治国之道

涂立贤 *

内容提要：朱元璋本着实用的原则注解《道德经》，利用道家经典论证王权之合法性，发挥《老子》中修身治国之道。朱元璋以“王道”代替“天道”，以“君权神授”“天人感应”思想论证王权的合法性；以道家的“无为”思想为君主树立施政标准；以藏富于民作为治国的理想目标。朱元璋借由注解《道德经》达到宣扬君权、灌输忠心思想、教化群臣之目的。

关键词：朱元璋 《御注道德真经》 修身治国

基金项目：本文系教育部人文社会科学研究青年项目“明代老学史研究”（项目编号：19YJC770043）阶段性成果之一；上海政法学院青年科研基金项目“明代的科举与老学研究”（项目编号：2021XQN24）阶段性成果之一。

《老子》是中国文化原典之一，其中包含了丰富的治国思想，班固评价道家思想曰：“道家者流，盖出于史官，历记成败、存亡、祸福、古今之道，然后知秉要执本，清虚以自守，卑弱以自持，此君人南面之术也。”[①] 以“君人南面之术”评价道家思想，虽非专指老子思想，但老子思想作为道家思想之基，此后各朝统治者对于《老子》治国思想的探索与实践一直没有中断过。中国老学史上以皇帝之尊注解《老子》并

* 涂立贤（1986—），上海政法学院讲师，主要研究方向为中国思想史，道家道教思想文化。

① 班固：《汉书》，北京：中华书局，1964 年，第 6 册，第 1732 页。

有注本传世的皇帝有四位，分别是唐玄宗《御注道德真经》《御注道德真经疏》[①]、宋徽宗《御解道德真经》、明太祖《御注道德真经》以及清世祖《御定道德经注》[②]。比较四位皇帝的注解，明太祖的注解在义理与文采方面无法与另三位相提并论，但仍然有其独特之处。朱元璋纯粹站在统治者的立场注解《老子》，本着实用的原则，着重挖掘《老子》中的修身治国思想，并将《老子》思想定性为“王者之上师，臣民之极宝，非金丹之术”[③]，这一观点影响了整个明代老学的发展。

一、“老子之阴骘大焉”——朱元璋对君权合法性的论证

《御注道德真经》成于洪武七年（1274），次年与《玄教仪》共同颁行天下[④]，对于注《老》原因，朱元璋在《御注》完成后曾表明注解《老子》是为统一世人对老子及其思想的看法：

> 《御注道德真经》成，上对儒臣举老子所谓“五色令人目盲，五音令人耳聋”与“圣人去甚、去奢、去泰”之类，曰：“老子此语，岂徒托之空言？于养生治国之道，亦有助也。但诸家之注，各有异见，朕因为注，以发其义。”[⑤]

朱元璋并不完全否认鬼神，但作为统治者，他更加关注各种思想的实用性，对儒释道三教，朱元璋明确表示：“天下无二道，圣人无两心。三教之立，虽持身荣俭之不同，其所济给之理一。然于斯世之愚人，于斯三教，有不可缺者。”[⑥]他承认其作用，允许三教并行，但并非任其发展。他一方面设置专门结构，加强对释道二教的

---

① 两书著者尚有争议，有学者指出《唐玄宗御注道德真经》并非唐玄宗所著，因为注书中很多注文“旨为劝君，不似君王君临天下的语气”。《唐玄宗御注道德真经疏》亦非唐玄宗亲注：“《唐玄宗御制道德真经疏》在每一章之首，均有‘解题’，对一章经文之旨趣进行综述，如教科书般，这等文风和文体，也不似出于君王之手。但《真经疏》释文水平远超《四卷》本，其逻辑远较《四卷》本严密，完全是用‘重玄学’理论解老，同样很少直接谈论‘治道’，很可能出自一个重玄学理论家之手。”［参见周德全：《唐玄宗、宋徽宗、明太祖与清世祖御注〈道德经〉及其政道观研究》，《四川大学学报》（哲学社会科学版），2010年第1期。］

② 有学者考证，此《御定道德经注》并非顺治所著，而是大学士成克巩纂，再由顺治帝“钦定”并颁行全国。（王闯：《清代老学史》，武汉：华中师范大学出版社，2016年，第97—98页。）

③ 朱元璋：《大明太祖高皇帝御注道德真经》，熊铁基，陈红星主编：《老子集成》第6卷，北京：宗教文化出版社，2011年，第2页。后引此书只标著者、书名、页码。

④《明太祖实录》卷99，洪武八年四月辛卯”，台北：“中央研究院”历史语言研究所，1962年，第1679页。

⑤《明太祖实录》卷95，洪武七年十二月甲辰，台北：“中央研究院”历史语言研究所，1962年，第1644页。

⑥ 姚士观等编校：《明太祖文集》，卷10《三教论》，《景印文渊阁四库全书》，台北：商务印书馆，1986年，第1223册，第108页。

管理，另一方面注解释道经典，积极发掘、改造经典，以统一认识，朱元璋曾命僧宗泐注解《心经》《楞伽经》《金刚经》，又撰写《释道论》《三教论》《宦释论》《鬼神有无论》等一系列文章阐明其崇道理论依据，并亲自注解《道德经》，发掘其有益于治道者。

对于老子，朱元璋在《三教论》中就大力推崇其修身治国思想，反对将其视作神仙之术："孰不知老子之道，非金丹黄冠之术，乃有国有家者，日用常行有不可阙者也。"[①]在《御注道德真经》中，朱元璋也极力挖掘老子的修身治国思想。

"道"是道家思想的核心，在道家思想体系中，道既是万物的本原，亦是万物产生的依据，具有本体论与生存论的双重内涵。朱元璋在注解《道德经》时，有意摒弃了"道"的哲学含义，只是进行一些常规解释，如"道之幽微，静无名而动有益，即无极而太极是也"[②]"道之理幽微而深长,用之而无尽,息之则无形"[③]"言理道之幽微如是也。所谓视之不见，言道；听之不闻，言理；博之不得，言气。曰夷曰希曰微，言平淡无见也"[④]，可见朱元璋并不关心"道"的义理思想，对"道之理""道之幽微"处并无发挥，对《老子》之"道"，朱元璋的解释方式在于将其神格化，使其具有赏善罚恶的功能，由此来论证君权的合法性。

朱元璋起家与宗教有关，在论证君权合法性时，自然引入了"君权神授""天人感应"的思想。朱元璋自视为"道"在人间的化身，他言："朴散而为器，则圣人用之。朴，道未行也，散而为器，道布也。圣人用之，则为官长，非官长也，云人主是也。"[⑤]道散而为器，圣人得此而为君主，君主如果无德，上天会降下各种征兆以资警戒，君主如果执迷不悟，天命就会转移：

> 盖谓鬼本不神，因时君无道，故依草附木，共兴为怪，以兆将来，亦有戒焉。时君若知怪非常，能革非心，以正道心，则天意可招回焉。不然则天虽不叙，必假手于可命者，则社稷移而民有他从，不可留也。[⑥]

君主得天下乃是顺应天命，君臣名分亦是天定，若不安本分，只会自取灭亡。不唯有自取灭亡的臣子，君主失天命也会败亡：

① 姚士观等编校：《明太祖文集》，卷10《三教论》，《景印文渊阁四库全书》，第1223册，第108页。
② 朱元璋：《御注道德真经》，第1章，第2页。
③ 朱元璋：《御注道德真经》，第4章，第4页。
④ 朱元璋：《御注道德真经》，第13章，第7页。
⑤ 朱元璋：《御注道德真经》，第24章，第13页。
⑥ 朱元璋：《御注道德真经》，第51章，第24页。

老子云：吾将取天下而将行，又且不行，云何？盖天下国家，神器也。神器者何？上天后土，主之者国家也。所以不敢取，乃曰我见谋人之国，未尝不败，然此见主者尚有败者，所以天命也。老子云：若吾为之，惟天命归而不得已，吾方为之。①

朱元璋在宣扬"君权神授"的同时，并没有无限放纵君权。"道"既具有赏善罚恶的功能，那么君臣都应处于"道"的威慑之下。《老子》第一章历来被视为"提纲挈领"的章节，在此章开头，朱元璋直接表示君臣都"行道"：

上至天子，下及臣庶，若有志于行道者，当行过常人所行之道，即非常道。道犹路也，凡人律身行事，心无他欲，执此而行之，心即路也，路即心也，能执而不改，非常道也。②

他认为道即为路，路即为心，则道就是心，人能够律身行己，心无他欲就是行道。朱元璋作为开国之君，此处自律之要求，不仅是对臣子而言，也包含着对统治者的告诫，但对臣子的防范才是重点，他甚至引入了"还报"思想对臣子进行告诫。朱元璋征战半生，对战争之苦体会深刻："盖为凡国家用兵，或转输边境，转输则民疲用乏，是有凶年。或境内相争，言境内相争，农废耕植，田野荒芜，所以荆棘生焉。皆乏用，是为凶年。"③他着重指出，在战争问题上，臣子辅佐人主，要依道而行，既不可鼓动人主尚战，也不可当发兵时却犹豫不决，以致君主失去先机，这些都会招致还报：

夫为人臣者，不务以道佐人主，乃务尚兵强，丧人主也。当可发兵而犹豫，致君不发，亦亡君也。云其事好还者，乃非理之为，神天不许也。若有此无故损伤物命，非身即子孙报之，理有不可免者。④

朱元璋极力维护政权的稳固，为防臣民有二心，他告诫臣子忠于君主乃是天理，若有违背，必有还报殃及自身或后世子孙。《老子》中凡是涉及天下不可强取之意的章节，朱元璋都予以大力称赞，如"将欲取天下而为之，吾见其不得已。天下神器也，

① 朱元璋：《御注道德真经》，第25章，第13页。
② 朱元璋：《御注道德真经》，第1章，第2页。
③ 朱元璋：《御注道德真经》，第26章，第13页。
④ 朱元璋：《御注道德真经》，第26章，第13页。

不可为也。为者败之，执者失之”句，朱元璋赞曰：“朕于斯经乃知老子大道焉。”[①]“以道佐人主者，不以兵强天下，其事好还”句，朱元璋赞曰：“朕观老子之为圣人也，亘古今而无双，夫何故？以其阴骘大焉。”[②]在后面的注解中，朱元璋还多次强调这两种思想。如在“名与身孰亲”章中，朱元璋再次重申天命思想：

噫！深哉意奥，愚人将以为老子不贵天爵乎？非也。其戒禁贪婪之徒，特以甚多二字，承其上文，又以二知字收之，再以长久示之，吾故此云。且国之大职，王之下冢宰之官极位，若非天命，弃其此而爱王位，可乎？六卿非君命而谗居相位，可乎？以次序校之，诸职事皆然。……君子之亲，日亲于道，多多于道。小人之病，病不务学道，贪非理之名，多藏货物。其非理之名易夺，货藏多而必恃，故厚亡。君子守有命之名，藏合得之物，是谓自足不辱，知止不殆，可以长久，云永不坏也。[③]

如在“出生入死”章中，朱元璋再次提到还报思想：

又云天道好还，如小人务尚奸邪，动辄致人于死地，所以好还者，彼虽避兕虎而入兕虎中，彼虽远兵甲，而由兵甲而死。其还也如是，其得也必然，此皆动之死地耳。[④]

朱元璋虽极力宣扬“君权神授”，但对宗教又保持着清醒的认识，更多的关注于现实。他反对祈福于上天，在朱元璋看来严刑峻法会导致人民的反抗，祈福于天也会招致祸殃，相反，“若能治人省苛，事天祀以理，广德以安民，则其德厚矣。虽不祈于天福，乃天福也”[⑤]。祈福于天不若施惠于民。朱元璋并不迷信宗教，但这并不妨碍他本着政治实用的态度利用宗教维护其统治。他起家与明教关系密切，但建国之后就下令禁止明教流行。他虽然提倡三教并立，但其对佛、道二教也没有偏爱，只将它们看作“阴翳王纲”的手段。陈国全在《明太祖的宗教政策》中说道：

又太祖虽礼信沙门，崇重黄老，僧道入仕，几成国初常例；唯其对二教之

① 朱元璋：《御注道德真经》，第25章，第13页。
② 朱元璋：《御注道德真经》，第26章，第13页。
③ 朱元璋：《御注道德真经》，第36章，第18页。
④ 朱元璋：《御注道德真经》，第42章，第20页。
⑤ 朱元璋：《御注道德真经》，第50章，第24页。

制约，即未稍放松，僧道录司之沿置，周知册之颁行，均清楚显示其严束释道之意向。至于假释老内典以护王纲，宣扬君权至上，则其利用佛道以申王权之手段也甚明耳。①

“假释老内典以护王纲”很准确地揭示了朱元璋注解《道德经》的目的，朱元璋注解《道德经》的唯一目的就是挖掘其中的治国思想，并发挥其中有利于其统治的部分，加以扩大甚至是曲解。因此，朱元璋在注解《老子》时借神仙还报思想宣扬其统治乃是顺应天命也就是可以理解的了。

二、“君乃时或妄为，则民祸矣”——朱元璋的为君之道

朱元璋作为开国之君，元朝灭亡的教训就在眼前，创业不易，守业更难，朱元璋对此有清醒的认识，他在马上得天下后，并没有耽于享乐，反而以身作则，数十年如一日，勤于政事，生活节俭，他的身上有很浓厚的务实精神，对君主的责任、百姓之苦、统治者无道之害深有体会，因此在“君权神授”外，对君主的无上权力尤其要保持警惕，君主亦要律身行己，不可妄为：

此以君之身为天下国家万姓，以君之神气为国王，王有道不死，万姓咸安。又以身为天地，其气不妄为，常存于中，是谓天地根。若有所养，则绵绵不绝，常存理用，则不乏矣。②

朱元璋对君主要求尤高，甚至可以说在《御注道德真经》中，朱元璋发挥老子的修身之道，主要就是针对君主而言。作为君主，以道自律，就要时刻心存善政，利济万物：

道之幽微，静无名而动有益，即无极而太极是也。且如吾为天下君，善政之机日存于心而未发，孰知何名？才施行则有赏罚焉。不但君心有赏罚，贤人君子有志，则皆能利济万物，所以无名天地之始，即君子仁心蓄之于衷，发而济万物，则有名矣，岂不万物之母云？③

---

① 陈国全：《明太祖的宗教政策》，香港大学硕士学位论文，1991年，第1页。

② 朱元璋：《御注道德真经》，第5章，第4页。

③ 朱元璋：《御注道德真经》，第1章，第2页。

朱元璋认为君主施政当效法大道，“静无名而动有益”，当道隐而不显之时，无名无像，一旦大道运行，则成就万物，是为万物之母。正如人主治国，时刻心怀百姓。当其执政方针未实施时，只存于己心，一旦施之于世，赏善罚恶，则能泽被世人。此即老子所言“常无欲以观其妙，常有欲以观其徼”：

无欲观其妙，谓道既行，而不求他誉，以己诚察于真理，故云：常无欲以观其妙。又常有欲以观其徼，非他欲也，乃欲善事之周备耳。虑恐不备，而又欲之，非声色财利之所欲。①

君主一言一行关系甚大，故其言行尤当谨慎，以适度为原则，行道不求他誉，施政不自居功，不要做“道上加道，善上加善”之事，否则过犹不及，欲求利反受害，不若无为而治：

国王及臣庶，有能行道者，笃能行斯大道，勿于道上加道焉，善上更加善焉。凡以巧上此二事者，美则美矣，不过一时而已，又非常道也。故美尽而恶来，善穷而不善至矣。若治天下者，务使百姓安，不知君德之何如，即古野老云：帝力于我何有哉？②

朱元璋此处的“无为”并非什么都不做，而是侧重于要求君主不妄为。君主作为一国之主，治国理民犹要警醒，不可任意而为：“君为民之主，君乃时或妄为，则民祸矣。民疲则国亡，信哉！”③须知君主乃万民之表率，君主为善则人民善，君主为恶则人民恶，“不欲身民如是，务秉之以道，常以心似乎小儿之无知，特守无为之道，故天下安”④。君主手握天下，要达到无为的境界，必然要经历一番“损”之功夫。对《老子》中“为学日益，为道日损，损之又损，以至于无为”句，朱元璋有意将第一个“为”字理解为“因为”之意，以此解释君主时刻自律，不可妄为：

圣人有志学道，道乃日积。日积日益也，久日道备，将欲作为其道，圣人虑恐道行未稳，以此宵衣旰食，苦心焦思，致使神疲心倦，即是损之又损。然后道布天下，被及万物，民安物阜，天下贞。是以圣人无为，又无为而无不为

① 朱元璋：《御注道德真经》，第1章，第3页。
② 朱元璋：《御注道德真经》，第2章，第3页。
③ 朱元璋：《御注道德真经》，第9章，第5页。
④ 朱元璋：《御注道德真经》，第41章，第20页。

矣，岂不先苦而后乐乎？[①]

圣人有志学道，日积月累，愈与道合，将欲行道，仍担心道行不稳，宵衣旰食，苦心焦思，不敢懈怠，致使神疲心倦，身心损之又损。君主身心疲惫，换来的是百姓安居乐业。这样的解释自然是错误的，但朱元璋此解有自己的目的，那就是借此警戒为君者要修身不怠，勤于政事，为君者对民无为，对己则有为，只有君主严格要求自己，才能避免妄为，以此达到朱元璋君有为而民无为的治国目标："诸事先有勤劳，而合理尽为之矣。既已措安，乃无为矣。"[②]

在《御注道德真经》中，朱元璋强调的君主之不妄为表现在以下两个方面：首先，君主要以清净为念，不能随意变更各项前人的规矩：

清静为天下正，此言理道之守甚严，谓君天下者既措安之后，当坚守其定归，勿妄为。妄为，或改前人之理道是也。改则乱，不改则天下平，是谓正。[③]

其次，为君者要厉行节俭。朱元璋在《御注道德真经》中反复强调修身之道要在清廉绝奢。他对"虚其心"注解曰："是以圣人常自清薄，不丰其身。"[④]在"天长地久"章中再次强调："后其身者，俭素绝奢。""外其身者，以其不丰美其身，使不自安而身存，乃先苦而后乐也。"[⑤]若不听此劝，迷于声色财物，取之无道，用非其理，反而会身被物伤。故有道君子，需谨记立身行道要合乎天理。

朱元璋强调节俭，要求王者要起到率先垂范的作用："谓为王者，身先俭之，以使上行下效，不致纵欲是也。"[⑥]因为王者一旦纵欲，必将劳民伤财，以致民乏国危，故朱元璋赞同《老子》中"治大国若烹小鲜"的告诫：

善治天下者，务不奢侈，以废民财，而劳其力焉。若奢侈者，必宫室台榭诸等徭役并兴擅动，生民农业废，而乏用国危，故设以烹小鲜之喻，为王者驭天下之式。[⑦]

① 朱元璋：《御注道德真经》，第40章，第19页。
② 朱元璋：《御注道德真经》，第3章，第3页。
③ 朱元璋：《御注道德真经》，第37章，第19页。
④ 朱元璋：《御注道德真经》，第3章，第3页。
⑤ 朱元璋：《御注道德真经》，第6章，第4-5页。
⑥ 朱元璋：《御注道德真经》，第32章，第16页。
⑦ 朱元璋：《御注道德真经》，第51章，第24页。

在实际生活中，朱元璋确实在践行着节俭的原则。在建国之初，朱元璋就禁止臣下进献珍奇宝物，甚至宫殿墙上的装饰都摒弃了浮华无用的雕饰而刻以《大学衍义》。对民间，也以法令的形式规定四民各安其业："朕思足食在于禁末作，足衣在于禁华靡，宜令天下四民，各守其业，不许游食，庶民之家不许衣锦绣。"[①] 朱元璋反对物质之乐，提倡修道行道之乐。在朱元璋看来，物质只能带来一时的快乐，而体道之乐则无穷也：

盖谓学道与物乐不同也。所以不同者，道乃无形之理，善用无乏焉，故盈之而弗厌。其游赏宴乐，乃用物而骄盈也。既盈而有亏，以荡志而用物过也。[②]

朱元璋能对君主严格要求，固然有维护统治的意思在其中，但其爱民之心亦于此而见，以不妄为之心安民，朱元璋的爱民思想亦是其不妄为思想的具体表现。

三、"治国务欲民实"——朱元璋的安民之道

朱元璋起于寒微，对于民众疾苦有深刻的认识，故其执政举措，非常重视安定百姓，在《御注道德真经》中，朱元璋着重发挥了藏富于民的安民之道。朱元璋在注解"不尚贤"章时，对吴澄的注解表示了赞赏。吴澄认为使百姓无知无欲，就是要不使其存争名夺利之心，那么统治者就要不推崇贤名，以免世人逐名而忘实；不贵难得之物，以免世人逐利而为盗。圣人之治，要让百姓丰衣足食，身体强壮，但不存名利之心，不存争名夺利之志。而朱元璋对此章的解释与吴澄之意大致一致，但是他作为统治者，考虑事情的角度不一样，这表现在对虚心、实腹、弱志、强骨的解释上，朱元璋曰：

是以圣人常自清薄，不丰其身。使民富乃实腹也，民富则国之大本固矣。然更不恃民富而国壮，他生事焉。是为实腹弱志强骨也。[③]

朱元璋实行富民政策的根本目的是巩固统治。"水能载舟，亦能覆舟"，朱元璋起于寒微，以武力反抗元朝暴政而登上帝位，对于君与臣民的关系，朱元璋体会得更加深切：

---

① 朱元璋:《明太祖祖训》卷 3，上海：上海古籍出版社，1981 年。

② 朱元璋:《御注道德真经》，第 17 章，第 9 页。

③ 朱元璋:《御注道德真经》，第 3 章，第 3 页。

又云治家者以道律身，以礼役奴仆，则奴仆驱劳而治家者安。木枯根而深固，枝叶荣矣，则干全而永年。岂不知诸事先理道而后成？故奴仆驱而主逸，枝叶繁而干盛，皆抚绥乘气之至也。故奴仆营而资给于家，枝叶繁而招雨露于干，其理势之必然。[①]

君主好比大树的树干，臣民就是枝叶，枝叶繁盛，大树才能富有生机，故统治者治理臣民，要修道律身，以礼待下。臣民因为君主的不恣意妄为，生活富裕，感激君恩，自然也不会不生出反叛之心。君臣上下等级有序，海内宴安，是为天下王。故朱元璋虽然实行重典治吏，但对于百姓则主张实行仁政，他曾对大臣说："仁义者，养民之膏粱也。刑罚者，惩恶之药石也。舍仁义而专用刑罚，是以药石养人，岂得谓善治乎？"[②] 富民思想正是朱元璋仁政的表现之一。

洪武元年（1367），朱元璋向刘基请教生息之道，刘基只言"宽仁"，而朱元璋则将宽仁具体化：

上曰："不施实惠，而概言宽仁，亦无益耳。以朕观之，宽民必当阜民之财，息民之力，不节用则民财竭，不省役则民力困，不明教化则民不知礼义，不禁贪暴则无以遂其生。"刘基顿首曰："此所谓以仁心行仁政也。"[③]

在《御注道德真经》中，朱元璋仍然坚持富民思想，反对重敛厚科：

治国务欲民实，无得重敛而厚科，若重敛而厚科，则民乏用矣。民既乏用，则盗贼之心萌，盗贼之心既萌，将必持戈矛而互相戕，是谓难治。为天下君，勿过为。过为者何？五荒是也。若有为此者，民多失养，既多失养，无所不为，尤其难治。[④]

他很清楚地认识到百姓富裕才是政权稳固的根本，为君者不可与民争利：

与民休息，使积蓄之，是谓生之蓄之。君不轻取，是谓不有。天下措安，君不自逞其能，是谓不恃。生齿之繁，君不专长，百职以理之。是谓长而

① 朱元璋：《御注道德真经》，第63章，第29页。

② 张廷玉：《明史》卷94《志第七十·刑法二》，北京：中华书局，1974年，第8册，第2319页。

③ 谷应泰：《明史纪事本末》卷14《开国规模》，北京：中华书局，1977年，195—196页。

④ 朱元璋：《御注道德真经》，第62章，第28页。

不宰。[①]

民穷则思变，民富又可能萌生反叛之心，作为统治者既要使人民富裕，又要防范他们富而生反叛之心，故要弱其志，如何弱其志？这就涉及朱元璋的“愚民”思想。朱元璋认为“愚民”不是使民无知，而是使臣民遵守君君臣臣父父子子之道，各安其分，臣尊其君，民安本业，上下秩序井然，淳朴之治得也：

上古圣君，道治天下，安民而已。岂有将货财声色奇巧以示天下，使民明知？若民明知货财声色奇巧，君好甚笃，则争浮利，尚奇巧之徒盈市朝朝，皆弃本以逐末矣。所以有德之君，绝奇巧，却异财，而远声色，则民不争浮华之利，奇巧无所施其工，皆罢虚务而敦实业，不数年淳风大作，此老子云愚民之本意也，非实痴民。老子言大道之理，务欲使人君君臣臣父父子子，彝伦攸叙。实教一民愚，罔知上下，果圣人欤？[②]

朱元璋一再强调君主行道不妄为，其实君主所行之道就是儒家之仁义礼智信而已，归根到底，朱元璋虽然称赞《老子》为“王者之上师，臣民之极宝”，不过是因为老子之道有助于他达成儒家君贤民朴的圣人之治而已：

大道果何？曰仁、曰义、曰礼、曰智、曰信，此五者，道之化而行也。君天下者，行此守此，则安天下。臣守此，而名贤天下，家乃昌。庶民守此，而邻里睦，六亲和，兴家不犯刑宪，曰贞邻里称良。[③]

综上，朱元璋注解《老子》之道不涉及形上哲学，而完全从统治者的立场出发，将老子形上之道发挥为君主修身治国之道，他能以君主之尊，对自身严格要求，这是很难能可贵的。

结语

尹振环认为唐玄宗对《道德经》的注疏有两大负面影响，其一“用行政力量固定了《老子》颠倒的结构布局与一些错误的文字”。第二大负面影响是“将《老子》

① 朱元璋:《御注道德真经》，第9章，第6页。

② 朱元璋:《御注道德真经》，第55章，第26页。

③ 朱元璋:《御注道德真经》，第44章，第21页。

进言对象由‘侯王’转向臣民，由‘南面术’转向‘人生哲学’‘生命智慧’”[①]。以“负面影响”评价唐玄宗的注老旨趣，显然是不合适的，《老子》中本就包含有丰富的哲学、政治思想，每个注解者都可从不同的方面进行发挥，这样才构成了绵延不绝、各具特色的老学史。如果说唐玄宗《御注道德真经》是将《老子》由“南面术”转为“人生哲学”“生命智慧”，那么朱元璋《御注道德真经》则是将《老子》又拉回到“南面术”。朱元璋《御注道德真经》颁行之后，对明代老学确实起到了引导与规范的作用，明代注《老》者从官员到学者、道士，都受其思想影响，如薛蕙在《老子集解》中引用了朱元璋《御注道德真经》中对《老子》的评价，称赞曰：“於戏！我太祖盖天纵大圣人者，故聪明睿智，知言之矣，如此亶聪明作元后，太祖之谓矣。”[②]学者如印玄散人涂国柱，他在《老子尺木会旨》自序中言：“我高祖皇帝序《道德经》曰：朕知斯经乃万物之至根，王者之上师，臣民之极宝，非金丹之旨也。”[③]道士如正一派第四十三代天师张宇初在为危大有《道德真经集义》所作的序文中开篇即言：“太上《道德》上下篇，凡五千余言，内而葆炼存养之道，外而修齐治平之事，无不备焉，此所谓内圣外王之学也。”[④]朱元璋对《老子》的评价一再被后来者所引用，明末，社会危机爆发，《老子》又成为士人探寻救世之道的理论来源之一，亦是对朱元璋评价的认同，朱元璋的《御注道德真经》影响了整个明代老学发展，为明代老学确立了发展基调。

① 尹振环：《帝王文化与〈老子〉——唐玄宗变〈老子〉南面疏为人生哲学》，《中州学刊》2008年第1期。

② 薛蕙：《老子集解》，第74章，熊铁基，陈红星主编：《老子集成》第6卷，北京：宗教文化出版社，2011年，第319页。

③ 印玄散人：《老子尺木会旨》，熊铁基，陈红星主编：《老子集成》第7卷，北京：宗教文化出版社，2011年，第346页。

④ 危大有：《道德真经集义·序》，熊铁基，陈红星主编：《老子集成》第6卷，北京：宗教文化出版社，2011年，第31页。

《道德经》章句研究

“人法自然”还是“道法自然”

——《老子》第二十五章刍议

聂 威*

内容提要：学术界对《老子》第二十五章中“道法自然”思想要旨的诠释，历来争论不息。其间争论主要围绕“道”与“自然”的终极性问题，以“自然”在“道”之上，固然与道家哲学的本体论相悖，所以“道法自然”也顺势被诠释为“道无所法”与“道性自然”两种途径。重新标点“人法地，地法天；天法道，道法自然”，可知“地法天”是“天地”内部（现象界）的自然活动，“道法自然”是“道”本身（本体界）的自然活动。万物之自然，可谓“道”之自然的分殊，“人法自然”着手于“法万物”“法天地”，最终归于“法道”。“人法自然”即是“法道”，“道法自然”即是“道”之自然，“道”之自然是不需要“法”自然之自然。

关键词：《老子》 天地 道法自然 自然即道

关于《老子》[①]第二十五章中的思想，学界多关注“道法自然”的问题，对于“地法天”的关注较少，表现为对“地法天”的解释一般是一笔带过。“地”作为与“天”相对应的一个范畴，天地概念的形成可谓早期中国哲学史上非常重要的内容。[②]由于天作为最高的价值源泉，中国早期的政治、思想合法性地位，都是由天确立，因此研究者往往偏重于天之义而忽视了地之义。天地概念的出现，一方面是提高了地的

* 聂威（1992—），江西高安人，中央民族大学哲学与宗教学学院博士研究生，研究方向：宋明理学、道家哲学。

① 本文所引《老子》为通行本，王弼注，楼宇烈校释：《老子道德经注校释》，北京：中华书局，2008年。

② 翟奎凤通过考察《诗经》中的天、下土与地的概念，认为相对意义上的天地观念的形成，是早期中国哲学发展的重大突破，其思想意义正可谓“开天辟地”，天地思想成为战国中后期中国诸子思想的基本框架。见翟奎凤：《〈诗经〉中的“天”、“下土”与“地”——早期“天地”观念溯源》，《北京师范大学学报（社会科学版）》，2021年第6期，第117—126页。

地位，另一方面也形成了天地独特的意义。在早期道家思想中，其实并不忽视“地”的重要性。比如在《阴符经》中有：“观天之道，执天之行，尽矣。”朱熹对此句的注解为：“言天而不言地者，地在其中也。”[①]这说明“地”之义可涵盖于“天”之中，虽然在语言表达上多言“天”而少言“地”，但是“地”与“天”同样重要。这个观点也是被当代研究道家的学者所接受，“因为所谓‘天’是与地相对而言的，论天是以对地的存在之承认为前提的……所以，上引《神仙抱一演道章》一段话中虽没有出现‘地’的概念，但实际上是将此概念潜藏于其中”[②]。这说明道家对于天地概念中的“地”是有相应的重视。明确“地”与“天”具有思想价值，那么在《老子》中研究“地”与“天”的含义，既能明晰先秦道家如何理解“地”与“天”，也有助于理解学术界仍具争议的“道法自然”之含义。

从“地”这个概念入手，“地”在《老子》的十个章节中出现多次，分别是：

> 无名天地之始（第一章）
>
> 天地不仁，以万物为刍狗/天地之间，其犹橐籥乎？（第五章）
>
> 玄牝之门，是谓天地根（第六章）
>
> 天长地久（第七章）
>
> 居善地（第八章）
>
> 孰为此者？天地。天地尚不能久，而况于人乎（第二十三章），
>
> 有物混成，先天地生/故道大，天大，地大，王亦大/人法地，地法天，天法道，道法自然（第二十五章）
>
> 天地相合以降甘露（第三十二章）
>
> 地得一以宁/地无以宁将恐发（第三十九章）
>
> 人之生动之死地，亦十有三/以其无死地（第五十章）

在其中，主要以“天地”一词的形式出现，单独以“地”的形式出现共七次，“地”作为“境遇、区域”之义以“善地”“死地”的形式出现共三次。《老子》中作“境遇、区域”解的“地”并不具有独立的思想实质，因此可以主要关注“天地”与单独出现的“地”之含义。

① 朱熹：《阴符经注》，载《朱子全书》第十三册，上海：上海古籍出版社，2002年，第511页。

② 卿希泰主编：《中国道教思想史（第一卷）》，北京：人民出版社，2009年，第493页。

一、作为物质的天、地

与"天"相对的"地",即物质之"地",与冯友兰所说的"物质之天"[①]相对应。物质之天与地,具有可在现实中观察到的具体形象,天处于上,地处于下。有实体的天与地之间就如同"橐龠",万物皆在中间生长。此即臧要科说的:"当天、地分别单独使用时,多指世界中的可观的两个象……在天与地之间形成了有形的界限,物与人便逗留于其中。"[②]

作为物质的天与地,两者之间能够互相作用,并产生一系列的变化。老子说:"天地相合以降甘露",既然以"合"来言说天与地,就意味两者有分。老子观察自然现象,看见在具有形象的天与地之间,有风雨等自然现象,说道:"飘风不终朝,骤雨不终日。"(第二十三章)风雨雷电都是在天与地之间形成的自然现象,都是不能长久的,"天地尚不能久"就是天地所为的风雨不能长久。[③]这说明作为物质的天与地,以形体展现出来才能形成自然现象,这是现象界的生灭。但是天地之"能久"是相对于物质世界而言,因为天地是先于现实世界而存在,天地于万物是逻辑在先。老子并非自然科学家,也无意于研究物理世界,只是借此自然现象来说明经验中的事物都不具有永恒性,唯有超越经验事物的"道"才是永恒存在者。故此老子启发人们从事于超越之道,"从事于道者同于道"[④]。在这一章中老子还讲了"希言自然",在经验世界中用言语表达观点就会与某个观点相同或相异,从而落入经验世界的纷扰,最好的办法就是不说。然而世人已处于言论纷纷之中,不说则无以为教,故老子用"希言"来导人向"道"、向自然。万物不能长久,而"道"能长久,所以在人生价值取向上,人应该同于"道"、同于自然,而不应该陷入经验事物,落入各种不利于同于"道"的言说。

陈鼓应在解释《老子》第四十二章中的"道生一,一生二"时,即以《老子》中"天地"多次出现而"阴阳"很少出现,判断"二"为"天地"而非"阴阳"。[⑤]陈鼓应引用高诱对"太一出两仪,两仪出阴阳"(《吕氏春秋·大乐》)中"两仪"的注解:"两仪"为"天地",说明阴阳出于天地与庄子的思想一致。[⑥]这里明确以天与地为二,说明天与地为二物,地作为宇宙之中的一物,不具有形而上的意义。从"有

---

① 冯友兰:《中国哲学史》,重庆:重庆出版社,2009年,第35页。

② 臧要科:《〈老子〉中的道、天、地、人及其关系》,《中国哲学史》,2012年第4期,第73页。

③ 此处受中央民族大学尹志华教授指正,"天地尚不能久"不能理解为天地不能长久,而是天地能久,但是天地形成的风雨不能久。

④ 陈鼓应:《老子今注今译》,北京:商务印书馆,2003年,第165页。

⑤ 陈鼓应:《老子今注今译》,第235页。

⑥ 陈鼓应:《老子今注今译》,第236页。

物混成，先天地生”也可知天与地产生于“道”之后，叶树勋根据《庄子·则阳》中“天地者，形之大者也；阴阳者，气之大者也”，认为：“在道家看来，天地、阴阳、四时等作为形气之大者，也属于形而下的事物和现象，和其他的物一样，皆是从形而上本根演化而来。”[①] 此明确说明了形而上本根即是“道”，天与地是形之大者，是有具体形体的形而下，是从形而上的“道”演化而来。作为形而大者的天与地，从形而上本根之“道”演化而来，因而也“禀得了自身的特质，如‘天得一以清，地得一以宁’，天清、地宁的品性也是本根在形之大者中的不同分化”[②]。通过叶树勋对天地的研究可知，虽然老子没有对地的特性用“地德”这一概念来概括，“但在《庄子》《黄帝四经》《管子》《文子》《鹖冠子》等一些后学文献里，则经常出现‘天德’‘地德’或‘天地之德’的说法”[③]。从文献学与后世道家思想发展的角度看，老子之后的道家对“地德”是越来越重视的。

由上述可知，作为物质之天地，是先于万物的存在，因而可以说是能够长久的。《老子》第七章中“天地所以能长久者，以其不自生”的观点，也是说明“天地”能够长久。但由于天地先于万物是逻辑在先，而不能断定为生成在先，意味着《老子》中“天地”与“万物”实非等同义。

二、作为大全的“天地”

在《老子》中，“地”与“天”多数是以“天地”的形式出现，在这个语境下“地”与“天”是相互等同的，并且合而为一以大全的方式存在。“天地”[④] 即包含了物质之天与地以及具体的万物，物质之天与地也可作为整体的万物之一，可以说“天地”即“万物”，这在《老子》的历代注解中也有体现。臧要科认为，“无名天地之始”在帛书本《老子》中是“无名万物之始”，并且王弼对此注为：“故未形无名之时，则为万物之始”，反映了“王弼对这句话的注释时，亦以万物替代了天地。”[⑤] 刘笑敢根据《史记》的记载，结合王弼的注解，认为帛书本是“接近古本之旧”，但是从修辞上来讲王弼本更好。[⑥] 这些可说明《老子》的古本与帛书本最为接近，当为“无名万物之始”，此后的傅奕本、河上公本及王弼本是根据“万物”之义与“天地”之义相同，而改为了“无名天地之始”，此在王弼的注解中可体现出来。

---

① 叶树勋：《早期道家宇宙观的人文向度——以物德论为中心的探讨》，《文史哲》，2017 年第 2 期。

② 叶树勋：《从形而下到形而上——先秦道家物德观念的多层意域》，《哲学动态》，2018 年第 2 期。

③ 叶树勋：《早期道家宇宙观的人文向度——以物德论为中心的探讨》，《文史哲》，2017 年第 2 期。

④ 除上文所说的“天地相合以降甘露”，这处的语境中是物质之天与地。

⑤ 臧要科：《〈老子〉中的道、天、地、人及其关系》，《中国哲学史》，2012 年第 4 期。

⑥ 刘笑敢：《老子古今：五种对勘与析评引论》，北京：中国社会科学出版社，2006 年，第 93—94 页。

同样，劳思光在《新编中国哲学史》中也有以"天地"为"万物"的说法，也是根据"无名天地之始，有名万物之母"，断定"'天地'与'万物'为同语"。[①]劳思光在分析"天地尚不能久"时，认为老子"举'天地'以概括经验世界之万有"，说明"道"是超越"天地"的规律，为可长久者，"不属于经验世界之事象群者，则可久可常"。[②]这里只是说明了"道"能够长久，而没有说明天地能否长久。根据劳思光对长久者的定义——不属于经验世界之事象群者，"天地"不作为物质之天地而作为大全，是不属于经验界之事，也没有经验中的"象"，更不是经验世界中的"群"，因此在这个意义可以说"天长地久"。"天地"含有经验世界，却不能说经验世界就是"天地"。因为就算是经验世界中的天与地崩坏之后，还是有一个"天地"存在，此存在以大全而存在，亦包含了崩坏之后的万事万物，因此就算是作为物质的天与地崩坏之后，其名还是"天地"。"天地"就与叶树勋理解的"大共名的'物'"相同，"大共名的'物'可指一切可被言说的东西，所指者未必存在"[③]。虽然叶树勋没有对"大共名的'物'"能否长久做出直接的判断，推其定义可知"大共名的'物'"包括了有具体形象的物、存在但无形体的物以及一切可被言说的东西，这个范围与"天地"是一致的，即可知作为"大共名的'物'"是可以长久的。

据叶树勋对"物"的理解又引出新的问题：作为"先天地生的混成之物"是不是"万物"之一？《老子》第二十一章的"道之为物"与第二十五章的"有物混成，先天地生"，说明"道"先于天地生，物的外延能包括"道"，这当然是广义层面的物。在讨论"道"与物的关系时，就需要考察"天地"与"万物"。

叶树勋在论述"道"兼赅"无名""有名"时，认为"天地"即是"万物"，根据"'天地'在帛书二本和汉简本中皆作'万物'"，说明道是万物的始、母。[④]叶树勋认为，"万物"一词"要传达的世界的多样性和差异性"[⑤]，这与杨国荣对"万物"与"天地"的区分是相似的。杨国荣以"天地"为整体，"万物"为特殊的多个个体合集。[⑥]这些说明在《老子》中"天地"与"万物"虽然是相同的意思，但是"天地"是偏向"道"之义，"万物"是偏向有具体形象存在的"物"之义。据此可知，"道

---

① 劳思光:《新编中国哲学史（一）》，桂林：广西师范大学出版社，2005年，第176页。

② 劳思光:《新编中国哲学史（一）》，第176页。

③ 叶树勋:《老子"物"论探究——结合简帛〈老子〉的相关信息》，《中国哲学史》2021年第1期。

④ 叶树勋:《老子"物"论探究——结合简帛〈老子〉的相关信息》，《中国哲学史》2021年第1期。

⑤ 叶树勋:《老子"物"论探究——结合简帛〈老子〉的相关信息》，《中国哲学史》2021年第1期。

⑥ 杨国荣:《道与人——老子哲学中的若干问题》，载杨国荣《庄子的思想世界》，上海：华东师范大学出版社，2009年，第270—271页。

之为物”是以“天地”的形式存在，而不是趋向于具体的、有形象的事物，因而是“恍兮惚兮”，是由多种个体存在“混”而“成”之的整体。在终极性上，当是“道”优于“天地”，“天地”优于“万物”，“万物”优于“物”。这四层分级的架构在形式上与王庆节的理解相似——他对物的四层划分为：道，天地、天下，万物、众物，人造器物，[①]但在内容实质上是不一样的。据此四层分级架构反观《老子》，《老子》中又有“有物混成，先天地生”的逻辑，说明由物“混”而“成”之的整体先于“天地”，经过疏解虽然可知其实是“道”先于“天地”，但也不能完全拒斥“物先天地”的观点。把“天地”理解为大全，可保持“道”的形而上特征，可保证“道”先于经验事物。但从另外一个角度来说，如叶树勋对此的解释是：“‘道’非‘物’这一点能得到贯彻，而作为其世界观基本结构的道物关系的成立，并不需要承认少数特例的存在。”[②]本文也可赞同此观点，对于少数特例存在不予承认并不影响整体的思想体系，《老子》本非论文体裁的作品。就如同臧要科说“当天、地分别单独使用时，多指世界中的可观的两个象”，说明还是有少数的特别情况存在，另外本文也有把“天地相合以降甘露”中的天地，作为物质之天地的少数特殊情况。

因此本文理解的“天地”之义就不仅包括物质之天与地，也包括在天地间所有的物，亦是一大共名。此“天地”中，天与地就无分别，不是有具体形象的天与地，可谓大全之“天地”，天与地无自身的独立性，天地即在万物中；而有分别、有形象之天地可成为独绝之天与地，此天与地可生万物，但保持自身的独立性。在汉简本、河上公本、王弼本、傅奕本等各个时期有影响的版本中，都把“无名万物之始”改为了“无名天地之始”，都说明了“天地”与“万物”的意思相同。根据杨国荣、叶树勋等人对“万物”与“天地”的理解，可知“天地”主要体现整体、“万物”主要体现多样性的个体，因而可以说“天地”偏向于“道”，“万物”偏向于“物”。

顺此思路，有利于理解《老子》的其他章节，如第五章说：“天地不仁，以万物为刍狗。”如果说此“天地”是有独立性的物质天地，那么“天地”之不仁就会有偏。必须是“天地”对自身亦用不仁，对包含物质之天地的大全之“天地”不仁，才是最大的仁，这就无所谓仁与不仁的问题了，这也就是“绝仁弃义”。对“天地”而言没有仁与不仁的差别，万物皆如此。王弼是根据天地任自然来理解天地不仁，认为这是自然的问题，也就不是仁与不仁的问题。[③]这是通过给天地赋予自然之义来解，而不是从天地本身之义去解，这样解的话也会产生新的问题。在《老子》第二十五

① 王庆节：《解释学、海德格尔与儒道今释》，北京：中国人民大学出版社，2004年，第188页。

② 叶树勋：《老子“物”论探究——结合简帛〈老子〉的相关信息》，《中国哲学史》2021年第1期。

③ 楼宇烈校释：《老子道德经注校释》，第13页。

章中有“地法天，天法道，道法自然”，按照这里的文意，如果天地任自然为何又要法“道”？天地能够任自然，人也是可以任自然、不违自然，道法自然又该当何解？

三、“地法天”与“道法自然”

关于《老子》第二十五章中的“道法自然”问题，一直都是学术界重点关注的内容。尹志华在掌握历史注解的基础上，对学术界有关“道法自然”问题的研究做了梳理工作，分为三种诠释进路：一是道性自然、道无所法，在这种解释下产生对“道”的弱化诠释就是“道”法自己，尹志华认为这不是老子要表达的思想；二是“自然生道”说，这相当于把自然置于“道”之上，尹志华认为“自然生道”在《老子》中是找不到依据的并且显然与“道法自然”相背离；三是“道”顺自然，“道”之自然与万物之自然的关系是“道之自然以万物之自然为表现方式，万物之自然以道之自然为本体根据”，尹志华赞同第三种解释并具体诠释为：自然是普遍原则，“道法自然”也就是“万物法自然”，“不只是道本身要法自然”。[①] 应该可以这样说，尹文把近年来对“道法自然”的研究成果做了归纳总结，结合河上公注、王弼注等文献的理解，借鉴刘笑敢、王中江等人的研究成果，对“道法自然”的含义提出了一个符合《老子》文本的解释，并且这个解释在义理上是通畅无碍的。

夏绍熙认为，“人法地，地法天，天法道，道法自然”是一个链式话题结构，[②] 对于这个理解应该是没什么异议的。人、地、天、道为“域中四大”，通过“法”的关系环环相扣。道法自然，若以效法来解释从低到高的“人、地、天、道、自然”之间的关系，则会出现自然在“道”之上，这样来解一则消解了“道”的终极性，二则会出现域中有“五大”，因此不可取。以“四大”为人、地、天、“道”，效法的层级性是“人、地、天、道（自然）”，这样一来，一则道法自己同样会弱化“道”的终极性，二则当我们认识到这句话是“对‘人’这一话题的最终应答”[③]，道法自己那就意味着人法自己也可以，相当于斩断了这个“链条”，于文本不合。此外，把最后一个法作为名词也是不妥，刘笑敢对此已有说明，称“殊为突兀，于理未惬”[④]。

本文无意在“法”的含义上再做解释，通过上文对《老子》中天、地与“天地”所表达的含义，重新断句为：“人法地，地法天；天法道，道法自然”。在以“天地”为一整体大全的视角下，天与地的地位、价值、含义是完全一致的，所以“地法天”与“道法自然”是平等层次的效法，“人法地”与“天法道”是有层次的效法。在句

① 尹志华：《“道法自然”的理论困境与诠释取向》，《哲学动态》2019 年第 12 期。

② 夏绍熙：《论老子的“道法自然”及其认知意义》，《东岳论丛》2020 年第 19 期。

③ 夏绍熙：《论老子的“道法自然”及其认知意义》，《东岳论丛》2020 年第 19 期。

④ 刘笑敢：《老子古今：五种对勘与析评引论》，第 288 页。

式上，“人法地”与“天法道”、“地法天”与“道法自然”两两形成对称。刘笑敢对五个版本的“人法地，地法天，天法道，道法自然”进行了考察，五个版本对此均无异议[①]，说明五个版本在文字表达上是无异议的，但是考虑到古代没有标点符号，这样标点也是一种可能的解释。

在此关系中的“人法地”与“天法道”，可以说是向上效法，是法更高级事物。整句的逻辑关系为：人效法天地，天地效法“先天地生”的“道”（自然）。这可以理解为宇宙生成论视角中，后来效法先前，也可以说是向更为根本处效法。“地法天”则是自身效法自身，在“天地”的整全概念上，即是内部的自身活动；在“万物”的分殊概念上，即是各自之活动。此处既然是把天与地分开表述，则可理解为是偏向于“万物”的概念，是突出万物之自然自洽。那么照此理解，直接说人法天地万物之自然即可，为何要费此周折分为三个层级？我们从自然这个词出发，天地如果没有“万物”之外的其他因素之干预，此可谓“万物”之自然；人没有人为因素之干预，可谓人之自然。王叔岷在疏解道与技的关系时就认为：“道是自然，技乃人为。尽乎人为，则合乎自然。”[②]这说明由技入“道”，“道”是技之极致，入“道”才能合乎自然，不入“道”则技永远是人为而达不到自然。这也就是说，“道”能囊括天地万物，天地万物能体现“道”、体现自然。所以只知“法天地万物之自然”，只能无限接近“道”，而不能如“道”一般：不法自然而自然。

道家哲学并不探讨现代科学意义上的“大自然”，而是重点关注与天地、万物紧密相关的人。而现实中的矛盾是，一有人为，即非自然。所以道家提倡以身合道、以神合道、以技入道等思想，这从正面说是肯定了人在天、地、道之间的价值，人为“四大”之一；从反面说是人对自然之道的破坏性。如何消除人对自然之道的破坏，道家提倡是人与“道”合，故第二十三章有“故从事于道者，道者同于道”，也能呼应老子在这章前面的所说的长久问题，与“道”合则能超越不能长久之物。人与“道”合在第四十一章有“上士闻道，勤而行之”，“‘上士’全身心地投入到‘道’的活动中，不停地进行实践，对‘上士’来说，‘道’不是外在的对象”[③]。

然而老子为什么不从“天地”整全处说自然，而要到“万物”分殊处说自然，此可借助佛家之语来表述。佛家要明晰空义，从缘起说空，从即色说空，为的是让人不陷入偏僻之见，形成断灭空。老子不直言自然，或许也是从这个角度考虑，不让学者步入“断灭之自然”的境地，不能只是守着个自然，不去应事，什么都不做。

① 刘笑敢：《老子古今：五种对勘与析评引论》，第283—284页。

② 王叔岷：《庄子校诠（上）》，北京：中华书局，2007年，第105页。

③ 夏绍熙：《论老子的“道法自然”及其认知意义》，《东岳论丛》2020年第19期。

这也可以从老子说"无为"的方式中找到依据，老子说的是"为无为"[①]，意味着无为不是无行动；《老子》最后一章最后一句是"为而不争"[②]，争即有心为之，如同"有心为善"不如"无心之善"，无为之为即是无争。这也可以有助于理解刘笑敢提出的"追求自然是否是自然"[③]的问题，消极的"无为"是不动，追求自然就属于"有为"；而积极的"无为"是不争，不争之"为"就是自然，就是老子推崇的"无为"。可见老子有预见堕入消极"无为"的危险，从而主张在万事万物中去认识自然的真正含义，是积极"无为"，进而达到"道法自然"：不法自然之自然。

有明于自然之义有"天地"之自然和"万物"之自然，"地法天"表达的是"天地"之自然，而非具体万物之自然。在"地法天"的关系中，"天地"作为整全，天亦是地，所以效法是自身的内部活动；在"道法自然"的关系中，道亦即自然，道的效法活动也是自身的行为，"道法自然"也就是"道"的本体界活动。道家常以"道与万物同在"来说明"道"的存在，说明"道"不离物、物不离"道"，但却没有正面肯定"道"的自身特性。《老子》中用无名、无为、素、朴等描述"道"，此都是借助对经验事物形色的否定来表现"道"，不是正面表达"道"之自性。对此反思可推测：自然可谓道之自性，自然即道。理由之一是，自然一词为《老子》首创并赋予其"自然而然"的意义，并且自然也是《老子》中的核心概念，刘笑敢有言："道作为宇宙起源当然是最高的，但道的原则或根本是自然，推崇道其实还是为了突出自然的价值或原则。所以说自然是老子思想体系的中心价值。"[④]刘笑敢把"道"的根本当作自然，尤其能说明这一问题。理由之二是，虽然天地和万物也有自然，但万物之自然是继承自"道"的，是从道生万物的关系中获得，叶树勋从"物论"的角度说明万物从本根处禀得了自身的特性[⑤]，那么从"道论"的角度去说明可知，万物从本根处也要禀得本根的特性——自然。早在东汉的魏伯阳就有这样的观点："魏伯阳的所谓道之自然，不仅指道化生万物是自然而然的（无为），而且指万物禀有道之性是自然而然。"[⑥]根据尹志华说的"法自然是'理一'，法方、法圆则是'分殊'"[⑦]。借助宋儒的"理一分殊"用法，我们可再具体地说，"道法自然"是理一，万物法自然是分殊，万物所法之自然是自身之自然，是承自"道"的自然。从形式上来说，人法天地、法道、法自然；从价值上说，人法自然就是挺立自身的主体价值，道在

① 《老子》第三章。

② 《老子》第八十一章。

③ 刘笑敢：《老子古今：五种对勘与析评引论》，第292—293页。

④ 刘笑敢：《老子之自然与无为概念新诠》，《中国社会科学》1996年第6期。

⑤ 叶树勋：《从形而下到形而上——先秦道家物德观念的多层意域》，《哲学动态》2018年第2期。

⑥ 转引自《中国道教思想史（第一卷）》，卿希泰主编，北京：人民出版社，2009年，第266页。

⑦ 尹志华：《"道法自然"的理论困境与诠释取向》，《哲学动态》2019年第12期。

人之内。所以在《老子》中，在形式上就是“域中四大”的逐级表述；在价值上，天与地同，道与自然同，“道”具有终极价值，天地次之，人再次之，但是经过工夫修养，人可与“道”相合一。

在“地法天”的问题上，如果分开言天与地，天与地就只有作为物质存在的意义，也就无所谓法不法的问题，天与地都是客观之存在，地如何效法天也是一个无法理解的问题。在《周易》中，分开的天与地分别具有健、顺的文明价值，所以可以从价值上区分天地的品德，但在《老子》中无此观点。在老子之后的道家学者注意到这个问题，《庄子》《黄帝四经》《文子》等文献里经常出现“地德”或“天地之德”的说法。[①]但在《老子》思想中，“地法天”不应理解为物质之地与天的效法，而是价值意义上的效法，价值意义上的天地就不是物质之天地，从人法天地到天地法“道”是为了说明道的终极价值。从《老子》第二十五章的结构也可以看出这点：开头先言“先天地生”的“道”，再到“四大”以“道”为首，最后以天地法道作为归结，都在说明“道”的终极价值、“道”是本体。

在“道法自然”的问题上，“天地”是大全，可说明自然与“道”为一。这就与河上公的“道性自然”[②]、王弼的“道顺自然”[③]、“董思靖的‘道体自然’、吴澄的‘道以其自然故能大’、车载的‘道以无为为法则’、童书业的‘道的本质是自然’、陈鼓应的‘道任自然’”[④]、王中江的“道法万物之自然”[⑤]、刘笑敢的“道要法自然就是道要体现自然而然的原则”[⑥]等观点都能并行不悖。这些观点所体现的本体之“道”的自然、无为之自然、万物之自然等都是自然的“道一分殊”[⑦]思想体现，“道”就是自然，各种解释都可以视作法自然的“一”与“殊”。

在了解《老子》中“天地”的概念之后，重新标点第二十五章的“人法地，地法天；天法道，道法自然”，明确以自然为“道”，使得此句既有了章句上的对仗，又有了义理上的通达。在“道一分殊”的体系中，万物分有“道”也就是分有“自然”，法万物之自然并不消弱“道”的终极价值，也不会因王弼的“以自然为无”[⑧]而把自然凌驾于“道”之上，也不会与王中江的“道法万物之自然”冲突。道生万物，万物皆有自然，法万物之自然的终极旨归还是法道之自然。道法万物之自然可

① 叶树勋：《从形而下到形而上——先秦道家物德观念的多层意域》，《哲学动态》2018年第2期。

② 王卡点校：《老子道德经河上公章句》，北京：中华书局，1993年，第103页。

③ 瓦格纳：《王弼〈老子注〉研究》，杨立华译，南京：江苏人民出版社，2009年，第506页。

④ 转引自《老子今注今译》，第173页。

⑤ 王中江：《道与事物的自然：老子“道法自然”实义考论》，《哲学研究》2010年第8期。

⑥ 刘笑敢；《老子哲学的思想体系：一种模拟性重构》，《南京大学学报（哲学·人文科学·社会科学版）》2018年第2期。

⑦ 此为借用宋儒“理一分殊”的表达。

⑧ 楼宇烈校释：《老子道德经注》，第64页。

以说是从用上说，体用是人之体用，在用而言，人难以从超越之“道”的自然处入手去理解自然，但易于从万物之自然处入手。所以在第二十五章中，从用上说是“人法地，地法天，天法道，道法自然”，不必重新标点，人可逐步去效法，此中的天地是物质之天地，是形式上的效法；从体上说是“人法地，地法天；天法道，道法自然”，此中的天地是整全之“天地”，“道法自然”就是“道”之自然，是实质上的效法。法自然能够成为普遍原则，人法自然，万物法自然，天地法自然，道法自然，道为一、万物为分殊，对于人与万物来说，既要自法自然也要归于道一，达到不法自然之自然。在这种诠释路径下，道无所法、道任自然等观点皆可成立，效法自身不会降低“道”的终极性，效法万物之自然也可由万殊归于道之自然；任自然即是本性之流露，亦无不可。“道法自然”即是终极大道，“道”本身就是自然，“道”自身没有自然与不自然的问题，是不需要法自然之自然。《老子》第二十五章的旨趣既是“人法自然”，任自身之自然，也是“道法自然”，到达无须法自然之自然的境界。

“祸兮福之所倚，福兮祸之所伏”中的单向发展思想

——兼反思“对立面相互转化”的解读范式

邵林凡*

内容提要:《老子》的“祸兮福之所倚，福兮祸之所伏”常被理解为祸福的转化不定，即人们难以掌握祸福的变化。但这种理解不仅削弱了《老子》对人之能动性的肯定与强调，而且也是对五十八章的误解。“祸兮……福兮……”中的“祸”“福”都是有具体所指的，其意在表达:“闷闷”无为之政在世俗看来是“祸”，而在老子看来却能产生“其民淳淳”之“福”;“察察”有为之政在世俗看来是“福”，而在老子看来却能产生“其民缺缺”之“祸”。这种“闷闷”之政（“祸”）向“其民淳淳”（“福”）的转化、“察察”之政（“福”）向“其民缺缺”（“祸”）的转化是为政方式向效果的单向发展，而非对立面的相互转化，故而有必要反思传统“对立面相互转化”的解读范式。

关键词: 老子　祸福　单向　发展

一、引言

《汉书·艺文志》认为道家出于史官，并说道家“历记成败存亡祸福古今之道”，其中“成败”“存亡”与“祸福”可以相互替代，可见道家对祸福的问题格外重视。虽然道家出于史官的看法未必准确，但《老子》的“祸兮福之所倚，福兮祸之所伏”却印证了道家对祸福问题的关注。《老子》五十八章王弼本原文如下：

> 其政闷闷，其民淳淳；其政察察，其民缺缺。祸兮福之所倚；福兮祸之所伏。孰知其极？其无正？正复为奇，善复为妖。人之迷，其日固久。是以圣人

---

* 邵林凡（1987—），男，浙江温州人，上海师范大学哲学与法政学院博士研究生，主要研究方向：老庄哲学。

方而不割，廉而不刿，直而不肆，光而不耀。[①]

人们常借《淮南子》塞翁失马的寓言解读"祸兮……福兮……"一句，如陈鼓应说："祸福之相因，很容易使我们联想起塞翁失马，焉知非福的故事。"[②]但这种"联想"容易产生误解，这种误解认为：在《老子》看来，"祸福转变不定，无法确定何为祸、何为福"，"圣人非能知祸福者，而是知祸福无定者"。[③]但《老子》的祸福观若做如是理解，则易被当作"相对主义"而遭到批判。如冯友兰认为祸福之间的转化是有条件的，但"照老子所讲的，好像不必有主观的努力，祸自动也可以转化为福；虽然有主观的努力，福也必然转化为祸。"[④]任继愈主编的《中国哲学发展史·先秦》也认为："老子只看到事物向它对立面转化的事实，没有注意条件在转化中的重要作用，因而在祸福、得失面前显得缩手缩脚，在变化中显得无能为力。"[⑤]这类批评也被当代众多学者所继承，在他们看来，《老子》的祸福转化具有相对性、不定性、循环性、无条件性，人在这种绝对的转化面前是无可奈何的，所以《老子》忽视了人的能动性。

这种将"祸兮……福兮……"理解为祸福不定，是基于以下三个前提：第一，"祸兮……福兮……"一句中的"祸""福"都是抽象的事件，并无具体的所指。第二，"祸""福"是相对立的关系。第三，"祸""福"之间是可以相互转化的关系[⑥]，"祸"可以转化为"福"，"福"也可以转化为"祸"。这三个前提是否能够成立，需要细致考察《老子》五十八章后再给出结论。

二、祸福的具体所指

"祸兮……福兮……"中的"祸""福"是否只是在抽象的层面上泛泛而谈，这涉及"祸兮……福兮……"与"其政闷闷，其民淳淳；其政察察，其民缺缺"之间的关系问题。在解读《老子》五十八章时，人们很少注意到"其政闷闷"一句与"祸兮……福兮……"之间的联系。如陈鼓应认为两句之间不存在联系，他认为五十八章"各段落的文义极不一贯，显然有错简的情形，前人依通行本文句的秩序强自作

① 《老子》第五十八章各版本有所差异，但无原则性区别。本文所引《老子》其他原文的情况也是如此，故全文所引《老子》原文以王弼本为准。

② 陈鼓应：《老子注译及评介》，北京：中华书局，2003 年，第 294 页。

③ 陈剑：《老子译注》，上海：上海古籍出版社，2016 年，第 218 页。

④ 冯友兰：《中国哲学史新编》，第 272 页，转引自陈鼓应：《老子注译及评介》，北京：中华书局，2003 年，第 290 页。

⑤ 任继愈：《中国哲学发展史（先秦）》，北京：人民出版社，1983 年，第 270 页。

⑥ 无论这种转化在解读者看来是在一定条件下实现的还是无条件实现的。

解，其实是不通的”，因此，他将五十八章的各句做了重新的调整，将其分作以“其政闷闷”为首的第一段和以“祸兮……福兮……”为首的第二段，使得两段之间“各不相干”。[①]吴怡也认为“其政闷闷”一句讲的是政治，而“祸兮……福兮……”讲的是祸福，二者主题不同，所以两句之间是“并行”的关系，而非前提与推论的关系。[②]

但古代已有明言五十八章开头两句之间存在密切联系的注者，如唐玄宗注“祸兮……福兮……”时就说：“上言其政闷闷，俗则以为无政理之体，人反淳淳然而质朴，此则祸为福之所因也。其政察察，而俗则以为有政理之术，人乃缺缺然而凋敝，此福为祸之所藏。”[③]换言之：“‘闷闷’是一般所认为负面的状况，却产生了正面的效果‘淳淳’；‘察察’是一般所认为正面的状况，却产生了负面的效果‘缺缺’。”[④]简言之，“闷闷”之政看似“祸”，实则却能产生“其民淳淳”之“福”，“察察”之政看似“福”，实则却产生“其民缺缺”之“祸”。由此可见：“祸兮福之所倚”的“祸”对应的是“闷闷”之政，而“福”则对应“其民淳淳”的善果；“福兮祸之所伏”的“福”对应的是“察察”之政，而“祸”则对应“其民缺缺”的恶果。将这种对应关系以表格的形式呈现，则如表 1 所示：

表 1

“其政闷闷”	“其民淳淳”	“其政察察”	“其民缺缺”
“祸兮”（祸）	“福之所倚”（福）	“福兮”（福）	“祸之所伏”（祸）

由表 1 可知，《老子》五十八章的“祸兮福之所倚；福兮祸之所伏”是针对“其政闷闷，其民淳淳；其政察察，其民缺缺”一句而发，其中的“祸”“福”在“其政闷闷”一句中都有对应的具体所指，并不是抽象意义上而言的“祸”“福”。这种对应关系说明“祸兮……福兮……”一句与“其政闷闷”一句紧密相联，在语义上具有承接的关系，两句的共同宗旨是要说明：特定的为政方式或产生好的结果，或产生坏的结果，“闷闷”的为政方式能产生好的结果，“察察”的为政方式会产生坏的结果。

三、哲见与俗见的对立

把握《老子》中哲俗之间的对立，是解读“祸兮……福兮……”的关键。《老

① 陈鼓应：《老子注译及评介》，北京：中华书局，2003 年，第 293 页。
② 吴怡：《老子新说》，河北：花山文艺出版社，2020 年，第 446 页。
③ 朱俊红：《〈道德经〉四帝注》，海口：海南出版社，2012 年，第 300—301 页。
④ 汤漳平、王朝华：《老子》，北京：中华书局，2014 年，第 234 页。

子》中有很多关于哲俗对立的文字，如：“众人皆有余，而我独若遗。我愚人之心也哉！……我独异于人，而贵食母”（第二十章），“下士闻道，大笑之，不笑不足以为道”（第四十一章），“大道甚夷，而民好径”（第五十三章），“吾言甚易知，甚易行。天下莫能知，莫能行。……夫唯无知，是以不我知。知我者希，则我者贵”（第七十章），但这些话语只是被学者理解为一般的牢骚，而没有升华至哲俗对立，乃至辩证问题的高度。

“其政闷闷”一句所以能够与“祸兮……福兮……”形成对应的关系，其中的关键在于哲见与俗见之间的对立，即俗人与哲人对“闷闷”之政、“察察”之政各持相对立的看法。认为“闷闷”之政不会产生好的效果（“祸”）而认为“察察”之政才会产生好的效果（“福”）的，是唐玄宗所说的那一类俗人，这类人的看法可以称之为俗见；认为“闷闷”之政能产生好的效果（“福”）而认为“察察”之政不会产生好的效果（“祸”）的，是与俗人相对立的一类人，老子代表这类人，我们称之为哲人，将其看法称之为哲见。由此可见，“祸兮……福兮……”中的“祸”与“福”分别代表世俗与哲人对同一对象所做出的彼此对立的评价。换言之，“祸兮福之所倚”中的“祸”指的是世俗对“闷闷”之政的负面评价，“福”指的是哲人对“闷闷”之政的正面评价；“福兮祸之所伏”中的“福”指的是世俗对“察察”之政的正面评价，而“祸”指的是哲人对“察察”之政的负面评价。如果将哲见、俗见代入表1，则如表2所示：

表2

“其政闷闷”	“其民淳淳”	“其政察察”	“其民缺缺”
“祸兮”（祸）	“福之所倚”（福）	“福兮”（福）	“祸之所伏”（祸）
世俗以为的祸（假祸）	哲人洞见到的福（真福）	世俗以为的福（假福）	哲人洞见到的祸（真祸）

由表2可知，在哲见与俗见的对立中，由于俗见是错误的而哲见是正确的，故而世俗以为的“祸”是“假祸”，世俗以为的“福”是“假福”，而哲人洞见到的“福”才是“真福”，哲人洞见到的“祸”才是“真祸”。所以，一种为政方式是“福”还是“祸”，是以哲见作为评价标准的。换言之，在“祸兮福之所倚”中，“福”才是哲见洞见到的对“闷闷”之政的实质性评价，而在“福兮祸之所伏”中，“祸”才是哲见洞见到的对“察察”之政的实质性评价。其实“祸兮……福兮……”一句中的“所倚”“所伏”正说明《老子》希望人们通过表面而看到事态的实质。

《老子》所以引用俗人及哲人对同一对象做出的对立性评价，是为了批判并引导俗见，使愚人认识到自己以为的“祸”（“闷闷”之政）实际上是“福”（“其民淳淳”）、自己以为的“福”（“察察”之政）实际上是“祸”（“其民缺缺”）。换言之，

《老子》以“其民缺缺”这样的真祸，批判会引起此真祸而世俗以为是“福”的“察察”之政，进而以“其民淳淳”这样的真福，吸引并引导世俗实施可以实现此真福而世俗以为是“祸”的“闷闷”之政。

值得一提的是，“祸兮……福兮……”所以被理解为祸福不定，与后文“孰知其极？其无正？正复为奇，善复为妖”有着密切的关系。正如有学者所说：“‘孰知其极？其无正也’，连续两个问句则表达了老子对事物正反转化之理的玄奥莫测与难以把握的认识和感叹。”[①]这种“感叹”很容易被人们理解为老子自身亦无法把握祸福的趋向，故而在祸福面前无能为力。但《老子》的这种感叹也可以理解为只是针对俗见而发，因为后文紧跟着说“正复为奇，善复为妖。人之迷，其日固久矣”。正如唐玄宗所说：“祸福之极，岂无正邪，但众生迷执，正者复以为奇诈，善者复以为妖祥。故祸福倚伏，若无正尔。”[②]换言之，祸福在《老子》看来是有“极”的，只有哲人能知，“众生迷执”，才会觉得祸福不定，“若无正尔”。[③]其实，由前文对“祸”“福”的理解亦可知哲人对于“祸”“福”是了然于心的，因为在哲人看来，“闷闷”之政即是“福”，“察察”之政即是“祸”，这是非常明确的。

四、处祸生福之道

《老子》之所以强调在俗见自以为是“祸”的事态中要洞察到“福”、在俗见自以为是“福”的事态中要洞察到“祸”，其目的并不仅仅使人在认知上洞察事态的祸福实质，而是要在实践上实现趋福避祸的目的。实现此目的的方法在《老子》中很明显，即治理者应当实施在俗见看来是“祸”的“闷闷”之政，从而产生“其民淳淳”之福，这便是《老子》的处祸生福之道。可见，“祸”指的是“闷闷”之政的为政方式，而“福”指的是“其民淳淳”的为政效果。

其实，“闷闷”之政与“察察”之政，分别代表《老子》所肯定的“无为”之政与其所否定的“有为”之政，如陈鼓应所说：“‘其政闷闷’即是指清静‘无为’之政；‘其政察察’即是指繁苛‘有为’之政。”[④]而“闷闷”之政与“察察”之政的对立，或者说“有为”之政与“无为”之政的对立，在五十八章之前的五十七章，既已通过为政方式及其效果表达出来，其原文如下：

---

① 汤漳平、王朝华：《老子》，北京：中华书局，2014年，第234页。

② 朱俊红：《〈道德经〉四帝注》，海口：海南出版社，2012年，第301页。

③《吕氏春秋·制乐》说：“……故祸兮福之所倚，福兮祸之所伏。圣人所独见，众人焉知其极？”可见在《吕氏春秋》看来，圣人是可以在看似“祸”的表象中洞察见“福”的实质，在看似“福”的表象中洞察见“祸”的实质的。

④ 陈鼓应：《老子今注今译》，北京：中华书局，2020年，第269页。

以正治国，以奇用兵，以无事取天下。吾何以知其然哉？以此：天下多忌讳，而民弥贫；民多利器，国家滋昏；人多伎巧，奇物滋起；法令滋彰，盗贼多有。故圣人云，我无为而民自化；我好静而民自正；我无事而民自富；我无欲而民自朴。

其中“天下多忌讳，而民弥贫；民多利器，国家滋昏；人多伎巧，奇物滋起；法令滋彰，盗贼多有”一段是“有为”之政的为政方式及其效果，可以用“其政察察，其民缺缺”作为概括；而“我无为而民自化；我好静而民自正；我无事而民自富；我无欲而民自朴’”一段则是“无为”之政的为政方式及其效果，可以用“其政闷闷，其民淳淳”作为概括。可见五十六章与五十七章也是紧密相连的，这是前贤早已注意到的，“如严遵《老子指归》、魏源《老子本义》等都把两章并为一章”[①]。

既然“其政闷闷”与“其民淳淳”分别对应老子所肯定的“无为”之政的方式及其效果，而“其政察察”与“其民缺缺”分别对应老子所否定的“有为”之政的方式及其效果，那么便可以在表2的基础上加入“无为”与“有为”之政的方式及其效果，如表3所示：

表3

“其政闷闷”	“其民淳淳”	“其政察察”	“其民缺缺”
“祸兮”（祸）	“福之所倚”（福）	“福兮”（福）	“祸之所伏”（祸）
世俗以为的祸（假祸）	哲人洞见到的福（真福）	世俗以为的福（假福）	哲人洞见到的祸（真祸）
《老子》的“无为”之政	“无为”产生的结果	世俗王公的“有为”之政	“有为”产生的恶果

将表3的第二行与第四行作一对照，可知“祸兮福之所倚”中的“祸”“福”所对应的只是“无为”之政这一事态发展的两个方面，而不是两个矛盾的对立面。“祸”指的是世俗以为并不能产生好的效果的“无为”之政的治理方式，“福”指的是这种方式所能产生的符合哲人预见的好的效果。所以，这里的由“祸”生“福”指的是“无为”之政由实施到产生效果的发展过程，而不是向自身对立面转化的过程。同理，“福兮祸之所伏”中“福”“祸”对应的也只是“有为”之政的两个方面，而不是两个对立面，其由“福”生“祸”亦只是“有为”之政由实施到产生效果的发展过程，而不是向自身对立面的转化过程。

在由“祸”生“福”和由“福”生“祸”这两条发展路径之间，《老子》显然选

① 陈剑：《老子译注》，上海：上海古籍出版社，2016年，第218页。

择了由“祸”生“福”这条发展路径。因为“福兮祸之所伏”这一“有为”的发展模式，已由哲见之“祸”为之定性，故在实践上排除在外而不取，唯有“祸兮福之所倚”这一“无为”的发展模式，因其实质是“福”而得到老子的青睐。换言之，“祸兮福之所倚”所指的即是《老子》的处祸生福之道，即实施世俗以为是“祸”的“无为”之政，从而生成哲人才能洞见到的好的结果（“福”）。同理，“福兮祸之所伏”所指的即是《老子》批判的处福生祸之道。

《老子》的这种处祸生福之道，显然体现了对人之能动性的肯定与强调。首先，《老子》并不认为祸福是变化不定的，祸福的变化存在一定的规律。这种祸福变化的规律即：“有为”的为政方式产生的结果是“祸”，“无为”的为政方式产生的结果是“福”。这种为政方式及其效果之间的因果关系在《老子》中是固定且能为人所掌握的。其次，这种祸福的变化规律说明祸福乃是人为所招致，好的人为（“无为”）产生“福”，坏的人为（“有为”）产生“祸”。再次，要想实现趋福避祸的目的，就要采取好的人为（“无为”）。正是出于实现趋福避祸的目的，《老子》才积极推行“无为”之政，要求治理者“为无为”（第三章），认为只有“为无为”才能生成“无不治”（第三章）这样好的效果（“福”）。最后，“为无为”说明“无为”的方式看似消极，然而在“无为”之前再加一个“为”，恰恰是要强调即使是消极性的“无为”，也只有在发挥人之能动性的前提下才能得以实现。这种能动性，体现在《老子》要求治理者克制自己在感观方面的享受欲望、克制处尊妄骄之心、展现对人民疾苦的同情心、时刻保持存危惧亡的谨慎心，等等。可见“无为”虽然表面上看是“不做”，但这种“不做”却需要治理者“做”种种自我修养等方面的功夫。

既然《老子》的处祸生福之道体现了对人之能动性的肯定与强调，那么以包含祸福不定之寓意的塞翁失马的寓言来理解“祸兮……福兮……”便是对《老子》的误解，这一误解大大削弱了《老子》对人之能动性的重视程度。而且由前文的分析可知，以祸福不定来理解“祸兮……福兮……”的三个前提并不能成立。因为“祸”“福”的所指并不是抽象的，而是有具体所指的。这种具体所指表明《老子》主张由“祸”生“福”这一“无为”的为政方式向好的结果发展的路径，而反对由“福”生“祸”这一“有为”的为政方式向坏的结果发展的路径，因而其中的“祸”“福”之间不是对立面互相转化的关系，而是为政方式向为政结果单向发展的关系。

另外，以《老子》的处祸生福之道，能够更好地统贯五十八章。五十八章的“正复为奇，善复为妖。人之迷，其日固久”，所批判的即是那些其“迷”已“久”的世“人”，他们以为“察察”之政是“福”，是“正”，是“善”，而结果却产生“其民缺缺”之“祸”之“奇”之“妖”。换言之，“其政察察，其民缺缺”“福兮祸之所伏”“正复为奇，善复为妖”都是对应的关系，批判的都是世俗以为好的事物，却发展出坏的结果。而五十八章最后一句“是以圣人方而不割，廉而不刿，直而不肆，光而不耀”，其意并不是要超越于“祸”“福”之上而实施不偏于“祸”“福”任何一端的“无为”。“圣人”的这些表现所反映出的宽容，是与“察察”之政所表现出的苛刻相对立的，换言之，“方而不割，廉而不刿，直而不肆，光而不耀”是“闷闷”之“无为”之政的具体方式，它们在世俗看来是“祸”，而实则能产生“福”的结果。由此可见，五十八章最后一句所主张的宽容与章首第一句中对苛刻的“察察”之政的批评及对“闷闷”之政的肯定是相呼应的。

五、学界对“祸兮福之所倚，福兮祸之所伏”的解读

虽然许多学者或多或少已经注意到《老子》中对人的能动性的肯定、《老子》的转化并非绝对无条件、“祸兮……福兮……”一句与“其政闷闷”一句存在对应的关系且与哲俗对立有关，但他们都是在“矛盾对立面相互转化”这一解读范式的框架内讨论这些问题的。

如陈鼓应从全面理解事物发展的角度解读“祸兮……福兮……”。他认为这句话是“老子提示我们观察事物，不可停留在表面，应从显相中去透视里层，作全面的了解”，所谓的“全面的了解”即指要明白“在日常生活上，福中常潜伏着祸的根子，祸中常含藏着福的因素，祸与福是相生相依的”。[①] 但做如是理解的人之能动性是有限的，因为“一切事象都在对立的情状中反复交变着，而这种反复交变的过程是无尽止的”，换言之，在陈鼓应看来，《老子》中的祸福是彼此“循环倚伏”的关系，即祸福这对矛盾对立面是相互循环、无尽转化的关系。[②] 所以，陈鼓应的解读便存在一个矛盾：一方面，他认为《老子》在一定程度上承认人的能动性，对于事物应积极地做“全面的了解”，但另一方面，由于祸福之间转化是相互的、无条件的、无尽循环的，因此有可能抵消人之能动性的现实意义，使得“全面的了解”在无可奈何的转化面前显得苍白无力。

其实，陈鼓应的解读隐含了这样一层意思：《老子》认为只要对事态做“全面的了解”，就可以避免陷入祸福无尽转化的循环之中。换言之，转化是有条件的，通过一定的努力，是可以避免无尽的循环转化的。任继愈、刘笑敢等即持这样的观点。如任继愈一方面说：“老子认为世界上坏事变成好事，好事又变成坏事，人们无法掌握”，但另一方面又说：“面临这种不可知的命运，应当怎么办？老子教人要适可而

① 陈鼓应：《老子今注今译》，北京：中华书局，2020 年，第 269 页。
② 陈鼓应：《老子今注今译》，北京：中华书局，2020 年，第 269 页。

止，不要做过了头，那就可以避免事物向反面转化”。[①] 简言之，“适可而止”是可以避免“福”向“祸”转化的。刘笑敢也认为《老子》不仅谈“正反互转”，而且也谈“正反互转”的条件，如“要避免走向反面，就要避免过满、过锐、过骄，也就是要适可而止”[②]。

孙以楷则在默认祸福之间的转化是有条件的前提下，不仅在消极的层面上认为《老子》主张人可以通过“注意一不小心转入困境”而防止“福”转化为“祸”，而且在积极的层面上认为《老子》主张人可以通过“寻找机会，冲出逆境”而于“祸”中转化出“福”来。[③]

由以上诸家对“祸兮……福兮……”一句的解读可知：他们虽在一定程度上承认《老子》对人的能动性持一定的积极的、肯定的态度，承认《老子》的“无为”并非完全意义上的无所作为，但都是在矛盾对立面相互转化这一解读范式的框架内讨论的。换言之，这一解读范式包含了三个主要内容：第一，“祸”“福”是相互对立的事物；第二，“祸”“福”作为互为对立面的事物，它们之间也是可以相互转化的；第三，人之能动性所要努力的目的是防止“福”转化为“祸”，或促使“祸”转化为“福”。

六、反思“矛盾对立面相互转化”的解读范式

对立面相互转化的解读范式与前文对“祸兮……福兮……”的分析是不相融的。根据前文对“祸兮……福兮……”三个方面（祸福的具体所指、哲见与俗见对立、处祸生福之道）的分析，可以进一步总结出四个理由说明“祸兮……福兮……”所表明的并不是对立面相互转化的道理：

第一，不存在“祸”“福”之间的转化问题。“祸兮……福兮……”中的“祸”“福”只是世俗与哲人对同一对象做出的对立性的价值评价，而非两个独立性的事件。因此，“祸”“福”之间是否存在转化，需要考察其所指的事件。只有在事件之间或事态的层面上才存在转化与否的问题，而“祸”“福”作为价值性的评价其本身无所谓转化与否。

第二，“祸”“福”的所指是事态的两个方面，而不是矛盾的两个对立面或两个相对独立的事件（如塞翁失马寓言中各个既有联系又相对独立的事件）。在“祸兮福之所倚”中，“祸”指《老子》的“无为”之政的方式，而“福”指“无为”之政的

---

① 任继愈：《老子绎读》，北京：国家图书馆出版社，2015 年，第 126 页。

② 刘笑敢：《老子古今》，北京：中国社会科学出版社，2006 年，第 567 页。

③ 孙以楷：《老子解读》，合肥：黄山书社，2007 年，第 131 页。

施政效果，二者不是矛盾对立面的关系，而是“无为”之政的两个方面。同理，在“福兮祸之所伏”中，“福”指“有为”之政的方式，而“祸”指“有为”之政的施政效果，这里的“祸”与“福”同样不是矛盾对立面的关系，而是“有为”之政的两个方面。所以严格来说，“祸”“福”的所指并非对立的两个事件，而是“无为”或“有为”之政这一事态过程中的两个方面，即：为政方式的方面及为政效果的方面。

第三，方式与效果之间是单向发展而非相互转化的关系。在“祸兮福之所倚”中，由“祸”生“福”是为政方式得以实施后产生相应效果的发展过程，其中方式的实施是因，而实施后的效果是果，可见其发展的方向是由因至果单向性的发展方向。所以由“祸”至“福”便不是对立面之间的转化，而是“无为”之政由实施到产生效果这一单向因果的发展过程。“福兮祸之所伏”中的由“福”至“祸”，同样是“有为”之政由实施到产生效果这一单向的因果发展过程。

由这一单向的因果发展模式可知，《老子》无论是促进“祸”转化为“福”还是防止“福”转化为“祸”，都不是靠“祸”“福”之外的措施（如“适可而止”）所实现的。因为由“祸”发展为“福”，其中的“祸”代表的即是“无为”的作用因，“福”只是其结果。同理，由“福”发展为“祸”，其中的“福”代表的即是“有为”的作用因，“祸”只是其结果。

第四，对立的发展路径之间没有转化的关系。“祸兮福之所倚”是“无为”之政由实施到产生效果的单向发展路径，而“福兮祸之所伏”是“有为”之政由实施到产生效果的单向发展路径，前者是《老子》主张的“无为”之政的发展模式，而后者是《老子》所批判的“有为”之政的发展模式。两条路径之间是对立的，且彼此之间并无转化的关系，因为《老子》全文只涉及“无为”与“有为”的对立问题，未涉及“有为”与“无为”之间是否存在转化的问题。《老子》只是批判“有为”，劝说为政者应当抛弃“有为”的发展模式而采取“无为”的发展模式。所以，“有为”“无为”只是《老子》劝说为政者所应采取或抛弃的治理方式，彼此之间不存在相互转化的关系。

其实，由“福兮……祸兮……”一句中两个“祸”之间以及两个“福”之间的所指不一，即可知两条转化路径之间并无转化的关系。“福兮祸之所伏”的“祸”指的是“有为”之政的效果，而“祸兮福之所倚”的“祸”指的却是“闷闷”之“无为”之政的施政方式，可知两个“祸”的所指不一，彼此没有交集，故而不能在字面上认为“福”在转化出“祸”之后，同一个“祸”又转化出“福”。两个“福”之间的情况也是如此，二者所指不一。

综上四点可知：以“对立面相互转化”的范式理解“祸兮福之所倚，福兮祸之所伏”乃至整个《老子》，都是成问题的。因为《老子》中的确存在对立，但只有“无为”的为政方式与“有为”的为政方式之间的对立，二者之间没有相互转化的关系。《老子》中有转化（严格来说只有发展），但只是方式（因）向效果（果）的单向转化，而非对立面之间的相互转化。然而人们所以会在对立面相互转化的意义上理解“祸兮……福兮……”，是因为“祸”“福”作为哲俗对同一对象的对立性评价，容易在抽去上下文具体语境的情况下，字面地被当作独立性的事件而理解为彼此之间存在相互转化的关系。当然，彻底反思“对立面相互转化”的解读范式，还需要对《老子》全文进行细致、全面的考察，限于篇幅，在此不做展开论述。

《道德经》的哲学思想

见素抱朴与不为而成：论老子治道思想的内在理路

郭敬东 *

内容提要：针对东周社会政治失序的问题，老子以道作为形而上学的本体，阐发了较为系统的治道思想。在治理理念方面，老子认为政治组织的运行受到道的影响与规制，施政者要在体悟道的基础上理解其内在运行规律，使自身的行为契于道而合于德。在制度构建方面，老子主张施政者要充分考虑民众的性情和利益，构建一种符合"自然"的制度，使民众能够在其中各适其性，不受其过度的干扰。在施治技艺方面，老子强调施政者特别是君主应清虚自守，克制己欲，顺道而治，践道而行，以无为而致无不为。这套治道思想为先秦道家思考政治问题奠定了轨制，成为了他们阐发政治主张的价值基础。

关键词：老子　治道　自然　无为

基金项目：2020 年度安徽省社会科学创新发展研究课题"宋代理学家治国理政思想及其现代价值研究"（项目编号：2020CX124）。

在先秦道家的政治话语中，"治"是一个常见的词汇。如老子言："治人事天莫若啬。"[①] 庄子亦言："天下不淫其性，不迁其德，有治天下者哉！"[②] 就其内涵而言，"治"兼有两义：一是治人治事之义，即在实践层面通过一定的治理方式来规范社会政治系统中的行为主体，使其行为能够符合治理的内在目标；二是平治天下之义，即在治人治事的基础上，运用政治技艺使社会政治系统能够稳定、良善地运行。围绕如何施"治"，先秦道家从应然和实然层面阐发了一套与儒家有所不同的治道思想，主张施政者应摒私去欲，根据道的内在运行法则和民众的本真性情而实施政事。牟宗三曾以"道化"这一概念来概括道家治道思想的特点，言："道家之道，若用之于治

* 郭敬东（1983—），男，安徽淮北人，博士，安徽师范大学法学院副教授。研究方向：政治哲学、中国政治思想史。

① 王弼、楼宇烈：《老子道德经注》，北京：中华书局，2011 年，第 160 页。

② 郭庆藩：《庄子集解》，北京：中华书局，2013 年，第 333 页。

道上，亦实可有它的作用与境界。它也是叫人君归于自己之自适自化而让开一步，让物物各适其性，各化起化，各然其然，各可其可。”[①] 从思想史的角度来看，道家治道思想的发展肇始于老子。针对东周时期社会政治失序所带来的问题，老子以道为形而上学的依据，阐发了较为系统的治理主张，为此后道家思考政治问题奠定了轨制。

一、尊道贵德与抱一而治的治理理念

道是老子思想中的核心观念，在其思想中处于最高位阶。在老子看来，道先于万物而存在，也是万物产生的发育者。他曾言：“有物混成，先天地生，寂兮寥兮，独立不改，周行而不殆，可以为天下母。吾不知其名，字之曰道。”[②] 道既具有一种超验性，也具有一种内在性，可以说是超验与内在的统一。第一，就超验角度而言，在天地万物没有形成之前，道已经先于其而存在，具有存在性与发育性。存在性是指道即是存在，不以任何外部事物存在为前提，其本身周流变化，运动不已。发育性则是道生天地万物，赋予了它们内在的属性与本质，是其存在、运动与变化发展的前提与基础。正所谓：“道生一，一生二，二生三，三生万物。万物负阴而抱阳，冲气以为和。”[③] 一方面，道创生万物，是万物生成变化的依据，万物虽然形态各异，但都遵循一定的法则而运行，这正体现了道本身的统一性；另一方面，万物虽然借道而生，据道而行，受到道的支配与影响，但在存在形态和运动变化方面又各有特点，呈现出不同的面貌，而这也体现了道本身的多样性。道本身是运动的，也是不断变化的，正是如此，才能化生万物，赋予万物不同的本质属性，使万物按照道所赋予的内在规律而运行。第二，就内在角度而言，道在创生万物之后，又内在于万物的本质属性之中，对事物的生成变化起着决定性的作用。每个事物都有其运行变化的规律，各循其内在之理。而不同事物的内在之理之总和，即为道。道虽本之于一，却又散为万理，是“一”与“多”的统一。万物之理有所不同，故事物的存在状态千姿百态，运行规律不尽相同；但万物之理又本之于一体之道，就本质而言，万物的存在状态和运行规律却又有异中有同之处。理虽不同，而道则为一。冯友兰曾指出：“道即万物所以生之总原理，道之作用，亦即万物之作用，但万物所以能成万物，亦即由于道。”[④] 在宇宙没有创生之前，道以超验的形式而存在；在宇宙创生之后，道则体现于万物之中，人如果想要认识和理解道，则必须在把握万理的基础上明晓其为一之处。

---

① 牟宗三：《政道与治道》，桂林：广西师范大学出版社，2006 年，第 30 页。

② 王弼、楼宇烈：《老子道德经注》，第 65 页。

③ 王弼、楼宇烈：《老子道德经注》，第 120 页。

④ 冯友兰：《中国哲学史》上，北京：中华书局，2011 年，第 104 页。

老子认为，人属于万物当中的一员，自然也是由道所化生。人是形体与精神的合一性。道一方面借由万物而赋予了人物质化的身体，并使其与万物具有感通的功能，这为人认识和体会万物一体奠定了感官方面的基础和可能；另一方面，道又内在于人之本质属性之中，赋予了人"观复"的能力，而正是因此，人才可能"知常"，理解人道合一之处，通晓万物生成变化的内在法则。对此，老子言到："致虚极，守静笃，万物并作，吾以观复。夫物芸芸，各复归其根。归根曰静，是谓复命。复命曰常，知常曰明。"[①] 人之所以能够探寻万物发展的内在规律，把握各种自然现象和社会政治现象的运行法则，就是借此"观复"能力在变动不居的外在变化中，思考事物运行的内在之理，理解它们内在不变的"恒"与"常"，并在此基础上体悟道的整全性。而只有洞彻道的整全性，人才能认识到人之所以为人的本质属性。之所以如此，原因主要是由于道既超越又内在，道不仅化生万物，是万物生成变化的内在法则，而且也内在于万物之中，是万物存在的当然之则。万物只有遵循道的原则，才能够与道为一，周流变化而不滞于一处。人亦是万物中之一物，道不仅创生人类，而且内化于人的本质属性当中，为其行为提供指南。这一指南从人类社会角度来看即表现为道德原则。老子对此明言："道生之，德畜之，物形之，势成之。是以万物莫不尊道而贵德。"[②]"尊道"是因为道直接界定了人的本质属性，使人之所以为人成为可能；贵德则是因为道内化于人的本质属性之中，在社会关系中表现为德，德即是道在人类社会中的具现。人只有"贵德"，按照德来规范自己的行为，才能使自身契合于道。从这个意义来讲，"贵德"则使人之所以为人成为现实。

作为个体，人是处于社会政治关系之中的。人不仅是政治活动开展的实施主体，也是政治制度运转的行为主体，可以说，人是政治过程中的基本要素。既然人必须"尊道"与"贵德"，那么由人所构成的政治组织亦必须按照其内在的法则和规律来运行，契于道而合于德。老子言："执大象，天下往;往而不害，安平太。"[③] 大象即是道，形容道之深大。在老子的观念中，道是政治统治的正当性基础，政治组织中的行为主体如果想要使自己的政治行为获得民众的认可和支持，就必须使治理活动符合道的内在要求。王弼曾言：道"不炎不寒，不温不凉，故能包统万物，无所犯伤。主若执之，则天下往也"[④]。执道即是按照道的内在要求而行事。道创生万物，涵养万物，使万物能够各得其所，施政者亦应体道而行，仁民而爱物，使民众能够不受苛政之苦，自然而然地生活，如此，则其统治必然能够获得民众的认可和支持。如

① 王弼、楼宇烈：《老子道德经注》，第 39 页。

② 王弼、楼宇烈：《老子道德经注》，第 141 页。

③ 王弼、楼宇烈：《老子道德经注》，第 91 页。

④ 王弼、楼宇烈：《老子道德经注》，第 91 页。

果施政者不能以道自持，践行道治，而是与民争利，遍设苛法，导致民众难以生存，饿殍遍野，则其统治必然难以被民众接受，政治正当性基础必然由此而动摇。在体道的基础上，施政者还需要秉德，德是政治统治的合法性依据。在老子看来，德是道在现实世界中具体而微的呈现。施政者如果想要践道而治，就必须据德而行。在老子的语境中，德是一种工夫修养，是内在与外在的统一，德必修于内，然后施之于外，方契于德之本义。施政者如果能够使自己的行为符合德的内涵，则必然能够顺应天道运行的规律，在治国理政方面做到因俗而治。正所谓："含德之厚，比于赤子。蜂虿虺蛇不螫，猛兽不据，攫鸟不搏。"[①] 在此，老子将德性充盈之人比作赤子，喻其能够自修其德，故能与天地万物融为一体，并能由此视域认清各种治理问题的症结所在，根据其内在规律予以解决，如此，则自然能够在国家治理方面做到游刃有余。

由上述内容可以看出，老子在政治治理方面的论述内容中含有一种立体化的论证逻辑，主张施政者在践道的基础上涵养自身的德性，然后秉此德性处理政事，构建符合天道自然的社会政治秩序，使民众能够自然而然地生活，不失其本真状态。如此，则天下自然能够实现大治境界。大治并非刻意为治，以治作为政治活动的目的，而是根据治理的内在规律，将治作为一种政治技艺，在施治的过程中，施政者根据万物运行的内在法则，秉承政治审慎的态度，因其势而循其理实施治理政策，以避免民众受到为治而治所带来的负面影响，做到"功成事遂，百姓皆谓我自然"[②]。从这个意义来说，老子治道思想呈现出一种明显的经世主义品质。当然，这种经世主义与儒家的经世观是不同的。牟宗三曾指出，在春秋晚期，老子与孔子思考政治问题的出发点是一致的，即都是在反思"周文疲敝"的基础上阐发自己的治世主张，他们都认为周代的政制已经僵化，失去了原先的活力，变成了一种脱离具体社会情境的治理规范。所不同的是，孔子以仁释礼，主张将仁的意涵注入周制之中，使其焕发新的活力。老子则主张祛除周制当中的僵化因素，返朴而归真，使其能够发挥因民之本真性情而治的作用。针对当时的社会政治问题，老子以道为价值基础，在制度构建与政治实践方面阐发了系统的观点。

二、朴散为器与自然而然的制度构建

作为一套规则系统，政治制度发挥着约束和规范个体成员社会政治行为的作用。良好的政治制度可以降低政治统治的成本，保证治理活动有序而稳定地开展。如果

① 王弼、楼宇烈：《老子道德经注》，第149页。

② 王弼、楼宇烈：《老子道德经注》，第43页。

政治制度缺乏弹性，运转僵化，则会对政治行为主体的治理活动产生负面的影响。在老子所处的时代，周代政治制度的弊病开始显现，逐渐失去了整顿人心秩序和社会政治秩序的功能，变成了一种僵化的治理体系，呈现出“造作的、虚伪的、外在的、形式化的”[①]特征。这种治理规则对于民众而言无疑是一种桎梏。周代礼乐制度是建立在民为邦本这一价值基础上的，即通过礼制的象征性引导和强制性惩罚来规范政治成员的行为活动，使他们在施政时能够充分考虑民众的利益，避免苛政的出现。“礼”是周代政制的核心，但在春秋时期已经变成一种失去内在价值的“仪节”，故建立在“礼”基础上的周代政制就其治理绩效而言呈现出急剧衰减的状态。针对这一问题，老子主张祛除制度中的僵化因素，使制度能够与社会政治环境有机相融，进而发挥其治国理民之用。老子并非反对政制之本身，也并非主张实施放任无为的制度，而是认为制度是为人而设，如果不能革除制度中的僵化因素，则制度就失去了创设的初衷。他对政治制度的批判也并非一种价值层面上的颠覆性批判，而是针对僵化的制度所引发的一系列治理问题所进行的批判。牟宗三对此曾言：老子思想主要是“针对周文疲敝这个特殊机缘而发，把周文看成形式的外在的，所以向往自由自在，就一定要把这些虚伪造作通通去掉，由此解放解脱出来”[②]。萧公权亦言：老子“政治上之无为，亦非毁弃君臣之制，以复于禽兽之无羁。所当慎避而勿蹈者，有为之失政而已。故就理论上言，老子所攻击者非于治之本身，而为不合于‘道德’标准之政治”[③]。从老子对当时政制批判的内容来看，他事实上主张构建一种符合“自然”的政治制度。

老子所称的自然，并非是指包含天地万物的自然界，而是指道运行不滞的自适状态。这种自适状态在政治组织方面就表现为不造作，亦即政治组织的构建与运转完全符合道的内在要求，不受人为强硬性的消极干扰。就此角度而言，老子政治观念中的“自然”含有一种自然而然，无有所待的意涵。他曾有言：“人法地，地法天，天法道，道法自然。”[④]正是由于道生万物，既超越又内在，属于宇宙论和形而上双重维度的主体，故道没有超越其位阶的所法对象，所谓自然乃是道发用流行时所呈现的内在展现。如果政治组织的构建和运行能够完全遵循道所赋予其的内在本质和属性，则其自然能够发挥其在政治治理方面的作用。对此，老子明言：“朴散则为器，圣人用之则为官长。故大制不割。”[⑤]此处所言之朴，乃是对道的混一状态的比喻。朴

① 牟宗三：《中国哲学十九讲》，贵阳：贵州人民出版社，2020年，第78页。

② 牟宗三：《中国哲学十九讲》，第79页。

③ 萧公权：《中国政治思想史》，北京：中国人民大学出版社，2014年，第110页。

④ 王弼、楼宇烈：《老子道德经注》，第66页。

⑤ 王弼、楼宇烈：《老子道德经注》，第75—76页。

木在没有切割打造之前，为一完全之整体，象征道的整全性。朴木在离散之后，则被制作为各种器物，每一器物则有不同的功能。虽然他们的用途不尽相同，但都内具了朴木的本质属性，这正如道在发育万物之后，万物虽然用途各有差别，但都体现了道的本质。根据道与万物所具有的这种关系，贤明的君主在体悟道的意涵基础上设置官职，选任贤人，建立政治组织，构建政治制度，将其作为经国治世之“器”。此“器”能否发挥其应有之用，则主要依据两方面因素：一是制“器”者本身是否具有制“器”的技艺，即政治制度的构建者有无构建政治组织的实践艺术；二是制“器”者能否充分认识到“朴”与“器”的关系，因“朴”之体而制“器”之用，即政治制度的构建者是否能够掌握大道的规律法则，并据此而实施有效的构建活动。在老子看来，如果施政者想要构建和实施一套良性的政治制度，这两方面的因素缺一不可。当然。人为的构建必须适度，过度就意味着造作，也就意味着不自然。那么如何判定这个“度”的问题成为老子治道思想中的一个核心命题。

在老子看来，合理的政治制度必须与道相容，体现道的创生、涵养、抚育等意义，方为一种良好的制度。制度构建本身有其内在的规律，施政者应顺从此规律而设官分职，建立政制。如果施政者不顾道的运行法则，人为地根据自身的利益而构建制度，意图借此满足一己之私欲，则会悖道而行，进而导致其构建的制度难以运转。对此，老子明言：“天下神器，不可为也。为者败之，执者失之。”[①]唯有以道为念，顺从本然，才能防止出现制度悖论，即随着制度中设定的规范越来越多，而制度的治理绩效却随之越来越低。正所谓：“法令滋彰，盗贼多有。”[②]制度是由法令而构成的，通过法令的实施来维持其运作。在老子看来，作为规范社会成员的法令不断增多，而社会政治秩序却加速紊乱，这并非法令本身的问题，而是施政者或出于私心，或出于己欲，制定的法令及其所构建的制度没有法道而行，顺应包括人在内的万物的内在自然属性所导致。制度构建和运作必须要充分考虑到人类社会的本质规律，强行地按照一己之愿望而构建的制度对于民众而言无疑是一种桎梏。这正如王弼在疏解《老子》时所言：“万物以自然为性，故可因而不可为也，可通而不可执也。”[③]道在世界中具现为万物之理，施政者只能因其理而建制，使万物各得其所，才能发挥制度所具有的整顿人心秩序和社会政治秩序的功能。如果将老子对制度的这种思考置于春秋时期的社会政治背景中，就会发现其言说的深意所在。萧公权曾言：老子“其所遇之世为晚周‘无道’之天下。举凡列国之侵夺篡杀，贵族之奢淫辟乱，

① 王弼、楼宇烈：《老子道德经注》，第78页。

② 王弼、楼宇烈：《老子道德经注》，第154页。

③ 王弼、楼宇烈：《老子道德经注》，第78页。

苛政之甚于猛虎，法令之多如牛毛，孔墨之所闻见者亦必为老子之所深晓”[①]。春秋时期，随着周王室政治权威的逐渐衰退，礼乐制度难以发挥其治世之效。各个诸侯国在境内相继实施了以功利主义为导向的制度改革。从目的来看，这种制度改革是满足“君”的利益而非“民”的利益为价值基础的，各种制度构建也是为了能够从基层汲取更多的人力、物力与财力资源，以满足施政者的个人欲望。从实施效果来看，这种建立在功利主义价值基础的制度改革并没有解决或缓解当时社会的主要矛盾。一方面，诸侯国君的统治地位并没有因此而得到巩固，强臣谋夺君位与陪臣控制权力的现象时有发生。《史记》载：“春秋之中，弑君三十六，亡国五十二，诸侯奔走不得保社稷者不可胜数。”[②]另一方面，在制度变革过程中，民众的利益也因施政者对基层社会资源的过度汲取而受到了极大损害。普通民众难以维持日常生活，一旦出现水旱之灾，就会出现如孟子所形容的“民有饥色，野有饿莩”[③]的现象。制度的构建与维持本在于保障政治统治的稳定，结果却出现了老子所说的治理悖论，统治者在制度上的锐意变革，不仅不能使民众安居乐业，而且也难以保证统治者统治地位的稳固。在老子看来，造成这一问题的主要原因就在于统治者在制度构建和实施过程中考虑的主要是私利而非公义，没有把握其内在的规律，使其运行与道相悖，结果造成制度绩效的急速递减，难以发挥其所具有社会政治整合的作用。故他非常看重制度构建和运行中的“度”，主张制度是因人而设，必须考虑人的因素。合理的制度必然是顺应大道、符合人性的制度，民众在其中可以深受其化，不受桎梏。

三、虚无为本与因循为用的施治技艺

在政治治理中，制度属于一种规制政治行为的客观规则。制度能否稳定、良性地运行主要取决于两方面的因素：一是制度体系本身构建得是否合理；二是制度中行为个体是否具有积极的政治主动性以及在此政治主动性影响下的政治实践。在一定程度上，相较于前者而言，后者对于制度的合理运行与否发挥着更为重要的作用：一方面，制度体系是由人来构建的，如果行为主体在制度建构中不能秉承公义或缺少构建制度的能力，则制度体系在构建的初期即已偏离其致治的目标，难以发挥效用。二是制度体系构建以后，必须有行为主体来担任制度中的政治角色，通过自身的行动来推动制度体系的运转。如果行为主体对制度体系的认同度较低且政治主动性不足，不能及时地根据制度的内在要求实施相应的治理活动，则制度体系就会逐

① 萧公权：《中国政治思想史》，第 103 页。

② 司马迁：《史记》，第四册，北京：中华书局，2011 年，第 2856 页。

③ 焦循：《孟子正义》，北京：中华书局，2017 年，第 51 页。

渐僵化乃至失灵。可以说，人在制度运行中扮演了极其重要的角色。这正如荀子所言的那样："法不能独立，类不能自行，得其人则存，失其人则亡。"[①]如果制度中的行为主体缺少施治的技艺，自身德性和能力不足，但却又想通过自身的治理活动而实现天下大治，这种企图和做法在老子看来无异于缘木求鱼，难以实现。围绕如何施展为政的技艺，老子阐发了较为系统的主张。

第一，老子认为，施政者在权力运用过程中必须将权力转化为权威，如此才能使治理政策在运行过程中获得民众的认可和支持。权力属于一种强制力，在政治运行中主要表现为强制行为个体做出某种行为或不做某种行为。就实践角度而言，单一性的权力缺乏弹性，其正当性基础是建立在政治强制基础上的，一旦行为个体不再认同和遵守这种政治强制，则权力主体的政治正当性基础就会动摇。统治者如果想要保障自身的统治地位，则其必须将手中所拥有的强制性权力转化为民众认可和支持的权威，如此，既可以巩固自身统治的正当性基础，也有助于施政措施的制定和落实。就权力转化为权威的方式来看，老子主张施政者应把权力统治建立在自身德性完善的基础上，且必须使权力的运行受到道与德的双重规制，由此实现权力向权威的转化。一方面，权力主体在运行过程中要取法于"道"，遵循其内在的运行规律，此规律即是老子所言的"反者，道之动"[②]。在道的影响下，万物都在变动不居，不停地变化，一旦"发达至于极点，则必一变而为其反面"[③]。对此，老子用较为形象的语言阐明道："天之道，其犹张弓与！高者抑之，下者举之；有余者损之，不足者补之。"[④]施政者惟有认识和利用道的这种规律，把握施治过程中的度，才能在治理活动中避免极端事件的发生。另一方面，权力主体在具体的政治行为中要谨守其"德"，德为道之具现，亦为道之作用。老子所言之德与儒家所言之德有所不同，其内涵主要是指施政者能够祛除桎梏人性的外在制度，因其自然而然之理而施治。对此，老子明言："上德不德，是以有德；下德不失德，是以无德。"[⑤]王弼据此言进一步解释道："是以上德之人，唯道是用，不德其德，无执无用，故能有德而无不为。"[⑥]施政者惟有体道之自然，因其所然而施政，才能使治理活动契合于民众的利益。如此，施政者方能获得民众的认同，各项政策在实施层面也会受到民众的支持。

第二，老子认为，治理活动的失效其主要责任在于施政者，"武断偏执，强人就

① 王先谦：《荀子集解》，北京：中华书局，2012年，第226页。
② 王弼、楼宇烈：《老子道德经注》，第113页。
③ 冯友兰：《中国哲学史》上，第107页。
④ 王弼、楼宇烈：《老子道德经注》，第194页。
⑤ 王弼、楼宇烈：《老子道德经注》，第98页。
⑥ 王弼、楼宇烈：《老子道德经注》，第98页。

己，亦为致乱之由”[①]。因此，施政者必须要规制自身行为，克制欲望，在实施政治行为时，将自身利益消融于天下利益之中，以天下利益作为施政发令的价值基础。正所谓：“圣人不积，既以为人，己愈有；既以与人，己愈多。天之道，利而不害。圣人之道，为而不争。”[②]如果施政者所行之政只为满足一己之私欲或某一群体的利益，则其所为就已经偏离了大道，必然给民众的生活带来消极的影响，导致基层社会的动荡，最终危及自身的统治。老子的这种观点实际上是针对当时的社会治理状况而发。在当时，建立在等差之别基础上的礼治秩序逐渐解体，为了从基层汲取最大限度的资源，满足争霸的需要和统治集团的欲望，不少诸侯国都实施了苛政，虐民行为不断发生。在老子看来，对外连年的战争和对内过度的聚敛不仅不能稳定统治者的统治地位，反而会不断销蚀政治统治的根基。一方面，统治者的攻伐行为对于自身和国家而言都具有极大的负面影响，“师之所处，荆棘生焉。大军之后，必有凶年”[③]。持续的战争消耗了国家的大量资源，且降低了国家的风险抵抗能力，一旦发生水旱等自然灾害，农作物减产，则国家的经济基础便会受到冲击。另一方面，统治者对民众利益的过度索取也会引发基层社会激烈的反抗行为，使整个国家处于混乱之中。对此，老子言：“天下有道，却走马以粪；天下无道，戎马生于郊。祸莫大于不知足，咎莫大于欲得，故知足之足，常足矣。”[④]作为治国理民的施政者唯有克制己欲，不显私爱，以天下利益作为自身的利益，才能践行善治且使之保持长久。

第三，老子认为，施政者特别是君主应该虚静自持，以无为而致无不为。他曾言：“致虚极、守静笃。”[⑤]在老子的观念中，体道为施治的前提，亦为其基础。老子非常看重内心虚静在体道中的重要性，认为施政者特别是君主想要理解大道的流行发用，就不能心有所执而偏于一端，必须使心能够达到虚、静的状态，才能理解道的整体与作用。而只有理解道的整体和作用，才能在施治方面顺道而为，践道而行。老子曾用“一”来指称道言：“是以圣人抱一，为天下式。”[⑥]此处的“抱一”即是指体道，言君主应该以身作则，内心清虚，洞彻大道，使政治行为能够顺乎道而合乎德。君主若能如此，则自然为天下之人特别是官僚系统中的成员树立一个典范，使他们能够效法君主的做法，落实道治。就政治实践角度而言，老子主张以无为作为道治之用。无为并非指无所作为，而是以“无”之用而成就“有”之利。他言：“凿户牖

① 萧公权：《中国政治思想史》，第106页。
② 王弼、楼宇烈：《老子道德经注》，第200页。
③ 王弼、楼宇烈：《老子道德经注》，第80页。
④ 王弼、楼宇烈：《老子道德经注》，第129页。
⑤ 王弼、楼宇烈：《老子道德经注》，第39页。
⑥ 王弼、楼宇烈：《老子道德经注》，第58页。

以为室，当其无，有室之用。故有之以为利，无之以为用。”[①]正是开凿窗户，使室内有了无的空间，才能使人居住其中，而房子居住的属性才能得到显现。如果房子内部都是有的实体，而缺少无的空间，则房子所具有的居住之利就难以实现。在老子看来，在政治活动中，施政者亦应掌握这种以“无”之用而成就“有”之利的政治技艺。就个体角度而言，施政者应该本“无为”之理念避免出现以下四种行为：一是“自见”，即显露自己的私爱和偏好；二是“自是”，即自以为是，刚愎自用；三是“自伐”，即炫耀自己的德行和能力；四是“自矜”，即不妄自尊大、肆志广欲。只有在“无”的角度不做这四种行为，才能在“有”的角度实现“明”“彰”“有功”“能长”等，提升自身的政治能力，获取民众的认可和支持。就制度角度而言，施政者应避免实施繁苛之制，在制度运行过程中应保持政策实施的稳定性，防止因政令无序变动而引发的社会政治秩序紊乱情况的发生。唯有做到这一点，才能实现制度本身的效用，发挥其经国治世的功能。老子曾以“治大国若烹小鲜”之喻来表明自己的这种观点。在烹饪鲜鱼时，烹饪者要掌握火候，防止过度的翻搅而导致鱼肉溃烂。施政者亦应以此为鉴，不能根据己意乱发政令而使其变为虐民之制。唯有清净无为，不施苛政，在制度构建和实施上顺应民众的利益，才能收事半功倍之效。就实践角度而言，老子强调施政者需要具备一定的治理艺术，“为无为，事无事，味无味。大小多少，报怨以德。图难于其易，为大于其细”[②]。在施政过程中，施政者应以道自警，谦卑自持，顺应自然，克制自身的欲望，注重从细微之处入手，如此，才能使政治系统稳定运行，不转向消极的一面，同时，也可以使所施之政获得他人的认同，为政策的顺利实施奠定基础。

四、余论

由上述内容可以看出，针对周文疲敝的社会政治状况，老子以道为宇宙论和形而上学的本体，在批判了当时制度弊病的基础上阐发了一套系统的、体用兼备的治道思想。在老子的观念中，“周文成为虚文，因而只是外在的形式主义。人束缚于形式的桎梏中而不能自适其性，乃是大痛苦”[③]。与孔子将仁的精神根植于周代礼乐制度的做法不同，老子主张将自然的理念内嵌于当时的制度之中，使制度能够与人性有机互融。当制度的运行能够建立在人自然而然的本性之上，则人就不会再受到制度的桎梏。而在制度运行中，施政者扮演了重要的角色，制度能否与人性融合在一起，

① 王弼、楼宇烈：《老子道德经注》，第 29 页。

② 王弼、楼宇烈：《老子道德经注》，第 169 页。

③ 牟宗三：《政道与治道》，第 29 页。

关键就看施政者能否取法大道的内在法则，根据道的运行规律而施展政治技艺。这种思考路径对其后庄子以及黄老道家的治道思想产生了重要影响。

论老子“无为”思想的社会背景

秦　晓*

内容提要：老子的“无为”思想是华夏自然环境和三代文化积淀的产物，老子的“无为”之思与整个现实社会发展演进有着密切的联系。从自然经济中对于“法天则地”的敬重，老子反思应该遵循天时，顺应自然之道；从子朝之乱等一系列的社会动荡和战乱中，老子警示统治者应该“无为”，对权力进行节制以保护百姓和社稷的安稳；从士阶层兴起的社会思潮中，老子“著书”立言，充分表达对天道和人道的哲思，树立文化批判意识。“无为”思想彰显老子在应对“周秦之变”的历史变革中独特的智慧之道，与春秋晚期的社会变迁有着紧密的关联。

关键词：老子　无为思想　社会背景

基金项目：西北大学 2023 年优秀博士论文培育项目阶段性成果。

老子的“无为”思想并非天外来客，而是深深扎根于华夏文明的自然环境和三代文化积淀中的思想产物，应该看到老子的“无为”之思与整个现实社会发展有着紧密的关联。本文试图从社会经济的变革、社会政治的崩坏和士阶层的兴起三方面入手，分析老子“无为”思想产生的现实社会背景，特别凸显自然经济中不过分干预、顺应自然的特征，子朝之乱等政治动荡以及士阶层兴起的文化批判意识对老子的影响。老子所倡导的“无为”是思想创新，而非断裂，其与春秋晚期的现实社会有着密切的联系。

一、社会经济的变革

老子所处的春秋时期是一个充满变化的时代，特别是在春秋晚期社会处于急速转型的阶段，各种社会矛盾相继出现，真正是一个危机并存的时代。在社会经济领

* 秦晓（1990—），西北大学中国思想文化研究所博士研究生，主要研究方向为道家思想史。

域中，随着生产力的逐渐提高，生产关系的变革也呼之欲出，从这一角度来考察老子“无为”思想的形成背景是必要的，因为“任何真正的哲学都是自己时代的精神上的升华”①。从思想史的角度来看,任何思想的出现和必然与其思想产生的时代密不可分，没有脱离时代的思想。对老子“无为”思想的考察亦需要结合春秋时代的社会经济变革来综合观察，以此来理解变动时代的社会“底色”。

中国古代社会经济的基础在于农业生产，农业生产的发展对社会经济的基础结构变革影响深远。在西周时期，实行的是土地国有制，《诗经·小雅·北山》中有“溥天之下，莫非王土”②的说法，这种所谓的土地国有制也可称为土地王有制。在分封制和宗法制的实施中，周王把土地连同土地上的民众分封给诸侯，在这一制度的制约下，诸侯对于土地只有使用和受益的权力，并不能够私自买卖土地，所以《礼记·王制》中有“田里不粥”③的记载，“粥”即鬻，说明土地受于周王不能鬻卖。西周中后期以来随着生产力的提高和井田制遭到破坏，也出现了少量土地交换买卖的情况。到了春秋时期，铁制农具和牛耕的使用极大扩展了土地耕种的范围，“随着牛耕的出现和普及，原先的耜逐渐演变为犁，耜刃的中部锐凸而成等腰三角形，原来接插耜头的地方增大了变曲度，使所接插的犁铧入土的斜度增大，利于破土前进”④。这些农业生产工具的改进为人们开垦荒地创造了便利的条件，土地私有得以发展起来。随着这一变化而来的便是井田制的逐渐瓦解和土地赋税制度的变革。

据学者考察认为，春秋战国时期，“一方面国家实行授田制，另一方面土地占有的不平均和土地私有制正在发展”⑤。所谓的国家授田制是诸侯国将土地直接分配给农民耕种，这主要是战国时期的土地政策，这种制度的好处在于便于诸侯国君直接向民众征收赋税和徭役，对于社会基层民众形成直接的管理力量，增加了诸侯国君的权力。授田制的形成与春秋时期的土地所有权下移及诸侯国对土地私有的管理有密切关系。在春秋时期，传统的井田制逐渐松动瓦解，“溥天之下，莫非王土”的说法遭到质疑和改变，实则周天子能够直接掌控的土地极为有限。自周桓王开始，东周王朝将所能控制的土地陆续转给各诸侯国，这说明周王室自身实力的衰落和诸侯国地位的上升。据《左传·成公十一年》记载发生了周王与晋国争夺土地的事件，面对晋国卿大夫郤至与周争夺鄇田的举动，周简王并不是直接要回土地，而是派出刘康公和单襄公两位卿士“讼诸晋”，二人说：“昔周克商，使诸侯抚封，苏忿生以温为司

① 《马克思恩格斯全集》第一卷，北京：人民出版社，1995 年，第 220 页。

② 《毛诗正义》，《十三经注疏》整理委员会整理，北京：北京大学出版社，1999 年，第 797 页。

③ 《礼记正义》，《十三经注疏》整理委员会整理，北京：北京大学出版社，1999 年，第 397 页。

④ 晁福林：《春秋战国的社会变迁》（全二册），北京：商务印书馆，2011 年，第 384 页。

⑤ 李亚光：《论春秋战国社会转型期私有土地的形成和发展》，《农业考古》2013 年第 1 期。

寇，与檀伯达封于河。苏氏即狄，又不能于狄而奔卫。襄王劳文公而赐之温，狐氏、阳氏先处之，而后及子。若治其故，则王官之邑也，子安得之？”[①]可见周王室对于郤至的讨伐也主要是以念旧的方式进行，晋君为了利用“尊王”的这面旗帜才让郤至做了退让。从这一件事情能够看出春秋时期土地所有权逐渐下移，诸侯国的国君及卿大夫贵族阶层成为土地的实质所有者，以至于周天子也需要以争夺的方式来要回土地。

侯外庐在《中国古代社会史论》中早就指出：“春秋大夫和国君以及大夫和大夫之间的阶级内讧，说明了财产所有的变化，逐渐分散在占有土地生产资料的小宗族手里。”[②]这是春秋时期与西周土地所有权归属的一个显著区别，“从春秋中期开始，土地所有权最主要的拥有者，已经从原来的王有、诸侯国君所有，下移到卿大夫贵族所有”[③]，这成为土地所有权变革的一种趋势。随着诸侯国对土地的控制逐渐增大，土地赋税制度也在进行改革，以适应土地所有权变革的发展。春秋时期比较著名的土地赋税改革就有齐国的“相地而衰征”、晋国的“作爰田”、楚国的“量入修赋”、郑国的“为田洫”和鲁国的“初税亩”等。这些制度都是为了适应社会发展的需要而做出的新兴政策，对于增加国家赋税收入有极大帮助，而且进一步明确了对于土地私有的肯定，促进了农业生产的发展，对于春秋时期社会的转型起到了奠基的作用。

除了农业的变革和进步外，在春秋时期手工业和商业等方面也蓬勃发展起来。在手工业方面，官营和私营二者并行发展。官营手工业一般有着较为庞大的组织体系，其中的专业人员属于国家官职的重要组成部分。据《周礼·小宰》记载有冬官“其属六十，掌邦事”[④]，所谓“邦事”就是从事手工生产事务，达到“以富邦国，以养万民，以生百物”[⑤]的目的。官营手工业的分工也比较细致，在《周礼·考工记》中就记载有：“凡攻木之工七，攻金之工六，攻皮之工五，设色之工五，刮摩之工五，搏埴之工二。攻木之工：轮、舆、弓、庐、匠、车、梓。攻金之工：筑、冶、凫、栗、段、桃。攻皮之工：函、鲍、韗、韦、裘。设色之工：画、缋、钟、筐、㡛。刮摩之工：玉、楖、雕、矢、磬。搏埴之工：陶、瓬。”[⑥]从治理木材、金属、皮革、染色、刮摩、制作器物等方面来看都有比较专业的人才来从事，这说明官营手工业的发展程度比较高，专业化水平也比较突出。在私营手工业方面，也有不同种类的

① 杨伯峻：《春秋左传注》，北京：中华书局，1981年，第854页。

② 侯外庐：《中国古代社会史论》，北京：商务印书馆，2021年，第87页。

③ 晁福林：《春秋战国的社会变迁》（全二册），第551页。

④ 杨天宇：《周礼译注》，上海：上海古籍出版社，2004年，第33页。

⑤ 杨天宇：《周礼译注》，第34页。

⑥ 杨天宇：《周礼译注》，第601—602页。

工匠，《论语·子张》中说“百工居肆以成其事”[①]，可见各类手工业不在少数，而且有的形成了世代相传的固定行业。例如在《庄子·逍遥游》中就有“宋人有善为不龟手之药者，世世以洴澼絖为事”[②]的故事，虽然是战国时人的说法，但也说明在手工业中世代相传现象的存在。

在商业方面，春秋时期的商业也得到了一定程度的发展。在诸侯国内，形成了“商旅于市”[③]的场面，有比较固定的地点作为交易的场所，反映出商贸交易的频繁和普遍，城市的商业功能逐渐显现。在国与国之间也有比较可观的商业贸易活动，例如《左传·襄公二十六年》中有“杞梓、皮革，自楚往也。虽楚有材，晋实用之”[④]的记载，表明商业发展的区域性特征比较明显，这也反映在之后《史记·货殖列传》对不同区域商业情况的描述中。商人积聚财富，财力雄厚，往往“金玉其车，文错其服”[⑤]，成为人们艳羡的对象。弦高、范蠡、子贡等都是有名的商人，《左传·僖公三十三年》记载了“弦高犒师”[⑥]以救郑国的故事，体现弦高是一位颇有爱国情怀的富商。《史记·货殖列传》中说范蠡“以为陶天下之中，诸侯四通，货物所交易也。乃治产积居……十九年之中三致千金”[⑦]，又说子贡“结驷连骑，束帛之币以聘享诸侯，所至，国君无不分庭与之抗礼”[⑧]。这种亦官亦商的人物拥有巨额财富，在社会上地位较高。童书业说：“春秋时大概已有较自由的商人，如弦高、子贡、陶朱公等，似乎都是经商的贵族，与普通商人不尽相同。又商人奔走四方，不比手工业者容易拘束，所以商人不一定都聚居于一处，而且经商发财的人，到春秋末期土地逐渐自由买卖后，又可以买土地成为地主”[⑨]，随着“工商食官”“四民分业”的界限被打破，春秋时期从事商业活动的人员也比较多样，不仅出现了比较出名的大商人，而且促进了社会财富的积累和各阶层的流动。

以上简要论述了春秋时期社会经济的发展情况，可见在这一时期社会经济呈现出积极的发展态势。随着农业生产力的发展和生产工具及技术的改进，土地制度和赋税制度也随之进行变革，以适应小农经济的发展需要，手工业和商业的逐渐发展也为社会经济的进步提供了抓手。这一时期的主要社会经济变化体现在井田制度的逐渐瓦解和封建小农经济的逐步形成，农业生产至关重要，“从总体来说，主要从事

---

① 程树德：《论语集释》，程俊英、蒋见元点校，北京：中华书局，1990年，第1312页。

② 郭庆藩：《庄子集释》，王孝鱼点校，北京：中华书局，2012年，第42页。

③ 杨伯峻：《春秋左传注》，第1017页。

④ 杨伯峻：《春秋左传注》，第1120页。

⑤ 徐元诰：《国语集解》，王树民、沈长云点校，北京：中华书局，2002年，第436页。

⑥ 杨伯峻：《春秋左传注》，第495页。

⑦ 司马迁：《史记》，北京：中华书局，1959年，第3257页。

⑧ 司马迁：《史记》，第3258页。

⑨ 童书业：《西周春秋时代的手工业与商业》，《文史哲》1958年第1期。

自给生产的农民数量最多，是社会的基本生产者。因此，当时尽管商业经济有长足发展，但自然经济仍占社会的主导地位”[①]。春秋时期所发生的社会经济变化，晁福林概括为“由宗法封建制演变为地主封建制”[②]，在这一变迁中人们更加重视农业生产在社会经济中的重要地位，而要保证农业生产的顺利开展，除了善于使用生产工具外，遵循自然规律，顺应时节的变化而耕种也是人们极为关心的问题。这种对于天时规律的遵循实则是老子“无为”思想的现实写照。换言之，在自然经济为主的春秋时期，人们通过社会经济生活中的经验观察体会到“法天则地”的重要性。对于天道自然的认识随着社会经济的发展而加深，由此人们更加自觉地“倾听”天道的呼声，老子“无为”思想的产生与这样一种大的生活环境特别是小农经济的社会组织形态密切相关。除了经济生活潜移默化的影响外，社会政治生活的剧变也成为老子“无为”思想的重要经验来源。

二、社会政治的崩坏

对于老子的“无为”思想与社会政治的关系，学界已有所探讨，一般的流行观点是认为老子对周代政治持批评态度，认为老子的“无为”思想是对周代“礼坏乐崩”的一种批判。在现代学术思想史上也出现过通过经济和阶级社会的分析方法来对老子的政治社会理想做解说的现象，例如侯外庐在《中国古代社会与老子》一书中就明言“老子的小国寡民理想社会，是氏族公社的社会”[③]。从社会政治生活来看，周代政治局势的变化对老子的思想产生确实起到了直接的影响和作用，但是对于老子是否反对周代政治制度本身这一问题还需要仔细辨析。此外，要了解老子“无为”思想的时代背景，也需要对老子所处的具体政治生活环境加以说明。

周代最重要的政治制度是宗法分封制。晁福林指出：“支撑周代社会结构的两大支柱，一是分封，一是宗法。这两者之间存在着密不可分的关系，分封是宗法的外延，宗法是分封的内涵。春秋战国时期的社会，虽然与西周时期已经有了很大区别，但严格说起来，却依然是在分封与宗法的余晖下运作。”[④]据《史记·周本纪》记载，春秋时期的周王朝共经历14世、16代，自周平王东迁以后，周王室的地位和实力不断下降。随着王室式微和诸侯崛起，在春秋时期分封制度逐渐走向崩坏，人们的宗法观念也演变为对自己宗族的关注而相对忽视处于宗法顶端的周天子。周天子实力

① 陈朝云：《春秋战国时期的商业发展及评价》，《郑州大学学报（哲学社会科学版）》2002年第6期。

② 晁福林：《夏商西周的社会变迁》，北京：中国人民大学出版社，2010年，第237页。

③ 张岂之：《侯外庐著作与思想研究》第二十二卷，长春：长春出版社，2016年，第23页。

④ 晁福林：《春秋战国的社会变迁》（全二册），第21页。

的衰落已暗中宣告由周王分封而成的政治局面的瓦解，随之而来的是各诸侯国自身宗法观念的强化以及政治势力的扩张。各国诸侯和贵族以巩固自身地位和实力为主要目的，表面上宣称“尊王攘夷”，周天子成了名义上的“天下共主”，实际上已很难驾驭强大的诸侯了。《左传·隐公三年》中记载有“周郑交质”[①]的历史事件，从中可以看出为了稳定政治局面，周平王不得已和郑庄公交换质子，反映出周王朝面对实力强大的诸侯国时所做的妥协。

随着春秋时期的历史推进，周王的实力更为微弱，而且因为王室继位等问题发生动乱进而加剧了周的衰败。根据《左传》中记载，在周惠王时期发生了子颓之乱、周襄王时期发生了子带之乱以及周景王去世后引发的子朝之乱等动乱，不仅导致周王朝的愈加衰落，而且促使了周王朝卿士贵族和诸侯大国的实力发展，周王朝的安危更加系于王朝卿士和诸侯大国的操控。这种动荡的政治局势对老子来说是亲身经历的事实，对于老子的哲学思考来说是较为直接的现实来源。具体来说，以子朝之乱为代表的社会政治动乱对老子“无为”思想的形成具有现实的刺激作用。

子朝之乱发生在周景王去世之后，主要起因于王子朝和王子猛争夺王位。据《左传·昭公二十六年》记载周景王末年由于太子寿早夭，依据“王后无嫡，则择立长。年钧以德，德钧以卜”[②]的原则，作为长庶子的王子朝也是有资格继承王位的，但由于卿士单穆公、刘文公等支持王子猛，并立其为王，是为周悼王，所以王子朝为争夺王位而作乱。周悼王死后，晋国又拥立王子猛的弟弟王子匄为王，即周敬王，遂又引发与王子朝的争乱。在经历几次拉锯战后，周敬王最终在晋国的协助下打败王子朝，《左传·昭公二十六年》中写道：

> 冬十月丙申，王起师于滑。辛丑，在郊，遂次于尸。十一月辛酉，晋师克巩。召伯盈逐王子朝，王子朝及召氏之族、毛伯得、尹氏固、南宫嚚奉周之典籍以奔楚。阴忌奔莒以叛。召伯逆王于尸，及刘子、单子盟。遂军圉泽，次于隄上。癸酉，王入于成周。甲戌，盟于襄宫。晋师使成公般戍周而还。十二月癸未，王入于庄宫。[③]

可见“子朝之乱”最终以子朝失败而告终，鲁昭公二十六年即公元前516年，

① “郑武公、庄公为平王卿士。王贰于虢。郑伯怨王。王曰：‘无之。’故周、郑交质。王子狐为质于郑，郑公子忽为质于周。王崩，周人将畀虢公政。四月，郑祭足帅师取温之麦。秋，又取成周之禾。周、郑交恶。”引自杨伯峻：《春秋左传注》，第27页。

② 杨伯峻：《春秋左传注》，第1478页。

③ 杨伯峻：《春秋左传注》，第1475页。

“王子朝及召氏之族、毛伯得、尹氏固、南宫嚚奉周之典籍以奔楚”。这一历史记载表明王子朝及其随从人员携带周王朝的典籍逃奔到楚国，这一严重的动乱一定给老子留下了深刻的印象。司马迁在《史记·老子韩非列传》中不仅记录了老子是“周守藏室之史”，而且对于老子生平有简要的介绍，老子是一位深谙礼学的周代史官，并且年岁要长于孔子。根据钱穆在《先秦诸子系年》中的考辨，孔子的生卒年为公元前551—前479年[①]，结合《史记》中关于老子“居周久之，见周之衰，乃遂去”[②]的记载，可以推测较为确定的是老子所生活的时代正好遭遇了“子朝之乱”等一系列社会动乱。对于以保护看守典籍史册为己任的老子来说，王子朝在动乱中将典籍占为己有，且将其带离周王室而到楚国，这对于老子来说是难以接受的。

作为身处周王朝政治中心的史官，老子面对王位之争以及卿士、诸侯等势力对王朝命运的操控干涉，内心应该十分痛苦。作为礼学大家的老子，面对现实社会中如此多的“非礼”事件，其愤懑之情亦可想见。深具忧患意识的老子面对周王朝何去何从的未来之路也颇为担忧，现实政治生活的所见、所感让老子颇为伤痛。“居周久之，见周之衰”，说明老子亲眼见证了周王朝的衰落，如果联系《左传》中记载的从周简王、周灵王、周景王到周敬王逐渐衰败的历程，那么这种政治生活的剧变以及老子对此的观察和反思，成为其“无为”思想的现实来源是比较合理的。

现实政治的逐渐崩坏对老子来说既是其真实的政治生活环境，也是其哲学思考的现实关切处。老子“无为”思想的提出主要针对统治者的治理理念而言，要求从思想和行动上约束统治者自身的言行，主张循道而为，不妄为。结合《老子》的内容能看出老子对社会政治的忧思，例如《老子·第六十四章》中强调“为者败之，执者失之”，王弼注曰：“以施为治之，形名执之，反生事原，巧辟滋作，故败失也。”[③]可以说王弼从事理的角度对老子的这句话做了分析，从老子所面临的政治动乱来看，正是由于子朝之乱等一系列的政治乱象，促使老子对现实的政治处境和统治者们的乱行予以反思和批判。老子面对的政治人物多是不遵循周礼，为权势不择手段，放纵自身欲望的“盗夸”之徒，这些人造成“其政察察，其民缺缺”[④]的苛察争斗局面，致使天下难以安定。老子呼吁社会政治的清静和安定，其主要针对的也是当时统治者所造成的败坏的政治局面，因此老子极力主张“治大国若烹小鲜”[⑤]，用清静无为的理念去治理国家。

---

① 钱穆：《先秦诸子系年》，北京：商务印书馆，2005年，第693页。

② 司马迁：《史记》，第2141页。

③ 王弼、楼宇烈：《老子道德经注校释》，北京：中华书局，2016年，第165页。

④ 王弼、楼宇烈：《老子道德经注校释》，第151页。

⑤ 王弼、楼宇烈：《老子道德经注校释》，第157页。

以上简要分析了老子之所以提出“无为”思想的现实政治背景，还需要思考的是老子对于周代政治制度本身的看法。本文认为老子并非笼统地反对周代政治制度，而主要是反对统治者自身的“无道”行为。对于周代政治生活中所表现出来的混乱争斗局面，老子无疑是痛心疾首的，但这并非能构成老子反对以宗法分封制为主要形态的周代政治制度本身的说明。从深层来说，老子政治思想的展开还是以周代所缔造的“天下”为主要背景依托，而且对于这一天下观念老子并非持反对态度，只是在如何治理天下这一问题上，老子提出了自己的看法。在《老子》中既有“取天下”的豪言胸怀，又有“小国寡民”的政治设想，这都应该放置在周代政治制度的背景中理解，老子为家国天下的制度稳定提出了自己的看法。《老子·第五十四章》：

> 修之于身，其德乃真；修之于家，其德乃余；修之于乡，其德乃长；修之于国，其德乃丰；修之于天下，其德乃普。故以身观身，以家观家，以乡观乡，以国观国，以天下观天下。[①]

老子在这里透露了由个人到社会的扩展序列，只有确保各自的权责限度才能保证天下的安稳。“身—家—乡—国—天下”的序列安排说明国是处于乡和天下之间的地域概念，结合周代宗法分封制度的特点以及春秋晚期诸侯国林立的现象，老子所言乃持之有故。作为一国的统治者，采取“无为”的治理理念，通过“损之又损，以至于无为”[②]的权力限制，使百姓达到“甘其食，美其服，安其居，乐其俗”[③]的美好生活。如果天下各国都采取“无为”的方式，那么由各国组成的天下不就“有道”而“却走马以粪”[④]了吗？所以在老子的政治设计蓝图中允许有大国[⑤]、小国的并存，但反对各国之间的争战。老子要求统治者通过清静无为的方式来管理百姓，从小国到大国再到天下，反推之则可以在乡、家、自身，如果都采取无为的方式，通过整体关联和类比推演，就可以做到“清静为天下正”[⑥]。

此外，老子的“小国寡民”也是独特的政治设计理念，相比于先秦诸子动辄言天下的气魄，老子更多地表现了思想家的深邃和担忧。德国汉学家汉斯·格奥尔

① 王弼、楼宇烈：《老子道德经注校释》，第143—144页。

② 王弼、楼宇烈：《老子道德经注校释》，第128页。

③ 王弼、楼宇烈：《老子道德经注校释》，第190页。

④ 王弼、楼宇烈：《老子道德经注校释》，第125页。

⑤ 老子对大国、小国如何相处，也有自己的思考。《老子·第六十一章》：“大国者下流。天下之交，天下之牝。牝常以静胜牡，以静为下。故大国以下小国，则取小国；小国以下大国，则取大国。故或下以取，或下而取。大国不过欲兼畜人，小国不过欲入事人，夫两者各得其所欲，大者宜为下。”可见老子的政治设计意图。

⑥ 王弼、楼宇烈：《老子道德经注校释》，第123页。

格·梅勒（Hans-Georg Moeller）说："《道德经》是一本关于如何维护和平、维护社会秩序、获得持久成功的书。"[①] 老子在政治层面上最终要达到天下大治的目的，而他采取的方式则是对统治者权力的反思和对天下国家和平的期望，"无为"正是这一宝贵思想的体现。虽然老子依旧设置了"圣人"的存在，但是这种"圣人"是道自然无为的"代言人"，是遵循道之自然和呵护百姓之自然的母亲形象，是"天网恢恢"[②]在人世间的典范，是公正无私的代表。老子有见于春秋晚期时代的动乱，亲身经历子朝之乱等政治动荡，加之熟谙历史和礼学，对统治者的穷奢极欲和权力滥用有深刻的警醒。老子提出"无为"的思想理念，在政治层面上要求统治者"处无为之事，行不言之教"[③]，目的是为了"救世"，也是老子对当时政治生活的一种哲思。虽然老子没有提出具体可行的操作步骤和策略，但这样一种对政治治理的反思、对统治者权力的约束和对道自然无为的归复，给后人留下了丰富而深刻的精神财富。

总之，现实政治生活的遭遇使得老子直面周代政治逐渐崩坏这一事实，进而提出自己对天下安定的看法。老子"无为"思想的现实出发点在于周王室内部的王位之争以及诸侯国为争夺霸权而进行的战乱。作为周代史官和礼学大家的老子，并不是从政治制度本身上来反对周代的整个政治，而是着眼于统治者的个人行为来批判权力的滥用和欲望的泛滥，老子的政治思想"底色"应该放在周代宗法分封制的大背景下去理解。随着春秋以来周王室的式微和卿士诸侯实力的崛起，社会结构的变化已不可避免，官学下移与士阶层的崛起也成为老子"无为"思想形成的重要现实来源。

三、士阶层的兴起

春秋晚期，周代的宗法分封制已经趋于解体，礼乐制度逐渐崩坏，社会结构出现了大的变化，其中一个突出表现在于士阶层作为新兴的力量登上了历史的舞台。"随着社会的发展、私学的兴起，继承了礼乐文化、拥有相对独立以及一定程度自由的士阶层，面对礼坏乐崩的现实世界，开始以知识作为参与政治的凭借，试图通过对传统文化重新诠释以及思想建设的方式，影响社会舆论，参与政治实践，最终达到实现自己理想的社会目标，重建社会秩序的目的。"[④] 可以说，老子作为士阶层中的

① 汉斯·格奥尔格·梅勒：《东西之道：〈道德经〉与西方哲学》，刘增光译，北京：北京联合出版公司，2018 年，第 207 页。

② 王弼、楼宇烈：《老子道德经注校释》，第 182 页。

③ 王弼、楼宇烈：《老子道德经注校释》，第 6 页。对于老子"不言之教"的分析，可参看谢阳举、秦晓：《老子"不言之教"探析》，《中原文化研究》2021 年第 4 期。

④ 周晓敏、谢阳举：《论春秋时期"士"含义的演变及其历史条件》，《学术探索》2021 年第 11 期。

重要一员，既是整个社会阶层变动的产物，反过来对于士阶层的思想旨趣特别是隐士群体的影响也十分重大。对于老子“无为”思想的背景来说，士阶层的兴起是重要的前提条件。

首先，士阶层的兴起与官学下移、私学出现密切相关。老子“无为”思想的提出表明士阶层能够较为独立的思考和表达言论，这正与学术思想的下移有关。在西周时期，士作为宗法制度中的一分子是贵族等级中的最低等级，还不是一个独立的社会阶层，其依附于上级贵族存活，对于宗族有较强的依赖性。《礼记·王制》中记载：“王者之制禄爵：公、侯、伯、子、男，凡五等。诸侯之上大夫卿、下大夫、上士、中士、下士，凡五等。”[①] 士作为下级贵族是社会等级制度中较为固定的部分，而且受到上层贵族的指挥，从思想独立来说，还不具备挣脱宗法等级制度制约的条件。学在王官，学成六艺，进而走向仕途是众多士人的主要选择。随着春秋时期以来社会的动荡变化，逐渐造成“天子失官，官学在四夷”[②] 的现象出现，大量士人由于社会局势的改变而流散民间，成为文化教育的社会传播者。许倬云就社会阶层分化的变动指出：“到了春秋末期，士变得最为活跃。”[③] 官学下移和私学出现是一体两面，它们共同促进了文化知识的传播，使得普通民众也能够有机会学习文化知识，进而提升自我能力，使得下层民众得以有机会在动荡时代凭借知识技能获取晋升的途径，与原本宗法制度中的士人融合，形成一个通过思想和知识获取社会地位及声望的新兴士阶层。这一新兴士阶层以思想和知识的产出为主要标识，不同于以往以血缘宗法为纽带的宗亲关系。从这一角度来看，春秋战国时期百家争鸣局面的出现与士阶层的兴起密不可分，“思想的活跃和以主要学派粗创为主要标志的学术趋于繁荣，是春秋时期文化发展的重要内容，它与社会结构在这一时期的巨大运转可以说是同步进行的”[④]。也正如此，老子“无为”思想的形成也成为这一社会思潮变迁中的重要产物，其独立思考表达出来的思想旨趣也要高于“学在王官”时期的一般士人水平。

在《史记·老子韩非列传》中就已透露出这一官学下移、私学出现的历史现象。司马迁在记述老子的经历时说：“至关，关令尹喜曰：‘子将隐矣，强为我著书。’于是老子乃著书上下篇，言道德之意五千余言而去，莫知其所终。”[⑤] 这里需要重点注意的是“著书”，所谓“著书”应该指的是发表自己独立的见解和思想并形成作品，老子所作的“五千余言”不同于“学在王官”时期的“述”，是真正意义上的个人著作。

---

① 《礼记正义》，《十三经注疏》整理委员会整理，第 330 页。

② 杨伯峻：《春秋左传注》，第 1389 页。

③ 许倬云：《中国古代社会史论——春秋战国时期的社会流动》，桂林：广西师范大学出版社，2006 年，第 27 页。

④ 晁福林：《春秋战国的社会变迁》（全二册），第 917 页。

⑤ 司马迁：《史记》，第 2141 页。

这一“著书”现象的出现也恰恰说明在思想学术下移的过程中，士阶层所具有的独立思考和写作能力的出现。“无为”作为老子一生思考的智慧结晶，充分展现出作为一个思想家的高度和深刻，这也与老子之“著”具有内在关联。老子“著书”立说也成为随之而来的战国诸子百家立言竞说的先声之一。社会剧变中的士阶层试图通过自身学识和思想来获得个人名誉地位的提升，百家争鸣现象的出现正是这一历史变动中的写照。老子也正是由于思想学说的流传为后人所知,后代用“道德之意”“无为”“自然”等概念来概括老子的哲思，充分显示出老子作为士阶层的独立思考能力和创新意识。

其次，隐士群体及文化对老子“无为”思想的形成也具有重要的影响。隐士群体是中国古代文化中重要的组成部分，在先秦时期就已存在一批不与现实妥协的隐士，例如《史记·宋微子世家》中的微子、箕子，《史记·伯夷列传》中的伯夷、叔齐等人都是商周时期隐士群体中的代表人物。随着时代的转型发展，到春秋时期士人地位的沉浮加剧，出现了一些具有代表性的隐士。《左传·僖公二十四年》中记载有“介之推”：

> 晋侯赏从亡者，介之推不言禄，禄亦弗及。推曰：“献公之子九人，唯君在矣。惠、怀无亲，外内弃之。天未绝晋，必将有主。主晋祀者，非君而谁？天实置之，而二三子以为己力，不亦诬乎？窃人之财，犹谓之盗，况贪天之功以为己力乎？下义其罪，上赏其奸，上下相蒙，难与处矣！”其母曰：“盍亦求之？以死，谁怼？”对曰：“尤而效之，罪又甚焉。且出怨言，不食其食。”其母曰：“亦使知之，若何？”对曰：“言，身之文也。身将隐，焉用文之？——是求显也。”其母曰：“能如是乎？与女偕隐。”遂隐而死。[①]

介之推跟随晋文公流亡国外后回到晋国，晋文公奖赏跟随者，而他却“不言禄”，不以荣华富贵为求取的目标，最终和其母隐居绵上山中而死，彰显介之推作为隐士正直高洁的品质。在《论语·微子》中也有楚狂接舆、长沮、桀溺这些隐士形象。桀溺在子路问津时对子路意味深长地说：“滔滔者天下皆是也，而谁以易之？且而与其从辟人之士也，岂若从辟世之士哉？”[②]可见其对当时社会现状的失望之情和不满之态，他们尖锐批判社会的滔滔之利，抨击社会的黑暗进而隐居起来，从行动上实践了“无道则隐”[③]的格言。老子一生历经患难，到晚年“见周之衰”，不得已“乃遂

① 杨伯峻：《春秋左传注》，第417—419页。

② 程树德：《论语集释》，程俊英、蒋见元点校，第1267—1268页。

③ 程树德：《论语集释》，程俊英、蒋见元点校，第540页。

去”，颇有隐士之风，而且在《史记》中司马迁明言：“老子，隐君子也。”[①]老子最后选择归隐成为隐士而“莫知其所终”。

从隐士文化的角度来看，这种归隐心态以及对现实政治社会的失望不满对老子“无为”思想的产生来说是重要的支撑。出关之际，老子所作的“五千余言”可以称为其一生思考的智慧结晶。对于统治者的“无道”行径，老子愤懑不已，然而社会终究渐成衰败之象。老子经历仕宦生涯，在史官之任上目睹子朝之乱等政治动荡，亲眼看着周朝典籍四散流落，其心中之郁结亦能料想。老子出关作为一个文化事件彰显着道家思想中所蕴含的隐逸品格以及对社会现实的文化批判精神，这种不与世同流合污的耿介品质是难能可贵的。老子从悲愤的情感中深切认识到统治者权力无节制的危害，王室、诸侯、卿大夫等因为权势争夺不顾百姓安危，对于社会的破坏十分巨大，对于文化的摧残也是触目惊心，由此老子呼喊出“无为”的正义之声。陈鼓应说：“在中国历史上，也可能是世界历史上，老子是最早的一位看出绝对权力的为害性。‘无为’的呼声，正是他对掌权者毋擅权妄为所发出的切中时弊的警惕。”[②]老子高度发扬了隐士文化中对于社会批判的精神，这实则包含着老子对世道的深切关怀。在这里需要注意对于何谓隐士的理解，隐士文化呈现出多种面向，不仅有遗世而独立的孤介之人，也有对社会持强烈批判态度的“隐君子”，毋庸置疑老子就是中国古代文化传统中“隐君子”的代表，其出关之际的“著书”之举即是对于社会现实的思想关怀。白奚在总结先秦隐士理论时提出了以下几方面内容：抨击时政，反对传统；不事王侯，逍遥自由；高尚其志，洁身自正；顺性去知，返归自然；重生轻物，全生保身。[③]这几点中的大部分内容都可以和老子的思想联系起来，从某种程度来说，老子不仅丰富了隐士的价值内涵和精神维度，为隐士文化增添了深厚的“道德之意”，而且也相应扩展了士阶层的范围，成为百家争鸣局面出现的端绪。

最后，士阶层的兴起为老子“无为”思想的形成提供了较为宽松自由的舆论环境。春秋晚期的社会剧变带来的是整个社会的急速转型，相对于后来秦汉时期的专制社会来说，春秋战国正是一个大变动的时代。各国竞相争霸，士人受到重用，各种主张和思想学说纷至沓来，展现出思想文化的争鸣和繁荣。在这其中，凭借思想和知识技能而走向历史前台的士阶层无疑成为重要的角色。老子的“无为”之思能够流传并且成为道家学说的重要代表思想，这与春秋战国士阶层知识的流动性以及比较宽容自由的舆论环境大有关系。诸子百家以各自的思想学说行于世，相互之间进行批驳和融合，在这一思想进程中，老子所提出的“无为”思想经由老子后学的

① 司马迁：《史记》，第2142页。

② 陈鼓应：《道家的人文精神》，北京：中华书局，2015年，第148页。

③ 白奚：《略论先秦时期的隐士》，《甘肃社会科学》1991年第1期。

提倡而闻名于世，这种现象能够存在的前提就是士人们能够自由地表达自己的思想，士阶层的兴起和流动为士人各行其说奠定了社会基础，以老子、孔子为代表的诸子学说正能体现士阶层自身的价值追求。“无为”思想作为老子乃至道家的标杆之一恰能彰显出士阶层的自由之思和责任意识。

四、结论

综上所论，本文从社会经济的变革、社会政治的崩坏以及士阶层的兴起三个方面分析了老子“无为”思想形成的现实社会背景。思想的产生并非空中楼阁，而是有现实的基础，老子的“无为”思想的产生亦是如此。从自然经济中对于“法天则地”的敬重，老子抽绎出面对天道，人们应该遵循天时，顺应自然之道；从子朝之乱等一系列的社会动荡和战乱中，老子警示统治者应该“无为”，对权力进行节制以保护百姓和社稷的安稳；从士阶层兴起的社会思潮中，老子“著书”立言，充分表达自己对于天道和人道的哲思，树立文化批判意识，“无为”显示道家独特的智慧之道。当然，老子“无为”思想的形成一定有着复杂而多样的社会现实背景，本文仅从以上三个方面进行梳理也只能是举其扼要，难免挂一而漏万。

《老子》伦理思想析论

付瑞珣　梁腾飞*

内容提要:《老子》的伦理思想包含了人神、人际与身心三个维度。人神方面,《老子》将天帝神与人归于“非常道”的范畴,颠覆了商周以来的天帝信仰,在理论上实现了天帝、王与民的身份同质;人际方面,《老子》否定了商周时期流变发展的伦理体系,在遵从个体自然性的基础上,提倡人际关系的自然性;身心方面,《老子》主张以“致虚守静”的方式将身心归于道之规律下。《老子》以“道”为核心,在商周伦理思想嬗变的历史中展现出了别具一格的伦理思想。

关键词:《老子》　伦理思想　人神关系　人际关系　身心关系

伦理思想是思想史研究的重要内容,关于何为“伦理”及其与“道德”之关系,向来为学术界所热议。一种观点认为伦理学是以道德为研究对象的科学;[①]另一种观点认为“伦理”倾向于人际关系,道德倾向于个人品质。[②]实际上,伦理的重要指向便是“关系”。在商周时期,人所面对的伦理关系更为广泛,既包括狭义“伦理”的人际关系、狭义“道德”的身心关系,还包括了人神关系。

《老子》思想中包含着丰富的伦理思想内容。《老子》思想的核心是道,以道为本体,认识论上形成了相对主义的倾向,以此涤荡既有的观念与纲常,最终实现伦理关系的构建。道既是宇宙的本体,又是万物的自然规律,还是人生的准则。老子围绕着“道”展开具体论述,从人神关系、人际关系、身心关系分别阐述了人与宗教、人与社会、人自身如何相处的探讨。《老子》伦理思想孕育于商周伦理思想的嬗变之中,在中国伦理思想史具有重要的意义。

* 付瑞珣(1990—),历史学博士,青海师范大学历史学院副教授,研究方向为先秦史。梁腾飞(2000—),中南大学马克思主义学院硕士研究生。

① 罗国杰主编:《伦理学》,北京:人民出版社,1989年,第4页。

② 成中英:《中国伦理精神的历史建构·序》,见樊浩:《中国伦理精神的历史建构》,南京:江苏人民出版社,1992年,第2—3页。

一、《老子》的“人神关系”思想

商周时期，先民有着复杂的神灵崇拜体系，其大体可以划分为天帝神、自然神和祖先神三大部分，[①]其中天帝神凌驾于自然神与祖先神之上，是至上神。《老子》关于“人神关系”的讨论集中于天帝神方面。下文即从商周天帝信仰的流变的大背景下探求《老子》“人神关系”思想的内涵及其历史价值。

（一）商周天帝信仰的流变

一般认为，殷商时期人们信仰上帝神，商周鼎革后，周人将商人的上帝神信仰与自身的天神信仰融合在一起，形成天帝信仰。在这样的信仰体系中，人与天帝神处于一种较为稳固的状态。

一方面，“天生烝民”，即人为天所“生”。[②]既然人为天帝所生，人便是天帝之子。《尚书·高宗肜日》中记载商王在祭祀高宗武丁之时，发生了“鸣雉”的情况，商王得到了惊吓，贵族祖己趁机向商王劝谏，最后他说：“王司敬民，罔非天胤，典祀无丰于昵。”[③]天胤，就是天帝神的子嗣，这句话的意思是：商王应该敬民，因为民无不是天帝的子嗣，您在祭祀的时候不要只对自己亲近的祖先予以丰厚的祭品。可见，由于商周时期广泛存在着“天生烝民”的观念，因此，人与天帝神有着“拟血缘”关系。

另一方面，在天帝神与人之间还有一个特殊的存在，那便是王。作为一种特殊身份的人，王也是由天帝所“生”的，在古史传说中，无论是商王的世系还是周王的世系，都存在着“天命玄鸟，降而生商”[④]“姜嫄履巨人足迹感孕”的故事，这些故事在战国时期便形成了帝喾共为契、后稷父亲的古史系统。但是，商周之王又不同于普通之人，王不是普通的“天胤”，而是“元子”，即长子。为了满足商周鼎革的政治需要，周人还发明了“改厥元子”的说辞，[⑤]即天帝可以让有德的周族来担任“元子”，以此来统御天下，而商族则失去了“元子”的身份，回归为普通的氏族。

综之，商周时期的人与天帝的关系大致为“天帝·王（元子）·民（子）”之结构，在这个结构中，人为天帝之子嗣，而且要接受天帝的“元子”王的统治，这便是商周王权的宗教基础。

① 晁福林：《论殷代神权》，《中国社会科学》1990年第1期。

② 朱熹：《诗集传》卷18，北京：中华书局，2011年，第214页。

③ 孔安国传，孔颖达等正义：《尚书正义》卷10，阮元校刻《十三经注疏本》，北京：中华书局，1980年，第176页。

④ 朱熹：《诗集传》卷20，第326页。

⑤ 孔安国传，孔颖达等正义：《尚书正义》卷15，阮元校刻《十三经注疏本》，北京：中华书局，1980年，第214页。

至西周晚期开始，随着时局动荡，王朝崩坏，人们的天帝信仰出现了危机，在《诗经·小雅》中甚至出现了很多“怨天”的诗句，如“不吊昊天”“昊天不惠”(《诗经·节南山》)、“浩浩昊天，不骏其德”“旻天疾威，弗虑弗图”(《诗经·雨无正》)、“天命不彻”(《诗经·十月之交》)等。[①]春秋战国时期，天帝信仰发生巨大的变动，主要体现在天、帝的分离与天、帝的泛化。此一时期的帝有了“人帝”的内涵，这为日后“皇帝”的称谓奠定了基础。天的观念扩大，冯友兰先生曾总结中国古代之天的五种内涵：第一个是，与地相对的物质的天；第二个是，按法度运行的自然的天；第三个是，有人格的主宰的天；第四个是，不以人的意志为转移的命运的天；第五个是，宇宙最高原理的义理的天，比如《中庸》说“天命之谓性”的“天”。[②]至春秋战国时，天的五种内涵基本已经完备。

总体来讲，商周时期的天帝信仰存在一个由强到弱的趋势，在这个趋势中《老子》的“人神关系”思想是其重要的一个环节。

（二）《老子》“人神关系”的内涵与历史价值

春秋时期，天帝观念虽然发生了转型，但诸侯因争霸的需要，仍然大力宣传天帝信仰。《老子》则明确地提出了“象帝之先”的观点，这是先秦“人神关系”发展历程中极具颠覆意义的论断。

传世本《老子》第四章记载：“道冲而用之，或不盈。渊兮似万物之宗……湛兮似或存。吾不知谁之子，象帝之先。”第二十五章记载：“有物混成，先天地生。寂兮寥兮，独立不改，周行而不殆，可以为天下母。”此两章是描述“道”之本体的。前文已述，至春秋时期，天、帝的观念已经有所分离，《老子》认为道在帝之先，亦在天之先，道是“万物之宗”，是凌驾于传统的天帝神的存在。胡适指出：“老子的最大功劳，在于超出天地万物之外，别假设一个‘道’。这个道的性质，是无声、无形；有单独不变的存在，又周行天地万物之中；生于天地万物之先，又却是天地万物的本源。”[③]

《老子》认为“道”分为两种：一种道是可以理解、言说的道，这种道是会变化的，是“非常道”；另一种道是不能理解、不能言说的，是本体论和宇宙生成论，是

① 按照传统的观点，《诗序》认为《诗经·小雅》中的《节南山》《正月》《十月之交》《雨无正》《小旻》《小弁》《巧言》《巷伯》《瞻卬》《召旻》为“刺幽王”诗，《大雅》中的《板》《荡》《抑》《柔桑》为“刺厉王”诗，这些诗为“变雅”。近年来，一些学者认为“变雅”诗作中关于天帝的诗句不是“怨天”，而是借助天帝警示统治者，并认为这不是宗教信仰的变化。(陈筱芳：《〈诗经〉怨天诗新解》，《西南民族大学学报》，2004年第5期)笔者认为，新说确有一定道理，但在西周晚期大量怨天诗绝非凭空出现，在现实政局动荡的社会存在中，必定衍生社会意识的转变，因此于此仅遵从传统说法。

② 冯友兰：《中国哲学史》，北京：中华书局，1961年，第55页。

③ 胡适：《中国哲学史大纲》，北京：中华书局，2013年，第41—42页。

永恒不变的，是“常道”（“恒道”）。《老子》认为“常道”是世界的本体论、宇宙生成论，是宇宙运行的规则，还具有不可知论的特性。《老子》说：“道生一，一生二，二生三，三生万物。”（第二十四章）又说：“反者道之动；弱者道之用。天下万物生于有，有生于无。”（第四十章）可见，《老子》认为“常道”是世界的本源，即便天帝神也是由道衍生出来的，由此，相对于“常道”而言，天帝神与人一样都是“有”的范畴，都是“非常道”。

没有了传统的天帝信仰，人又该如何做呢？《老子》又提出：“人法地，地法天，天法道，道法自然。”（第二十五章）这里的“天”正是上引冯友兰先生所述第二种天，即“自然的天”，而不再是天帝的天。[①] 人法地、法天，却不需信奉天帝神，作为天帝之子的王便无法利用天帝的权威统御百姓了，从这个角度而言，《老子》“人神关系”思想在理论上彻底颠覆了商周神权的基础。

《老子》否定了上帝的至高无上的地位和权威，将天、人放置于道中，且道凌驾于天、人之上，扫荡天命的虔诚而吹来了自然主义的清新之风，为春秋战国天帝观念的转型提供了理论依据。可以说老子是中国历史上第一个摆脱了宗教或神化的束缚，从哲学的角度出发，来思考宇宙起源问题和存在根据问题的大思想家。

二、《老子》的“人际关系”思想

《老子》的“人际关系”思想同样是在“常道”的理论基础上展开的。《老子》说：“大道废，有仁义；智慧出，有大伪；六亲不和，有孝慈；国家昏乱，有忠臣。”（第十八章）王弼释曰：“甚美之名，生于大恶，所谓美恶同门。六亲、父子、兄弟、夫妇也。若六亲自和，国家自治，则孝慈、忠臣不知其所在矣。”苏澈云：“六亲方和，孰非孝慈。国家方治理，孰非忠臣……此之谓仁义、大伪、忠臣、孝慈之兴，皆由道废、德衰、国乱、亲亡之所致也。”[②]《老子》认为如果一切遵循社会发展的规则，即“道”，便不会出现“仁义”“孝慈”“智慧”“忠君”等现象，“道”作为天地万物存在的本源与本体，造就了天地万物，并非有意而作为，是自然而然。这便是《老子》“人际关系”思想的核心。

从历史的角度看，殷商、西周时期的社会形态是氏族社会，以血缘为纽带的氏族是社会的细胞，此时的人际关系局限在血缘氏族之中。“孝”和“友”便是带有鲜明的血缘特征的伦理德目。[③] 至春秋时期，血缘氏族社会逐步瓦解，传统的伦理道

① 冯友兰：《中国哲学史》，第 55 页。

② 高明：《帛书老子校注》，北京：中华书局，1996 年，第 311 页。

③ 付瑞珣：《商周伦理思想嬗变研究》，博士学位论文，东北师范大学历史文化学院，2019 年，第 34 页。

德也从氏族延展至家庭与个人。孝的对象从宗族更多指向父母，友从血缘伦理道德变为“志同道合为友”，此外，忠、信等伦理思想也普及开来。而仁、义等面向内心的道德思想也日趋成熟。而《老子》认为，殷商、西周乃至春秋时期形成的孝、友、忠、信、仁、义等伦理思想都是“非常道”。

那么，符合“常道”的人际关系准则是怎样的?《老子》对其直接的记载较少，却记载了较多的统治方法。实际上，“政治伦理”是社会伦理中的重要组成部分，它是反映政治领域人伦关系及其道理，以及维持政治领域人伦关系应当遵循的规则。[①]《老子》认为符合“常道”的政治伦理是“无为”。《老子》多次提及“无为”，如：

（1）是以圣人处无为之事，行不言之教，万物作焉而不辞，生而不有，为而不恃，功成而弗居。夫唯弗居，是以不去。（第二章）

（2）不尚贤，使民不争；不贵难得之货，使民不为盗；不见可欲，使民心不乱。是以圣人之治，虚其心，实其腹；弱其志，强其骨。常使民无知无欲。使夫知者不敢为也。为无为，则无不治。（第三章）

（3）爱民治国，能无为乎？（第十章）

（4）道常无为而无不为。侯王若能守之，万物将自化。（第三十七章）

（5）上德无为而无以为，下德为之而有以为。（第三十八章）

（6）天下之至柔，驰骋天下之至坚，无有入无间，吾是以知无为之有益。不言之教，无为之益，天下希及之。（第四十三章）

（7）为学日益，为道日损。损之又损，以至于无为，无为而无不为。取天下常以无事，及其有事，不足以取天下。（第四十八章）

（8）故圣人云:“我无为，而民自化；我好静，而民自正；我无事，而民自富；我无欲，而民自朴。”（第五十七章）

《老子》主张“无为而治”的统治模式，主要围绕着统治者与百姓的关系展开，是政治层面的“人际关系”。无为而治的伦理思想是其“道法自然”“道常无为”这一道性内涵在政治伦理上的体现。所谓“悠兮，其贵言。功成事遂，百姓皆谓：我自然”（第十七章），“是以圣人欲不欲，不贵难得之货，学不学，复众人之所过，以辅万物之自然而不敢为”（第六十四章）以及引文（8）之“自化”“自正”“自富”“自朴”。正如陈鼓应所言:“‘无为’主张，产生了放任的思想——充分自由的思想。这种思想是由不干涉主义而来的，老子认为统治阶层的自我膨胀，适足以威胁百姓的自由与安宁，因而提出‘无为’的观念，以消解统治者的强制性与干预性。”[②]《老子》

① 吴灿新:《老子与孔子的政治伦理智慧之比较》,《伦理学研究》2021年第3期。
② 陈鼓应:《老庄新论》，上海：上海古籍出版社，1992年，第28—29页。

认为统治者应效法道之于万物一般，不过分干预百姓、使用百姓、约束百姓、强迫百姓，而是维护百姓的自然性，进而使世间处于一种“民至老死不相往来”的“小国寡民”的状态（第八十章），这便是《老子》主张的符合于道的“人际关系”。

《老子》“人际关系”思想亦有着深刻的时代背景。春秋时期，王纲解纽，传统的政治秩序遭到破坏，霸主制度无法实行天下的长久稳定，反而引起诸侯们的竞争。另一方面，春秋晚期亦未形成战国中晚期及秦汉已降的专制体制，社会形态在血缘与地缘之间过渡，旧制度的崩坏与新制度的未定型促使思想家们在伦理思想方面各抒己见。从《左传》《国语》《论语》等可以反映春秋时期思想文化的典籍中不难发现，即便春秋时期的伦理思想与殷商、西周时期有了很大的变化，但孝、友、仁、义、忠、信、敬等伦理德目仍旧是社会宣扬的“人际关系”准则。而问题在于，这些自殷商、西周至春秋一路发展演变的伦理思想无法解决政治秩序崩坏下的人际关系的危机，作为“柱下史”的老子又深知政治秩序的不稳定性，因此，他总结出了永恒不变的存在与秩序——“常道”。在“常道”的运行规则之下，既有的“人际关系”准则是善变的、虚妄的，只有作为个体的人的属性——自然才如同道一样永恒。每个个体充分地实现了自然属性，人与人之间便处于一种自然的相处状态，《老子》用“邻国相望，鸡犬之声相闻，民至老死不相往来”描述这种自然性的人际关系。

准此，统治者无须过多管理民众，人与人之间也无须“忠”“孝”“仁”“义”等德目来维系，人们只要遵从道的自然性，在“小国寡民”的状态下，实现“自化”“自正”“自富”“自朴”，那么天下便可以在道的秩序下实现永久稳定。不同于商周主流人际伦理的诸多规范，《老子》“人际关系”思想建立在道的基础上，充分地展现了个体的自然性，并在遵从个体自然性的基础上实现“人际关系”的自然性，这确乎为中国伦理思想史上的一朵奇葩。

三、《老子》的“身心关系”思想

与西方哲学的“灵肉分离”观念相对，中国原生思想文化更多地体现出“身心合一”的倾向，即令身体的感官符合于心理的德性要求。继承商周文明的儒家便主张“身心合一”，儒家认为“礼”不要仅仅体现为外在的“仪”，还要符合内心的“仁”。《老子》的“身心关系”思想亦指向“身心合一”，只是《老子》认为人的言行与感官要合乎道，其具体表现为“致虚守静”。《老子》说：“致虚极，守静笃，万物并作，吾以观其复。夫物芸芸，各复归其根。归根曰静，静曰复命。”（第十六章）高明先生解释说：“‘虚’者无欲，‘静’者无为，此乃道家最基本的修养。”[①] 就身心关

① 高明：《帛书老子校注》，第299页。

系而言，前者指内心的虚空无欲，后者指身体言行的静谧无为，两者是二而一的关系。一个人做到了身体言行上的“静”，便遵从了内心的“虚”，身心便同处于道的规律之下。

就内心之“虚”而言，《老子》主张人要节制欲望。《老子》说：“见素抱朴，少私寡欲。”（第十九章）吕吉甫云：“见素则致其无所与杂而问；抱朴则知其不散而非不足。素而不杂，朴而不散，则复乎性。外物不能惑而少私寡欲矣。少私寡欲而后可以语绝学之道也。”[①]这就是要人们保持纯洁朴实的本性，减少心中不该有的杂念和欲望。[②]又说：“五色令人目盲；五音令人耳聋；五味令人口爽；驰骋畋猎，令人心发狂；难得之货，令人行妨。是以圣人为腹不为目，故去彼取此。”（第十二章）《老子》认为人不能过分追求“五色”“五音”“五味”与狩猎、珍贵的物品等感官的刺激，摒弃外界物欲生活的诱惑，而要少私寡欲，持守内心的安定，确保固有的天真。[③]这句话的对象虽然为统治者，但亦适用于普通人。实际上，每个个体都存在私欲泛滥的倾向，前文所述《老子》所谓人的自然性绝非要放任无所节制的感官刺激，而是说明人本身存在克制私欲的能力，即所谓的“自化”“自正”。节制欲望是人之自然性符合于道之自然性的体现，是《老子》“身心关系”思想的重要内容。

就身体言行之“静”而言，《老子》主张要以“柔·弱”处世。老子对“柔·弱”的认同源自于生活的经验，他发现“人之生也柔弱，其死也坚强。草木之生也柔脆，其死也枯槁”（第七十六章）。老子从人类和草木的生存现象中，说明成长的东西都是柔弱的状态，而死亡的东西都是坚硬的状态，老子从万物活动所观察到的物理之恒情，[④]而断言“坚强者死之徒，柔弱者生之徒。是以兵强则灭，木强则折”（第七十六章）的道理，进而提出“柔弱胜刚强”（第三十六章）、“天下之至柔，驰骋天下之至坚”（第四十三章）、“强大处下，柔弱处上”（第七十六章）的观点。《老子》“柔弱胜刚强”所指向的是人之身体言行。“坚·强”之言行必然带有过分的欲望，这是“三王五霸”的真实历史图景，是老子所反对的，因为这种行为有违于道之规律，而“柔·弱”之言行是“无为”，是“静”，与心之“虚”相应，是符合道之规律的。因此，《老子》主张要以“柔·弱”处世。

《老子》曾用“婴儿”比喻“柔·弱”的状态，其文载：“专气致柔，能如婴儿乎？”（第十章）这里的“婴儿”并非指代刚出生的婴儿，而是婴儿的生存状态，即人类最原始、最纯粹的精神状态，“无欲无求”。“婴儿”与成人相比，是柔弱的，“但

① 高明：《帛书老子校注》，第 314 页。

② 陈鼓应：《老子今注今译》，北京：商务印书馆，2006 年，第 148 页。

③ 陈鼓应：《老子今注今译》，第 120 页。

④ 陈鼓应：《老子今注今译》，第 334 页。

由于婴儿最具有‘原发创生’性，也最能与‘道’一体相通”。[①]《老子》说:“含德之厚，比于赤子。毒虫不螫，猛兽不据，攫鸟不搏。骨弱筋柔而握固，未知牝牡之合而朘作，精之至也。终日号而不嗄，和之至也。”（第五十五章）赤子，即婴儿，虽然柔弱但手握拳头的力量很大，虽然不知阴阳交合却精气饱满，终日哭泣却不知疲倦，这便是柔弱的力量。[②]《老子》记载:“我独泊兮其未兆，如婴儿之未孩。”（第二十章）又载:“知其雄，守其雌，为天下溪。为天下溪，常德不离，复归于婴儿。”（第二十八章）此两章中《老子》用婴儿比喻道——婴儿的身心状态符合于道的规律。

综之,《老子》“身心关系”思想的核心便是“致虚守静”。“虚”为内心无欲，以此能够节制欲望，保持赤子之心；“静”为身体无为，以此能够处“柔弱”，如婴儿一般，随弱小却生机勃勃，随道而行。

结语

《老子》五千言中包含了丰富的伦理思想，涵盖人神关系、人际关系与身心关系三个层面——此亦为中国古代哲学所关注的主要层面。人神方面,《老子》认为“道”是世界的本源，以此颠覆了商周以来的天帝信仰，由此将天帝神与人归于“非常道”的范畴，在理论上实现了天帝、王与民的身份同质。人际方面,《老子》认为商周时期流变发展的伦理体系不符合道之规律，人应充分发挥自然性，实现“自化”“自正”“自富”“自朴”，在此基础上达成人际关系的自然性,《老子》用“邻国相望，鸡犬之声相闻，民至老死不相往来”描述这种自然性的人际关系。在身心方面,《老子》主张“致虚守静”，虚为内心的无欲、静为身体的无为，两者归于道的规律下实现“身心合一”。

《老子》的伦理思想有着深刻的时代背景，它既是商周思想嬗变的历史产物，又有着跨越时空的超越性。《老子》以“道”为核心，在人神、人际、身心方面构建起具有形而上性质的伦理思想。在现实层面,《老子》伦理思想难以切实地践行；而在理论层面,《老子》中的“道生万物”“小国寡民”“致虚守静”等思想深刻地影响了后世，成为中华文明的重要基因。

---

① 臧宏:《说〈老子〉的“柔”》,《安徽师范大学学报》(人文科社版)2009年第5期。

② 陈鼓应:《老子今注今译》，第276页。

关于“小国寡民”的蠡识

佟海山 *

内容提要：“小国寡民”是老子的国家观也好，天下观也好，其最核心的观念就是以德治国，以德治天下。简而言之，即以德治国论。

关键词：小国寡民　道德经　治国思想

老子做过周王室的史官（藏书室），熟读天下典籍，知晓远古、中古、近古文化。老子主要讲哲理，但其中亦有经济思想。老子认为天地万物皆生于“道”，“道”是宇宙万物的本源，是不以人的意志为转移的客观规律。“道法自然”“道常无为而无不为”说的都是这个意思。老子的经济思想是这种哲学思想在经济问题上的反映。老子反对剥削，反对春秋以来给人民带来严重痛苦的各国兼并战争的持续，对于诸侯征战，王室内的王位争夺，礼崩乐坏，天下大乱，感到深恶痛绝，从而辞官返乡，周游天下，借此写成了开创哲学先河的《道德经》。

一、问题的提出

五四新文化运动是一次独特的文化革命，标志新民主主义革命的伟大开端，孕育了以爱国、进步、民主、科学为主要内容的爱国主义精神，成为中国文化进入现代历史时代的重要标志。五四运动为了彻底批判封建文化的糟粕，把孔夫子作为旧文化的人格代表，选择“孔家店”作为封建文化的总体象征，进行了强烈而彻底的、空前的批判。世界各国思想文化冲突也频频发生，但没有一个思想家死了几千年之后，遭到整个一代知识分子的全面讨伐和批判。秦朝时代，被“焚书坑儒”的儒生达 460 人，但道家却逃过了一劫。历史的巧合，五四新文化运动中，老子未被批判成为旧文化的人格代表，道家也未在运动中受到批判。不过，在五四前的东西方文

* 佟海山（1934—），研究生学历，数学和计算机专业，中国科学院计算所，曾任研究室主任、人事处干事等职务。

化问题论战时，李大钊等撰文指出中国传统"静"的精神时，兼指批评儒道退缩、逃入、遁隐等方式，违背了生存挑战的基本精神。"五四运动"不仅不承认古代有一个文化楷模，还拒绝承认古代存在一个光辉灿烂的文化历史时期，甚至还提出了打倒"孔家店"的口号，结果出现了把传统文化的精华和糟粕一并打倒的局面。在这一点上，五四文化运动走了极端化的道路。为了改造传统文化，他们采取一种"偏颇"的态度和一种"偏激"的方法，甚至于发生异常攻击性的情况是可以理解的。但是到了20世纪50年代，对传统文化的评论，就不能再取这种态度了。

二、"小国寡民"的思想指向

从古代的文化背景，认识老子"小国寡民"的思想指向。文化一词，包括：宗教、哲学、风俗、艺术、知识、信仰、能力（智慧）等。美国人类学家赫斯科维茨（Herskovits）将文化定义为一切人工创造的环境。他解释说："除了自然原生态之外，所有由人工添加上去的东西都可称为文化。"[①] 据考古发现，中国境内从四五十万年以来，就有人居住，并在各地区创造着自己的文化。古书记载的传说中，有"构木为巢"的有巢氏时代，有"钻燧取火"的燧人氏时代，有"结绳为网"的伏羲氏时代，有"日中为市"的神农氏时代。古书中还记载，曾有杂乱性交、不媒不聘，只知其母，不知其父的母系氏族社会。这些记载，虽属古代的神话和传说，但也反映出历代学人对人类社会进化的观念。人类在漫长的时期，慢慢地学会了制造石头工具，渐渐进入了畜牧业和原始农业经济，并逐渐地转向了定居生活。由于畜牧和农业生产劳动中，男女劳动比重的变化，进入了以男子为中心的父系氏族社会。如山西夏县发现的西阴村，东西长560米，南北长800米，还有许多小屋相互连接，形成了一个村落。这就是原始社会的不同氏族和部落。从远古时代起，中国领域内，居住着许多不同祖先的氏族和部落，他们在经济文化上彼此影响相互斗争。据传说和神话，住在东方的人统称"夷族"。其中有一族的酋长叫太皞，姓风。春秋时期，在山东有任、宿、须句（念勾）、颛臾四个小国，说是太皞的后裔。相传画八卦的伏羲，就是太皞，两个名称实际上是同一个人的名号。但事实上伏羲是远古时代的人，太皞则可能实有其人。如果八卦确是一种记事的符号，出于太皞即伏羲。八卦是"⚊"（阳性）和"⚋"（阴性）两种线形凑成的☰（乾）和☷（坤）等八个卦形，每一个卦代表同一属性的若干事物，如乾代表天、父、玉、金等，这种记事方法比结绳进了一步。后来，黄帝族发明的象形文字，如借它作为卜筮的符号，那就失去了原来八

① 转引自周云：《品牌学：知识体系与管理实务》（第2版），北京：机械工业出版社，2020年，第221页。

卦符号的意义。因为文字容易偏离它本来的象。道在生活中不能偏离，因道是百姓日用的，道是规律，规律是不能变的，如日起日落，寒暑往来。但规律一旦进入人为的活动，那就不一样了。如生活中的天字或父字已偏离了当初的卦象，因为乾还象征首，象征马等。所以，乾卦的“乾”用天字就不准了，文字有局限性。八卦是画的，体现的是“道”，“天行健”“地势坤”即客观规律，名为“道”。道是本体，本体是不动的，不变的。文字是写的，始终是借鉴，八卦与文字均不如结绳简便适用。所以，老子说“使民复结绳而用之”（第八十章）。这正是禹以后“今大道既隐，天下为家”的先秦道家所宣扬的理想社会。儒家理想的社会是禹以前的“大道之行也，天下为公”的大同社会，酋长公选，故人不独亲其亲，不独子其子，老有所养，壮有所用，幼有所抚，老男无妻，老女无夫，幼儿无父，男有职业，女有归，没有私有财产，生产品共同所有，不欺诈争利，不掠夺，不用关大门。这是战国末年，儒家学者在《礼运·礼记》篇中描述的天下为公的大同思想。禹是平水土定九州的人，是远古生产力大跃进的代表。黄帝到禹都是原始公社制度。

过去居住在我国西方人的统称为羌族或戎族。炎帝族居住在关中西部地区，炎帝姓姜，姜姓是羌族的一支，自西方游牧先入中部，与九黎族发生长期部落间的冲突。同一时期，在黄土高原上又强大起来一个黄帝族（姓姬，名轩辕），曾住涿鹿地区的山湾里，过着往来不定迁徙无常的游牧生活。后来，黄帝援助炎帝打败了九黎族，并与炎帝族合并为炎黄部落联盟，定居于黄河及长江流域，主要定居于黄河中游两岸，后来发展为华夏部族的主体。从自黄帝率华夏先民创造文字，修德振兵，作兵器，造舟车，建造宫室，种植五谷，养蚕驯兽，制作衣裳，推行阴阳五行学说，从而开创了以炎黄文化及修身治国为思想渊源的中华民族的悠久文明历史。从这里孕育出了后来发展起来的伟大而灿烂的华夏文化。这是中华民族在上古时代发展向上的最好时期。所以，老子说：“甘其食，美其服，安其居，乐其俗”（第八十章）的美好生活，使民用不着远征的车船。虽然部落或国与国之间，有时发生冲突或战争，但都过着“甘其食，美其服，安其居，乐其俗”的美好生活，且交通不便，又受边境间限止，在“鸡犬”之声相闻的边境之间也无须来往。这是老子的“今大道既隐，天下为家”的理想社会。所谓“今大道既隐，天下为家”，即原始公社制度解体，变公有为私有，各亲其亲，各子其子，财产私有，子孙继承，保护财产，制定礼教和法律，以正君臣，以笃父子，以睦兄弟，以和夫妇，以设制度（阶级制度），以立田里（划分疆界，土地私有）。这就是“小国寡民”的思想指向。

至此，在本题上述两段中引用了诸多的“传说”或“相传”或神话等口传资料。应知，能够自成一体的文明，在其早期发展中有两个至关重要的阶段：首先是文字的突破，然后是文化的突破。中华文明自发明文字之后，各种知识（如口头传的卦辞、爻辞等）和经验（如钻木取火等），都得以突破口传的局限而大量积累流传后世，又经过不等时间的历史演变，进入了一个文化发展上的突破阶段。这个阶段从思想史的角度而言，又称哲学的突破。战国之时，百家鹊起，争鸣天下，造成了思想史上的一大高峰，各家所论，皆有所出。据《汉书·艺文志》所说，当时有儒家者流，出于司徒之家；道家者流，出于史官；阴阳家者流，出于羲和之官；法家者流，出于理官，信赏必罚，以辅礼制；还有墨家者流，名家者流，杂家者流等等。自黄帝族有文字突破以来，社会上出现了与文字打交道的人，殷商以来有“卜人”“筮祝”“史”“世官”等人。文化的突破，就是这些人对时代的发现及其自己的灵感为基础，重新解释由历史沿传而来的思想、道德、风俗、制度等形成的传统，所成就的高峰。文字发明之后，人类的知识和经验加速积累，这些知识和经验本身又有不同的质。当积累达到一定程度，文字发明以来的传统就发生分化。某一家继承这个传统里的某一支，重新解释；另一家继承另外一支加以重新解释，各家的不同解释形成交锋。战国时代的百家争鸣，本质上是自有文字以来传统的分化和重新解释。春秋时代，百家鹊起之前，政事与学问不分，政治控制的规模也不大，社会尚处于大氏族阶段，贵族统治者控制与文字有关的活动。但随着作为社会基础的领主型经济转变为地主型经济的大变动，原来在官府掌握学问政事的“世官”等人，重新面对现实，思考社会与人生的问题，根据自己所认同的价值，重新塑造理想社会的秩序，他们走出官府或周游列国，向民间传播自己的学术。孔子继承了周代以血缘为基础的宗法制度，孔子和儒家完成了周公开始的“文化突破”，创造出一套制度与观念形态相结合的政治文化，即礼制秩序。中国文化的突破，至少应包括道家。从历史上观察，儒道两家对中国的影响最大。但道家对中国社会的基本制度方面毫无影响。汉代大儒董仲舒圆满地完成了家庭伦常的父权、宗教的神权和皇权三位一体的理论任务，为中国封建社会提供了一个具有一般意义的社会秩序模式。秦汉以来的历史演变在维护社会秩序方面，历史还是选择了儒家。但儒学的独尊也走向了顽固保守的学说。

战国时期，在中国出现了一个学术思想空前繁荣的局面。诸子百家竞相著书立说，最著名的有道家、儒家、墨家和法家。他们的经济思想，对中国的封建经济思想及其封建经济的发展，起到了深远的影响。中国封建社会的经济与政治制度，与西方古代的经济思想比较有自己的特点。

老子的“道法自然”，是道家的经济思想（司马迁的《史记·平准书》）。道家所谓的“道”不单指自然界的“道”，同时也指人类社会的“道”。道家从自然哲学出发，主张经济活动应顺从自然法则的运行规律，从而主张“清静无为”和“小国寡民”，反对当时日益发展的封建等级制度下的儒家所提倡的仁政和法家所提倡的刑政。在“俭”与“奢”的问题上，儒家把“礼”作为奢俭的标准，道家以原始时代简陋的生活条件作为理想。所以，《老子》反对以劳动人民的贫乏来造成统治者的富有，即反对聚敛，主张“损有余而补不足”。老子的这些思想和主张，都是以“无为无不为”的基本思想中引申出来的。这个基本思想后来发展为“无为而治”的政治政策。老子的“无为而治”，要求统治者效法“道”的清静无为本性，遵循自然规律，简政薄赋，让百姓各得其所，安居乐业，实现一个稳定而和谐的“小国寡民”的理想社会。因此，“清静无为”和“小国寡民”，既是老子的政治思想，又是道家的经济思想，对中国的封建经济思想及其封建经济本身的发展产生过深远的影响，对17—18世纪欧洲盛行的自然法则和自然秩序有过重要影响。孔子的经济思想，是他的政治哲学思想在经济问题上的表现，也是他治国学说的一个方面。孔子强调伦理规范对经济活动的制约作用，对物质财富的获取，强调“见利思义”，反对“放于利而行”，反对统治者与民争利。仁政思想源于西周以来的德治思想。孔子为适应春秋时代的新形势，把仁政思想进一步条理化，理论化，发展成为一种治国平天下的政治哲学，其经济思想是这一理论体系的一部分。老子“小国寡民”的思想是依据从远古到近古社会变迁及其众民的经济生活和文化发展的状况，否定了当时政治上的众民大国的出现及随之而来的儒家礼制和法家法令的种种强制性，从而描绘出来的一种理想社会的模式。

老子“小国寡民”的着眼点是“小国”，因“寡民”即可为“少民”，也可称为“多民”。老子反对战争，反对剥削；老子说：“圣人无常心，以百姓心为心。”（第四十九章）春秋时期，大小国一百多个，相互间的关系是以强凌弱，以众暴寡。大国对小国不是攻伐，就是迫令纳贡贿赂，还得恭顺和礼貌。小国对最小国，同样攻伐和勒索贡赋，小国人民的负担，要比大国人民的负担重得多。因此，老子的心更倾向于小国的百姓，反对以众暴寡。春秋时打仗用战车，春秋末年战争中开始用骑兵和步兵，不用兵车了。步兵战术在攻打山地戎狄战争中发展起来的。公田制废除后，田间行车的阡陌（道路），不如公田制时期整齐，战车渐感不便，从而失去了重要性。战国时期的秦国，实行商鞅变法，重编户籍。五家为伍，十家为什，大量农户直接作为国君的民户，具有进步意义。秦国实行十年新法，秦民大悦，路不拾遗，山无盗贼，家给人足，民勇于公战，怯于私斗，农村变城市，秦成为第一大强国。经过182年的长期战争，秦国终于战胜山东六国，建立了统一全国的新兴地主阶级的秦皇朝。老子说：“有什伯之器而不用；使民重死而不远徙；虽有舟舆，无所乘之；虽有甲兵，无所陈之。”（第八十章）因为全国统一了，战争没有了。所谓“什伯之器”，是古代军队的编制，五人为伍（即五人中出一人服兵役），二五为什，百人为伯，老子的意思说：数百个军队编制之器（用具）不用了，虽有甲兵，也无所陈之。

三、“小国寡民”的概念

尧、舜、禹是部落联盟解体前的最后三个大酋长。由于攻打黎和苗的战斗胜利，众多的俘虏被用到了畜牧业上，成为奴隶。部落酋长们拥有了畜群和奴隶，自然要实行传子制度。部落的传子制度一旦确立，部落联盟的禅让制度也不能持久了。禹的私有财产较多，势力也较大。所以，禹的儿子启敢于破坏惯例，废弃禅让制度，世袭了大酋长的权位，启做了夏朝的第一代皇帝，变成了父死子继或兄终弟继的家天下制。禹的生产力跃进，众多俘虏被用到了畜牧业和农业生产方面，自然加速了奴隶与奴隶主两个阶级的形成。可见，私有财产制度在禹的时代基本成熟了，富与贫、贵和贱继续分行，原始公社制度正向奴隶制国家过渡，形成了高出众小邦之上的原始政治机构。但夏朝世袭制度的创始，是社会发展过程中的一大进步，因破坏了原始公社制度，产生了地位世袭的上层建筑，反过来加速了私有制的发展。

商灭夏以前，是一个兴旺的小国，但商的农业、手工业和商业都比夏朝进步，所以商也征服了附近的许多小国。商战胜夏，奴隶制得到进一步发展。商社会已有了极明显的两个阶段，即有了阶级也就有了国家。商为大邦大国，商无疑是一个国家称号。甲骨文把国字写成“或”，字义是武力保护人口。国字的出现，意味着国家的存在了。国家的存在，证明阶级矛盾的不可调和。所以，国家是一个阶级压迫另一个阶级的机关，这个机关的基本特征是建立社会政权，并由监狱、军队等种种强迫性机关构成。总之，夏朝是国家机关逐渐形成的朝代，商朝是国家机关已经形成的朝代。夏商两朝都有了政治制度和经济制度，称为夏礼和殷礼。殷礼是沿袭夏礼的，周礼是沿袭殷礼的。可见，周朝比夏商都进步，但也沿袭了夏商制度。周文王的政治与商朝正相反，他禁止饮酒打猎，施行裕民政策，征收租税，有节制，让农民有些蓄积，使农民产生对劳动的兴趣。周本小国，重农节俭，行施裕民政策，变成了强盛的大国。文王晚年，已取得了所谓天下的三分之二。武王克商后，开始分封诸侯，先后建立了七十一国，实行大封建制，周天子是最高的土地所有制。不论建立的较大侯国或降服的多数小国，都要遵守周朝制度，向周王朝贡献（进贡）。周初的大封建，对商朝原始小邦林立的现象而言，多少含有天下一尊的意义，显然这是一个进步。

夏王朝的崛起，在制度和组织上已有了国家雏形。夏朝实行的五服制度，反映了古人对世界的看法，即中国人的“天下模型”。春秋时期，华族各国自称中国，其他诸侯国为四方。远古华夏人的“天下模型”是辨别清楚夷夏界线，这是固守“天下模型”的基础，从这个观念看，世界诸民族、诸国家可以实现一体化，能够实现天下一家。东周时期北方诸侯自称中国。中国这一名称，含有地区居中的意义，但更重要的意义是指传统文化的所在地。一般认为，秦统六国开创大一统局面，但事实上文化上的大一统意识，早在夏商周三朝已有不同程度的实践。任何一种文化，都是由低级向较高级积累而成的，绝没有突如其来的文化成就。孔子认为夏代尊崇天命，是较低级的遵命文化；商代尊崇神，是尊神文化；周代有了等级制度的礼，是尊礼文化。尊礼文化高出夏人对自然完全无能的遵命文化，也高出商人借鬼神的尊神文化。

那么，国是什么概念？国是政统，即政治的统一，《论语·为政》：“道之以政，齐之以刑。”[①] 政，即政治，是指政府、政党等治理国家的行为，如前所述的文王政治。更确切地说，政治是经济的集中表现，产生于一定的经济基础，又为经济基础服务的，给予经济发展以巨大影响。战争是政治的继续。中国古代人在国的概念上还有一个天下，儒道学者都讲修身、齐家、治国、平天下。那么天下又是什么概念？天下是道统，即文化的统一，实则指文化系统。从夏、商、周一直到现在，朝代兴衰更易多次，但我们的传统文化源远流长，尽管政权有时强大，有时衰弱，甚至于改朝换代，都是中心民族内部的原因，即统治者的“失德”造成的，换个统治者即告结束。国破山河在，政统变了，道统不变，这就是天下的概念。

依据上述的文化发展，政统与道统的概念，老子当时思想政治的出发点，是“今大道既隐，天下为家”，即各亲其亲，各子其子，财产私有；大人世及以为礼，礼义以为纪，以正君臣，以笃父子，以睦兄弟，以和夫妇，以设制度（阶级制度），以立（设立）田里等。一村一天堂的理念，反对儒家繁文的礼制，反对颁布众多的法令。因此，“小国寡民”的最核心的政治思想是不论小国或大国都要以德治理国家，都是孟子所说的“得道者多助，失道者寡助”[②]。《道德经》一书中，据我统计，共出现62个“天下”一词。这62个“天下”一词，都是讲治人治国治天下的道理。第二章中首次出现的“天下”一词为“天下皆知美之为美，斯恶矣”。本章的大意为美恶对等，有与无是相对比而生，难与易相对比而成，长与短、高与下、前与后都是因对比区分才形成的概念。依据老子用字的特点，我认为“小国寡民”的小与大也相对，在一定条件下“小”可以当作“大”来理解。老子熟悉远古至近古文化，《孟子·尽心上》：“孔子登东山而小鲁，登泰山而小天下。”[③] 鲁是一个国家，天下应指多个国家（春秋时期有一百多个国）。因此，我认为“小国少民”或“大国大民”都要以德治国才是老子的政治观念，这种对比概念的形成才具有普遍性。远古华夏人的“天下模型”就是第一次讲到的中国的世界，也就是天下。从理论上讲“天下模型”里是

① 朱熹撰：《四书章句集注》，北京：中华书局，1983年，第54页。

② 朱熹撰：《四书章句集注》，第241页。

③ 朱熹撰：《四书章句集注》，第356页。

没有疆界的。《道德经》其他 61 个“天下”一词，主要内容为德政文化。如第十三章有四个天下，即“贵以身为天下，若可寄天下；爱以身为天下，若可托天下”。贵以崇尚讲，意指破除小我意识，心怀天下苍生，成为世界（天下）的贵人，才能将天下国家大任交付给他，显然讲的是德政思想。第二十八章有六个天下，主要讲“常德不离，复归于婴儿”，即德行与道合一的人，可成为天下榜样，有道的明君会重用这种朴实的人，发挥其才华成为国家之栋梁，即明君应选用国家栋梁之材。第二十九章有两个天下，主要指的是野心勃勃、狂妄之徒，是得不到天下的，即使得到了也很快会失去的。第三十章有一个天下，指出有道的英明君主，不会武力夺天下，因战后会有报应；逆天道的人很快会失败。第三十七章有一个天下，即“不欲以静，天下将自定”，意指政府施政如能不长养众生欲贪，民心就安静下来，社会自然安定。

可以看出，第十三章及第二十八章的十个天下，其主旨思想是什么样的人才能承担天下国家的大任；明道之君应发挥天下榜样的作用，使其成为国家栋梁。第二十九章和第三十章的三个天下，主要是说有野心狂妄之徒是得不到天下的；用武力夺天下，逆天道的人很快会失败。第三十七章讲政府行为，不养众生欲贪，社会就会安定。因此，上述五章已经表述出老子的政治思想和执政理念，是一套完整的德政文化，是他哲学形而下的体现。正因如此，“小国寡民”处于第八十章，同第二章前后呼应。

总而言之，“小国寡民”是老子的国家观也好，天下观也好，其最核心的观念就是以德治国，以德治天下。简而言之，即以德治国论。

《道德经》中“命”的范畴和命题

——兼论李康《运命论》的文本解读

张思齐*

内容提要： 老子《道德经》三次言“命”。它两次出现在“复命”一语中。复命即复归本性。一切事物的本性均自然形成，复命就是复归于道。它一次出现在“莫之命”一语中。莫之命，即对“命”不加以干涉，让万物顺任自然。老子既讨论了“命”这一范畴，又以之为中心词而建立了多个命题。孔子亦言“命”，然而其多言“命”之社会意义而及于本体者绝少。命范畴和命命题在三国魏人李康《运命论》一文中得到了展开，这给我们多方面的启迪。李康《运命论》叙事框架是道家的。他列举了大量涉及道教的意象。他从肯定儒家的命运观出发，经过层层推演，最终扬弃儒家的命运观，高扬道家的命运观。世界正面临百年未有之大变局，我们涉道人员，无论是道门中人，抑或道学研究者，均应在变局中开新局，努力做出一番事业来。

关键词： 道德经　生活道　命范畴　开新局

命，是“生活道”的中心范畴。“生活道”自20世纪以来一直在成长，它影响广远，根基深厚。究其实质而观之，“生活道”的基本理论和史记操作都围绕着“命”来展开。由“命”而上溯“生活道”的根源，我们必然会追溯到老子那里。在老子的思想体系里有一个中心的概念：命。在老子著《道德经》一书中，“命”的使用有三例。

> 归根曰静，静曰复命。

* 张思齐（1950—），系武汉大学文学院教授、博士生导师，现任四川大学老子研究院兼职教授、中华续道藏监修委员。

复命曰常，知常曰明。（以上十六章）

道之尊，德之贵，夫莫之命而常自然。（五十一章）

先考察《道德经》十六章中的两个用例。老子《道德经》十六章："至虚极，守静笃。万物并作，吾以观复。夫物芸芸，各复归其根。归根曰静，是谓复命。复命曰常，知常曰明。不知常，妄作，凶。知常容，容乃公，公乃王，王乃天，天乃道，道乃久，没身不殆。"[①] 老子教导我们，要努力达到空虚已极的境界，要保持清净深厚的状态。世间万物竞相生长，我们要观察其循环往复。万物众多，却都要回归其本根。回归本根，这就叫作"静"。静，又叫作"复命"。复命，又叫作"常"。懂得"常"的道理，这叫作"明"。如果不动的"常"的道理而轻举妄动，就会遭到凶灾。唯有懂得"常"的道理，才能够包容一切。唯有包容一切，才能做到公正无私。唯有公正无私，才能够使人心归向。唯有人心归向，才合乎自然。唯有合乎自然，才合乎道。唯有遵循道，才能够长久，才能够终生避免危险。现在，我们由易到难，逆向考察《道德经》十六章中的三个关键词：复命、常、明。明，其含义是什么呢？《文子·上义》："凡学者能明于天人之分，通于治乱之本，澄心清意以存之，见其终始，反于虚，无可谓达矣。"[②] 由此可知，明是通达的认识，也就是对于事物本质的了解。常，其含义是什么呢？《韩非子·解老》："唯夫与天地之剖判也俱生，至天地之消散也不死不衰者谓'常'。"[③] 由此可知，所谓常，就是恒常的法则，也就是致使事物在一定的条件下保持不变的那种法则。最后，考察复命一语。在老子《道德经》十六章中，"命"是构成"复命"的一部分，而复命是一个述补结构的词组。如果添上主语，就构成了一个完整的命题。主语，这是从语法的角度说的。如果从逻辑的角度看，这个述补结构必定有其主体。那么，复命的主体是什么呢？复命的主体不是别的，就是宇宙万物。进而，再追问，复命的含义是什么呢？从上下文可知，复命即复归本性。那么，这本性是从哪里来的呢？显然，一切事物的本性都是自然形成的。以此之故，可以断定，复命就是复归于道，简言之，复命就是复道。现在，完整地表述出来，就是这样一个命题：宇宙万物复归于道。

再考察《道德经》五十一章中的用例。老子《道德经》五十一章："道生之，德畜之，物形之，势成之。是以万物莫不尊道而贵德。道之尊，德之贵，夫莫之命而常自然。故道生之，德畜之：长之、育之、成之、熟之、养之、覆之。生而不有，

① 王弼、楼宇烈：《老子道德经注》，北京：中华书局，2011 年，第 39 页。

② 王利器：《文子义疏》，北京：中华书局，2000 年，第 463 页。

③ 王弼、楼宇烈：《老子道德经注》，北京：中华书局，2011 年，第 39 页。

为而不恃，长而不宰，是谓玄德。”[①] 道产生万物，德抚养万物，于是万物开始有形状，之后自然界的变化之势使得万物成熟。因此，万物莫不遵崇道而重视德。道受尊崇，德受重视，这并不是因为有谁给了他们爵位，而是因为他们经常自然无为所致。道产生万物，抚养万物。道使万物生长，道使万物发育，道使万物稳定，道使万物成熟，道养育万物，道罩住万物免得它们遭受伤害。道使万物生长而从来不据为己有，道对万物有所施而从来不自恃有恩它们，道使万物滋生成长而从来不主宰它们。这就是默默无闻而不易察觉的道啊。我们不妨将这一番道理与基督教神学相比较，那么我们就可以看到，道是造化工程的主体。从这个意义上说，道类似于圣经《旧约》中的那位“严父般的”上帝。那么德又是什么呢？德是道在宇宙万物中的体现或曰展开。简言之，德是道的功能。从这个意义上说，德类似于圣经《新约》中的那位“慈父般的”的上帝。

关于命运，老子总共言说了三次，其含义已如上所示。相比之下，孔子言说命运的次数要多得多。据杨伯峻撰《论语译注》一书后面的《论语词典》统计，孔子言“命”一共21次。其中，含义为寿命者2次，含义为命运者10次，含义为生命者2次，含义为政令者1次，含义为使命者5次，含义为命令者1次。[②] 孔子笔下的“命”有一半其含义为“命运”。孔子对命运的主要论述如下。

《论语·雍也》:“伯牛有疾，子问之，自牖执其手，曰:‘亡之，命矣夫！斯人也而有斯疾也！斯人也而有斯疾也！’”[③] 冉耕，姓冉名耕，字伯牛，又称冉牛。冉伯牛是孔子心爱的学生之一。冉伯牛生了病，孔子亲自去探望他。孔子从窗户把自己的手伸进去，握住冉伯牛的手，孔子说:“你安心走吧，这是命运啊！这样一位好人，却得了如此重病，哎！”从孔子说话的预期可以看出，冉伯牛生了重病，治疗不好，只有死了。冉伯牛命运如此，虽然孔子是一位大圣人，但是当他面对命运的时候也没有什么办法。人们常说，生死有命。儒家对于关乎生死的命运，显得无能为力。

《论语·宪问》:“公伯寮愬子路于季孙。子服景伯以告，曰:‘夫子固有惑志于公伯寮，吾力犹能肆诸市朝。’子曰:‘道之将行也与，命也；道之将废也与，命也。公伯寮其如命何！’”[④] 这一段话不长，却宛如一幕小话剧。在这一幕小话剧中有五个人物，他们是公伯寮、子路、季孙、子服景伯、孔子。其一，公伯寮，春秋末期鲁国人，复姓公伯，名寮，字子周。公伯寥的名，又作僚、缭、辽。其二，季孙，即季孙肥。复姓季孙，名肥。季孙肥在鲁哀公时期担任鲁国的正卿，在当时他是政治

① 梁启雄:《韩子浅解》，北京：中华书局，2009年，第159页。

② 杨伯峻:《论语译注》，北京：中华书局，1980年，第249页。

③ 杨伯峻:《论语译注》，北京：中华书局，1980年，第59页。

④ 杨伯峻:《论语译注》，北京：中华书局，1980年，第157页。

上最有权力的人。康，这是季孙肥的谥号。其三，子路，即仲由，姓仲，名由，字子路。子路是孔子的学生，他出身穷苦，生性耿直，好打抱不平。子路一生跟随孔子，时时保护孔子。子路敬重他的老师，但是他也常常轻率地提出和老师向左的意见。其四，子服景伯，春秋时鲁国的大夫。复姓子服，名何，字伯，景是谥号。子服景伯，在文献中也作子服何、子服伯子、子景伯。其五，孔子。剧情是这样的。有一天，公伯寮向季孙肥说子路的坏话，而季孙肥君然听信了公伯寮的话。鲁国大夫子服景伯，对此很不以为然，于是他就把这件事告诉孔子。子服景伯还表示，自己有力量除掉公伯寮，公伯寮就是个说人坏话的家伙！孔子明白了事情的原委之后，并不生气，他也不赞同子服景伯将公伯寮除掉的主意。孔子说："道会不会得到实行，这是命运。道会不会遭到废弃，这也是命运。公伯寮虽然坏，他能把命运怎样呢？"道是大事情，道的命运远远比个人的命运来得重要。儒家对于道的命运，采取了听之任之的态度。这样的听之任之，固然显示出责任人的沉稳，但是他毕竟没有积极地主动地去施策，去应对，去作为。

《论语·尧曰》："孔子曰：'不知命，无以为君子也；不知礼，无以立也；不知言，无以知人也。'"[①] 在这里，孔子强调知命、知礼和知言。孔子说，不懂得命运，就没有可能成为君子。不懂得礼数，就没有可能立足于社会。不懂得分辨别人的言论，就没有可能认识那个说话的人。孔子将知命放在知礼和知言的前面，这说明他对命运的高度重视。孔子关于于命运的看法，有五点值得我们注意。第一，关于命运的本质。在孔子看来，命运是无法抗拒的异己的力量。既然无法抗拒，那么面对命运就只有为它去死了。当事业与命运冲突的时候，为事业而死，这就成了儒家勇敢的选择。儒家在大是大非面前，大都能够毅然决然地牺牲掉自己的生命。这是一种值得肯定的人生观。第二，对待命运的态度。在孔子看来，既然命运是一种无法抗拒的异己的力量，那么对于命运人们就应该采用一种坦然的态度。对命运采取坦然的态度，这有好的一面，那就是在厄运面前不至于惊慌失措，不至于怨天尤人，不至于灰心丧气，而是在平静的心态中等待自己的归宿。那么，我们不禁要问，这归宿在哪里呢？这归宿不在别处，而在天上。因此，孔子的命运观从本质上说就是天命观。第三，相信命运的实存。从孔子对待命运的态度可以看出，他相信命运的实际存在。于是我们看到，对于那些不相信命运的人，孔子不以为然；对于那些轻视命运的人，孔子感到相当惋惜。第四，带有宗教的感情。由于孔子相信命运的实际存在，因而孔子在行事的时候，其行为就具有指向性了。有了指向性，于是就有了寄托。孔子将行为的意义寄托在哪里呢？孔子将其行为的意义寄托在那看不见摸不着

① 杨伯峻：《论语译注》，北京：中华书局，1980年，第211页。

的命运之上。这样的一种心理寄托，其实质就是宗教的感情。第五，实事求是地说，孔子是有宗教感情的，只不过他的宗教感情，较之老子等道家人物，表现得不那么浓郁，不那么集中罢了，不那么具备外在的仪式感罢了。因此，我们看到，对于关乎生死的命运，以孔子为首的儒家人物，往往显得无能为力。同时，在孔子的学说中也缺少养生的理论。如果我们将人生看作一场战争，那么以孔子为首的儒家，显然不如以老子为首的道家那么善于擘画。老子是伟大的战略家，而孔子却不是。孔子的长处在具体的战术层面的经营，即如何将万千的人生端绪与礼相吻合。

古人对于命运的论述大都散见各处。下面研究一篇系统地论述命运的文章。命运，一作运命。在阅读李康《运命论》的时候，笔者隐隐感觉到这篇文章含有一个特殊的结构，它颇具八段文的风姿。《文选》卷五三录有李康的《运命论》。以下对李康《运命论》一文顺次进行研究，并点出其写作特点：

> 夫治乱，运也；穷达，命也；贵贱，时也。故运之所隆，必生圣明之君。圣明之君，必有忠贤之臣。其所以相遇也，不求而自合；其所以相亲也，不介而自亲。唱之而必和，谋之而必从。得失不能疑其志，谗构不能离其交，然后得成功也。其所以得然者，岂徒人事哉？授之者天也，告之者神也，成之者运也。[①]

以上第一段，李康“破题”，本段连标点共136字。李康将儒家关于命运的基本观点，几乎原封不动地拿过来，以之作为自己立论的出发点。

社会秩序，有时井井有条，有时混乱不堪。本来，社会的治乱有其自身的规律，然而这规律太隐秘太复杂而难于为一般人所洞察，于是人们就认为是运数在暗暗之中起作用。人生的进路，有时阻塞不同，有时畅通无阻。本来，个人的进展受到主客观因素的双重制约，然而多种客观因素往往与主观因素纠结在一起因而限制了个人的努力，于是人们就认为，困穷与通达是命所决定的，而个人无可奈何。有的人富贵，有的人贫贱。富贵和贫贱，既可以渐至，又可以骤至。大富翁一夜之间成了穷光蛋，穷光蛋一觉醒来成了大富翁，这样的事情确有发生，于是人们便以为是时机决定其贵贱。李康通过扼要复述儒家的命运观，开启了自己的《运命论》之宏大议论。

> 夫黄河清而圣人生，里社鸣而圣人出，群龙见而圣人用。故伊尹，有莘氏

① 萧统：《文选》，上海：上海书店，1988年，第730页。

之媵臣也，而阿衡于商。太公，渭滨之贱老也，而尚父于周。百里奚在虞而虞亡，在秦而秦霸，非不才于虞而才于秦也。张良受黄石之符，诵三略之说，以游于群雄，其言也，如以水投石，莫之受也；及其遭汉祖，其言也，如以石投水，莫之逆也。非张良之拙说于陈、项，而巧言于沛公也。然则张良之言一也，不识其所以合离？合离之由，神明之道也。故彼四贤者，名载于箓图，事应乎天人，其可格之贤愚哉？孔子曰："清明在躬，气志如神。嗜欲将至，有开必先。天降时雨，山川出云。"《诗》云："惟岳降神，生甫及申。惟申及甫，惟周之翰。"运命之谓也。岂惟兴主，乱亡者亦如之焉。幽王之惑褒女也，秩始于夏庭。曹伯阳之获公孙强也，征发于社宫。叔孙豹之昵竖牛也，祸成于庚宗。吉凶成败，各以数至。咸皆不求而自合，不介而自亲矣。[①]

以上第二段，李康"承题"，本段连标点共366字。李康将第一段中的意义加以承接引申，递进说明。李康采用"顺破逆承"的方式来发挥儒家的命运观。

首先，李康"顺破"。他指出，时运昌隆就会产生圣明之君。从历史上看，在产生圣明之君的时候，也会涌现出大量的忠贤之臣。忠臣贤臣得遇圣君明君，这是由机遇决定的，而不可强求。机遇在人生的道路上往往具有决定性的作用。个人的努力是必要的，然而却不是决定性的，只有机遇才具有决定性的力量。那么，机遇从何而来呢？机遇乃上天所给，奥秘乃神明所启，成功的人生主要靠运气。

接着，李康"逆承"。他举出大量涉及道教的意象，来说明机遇对人生的重要性。一、伊尹，《云笈七签》卷十五《黄帝阴符经》："（经曰）自然之道静，故天地万物生。传曰：自然之道无为而治，不为动静，皆得其性静之至也。静，故能立天地，生万物，自然而然也。伊尹曰：静之至，不知所以生也。"[②]伊尹，名挚，又称伊挚，在殷墟甲骨文中简称之为伊。伊尹入商辅佐成汤，伐桀灭夏，建立商朝，故而人们又称他为阿衡或保衡。伊尹是商初大臣，非道教人物，然而其思想方法和行事方式近于道。二、太公，即姜太公，姓姜，吕氏，名尚，字子牙，商末冀州人。道教典籍中关于姜太公的记载极多。在明代《封神演义》中，姜太公为群神之首，于是在民间演化为最具权威的一位神。三、百里奚，原为虞国大夫，后为秦穆公贤相。百里奚的事迹，尤其是入秦之经过历来说法不一。"百里，复姓。秦相百里奚之后，其先虞人，家于百里，因以为氏。"[③]"百里"是否复姓学界尚有争议，不过为避免烦琐各国翻译界均将之按复姓处理。《庄子·田子方》："百里奚爵禄不入于心，故饭牛

① 萧统：《文选》，上海：上海书店，1988年，第730页。

② 张君房：《云笈七签》，北京：书目文献出版社，1992年，第124页。

③ 商务印书馆编辑部：《辞源》（修订本），北京：商务印书馆，1988年，第1176页。

而牛肥，使秦穆公忘其贱，与之政也。”[①] 百里奚心志高洁，不爱爵禄，有道家的风范。《庄子·庚桑楚》:“是故汤以胞人笼伊尹，秦穆公以五羊之皮笼百里奚。”[②] 不过，人们大都承认，与伊尹一样，百里奚也具有治国之才，故而他们都受到君主的重视。百里奚的绰号“五羖大夫”就是这样来的。伊尹和百里奚都知道，治理万事万物都要顺应事物的本性，这是道家强调的智慧。张良（？— 前186），汉初大臣，相传为成父（今河南郏县东）人。传说张良与黄石公得《太公兵法》。秦末天下大乱，张良聚众归刘邦，协助建立汉朝。张良到了晚年非常喜好黄老，他放弃了人间的富贵荣华，跟从赤松子云游四方。箓图，道教的符箓图诀。本来，李康的议论已经朝道家的方向转移了，但是他笔锋一转，又巧妙地引述《礼记》和《诗经》。孔子曰“清明在躬”六句，语出《礼记·孔子闲居第二十九》。《诗经》云“惟岳降神”四句，语出《大雅·崧高》。李康这样做旨在表明，他并未偏离儒家的“正统”。这是李康的叙事策略。于是，李康又列举了《左传》所记载的幽王与褒姒、曹伯阳与公孙强、叔孙豹与竖牛等人的事迹。

> 昔者，圣人受命《河》《洛》曰：以文命者，七九而衰；以武兴者，六八而谋。及成王定鼎于郏鄏，卜世三十，卜年七百，天所命也。故自幽、厉之间，周道大坏，二霸之后，礼乐陵迟。文薄之弊，渐于灵、景；辩诈之伪，成于七国。酷烈之极，积于亡秦；文章之贵，弃于汉祖。虽仲尼至圣，颜冉大贤，揖让于规矩之内，訚于洙、泗之上，不能遏其端；孟轲、孙卿体二希圣，从容正道不能维其末，天下卒至于溺而不可援。夫以仲尼之才也，而器不周于鲁、卫；以仲尼之辩也，而言不行于定、哀；以仲尼之谦也，而见忌于子西；以仲尼之仁也，而取雠于桓魋；以仲尼之智也，而屈厄于陈、蔡；以仲尼之行也，而招毁于叔孙。夫道足以济天下，而不得贵于人；言足以经万世，而不见信于时；行足以应神明，而不能弥纶于俗；应聘七十国，而不一获其主；驱骤于蛮夏之域，屈辱于公卿之门，其不遇也如此。及其孙子思，希圣备体，而未之至，封已养高，势动人主。其所游历诸侯，莫不结驷而造门；虽造门犹有不得宾者焉。其徒子夏，升堂而未入于室者也。退老于家，魏文侯师之，西河之人肃然归德，比之于夫子而莫敢间其言。[③]

以上第三段，李康“起讲”，本段连标点共458字。起讲，即开讲，或曰小讲。

① 郭象、成玄英:《庄子注疏》，曹础基、黄兰发整理，北京：中华书局，2011年，第382页。
② 郭象、成玄英:《庄子注疏》，曹础基、黄兰发整理，北京：中华书局，2011年，第430页。
③ 萧统:《文选》，上海：上海书店，1988年，第731页。

在"起讲"这一部分，有个突出的特点，那就是说话口吻的转换。无论叙事，还是议论，作者均应摆脱"我"而进入古人的立场，也就是替古人说话。这样做，目的在于增强叙事和议论的客观性。

李康以古人的口吻，叙述了从上古时期到他所生活的那个时代中所发生的种种贤人不遇的史实。怀才怀德而不遇的人从来就非常多，孔子、颜回、冉有、孟子、荀子都有过不遇的痛苦经历。其中，论述得最详细的是孔子的遭遇。孔子有才华，然而他在鲁国和卫国都得不到重用，因为没有了解他的君主。孔子富有演说的才能，然而鲁定公和卫灵公表面上礼遇他却并不真正地重用他。孔子具有谦虚的美德，然而楚令尹子西却说他的坏话。这就使得原本准备礼遇孔子的楚昭王改变了主意，竟至于使得孔子无法在楚国立足。孔子具有仁德，宋国的司马桓魋却要杀他。为什么呢？原来孔子及其弟子曾在一棵大树下操演礼仪，此事惹得桓魋不高兴。孔子有智慧，本应受到各地的欢迎。然而孔子在经过陈国和蔡国却挨饿七天七夜，连野菜都吃不饱。为什么呢？因为孔子当时正在前往楚国的路上，陈国和蔡国的大夫担心孔子在楚国受到重用之后，将不利于陈国和蔡国这样的小国。孔子不遇明君圣主，这样的事情还有许多。

值得注意的是"起讲"部分的叙事框架，它是道家的。

> 故曰：治乱，运也；穷达，命也；贵贱，时也；而后世君子，区区于一主，叹息于一朝。屈原以之沈湘，贾谊以之发愤，不亦过乎！①

第四段缴结，本段连标点共58字。缴，缠绕。结，打结。缴结，小结前文，即对破题、承题和起讲这三部分进行小结。"缴结"上文同时意味着引起下文，故而后来改称"入题"。缴结，从功能上看，乃是一个过渡性的自然段。在这里，李康对治乱、穷大和贵贱的原因，进行了归纳。破题、承题、起讲和缴结，以上四段合起来称为"冒子"。更多的论述，更深入的分析，还在后头。

> 然则圣人所以为圣者，盖在乎乐天知命矣。②

第五段官题，本段连标点共19字。官，正式。题，题目。官题，正式地点出题目，以便后面进行规模更大的论述。在这里，李康明确地提出：欲为圣人须乐天知

① 萧统：《文选》，上海：上海书店，1988年，第732页。
② 萧统：《文选》，上海：上海书店，1988年，第732页。

命。向圣人学习，以便有朝一日自己也进入圣人之列，这是古代多数读书人的梦想。因而，这也是《运命论》的主要论题。

> 故遇之而不怨，居之而不疑也。其身可抑，而道不可屈；其位可排，而名不可夺。譬如水也，通之斯为川焉，塞之斯为渊焉，升之于云则雨施，沈之于地则土润。体清以洗物，不乱于浊；受浊以济物，不伤于清。是以圣人处穷达如一也。夫忠直之迕于主，独立之负于俗，理势然也。故木秀于林，风必摧之；堆出于岸，流必湍之；行高于人，众必非之。前监不远，覆车继轨。然而志士仁人，犹蹈之而弗悔，操之而弗失，何哉？将以遂志而成名也。求遂其志，而冒风波于险涂；求成其名，而历谤议于当时。彼所以处之，盖有算矣。子夏曰：“死生有命，富贵在天。”故道之将行也，命之将贵也，则伊尹、吕尚之兴于商、周，百里、子房之用于秦、汉，不求而自得，不邀而自遇矣。道之将废也，命之将贱也，岂独君子耻之而弗为乎？盖亦知为之而弗得矣。①

第六段原题，本段连标点 334 字。原，动词，追溯根源，探究本原。题，题目。原题，即对正式提出来的那个题目（官题）进行一番探究本原的论述。

骈俪句和排比句的大量使用是这一段的艺术特色。

骈俪句有以下六对。一、“遇之而不怨，居之而不疑。”二、“通之斯为川焉，塞之斯为渊焉。”三、“升之于云则雨施，沈之于地则土润。”四、“忠直之迕于主，独立之负于俗。”五、“前监不远，覆车继轨。”六、“蹈之而弗悔，操之而弗失。”以上六例，每一例包含两句，好比并行的两匹马拉着思想的车子往前跑。不过，也有更复杂的情况，请看以下三例。一、“其身可抑，而道不可屈；其位可排，而名不可夺。”二、“体清以洗物，不乱于浊；受浊以济物，不伤于清。”三、“求遂其志，而冒风波于险涂；求成其名，而历谤议于当时。”在以上三例中，每一例包含四句话，好比左右一辕各有两马前后行，拉着思想的车子往前跑。二马相驾曰骈，成双成对曰俪。骈文，又叫骈俪文，或骈体文。骈文是大盛于六朝的文体，系与散文（古文）相对而言。骈文与散文的根本区别在于，组句运思的方式不同，骈文采取双句骈行的方式来组句运思，散文采用单句散行的方式来组句运思。骈俪句的好处是两句相互补充，这就有助于理解文意了。成熟的骈文有三个特点。其一，语句方面讲究对偶，要求有工整的对仗，整齐的节奏。其二，音律方面讲究平仄，注重文章的音乐美。骈文可以押韵，也可以不押韵，押韵仅仅为修辞的要求，而不具备范畴的规定

① 萧统：《文选》，上海：上海书店，1988 年，第 732 页。

性。其三，行文方面讲究辞藻和用典，力求使文章温婉、典雅、精炼和华美。李康所处的时代，骈文尚未形成，不过在《运命论》中已经看到了骈俪句的雏形了。在以上六对骈俪句中，虽有对仗但不严格，即意思上有对立，平仄上未能做到对立。由于没有平仄的对立，因而仅有大体上的音乐美而已。再有，辞藻不富，用典不多。

在这一段中，有普通的排比句："木秀于林，风必摧之；堆出于岸，流必湍之；行高于人，众必非之。"也有复杂的排比句："道之将行也，命之将贵也……；道之将废也，命之将贱也……"排比是连续使用三个或三个以上结构相同或相似、语意相关、语气一致的语言单位，以强调语意、突出情感、增强语势的修辞方式。排比句可以看成骈俪句的发展。骈俪句是两两相对，排比句是三个一串。必要时，排比也可以是三个以上一串。当然，排比的语言单位也不可能无限多，五个一串不难觅得，再多就难觅了。排比与骈俪的区别还在于，在排比句中有些词语是相同的。

> 凡希世苟合之士，蘧蒢戚施之人，俛仰尊贵之颜，逶迤势利之间，意无是非，赞之如流；言无可否，应之如响。以窥看为精神，以向背为变通。势之所集，从之如归市；势之所去，弃之如脱遗。其言曰：名与身，孰亲也？得与失，孰贤也？荣与辱，孰珍也？故遂絜其衣服，矜其车徒，冒其货贿，淫其声色，脉脉然自以为得矣。盖见龙逢比干之亡其身，而不惟飞廉、恶来之灭其族也。盖知伍子胥之属镂于吴，而不戒费无忌之诛夷于楚也。盖讥汲黯之白首于主爵，而不惩张汤牛车之祸也。盖笑萧望之跋踬于前，而不惧石显之绞缢于后也。①

第七段讲题，本段连标点共 237 字。讲题又叫作大讲、讲段，亦即正面的论述。正面的论述，一般说来，字数也较其他自然段多一些。不过，这仅仅指一般情况。正面的论述，要在拽住关键处集中发力。好比作战，找准了关键处，一两发穿透弹，即可摧毁敌阵，而未必需要耗费大量的子弹鏖战若干个日日夜夜。这一段正是如此，文虽不长，但集中了要害处。

骈俪句的大量使用仍然是这一段的特色。在这一段里有三个骈俪句。一、"意无是非，赞之如流；言无可否，应之如响。"二、"以窥看为精神，以向背为变通。"三、"势之所集，从之如归市；势之所去，弃之如脱遗。"骈俪句的使用，使得文章摇曳多姿。在这一段里有两个排比句。一、"絜其衣服，矜其车徒，冒其货贿，淫其声色。"这里有四个结构相同或相似、语意相关、语气一致的语言单位。二、"希世苟合之士，蘧蒢戚施之人，俛仰尊贵之颜，逶迤势利之间。"这里也有四个结构相同

① 萧统：《文选》，上海：上海书店，1988 年，第 733 页。

或相似、语意相关、语气一致的语言单位。排比句的使用，能够收到一气呵成，气贯长虹的效果。不难设想，李康是一个善于养气的人。善于养气者，大都善于养生。善于养生者，大都对道教有所了解，有所探究，有所喜好。

值得注意的是，在这一段中李康又一次表现出他对道教的浓厚兴趣。李康罗列了大量的涉道人物。龙逢和比干虽然不是道家人物，但是他们为道教典籍所记载。《庄子·人间世》：“且昔者桀杀关龙逢，纣杀王子比干，是皆修其身以下伛拊人之民，以下拂其上。”[①]关龙逢是夏桀的贤臣。夏桀荒淫无道，关龙逢进谏，被囚而杀之。比干是商纣之诸夫，任少师。商纣淫乱暴虐，比干直言相谏，被杀剖心。伍子胥（？—前484），即伍员，春秋时楚国人，其事迹为史书所载。楚王无道，强夺伍子胥的儿媳妇为妻。伍子胥的父亲伍奢谏之，不听，反而被杀。楚王为了免除后患，又将伍子胥的哥哥伍尚杀掉。伍子胥不得已逃亡，欲为父报仇。在唐代变文中有《伍子胥变文》。在逃亡途中，伍子胥无意中和姐姐相见。姐姐为他盛了一葫芦瓢饭，以苦苣为齑。之后，伍子胥又匆匆上路了。不料外甥不仁，竟然追捉舅父。这一情节叫作“外甥追舅”。《伍子胥变文》：“行得廿余里，遂乃眼瞤耳热，遂即画地而卜，占见外甥来趁。用水头上禳之，而竹插于腰下，又用木屐倒着，并画地户天门，遂即卧于芦中，咒而言曰：‘捉我者殃，趁我者亡，急急如律令！’”[②]这显然受到了道教仙话的影响。在这里，伍子胥被塑造为一位道教术士。在逃跑途中，伍子胥躲进芦苇荡中，他不得已作法自护。在危急之时，伍子胥用急急如律令之“奇门遁甲术”躲过了追捕他的两个外甥。

更值得注意的是在这一段中，李康直接引用了道家的言论。老子《道德经》四十四章：“名与身孰亲？身与货孰多？得与亡孰病？甚爱必大费，多藏必厚亡。知足不辱，知止不殆，可以长久。”[③]李康所云“名与身，得与失，荣与辱”云云，显然是对老子《道德经》四十四章的直接引用。只不过，古人引书，一般不像今天这样严格，因而引文在字句上与原文略微有所不同罢了。

追求幸运，不如养命。幸运十分短暂，性命实在得多。这是本段的要义，也是全篇的中心思想。

故夫达者之算也，亦各有尽矣。曰：凡人之所以奔竞于富贵，何为者哉？若夫立德必须贵乎？则幽、厉之为天子，不如仲尼之为陪臣也。必须势乎？则王莽、董贤之为三公，不如扬雄、仲舒之阒其门也。必须富乎？则齐景之千驷，

① 郭象、成玄英理：《庄子注疏》，曹础基、黄兰发整理，北京：中华书局，2011年，第76页。
② 项楚：《敦煌变文选注》，成都：巴蜀书社，1990年，第26页。
③ 王弼、楼宇烈：《老子道德经注》，北京：中华书局，2011年，第125页。

不如颜回、原宪之约其身也。其为实乎？则执杓而饮河者，不过满腹；弃室而洒雨者，不过濡身，过此以往，弗能受也。其为名乎？则善恶书于史策，毁誉流于千载；赏罚悬乎天道，吉凶灼乎鬼神，固可畏也。将以娱耳目、乐心意乎？譬命驾而游五都之市，则天下之货毕陈矣。褰裳而涉汶阳之丘，则天下之稼如云矣。椎紒而守敖庾、海陵之仓，则山坻之积在前矣。扱衽而登钟山、蓝田之上，则夜光玙璠之珍可观矣。夫如是也，为物甚众，为己甚寡，不爱其身，而啬其神。风惊尘起，散而不止。六疾待其前，五刑随其后。利害生其左，攻夺出其右，而自以为见身名之亲疎，分荣辱之客主哉。[①]

第八段余意，本段连标点共363字。余意，也叫后讲，或从讲。余意，主要的意思已经说完，意犹未尽，再申述其意。后讲，前边已经讲了许多，后边再讲一点儿。从讲，跟着讲。成熟的十段文，“余意”部分字数较少。李康《运命论》，这部分字数较多。

大量使用设问句是这一段的特色。设问，又叫问语、问答，即明知故问，自问自答，目的在于引起读者的注意，强化感情。在这一段里，一共有七个设问句。

何为者哉？这是总的设问。那些热衷于富贵的人，究竟追求些什么呢？必须贵乎？意即：尊贵是必需的吗？显然，尊贵并非必需的。必须势乎？意即：权势是必需的吗？显然，权势并非必需的。必需富乎？意即：财富是必需的吗？显然，财富并非必需的。其为实乎？那些追求幸运的人，要这要那，这样做实在吗？显然，不实在。其为名乎？那些追求幸运的人，要这要那，这能成就美名吗？显然，不能。将以娱耳目、乐心意乎？那些追求幸运的人，果真娱乐了自己的耳目，快乐了自己的心意吗？显然，都没有。那么，人的一生要怎样做才能有意义呢？人生的意义在于契合于天道。老子《道德经》七十九章：“天道无亲，常与善人。”[②] 天道没有偏爱，它经常帮助善良的人。既然如此，天道也必然经常惩罚恶人。这是因为，人们做任何事情，都逃不过苍天的眼睛。在世人看来，吉凶难料。然而，鬼神却目光灼灼，能预测一切。在这里，鬼神，其含义类似于基督教的圣灵。圣灵有两种英文表达，都是正式的，一是 the Holy Spirit（神圣的灵），一是 the Holy Ghost(神圣的鬼)。

天地之大德曰生，圣人之大宝曰位，何以守位曰仁，何以正人曰义。故古之王者，盖以一人治天下，不以天下奉一人也。古之仕者，盖以官行其义，不

① 萧统:《文选》，上海：上海书店，1988年，第734页。

② 王弼、楼宇烈:《老子道德经注》，北京：中华书局，2011年，第196页。

以利冒其官也。古之君子，盖耻得之而弗能治也，不耻能治而弗得也。原乎天人之性，核乎邪正之分，权乎祸福之门，终乎荣辱之算，其昭然矣。[①]

第九段原经，本段连标点共130字。原经，又叫考经，再次引经据典，以增强论文的权威性。

那么，我们不禁要问，李康所原的经，究竟是哪一家的经呢？《周易·系辞下》："天地之大德曰生，圣人之大宝曰位，何以守位曰仁，何以聚人曰财，理财正辞，禁民为非曰义。"[②] 李康《运命论》照原样引用了这里的前三句话。对于后三句话，李康做了概括。《淮南子·修务训》："且古之立帝王者，非以奉养其欲也；圣人践位者，非以逸乐其身也。为天下强掩弱，众暴寡，诈欺愚，勇侵怯，怀知而不以相教，积财而不以相分，故立天子以齐一之。"[③] 李康《运命论》概略地引用了《淮南子·修务训》的这一段话。在这一段中，李康还有些话，化用了《论语》和《尔雅》，然而其基本精神依然本于道家。

故君子舍彼取此。若夫出处不违其时，默语不失其人，天动星回而辰极犹居其所，玑旋轮转，而衡轴犹执其中，既明且哲，以保其身，贻厥孙谋，以燕翼子者，昔吾先友，尝从事于斯矣。[④]

第十段结尾，本段连标点共82字。在这里，李康再一次引用了道家文献。

"君子舍彼取此"，语出老子。老子《道德经》十二章："五色令人目盲，五音令人耳聋，五味令人口爽，驰骋田猎令人心发狂，难得之货令人行妨。是以圣人为腹不为目，故去彼取此。"[⑤] 过度的视觉享受伤目力，过度的听觉享受伤听力，过度的味觉享受伤肠胃，过度的游乐破坏心灵的安静，过度的追求珍贵货物伤人品行。因此，圣人采取前者而舍弃后者，即只求温饱而不贪享受。老子的这几句话，教导人们过一种朴素而简约的生活。《周易·系辞上》："君子之道，或出或处，或默或语。"[⑥] 这几句话本是孔子所说，亦为道家所用。《周易》一书是联系儒道两家的桥梁。李康就是这样，他巧妙地穿梭于道家学说与儒家学说之间，最终站在道家的基本立场上，雄辩地言说了他对命运的看法。

① 萧统：《文选》，上海：上海书店，1988年，第734页。
② 《周易》，苏勇点校，北京：北京大学出版社，1989年，第86页。
③ 刘文典：《淮南鸿烈集解》，冯逸、乔华点校，下册，北京：中华书局，1989年，第633页。
④ 萧统：《文选》，上海：上海书店，1988年，第735页。
⑤ 王弼、楼宇烈：《老子道德经注》，北京：中华书局，2011年，第31页。
⑥ 《周易》，苏勇点校，北京：北京大学出版社，1989年，第83页。

李康，字萧远，一云字肃远，三国魏中山（今在河北）人。李康性格耿介，不能和于俗，为乡里所嫉恨，未入仕途。《文心雕龙·论说》："至如李康《运命》，同《论衡》而过之。"[①] 刘勰认为，虽然在论述命运方面李康《运命论》与王充《论衡》属于同类的著述，但是《运命论》的文采却超过了《论衡》。那么，《运命论》的文采表现在哪些方面呢？笔者以为，李康《运命论》的文采表现在以下四个方面。第一，文多骈俪，情采飞扬。第二，成股排比，辩驳前行。第三，设作问答，暗转思路。第四，隐含十段，先导八股。八股文的雏形是十段文，它兴起于宋元之间。十段文得名于它所隐含的十个自然段。这些自然段构成十个层次，层层推进。因此，在八股文的发展史上，李康《运命论》占有一席之地。

李康《运命论》连标点共 2183 字，堪称骈文中的大篇。李康用极大的心力来撰写这篇文章，做到了锦心绣口。李康的《运命论》，其运思之特点是，从肯定儒家的命运观出发，经过层层推演，最终过渡到扬弃儒家的命运观，从而高扬道家的命运观。

（本文系《从〈道德经〉看生活道的发展历程与当代实践》之一部分）

① 刘勰：《文心雕龙注释》，陆侃如、牟世金译注，济南：齐鲁书社，1995，第 265 页。

“德”在《老子》文本中的呈现与运用

陈大明　陈　辰*

内容提要：“德”是“道”降落到人和人类社会层面的表现，经由“德”在《老子》文本中的呈现，老子阐释了道与德的关系，分析了德的类型，指出了德的功用。继而说明如何修德，提出了有德之人的修为和应达到的境界。

关键词：德　《老子》　呈现　运用

老子将无言无形，看不见、听不到、摸不着的高度抽象的道降落至万事万物以至于人自身和人类社会，在《老子》文本中做了系统的呈现和运用。对这种呈现和运用综合分析，对于深入理解“道”与“德”的密切联系，提升“尊道贵德”水平，具有重要意义。

一

“德”作为与“道”相对应的重要范畴，在《老子》文本中出现频次很高，依陈鼓应先生参照简帛本修订而成的《老子校定文》，“德”共计出现41次。“德”字是个会意字。甲骨文“[illegible]”的左边是“彳”，它在古文字中是表示行动的符号；其右部是一只眼睛，眼睛之上是一条垂直线，这是表示目光直射之意。所以这个字总的意思是：行动要正，而且“目不斜视”，这就是“德”。金文“[illegible]”的会意就更为全面了，“目”下又加了“心”，这就是说：目正、心正才算“德”。“[illegible]”是小篆的写法，仍然是会意，其右部的上方变成了“直”，“直心”为“德”，所以在古代“德”字也可以写为“悳”。“德”是楷书的写法。

在道家思想中，“道”代表自然律，是道家世界观的核心；“德”代表顺应自然

* 陈大明，老子研究院首席研究员，华夏老学研究会副会长，中国老子文化研究中心执行副主任、秘书长；陈辰，老子研究院学术研究部副部长、馆员。

律的法则，是道家方法论的核心。道是在承载一切，德是在昭示道的一切。大道无言无形，看不见、听不到、摸不着，只有通过人们的思维意识去认识和感知它；而德是道的体现，是人们能看到的、每个人通过感知后所发生的行为。诚如管子所言："德者，道之舍，物得以生生，知得以职道之精。故德者，得也。得也者，其谓所得以然也。以无为之谓道，舍之之谓德。故道之与德无间，故言之者不别也"[①]

在老子看来，德是道在具体事物中的体现，是事物所以如此的内在根据。换言之，德是存在于万事万物中的道，就万物的生成来讲是道，就万物的存在来讲则是德。道与德是须臾不可离的二位一体。德是道之德，没有道，万物无以发生、出现；没有德，万物则无以繁育、成长。

"德"在《老子》文本中的具体运用，见下表：

章次	原文	"德"出现频次	译文
第 21 章	孔德之容，惟道是从……	1	大德的样态，随着道为转移
第 23 章	……德者，同于德；……同于德者，道亦德之；……	4	……从事于德的人，就合于德；……同于德的行为，道会得到他，……
第 28 章	……为天下溪，常德不离，复归于婴儿。……为天下谷，常德乃足，复归于朴。……	2	……作为天下所遵循的蹊径，常德就不会离失，而回复到婴儿的状态。……作为天下的川谷，常德才可以立足，而回复到真朴的状态。……
第 38 章	上德不德，是以有德；下德不失德，是以无德。上德无为而无以为；……故失道而后德，失德而后仁，……	9	上德的人不自恃有德，所以实是有德；下德的人刻意求德，所以没有达到德的境界。上德的人顺任自然而无以作为；……所以丧失道就会失去德，失了德就会失去仁，……
第 41 章	……上德若谷……广德若不足；建德若偷……	3	……崇高的德好似低下的川谷……广大的德好似不足；刚健的德好似懦弱的样子……
第 49 章	……善者，吾善之；不善者，吾亦善之；德善；信者，吾信之；不信者，吾亦信之；德信……	2	……善良的人，我善待他；不善良的人，我也善待他；这样可使人人向善。守信的人，我信任他；不守信的人，我也信任他；这样可使人人守信……

① 黎翔凤：《管子校注》（中），北京：中华书局，2004 年，第 770 页。

第 51 章	道生之，德畜之，……是以万物莫不尊道而贵德。道之尊，德之贵，……故道生之，德畜之；……是谓"玄德"	5	道生成万物，德畜养万物……所以万物没有不尊崇道而珍视德的。道所以受尊崇，德所以被珍视，……所以道生成万物，德畜养万物，……这就是最深的德
第 54 章	……修之于身，其德乃真；修之于家，其德乃余，修之于乡，其德乃长；修之于邦，其德乃丰；修之于天下，其德乃普。……	5	……拿这个道理量化到个人，他的德会是真实的；贯彻到一家，他的德可以有余；贯彻到一乡，他的德能受尊崇；贯彻到一国，他的德就会丰盛；贯彻到天下，他的德就会普遍。……
第 55 章	含德之厚，比于赤子。……	1	含德深厚的人，比得上初生的婴儿。……
第 59 章	……早服谓之重积德；重积德则无不克，……	2	……早做准备就是不断的积德；不断的积德就没有什么不能胜任的，……
第 60 章	……夫两不相伤，故德交归焉。	1	……鬼神和有道者都不侵越人，所以德会归于民。
第 65 章	……常知稽式，是谓"玄德"。玄德深矣，远矣，与物反矣，然后乃至大顺。	2	……常守住这个法则，就是"玄德"，"玄德"好深好远啊！和万物复归到真朴，然后才能达到最大的和顺
第 68 章	……是谓不争之德，是谓用人，是谓配天，古之极也。	1	……这叫作不争的品德，这叫作善于用人，这叫作合于天道，这是自古以来的最高准则
第 79 章	……（报怨以德）……有德司契，无德司彻。……	3	……〔用德来报答怨恨〕……有德的人就像持有借据的人那样宽裕，无德的人就像掌管税收的人那样苛取。……

二

由列表可见，老子是从以下意义层面运用"德"的：

1. 阐释道与德的关系。

对道与德关系的认识，集中表现在第 21、23、38、51 章。

第 21 章开篇即明确指出："孔德之容，惟道是从。"[①] 大德的模样，只是随着道而

① 陈鼓应：《老子今注今译》，北京：商务印书馆，2003 年，第 156 页。

变化。在老子的思辨世界里，德是道的体现，道因德而得以显现于物的世界。从某种意义上说，德是道的形式，道是德的内容，二者是互相依存的。若是没有“道”，便不会有“德”的功用；没有“德”，也不能显示“道”的力量。

进一步说，道是形而上的，无边无际，无形无状，因此，恍恍惚惚，似有似无。但是道并非不可知，反映在社会人生层面就是德，因而有形有物，有精有信。德随着道而变化，所以，“孔德之容，唯道是从”。在二者关系中，道处于主导的、支配地位，德处于跟从的、辅助地位，二者紧密联系，浑然一体，道确是经由德才能够体认和把握的。

第23章围绕“希言自然”，列举“飘风不终朝，骤雨不终日”的显例，说明天地间狂暴剧烈的事物违逆自然之道，注定不会长久。下落到人类社会，指出“从事于道者，同于道；德者，同于德；失者，同于失。同于德者，道亦德之；同于失者，道亦失之。”这是立足于“孔德之容，惟道是从”的基本判断，向人们发出的警告：一定要“同于道”“同于德”，而不能“同于失”，因“同于失”注定不会长久，终会被道抛弃。其中的“同于德者，道亦德之;同于失者，道亦失之”[①]，说的也是道与德的关系。

第38章以“上德不德，是以有德”作起，着重阐释上德、下德、仁、义、礼五者的不同层次。以上德为上，其次为下德，再次为仁，复次为义，最次为礼。上德、下德、仁、义、礼不仅相继而生，而且每况愈下。在老子看来，五者之间是有差别的，用“无为”衡量，“无为而无以为”最上，其次是“无为而有以为”，再次是“为之而无以为”，复次是“为之而有以为”，最次是“为之而莫之应，则攘臂而扔之”[②]。老子抨击了下德、仁、义、礼对自然之“道”“德”的破坏，认为道与德体用一源，顺应自然，没有私欲，先天而生。而仁、义、礼出自人为，后天而生，伤害人的自然天性，是对道、德的根本破坏。因此，即便是那些制定仁、义、礼的所谓先知，也不过是只看到道的表面的虚华，没有见到道的实质，这已经是愚昧的开始了。所以，真正得道的大丈夫必须抛弃浅薄虚华，采取敦厚笃实。

当然，老子并没有否定儒家所谓的仁、义、礼，只是老子的思想境界更高，他认为道、德理念是高于仁、义、礼的价值标准，合于自然无为之道，应当首先提倡并施行，而仁、义、礼是相继次一等的要求，只有不得已才为之。老子强调得道之人总是追求内容的朴实而摒弃形式的虚华，主张重实质而轻形式，这一观点直到今天仍有积极的针砭、警示作用。人类社会从老子所处的春秋末年发展迄今，虽多所

① 陈鼓应:《老子今注今译》，第164页。
② 陈鼓应:《老子今注今译》，第215页。

倡导“德治”，但远远没有达到，仍然在仁、义、礼甚至主要在“礼治”的层次上徘徊，若遇天灾人祸，杀伐征战，连“礼”的层次也达不到。由此也可知为什么孔子向老子问礼，老子每每都在批评孔子不识时务，实源于老子的思辨层次高出孔子许多，孔子远远达不到老子的层次，故而才有“犹龙”之叹，才有多次向老子问礼求道。当然，历代统治者不可能达到老子的层次，认为能达到孔子的层次就不错了，所以孔孟之道俨然成了封建社会的统治思想大行于世。对这样的结果，老子早有预见，他在第 70 章中便明言：“吾言甚易知，甚易行。天下莫能知，莫能行。”[①]不是“莫能知，莫能行”，而是知了不去实行或者只是把老子拿来装点门面，其实行的却是仁、义、礼层次，甚至连仁、义、礼也算不上的“私货”，所导致的后果自然是国敝民穷了。这里，老子不仅谈了道与德的关系，也着眼于人类社会发展的现实，涉及了道、德与仁、义、礼的关系。尽管老子认为仁、义、礼的意义与作用与道、德不可同日而语，仍面对现实，做出了符合社会发展实际的评价与判断，最终得出的“大丈夫处其厚，不居其薄；处其实，不居其华。故去彼取此”的结论确是振聋发聩的。

第 51 章是对道、德关系的展开深入论证。老子把高远超迈的目光投向茫茫苍穹，在大化流行的大背景上，再一次发挥了“道”以无为自然的方式缔造万物，“德”以幽深奥妙的德性养育万物的思想。从老子的叙述不难见出，万物的形成和发展，可以分为四个阶段：首先，它由作为宇宙本体的道转化和生成，即“道生之”；然后，再依靠自身本有的德来维系其存在，即“德畜之”；再后，才得由物赋形而具有形体，即“物形之”；最后，更借势加工而使之完成，即“势成之”。在这一大化流行的全过程中，道和德是基本的。没有道，万物无所从出；没有德，万物就失去其本性；所以万物无不尊崇道而重视德。但是，道的被尊崇，德的被珍视，都是出于自然，没有任何指令或有意安排。道的生养万物，与万物的依靠道而生长变化，历来是自然如此的。因此，道生长万物，却不据为己有；道协助万物，却不自恃有功；道导引万物，却不居心主宰。这种品德就叫作幽深奥妙的德。

老子通过对道化生、养育、区别、成就万物，是万物之母，虽然受到尊崇，却不号令、不占有、不自恃、不主宰，一切顺应自然，具有深妙“玄德”品格的阐释，告诫统治者在治国理世上应该采取顺应万物自然本性的方式，追求最纯真的“朴”的状态，返朴归真，而切不可造作妄为，以至朴散真离，陷入无法掌控的混乱状态。老子在对“道”与“德”关系精准把握前提下所强调的“万物莫不尊道而贵德”[②]，贯

① 陈鼓应：《老子今注今译》，第 318 页。

② 陈鼓应：《老子今注今译》，第 260 页。

穿五千言始终，几乎在每一章的阐述中皆隐含这一思想。

2. 分析德的类型。

在老子视阈中，德是以不同类型呈现出来的，通过第 28、38、41、51、65、68 章的分析，老子提出德有如下类型：

一是常德。“常德不离”“常德乃足”。常德，指恒久的德。不离、乃足的前提是“为天下溪”“为天下谷”，是“知其雄，守其雌”“知其白，守其辱”。进一步说，只有做到知雄守雌、知白守辱，才能逐渐养成常德，并使之达到“不离”“乃足”[①]的程度。

二是上德与下德。德分上、下，“上德不德，是以有德；下德不失德，是以无德”。上德的人不刻意修德，因此真有德；下德的人刻意求德，因此无法进入德的境界。上德之人不刻意修德的突出表现是顺任自然而无心作为，亦即“上德无为而无以为”。在老子看来，上仁、上义、上礼尚不及下德层次，与上德的“惟道是从”[②]融和为一更不可同日而语，所以才有“失道而后德，失德而后仁，失仁而后义，失义而后礼”[③]的逐层下降的情形出现。

三是上德、广德与建德。老子在第 41 章提出了这个分类，其中的上德与第 38 章“上德”含义相同，仍是指崇高的德。广德指博大阔远的德，建德指刚健竣拔的德。认为“上德若谷”“广德若不足”“建德若偷”，它们并不刻意展示、炫耀自己，反而在“若谷”“若不足”“若偷”的状态下发挥着自身的作用，恰与“明道若昧，进道若退，夷道若纇”相一致，既体现着“上德”“广德”“建德”的“惟道是从”，又体现着“道隐无名”的本质属性，进而“善贷且成”[④]，善于资助万物并成就万物。

四是玄德。这一类型是在第 51、65 章提出来的。同为“玄德”类型，但侧重点有所不同。一是从大化流行视角提出的“玄德”类型，集中表现在第 51 章。经由“道生之，德畜之，物形之，势成之”的进程，才开天辟地，化生万有，阴阳和谐，万物滋养。所以，“万物莫不尊道而贵德”。这种尊崇，不假外力，浑然天成，以至于达到“生而不有，为而不恃，长而不宰”[⑤]的至高至善境界，老子称之为“玄德”。一是从治国理世视角提出的“玄德”类型，集中表现在第 65 章。老子从第 51 章对道德一体、化生万物视角下落到人类社会，认为要顺应道、德之本质属性，把尊道贵德精神贯彻到社会治理领域，形成治理的“稽式”亦即治国的法则。实行这一法则，

① 陈鼓应：《老子今注今译》，第 183 页。
② 陈鼓应：《老子今注今译》，第 156 页。
③ 陈鼓应：《老子今注今译》，第 215 页。
④ 陈鼓应：《老子今注今译》，第 229 页。
⑤ 陈鼓应：《老子今注今译》，第 260 页。

就要“非以明民，将以愚之”“不以智治国”，其实是引导百姓摒弃伪诈智巧，进入纯朴自然状态。认为以这一明明白白的法则治国理世，便可称之为“玄德”，而“玄德深矣，远矣，与物反矣，然后乃至大顺”[①]。亦即国君与百姓皆持守“玄德”，与万物一起返归本始真朴，便能够进入最自然的境界。

五是不争之德。在第 68 章，老子以战事比喻不争之德，着重阐释退守无为的哲学思想在军事斗争领域的运用。“不武”“不怒”，是讲不能逞匹夫之勇，意气用事，争强好胜。“不与”“为之下”，是讲“以奇用兵”，[②]避免正面交锋、杀伤士卒。只有在战争中坚持不争的原则，珍惜人力、物力，以最小的代价夺取最大的胜利，才符合最高的自然之道。值得注意的是，老子从统兵、攻战、胜敌、用人四个方面列举了“不争之德”的四种表现，即不耀武逞勇，不动怒发威，不争胜斗狠，善谦下用人。由这四种表现可见，“不争之德”是老子“三宝”之首“慈”德的集中表现。有柔慈之心就能够以宽爱待人，能得人才之用；有柔慈之心就能够以谦下接物，能得士卒之附。所以，或战或守，将士都会勇于效命。

慈勇是不争而制敌之大勇，慈怒是安民而治世之大怒，慈战是不战而屈人之兵之上战，慈胜是以柔弱胜刚强之至胜。在老子看来，“不争”之德得人、配天，既顺民心而得人和，又顺天道而合自然。它使人天顺化，与道合一，自然战无不胜，攻无不克，永远立于不败之地。应当说，这是一种极高的军事战略境界。《老子》在第 8 章以水喻道，认为水性即道性，水德即道德，赞美水的“善利万物而不争”[③]，倡导的也是“不争之德”。

3. 指出德的功用。

对于德的功用，老子有一个总概括，即第 51 章提出的“道生之，德畜之，物形之，势成之”[④]。张岱年先生评价：“老子说‘道生之，德畜之，物形之，势成之’。一物由道而生，由德而育，由已有之物而受形，由环境之情势而铸成。道与德乃一物之发生与发展之基本根据。”冯友兰先生评价：“老子认为，万物的形成和发展，有四个阶段。首先，万物都有‘道’所构成，依靠‘道’才能生出来（道生之）。其次，生出来以后，万物各得到自己的本性，依靠自己的本性以维持自己的存在（‘德畜之’）。有了自己的本性以后，再有一定的形体，才能成为物（‘物形之’）。最后，物的形成和发展还要受周围环境的培养和限制（‘势成之’）。在这些阶段中，‘道’和‘德’是基本的。没有‘道’，万物无所从出；没有“德”，万物就没有了自己的本性；

① 陈鼓应：《老子今注今译》，第 304 页。
② 陈鼓应：《老子今注今译》，第 280 页。
③ 陈鼓应：《老子今注今译》，第 102 页。
④ 陈鼓应：《老子今注今译》，第 260 页。

所以说：'万物莫不尊道而贵德'。"[①] 从两位先生的评价可知，在万物运化进程中，德的总功用是养育万物，使万物依自己的本性而生长发育。若失了自己的本性，万物便如一个模式所成，丰富多彩的世界便不复存在。德成就了万物中每一个体所特有的属性，使之成为风采独具的"这一个"，其功用不可或缺。

具体说来，一是"德善""德信"，有着"善"与"信"的功用，可以引导人人向善，使得人人守信，使天下人的心志归于浑朴[②]。二是"重积德则无不克"，是"有国之母"。这是治理国家的根本原则，遵从这一根本原则，便能够"深根固柢""长生久视"[③]，三是推动进入最自然的治理境界，亦即"玄德深矣，远矣，与物反矣，然后乃至大顺"[④]。

三

在阐释道与德的关系，明确了德的类型，指出了德的功用后，老子的笔触，便落到了德的修养和应达到的境界上。

1. 说明如何修德。

老子在第 54 章集中回答了这个问题。针对春秋末期各诸侯国的统治者们私欲膨胀，沉湎于声色犬马，终至损道败德的现实状况，老子明确提出了以建德抱道而修身的原则、成效与方法，强调以道修德，普化天下，重在修身。老子认为，要拯救社会，改善世风，重视人性，一个重要的途径是人们必须毫无保留地皈依于大道，其基本步骤是以小致大，推己及人。以修身之德真，修家之德余，修乡之德长，修邦之德丰，修天下之德普，展现修身立德由以真为本而至于以普为用。老子从"修之于身"层层递进，一直说到"修之于天下"。意在揭示修身层次不同，德的作用与影响也随之不断扩大。

老子所强调的修身特征在于立德真淳，施德普遍，是个人自我守道修身的自然扩展，如大道之周流广博，泽被万物。老子提出"以身观身"至"以天下观天下"的修身立德方法，目的是让人们体悟与借鉴。具体说来，己之身、家、乡、邦、天下，都是具体现象界的存在和表现，属于感性直观对象；而他之身、家、乡、邦、天下，则是依据感性直观的具体现象界的对象而抽象出的带普遍规律性的理性思维、理论概括，亦即对大道规律的深刻体悟。所以，前者为"物"，后者为"道"，是观物体道以立德的过程。能体悟到这一点并孜孜以求，躬身践行，便可成就"善建""善

① 陈鼓应:《老子今注今译》，第 261 页"注释①"。

② 陈鼓应:《老子今注今译》，第 253 页。

③ 陈鼓应:《老子今注今译》，第 288 页。

④ 陈鼓应:《老子今注今译》，第 304 页。

抱”之举，也就“子孙以祭祀不辍”[①]了。

应该看到，老子提倡的这种修身立德方法，深刻影响了孔子和孔子后学，儒家后来明确提出的“修身、齐家、治国、平天下”的修身治国主张，虽与老子的思辨层次不同，但推己及人的思维方向是一致的。

2. 提出有德之人的修为。

老子在第 38、41、79 章着重谈了这个问题。

第 38 章，指出德的类型不同，其修为也具有明显的差别。这种差别就表现为上德的人不刻意修德，因此真有德；下德的人刻意求德，因此没有进入德的境界。至于上仁、上义、上礼之人，不属有德之人范围，老子是以讽刺的口吻叙述他们的言行举止的，认为他们的那一套不叫修为，而是伪诈的表演。当然，老子也一针见血地指出了失道、失德、失仁、失义所导致的后果，认为礼这个东西，标志着忠信的不足，也是祸乱的开端。倡导大丈夫要立身淳厚，而不居于浅薄；要存心笃实，而不陷于浮华；要舍弃薄华的“礼”，而施行厚实的“道”与“德”。

第 41 章先举上士、中士、下士对道截然不同的态度，明言“不笑不足以为道”。然后采取辩证说理手法，回答为什么道常常被无知妄人嘲笑。其中谈到的“上德若谷；大白若辱；广德若不足；建德若偷”中的“若谷”“若辱”“若不足”“若偷”[②]，正是有德之人修为程度的形象展示。

第 79 章的“有德司契，无德司彻”，更是形象地揭示了有德之人与无德之人修为程度的本质区别，得出了“天道无亲，常与善人”[③]的精辟结论。

3. 揭示有德之人的境界。

老子深刻阐述了有德之人修德悟道所达到的崇高境界：一是“复归于婴儿”“复归于朴”。这是“常德不离”“常德乃足”[④]的必然结果，是经由老子提倡后人人向往和追求的婴儿境界、返朴归真境界，已然成为精神文化标识，而融入中华民族的精神世界里。二是神奇的、幽深微妙的“玄德”境界。老子在第 51、65 章做了深入阐述。三是“赤子”境界。在第 55 章，老子做了形象而又生动的阐述。老子以赤子比喻厚德之人，认为赤子质朴纯真，元气充沛，筋骨柔弱，内力刚强，精神和谐，这正是修德行道之人必须具备的品德修养。只有这样，才能有效地克制内心的欲望和冲动，抵制外部的伤害和影响，归于大道。老子以赤子的种种生理现象作譬，宣扬阐发其虚静处下、柔弱无为的人生哲学。他所说的“精之至”，是形容精神完全饱满

① 陈鼓应:《老子今注今译》，第 271 页。

② 陈鼓应:《老子今注今译》，第 229 页。

③ 陈鼓应:《老子今注今译》，第 341 页。

④ 陈鼓应:《老子今注今译》，第 183 页。

的理想状态，而“和之至”，则是形容心灵平淡、凝聚和谐的美好状态。

老子在这里既是针对人们的自身修养而言，又是针对当时的社会政治现实有感而发。他以“赤子”般的“含德之厚”境界，引导人们舍弃各种欲望，摈绝奢靡浮华，彻底地回复到纯任自然、不事雕饰、混沌淳朴的原始状态，从而皈依大道，全真葆性，避免“物壮则老”“不道早已”[①]的悲剧发生。在此，老子是说理，同时也是交代修身养性、悟道体道的方法，这种方法多为后世养生家们发挥和借鉴，尤其是婴儿之道或婴儿境界，对后人的启示意义是巨大的。

① 陈鼓应：《老子今注今译》，第 274 页。

老子“仁义”思想释辨

蒋九愚　龙芮洁*

内容提要：郭店楚简本《老子》的出现，使得人们怀疑老子批判仁义思想的真实性，并由此推定五千言《老子》并非春秋末期老聃所作。老子的“绝仁弃义”，不仅针对“周文”（仁、义、礼）流弊而言，而且要“绝世弃俗之所谓仁义之事”。世俗的“仁义”“圣智”“巧利”，都是违背了“道”之“自然”价值要求，都应该批判、否定。老子不仅反思和批判传统的仁义礼，也正面提倡符合“大道”精神的慈、俭、不争的价值规范。“天地不仁”的天地，具有价值论、意志论的色彩，不是通常人所理解的、物理意义上的自然界。“天地不仁，圣人不仁”中的“不仁”应该理解为“大仁”“至仁”，表现出老子的超道德主义色彩。老子“绝仁弃义”的批判态度，根源于老子的思想性格和精神气质。老子思想在不少方面尤其在价值规范方面，与孔子思想有不少相似或相合之处，但是在哲学的根源处，是根本对立的。

关键词：老子　绝仁弃义　自然　圣人不仁

目前关于《老子》一书的版本主要三种：通行本或今本（以河上公本、王弼本为代表）、汉代帛书本（1973 年发现于湖南长沙马王堆）和郭店楚简本(1993 年发现于湖北荆门市郭店村)。三个《老子》版本中，通行本《老子》与帛书《老子》内容差异很小（结构差异较大），字数大体相当，在思想内容上一样。通行本《老子》与郭店楚简本《老子》在文字、词句、编排结构等方面差别较大，尤其值得注意的是，郭店楚简本《老子》字数只是通行本《老子》五千言的五分之二。郭店楚简《老子》不仅在内容字数上明显少于通行本《老子》，而且在相同（相似）的内容上，文字表述具有明显差异。通行本《老子》中有“绝仁弃义”而楚简本《老子》中却没有，代之的是“绝伪弃虑（诈）”；通行本中有“绝圣弃智”，而郭店楚简本《老子》却写作“绝智弃辨”。学术界有一种普遍流行的观点，认为郭店楚简《老子》在仁义问

* 蒋九愚，江西师范大学政法学院教授、哲学博士。龙芮洁，江西师范大学中国哲学专业硕士研究生。

题上与通行本《老子》差异极大，由此认为春秋末年的老子并没有批判代表儒家的仁义思想，并进一步推断历史上《老子》一书有两个作者，一个是郭店楚简《老子》的作者老聃，一个是帛书本、通行本《老子》的作者“太史儋”，郭店楚简《老子》并不批判仁义，战国中后期的帛书本、通行本《老子》才批判仁义。郭店楚简《老子》的出土，是否能完全推翻帛书本、通行本《老子》在仁义问题上的基本观点？这需要参考各方面意见，做进一步的分析、讨论。

一、楚简本《老子》引起“仁义”思想的重新反思

1993 年 10 月，湖北荆门市郭店村的战国墓葬中出土了一批竹简，共有竹简 804 枚，属于道家和儒家著作，其中道家类 2 种 4 篇，即《老子》3 篇和《太一生水》1 篇，儒家类 11 种，共计 14 篇。据专家考证，该墓葬下葬的年代为战国中期偏晚一点，在公元前 300 年左右。由此可以断定郭店楚简《老子》抄写的时间更早，并进一步可以证明《老子》一书成立于春秋末年。

至于郭店楚简本《老子》（二千言）与通行本《老子》（五千言）的关系问题，学术界有不同的看法，一种意见认为郭店楚简本《老子》是当时五千言《老子》的三种不同的节抄本。丁四新先生说：“简本《老子》甲乙丙是在三个不同的时期产生的三种不同抄本，具体说来简甲比简乙，简乙比简丙早，这可以从语言的变迁，或是文本的比较上加以证实。”[①]另一种意见认为郭店楚简本《老子》是一种比较完整的古抄本，其作者就是老聃（李耳），而帛书本、通行本《老子》都是战国时期太史儋在郭店楚简《老子》（二千言）的基础上扩充、增补而成五千言，因此五千言《老子》的作者实际上是太史儋，或老聃和太史儋合著。郭沂先生在《楚简〈老子〉与老子公案》一文中说：“简本《老子》不但优于今本，而且是一个原始的、完整的传本，它出自春秋末期与孔子同时的老聃；而今本《老子》则出自战国中期与秦献公同时的太史儋。”[②]尹振环先生说：“现在有了简本《老子》，可以断定那个为关令尹著书五千言《老子》的，不是李耳，而只能是太史儋。可见今天流传的《老子》，不论是帛书本还是今本，其作者非太史儋莫属。由此又反证了简本《老子》也只能出于李耳了。”[③]将郭店楚简《老子》与帛书本、今本《老子》（五千言）看作两本书及其两个作者的观点，并未取得学术界的普遍共识，因为没有足够的有力证据证明在战国中期没有流传五千言的《老子》。当代学者张松辉先生在《老子研究》一书中质疑说：

① 丁四新：《郭店楚墓竹简思想研究》，北京：东方出版社，2000 年，第 9 页。

② 姜广辉主编：《郭店楚简研究》，沈阳：辽宁教育出版社，2000 年，第 119 页。

③ 尹振环：《楚简老子辨析》，北京：中华书局，2001 年，第 28 页。

“我们认为仅凭简本《老子》是战国中期的版本，就断定流行本是在简本、帛书的基础上增编而成的，似乎太武断了。因为他们没有任何证据证明在简本的时代，就没有另一个版本在社会上流传，他们也没有证据证明简本就是老子的原始本，而不是改编本。”[①] 郭店楚简本《老子》是目前发现最古的《老子》版本，但无充分证据表明，郭店楚简本《老子》就是《老子》原始祖本或善本。

通行本《老子》第十九章云：“绝圣弃智，民利百倍；绝仁弃义，民复孝慈；绝巧弃利，盗贼无有。此三者，以为文不足，故令有所属。见素抱朴，少私寡欲。绝学无忧。”[②] 相对通行本，郭店楚简本《老子》（甲组）却作：“绝智弃辩，民利百倍。绝巧弃利，盗贼亡有。绝伪弃虑（按：“虑”或校写为“诈”），民复孝慈（按：“孝慈”或校写为“季子”）。三言以为使不足，或命之，或呼嘱：见素保朴，少私寡（按：“寡”，或校写为“须”）欲。”[③] 据此，著名古文字学家裘锡圭先生说：“原来老子既不绝圣，也不绝仁弃义。他在这一章所反对的，只是智辩、巧利、伪诈。这是相当朴素的思想，在老子的时代当然是可以有的。显然是简本之后的时代的某个或某些传授《老子》的人，出自反儒墨的要求，把‘绝智弃辩’改成‘绝圣弃智’，把‘绝伪弃诈’改成‘绝仁弃义’，并由于‘绝仁弃义’的分量比‘绝巧弃利’重，而把‘绝仁弃义’句移到‘绝巧弃利’句之前的。这种窜改以及第十八章‘慧智出’句的窜入，在战国晚期就应该已经完成了。而且经过窜改的本子，大概相当快地把原来的本子排挤掉了。这从帛书甲、乙两本属于这种窜改的系统，就可以看出来 。”[④] 由于老子提倡孝慈、忠信，可以看出“老子的确没有绝仁弃义的意思”[⑤]。由于郭店楚简本《老子》明确没有“绝仁弃义”的说法，学术界普遍怀疑通行本《老子》“绝仁弃义”的说法乃是战国中后期庄子学派为了批判儒家而妄意增补。著名中国哲学史家许抗生先生说：“今本中的‘绝仁弃义’思想，亦与今本中‘与善仁’的思想矛盾，所以较早的《老子》书中可能没有‘绝仁弃义’的思想。‘绝仁弃义’带有强烈的反儒思想倾向。从整个简本《老子》来看，反儒思想并不十分明显，因此，我怀疑帛书本

---

① 张松辉：《老子研究》，北京：人民出版社，2009 年，第 49 页。

② 凡引用通行本《老子》原文，均参考陈鼓应《老子注译及评价》一书的文字校订，北京：中华书局 1984 年版。《老子》第十九章的“绝学无忧”四个字，在王弼本等通行本那里，却放在第二十章之首，更加符合郭店楚简本《老子》；帛书乙本《老子》放在第六十四章之首，而帛书甲本《老子》，这四个字残缺。

③ 本文凡引用郭店楚简本《老子》原文，均参考侯才《郭店楚墓竹简〈老子〉校读》，大连：大连出版社，1999 年版。

④ 裘锡圭：《郭店〈老子〉简初探》，陈鼓应主编：《道家文化研究》第十七辑，北京：生活·读书·新知三联书店，1999 年，第 43—44 页。

⑤ 裘锡圭：《郭店〈老子〉简初探》，陈鼓应主编：《道家文化研究》第十七辑，第 44 页。

与今本‘绝仁弃义’可能是庄子学派后来加进去的东西。”[①] 比较通行本《老子》（含帛书本《老子》）与郭店楚简本《老子》，在儒、道关系问题上，通行本《老子》有更多批评仁、义、礼等后来成为儒家价值标识的词句，郭店楚简本《老子》却很少有这方面的词句。

学术界普遍认为，郭店楚简本《老子》的出土，要求我们重新考虑老子（道家）与孔子（儒家）的关系，春秋末期的老子（老聃）并无批判仁义的思想，甚至可以说："从简本《老子》看，老聃不但没有批评儒家思想，而且对儒家所尊奉的观念如圣、仁、义、孝、德、礼等持积极、肯定的态度。"[②] 侯才先生认为，今本《老子》中的“绝圣弃智”“绝仁弃义”在简本《老子》中却为“绝智弃辩”“绝伪弃虑”，“这一差别表明，老子本人并未否定和摈弃儒家的‘圣智’‘仁义’等诸概念，而所谓‘绝圣弃智’‘绝仁弃义’显然为后来的道家者流所改。这一事实从根本上推翻了沿续二千年之久的老孔对立或老子反儒的学案，进一步凸显了中国传统文化的源始的统一性。”[③] 著名老学专家陈鼓应先生根据郭店楚简《老子》撰写《从郭店简本看〈老子〉尚仁》一文，该文一方面强调说“由简本《老子》和帛本及今本相对照，发现它们在内容上基本相同，后代虽出现为数众多的版本，但所增改的只是个别之处”[④]，另一方面又强调说“从简本的语境意义看，得不出排斥‘仁义’或贬抑‘孝慈’的观点”[⑤]。

二、“绝仁弃义”释辨

春期末期的老子是否具有批判后来成为儒家思想标识的仁、义、礼等观点呢？我们不能单纯着眼于郭店楚简《老子》文本与通行本《老子》在个别词句表达上的差异，更要着眼于整个老子思想体系及其基本价值倾向的把握。在笔者看来，无论是郭店楚简《老子》，还是通行本《老子》（包括帛书本《老子》），在对待仁、义、礼的问题上，基本价值倾向是一致的，就是反思和批判周代的仁、义、礼文化传统，后来的庄子学派只不过把老子批判仁、义、礼的精神传统进一步发扬光大，批判的语气更加猛烈而已。

老子是中国哲学史上第一位富有深刻反思和批判精神的哲学家，其思想之最大贡献，开创了中国古代形而上学的本体论，以“道”的本体论高度去反思和批判历

① 许抗生：《初读郭店竹简〈老子〉》，姜广辉主编：《郭店楚简研究》，第 99 页。

② 郭沂：《楚简〈老子〉与老子公案》，姜广辉主编：《郭店楚简研究》，第 144 页。

③ 侯才：《郭店楚墓楚简〈老子〉校读》，第 6 页。

④ 陈鼓应主编：《道家文化研究》第十七辑，第 69 页。

⑤ 陈鼓应主编：《道家文化研究》第十七辑，第 72 页。

史文化传统，重建人类社会“尊道贵德”的自朴、自富、自由的社会秩序。著名中国哲学史家张岱年先生在《老子学说的宗旨》一文中说：“中国古代有两位影响最大的哲学家，一位是孔子，一位是老子。孔子善言人道，奠定了中国伦理思想的基础。老子善言天道，开创了中国古代本体论学说。”[①] 老子首先是一位具有本体论思维的哲学家，提出了宇宙本体论意义上的“道”这一核心观念，远远超出了经验常识思维。老子对传统仁、义、礼的反思和批判，正是体现老子哲学思维的超越性、深刻性。经验常识思维告诉我们，仁、义、礼等道德文明是人类之必需，是“好的”“善的”，是应该努力弘扬的，这就是一般人的观察和思考，老子却超越了这种经验常识思维，要求“绝仁弃义”，深刻地洞察到人类社会流行的仁、义、礼等所谓世俗伦理规范，背后隐藏着相当大的弊病，追求仁、义、礼的世俗伦理生活，与人类渴望自朴、自富、自正、自由的“自然”理想生活相比较，依然存在着较大的差距。“自朴、自富、自正、自由”，这是“道”之“自然”的价值要求，所以老子立足于本体论意义上的“大道”高度，进一步反思和批判仁、义、礼这种世俗流行的“道德文明现象”，往往非常人所能理解。作为同时代的孔子，其思想性格属于伦理学家，更多地着眼于世俗社会伦理生活的调节，缺少老子哲学本体论思维方式，在对待周礼文化传统的基本态度就是“述而不作”“信而好古”“郁郁乎文哉，吾从周”（《论语·八佾》）。由此足以看出孔子思想具有浓厚的文化保守主义色彩。

从历史上看，自周平王东迁，东周（春秋、战国）就进入了“周室衰微”“世道衰微”的时代，正如西汉司马迁在《史记·周本纪》中所说，“平王之时，周室衰微，诸侯强并弱，齐、楚、秦、晋始大，政由方伯”。春秋时期，是一个“礼崩乐坏”的时代，是一个“礼乐征伐自诸侯出”“陪臣执国命”“臣弑其君”“子弑其父”的时代。针对春秋时代的弊病，孔子从历史的角度反思并批评说：“天下有道，则礼乐征伐自天子出；天下无道，则礼乐征伐自诸侯出。自诸侯出，盖十世希不失矣；自大夫出，五世希不失矣；陪臣执国命，三世希不失矣。”（《论语·季氏》）据孟子所言，孔子针对春秋君臣、父子伦常颠倒混乱的现实而作《春秋》一书。孟子说：“世道衰微，邪说暴行有作，臣弑其君者有之，子弑其父者有之。孔子惧，作《春秋》，《春秋》，天子之事也。”（《孟子·滕文公下》）西汉司马迁在《史记·太史公自序》中说：“《春秋》之中，弑君三十六，亡国五十二，诸侯奔走，不得保其社稷者不可胜数。”

春秋时期，“臣弑其君”、“子弑其父”、严重背离仁义礼的现象日益普遍，原来用来维护社会秩序的仁、义、礼文化，逐渐丧失了其已有的社会正功能，仁、义、礼在形式上虽然存在，但只是徒有虚名，成为虚架子，可谓名存实亡。老子创立的

① 张岱年：《文化与哲学》，北京：中国人民大学出版社，2006年，第281页。

道家、孔子创立的儒家，都对当时的社会乱世做出了深刻的反思、批评，并各自提出了重建社会秩序、实现人民安居乐业的社会治理思想。牟宗三先生在分析老子思想及道家学派产生的文化背景时说："道家之言'道'，其历史文化的背景亦是在周文之罢（按："罢"通"疲"）弊，而且开始亦含有愤世嫉俗的意味。周文成为虚文，因而只是外在的形式主义。人束缚于形式的桎梏中而不能自适其性，乃是大痛苦。故道家于人生的幸福上，首先要从外在的形式中解脱。他们看文礼只是些外在的形式，足以束缚人者。"[①]

老子的"绝仁弃义"思想，不是直接针对孔子及儒家思想而来，而是针对"周文"（仁、义、礼）而言。著名老学专家陈鼓应先生说得好："当时老子的'绝仁弃义'是针对春秋末年的德治主义的弊端而提出的，而不是孔子先提出的'仁义'的概念，老子而后反对之。同样，老子反对'尚贤'的观念也是如此，老子的'不尚贤'也并不是基于孔子的'举贤'和墨子的'尚贤'而提出的。"[②]但是有学者认为，老子的"绝仁弃义"思想不可能在春秋末期出现，因为春秋时期仁义思想还不流行、仁义文化的弊病暴露还不够充分，所以很难产生"绝仁弃义"的批判思想。尹振环先生说："春秋时仁德、仁义的理论尚在形成之中，它的虚伪性、自利性、欺诈性、市易性，暴露还不够，再说认识也不能一步到位；而进入战国时代，仁德的虚伪自私性，淋漓尽致，暴露无遗，于是'绝伪弃虑'便推进到'绝仁弃义'。"[③]但是历史事实告诉我们，春秋时期，仁、义、礼思想已经广泛流行，正如徐复观先生所言："《左传》中已经有了很丰富的道德观念，出现过许多'义'字，出现了三十个左右的'仁'字，《国语》中出现了二十四个'仁'字，《国语·周语上》内史兴有'且礼所以观忠信仁义也'的话，可见不尽仁义的观念在春秋时代已经很流行，并且'仁义'亦早已连为一词。"[④]春秋时代，仁、义思想不仅普遍流行，仁义礼文化弊病也相当突出，已经到了"不尽仁义""臣弑其君""子弑其父""诸侯奔走，不得保其社稷者不可胜数"的地步，仁义礼的虚伪性、自利性、欺诈性已经暴露出来了，构成"绝仁弃义"的时代思想背景早已形成，很难说春秋时代弊病"暴露还不够"。如果时代的弊病要等到"暴露无遗"的时候才引起人们的反思和批判，这已经是普通人的认识了，而非"先知先觉"的哲学家、思想家的认识了。

弄清了老子"绝仁弃义"思想所要针对的历史文化背景，我们再看通行本《老子》第十九章的解释。通行本《老子》第十九章的"绝圣弃智"在郭店楚简本中抄

① 牟宗三：《政道与治道》，桂林：广西师范大学出版社，2006 年，第 29 页。

② 陈鼓应：《老庄新论》，上海：上海古籍出版社，1992 年，第 56 页。

③ 尹振环：《楚简老子辨析》，第 13 页。

④ 徐复观：《中国思想史论集续编》，上海：上海书店出版社，2004 年，第 174 页。

写为“绝智弃辩”，二者基本思想并未有大的差异。从哲学精神上说，“绝”“弃”就是超越、批判、否定的意思。老子不仅批判“俗智”，也批判“俗圣”。“圣”和“智”可以相互诠释，“圣”就是“智”的意思，即通常意义上的“聪明”。在老子以前时代，“圣”的含义并不固定在道德价值层面。根据东汉许慎《说文解字》，“圣，通也。从耳，呈声”。“圣”（聖）是个会意字，从口会意，本意就是双耳通顺、听觉敏锐的意思，后引申为无所不通、精通[①]，并无道德伦理意义。《诗经》中的《小雅》都是西周后期的诗歌，其中《诗经·小雅·正月篇》云：“召彼故老，讯之占梦，具曰予圣。”“故老”和“占梦者”都把自己看作“圣人”。如著名史学家顾颉刚先生所说：“圣似乎只有聪明的意思，并没有道德怎样好的意思。在西周时无论哪个人都可以自居于圣人，正和现在无论哪个人都可以自居于聪明人一样。”[②]由此看来，“圣智”的含义，与“智辩”的含义基本一样，都是有些人用以谋求私利、名闻的工具理性，只是用词稍有差别。“绝圣弃智”的“圣”，并不就是“圣人”，老子并不反对“法自然”的“圣人”，“圣人”当然有“智慧”（可以称之为“玄智”，以区别于“俗智”），用来利益百姓。郭店楚简本《老子》的“绝伪弃虑”，原郭店楚简整理专家将简文释读为“绝伪弃诈”；有些学者主张校写为“绝化弃怚”，即“弃绝教化与矫饰”的意思[③]。也有学者如庞朴先生，主张“绝伪弃诈”应校写为“绝伪弃作”，其理由为：“伪和诈，应该弃绝，本是不待言的道理。只是它和孝慈全无关系；宣称‘绝伪弃诈，民复孝慈’，似乎不像一位思想家的言论。而且，伪诈从无任何积极意义，从未有谁提倡过维护过；宣称要弃绝它，迹近无的放矢。所以这种解释难以成立。如果定它为‘绝为弃作’，便一切通顺了。盖为和作，皆指人的有意作为，即非自然的行为，非真情的行为；这是道家所一贯反对的。而亲子间最需要的是自然感情，也是真情最易流露的地方，所谓孝慈，应该是亲子真感情的交流，而不容有半点造作。所以说，绝为弃作，民复孝慈。”[④]庞朴先生的意见值得重视，颇有道理。如果顺从庞先生的思路，用“绝仁弃义”代替“绝伪弃虑”（“绝伪弃诈”），亦刚好与“民复孝慈”对应起来，也许更能符合哲学家老子的逻辑思维和思想本旨，批判当时流行的假借仁义的伪善弊病。

明代高僧憨山德清在《老子道德经解》中注解说：“且圣智本欲利民，今既窃以为乱，反为民害；弃而不用，使民各安其居，乐其业，则享百倍之利矣。且仁义本

① 汤可敬：《说文解字今释》下册，长沙：岳麓书社，1997年，第1679页。

② 顾颉刚：《春秋时代的孔子和汉代的孔子》，王煦华编选：《古史辨伪与现代史学——顾颉刚集》，上海：上海文艺出版社，1998年，第97页。

③ 孙以楷：《〈老子〉注释三种》，合肥：安徽人民出版社，2003年，第64页。

④ 庞朴：《文化一隅》，郑州：中州古籍出版社，2005年，第14页。

为不孝不慈者劝，今既窃之以为乱，苟若弃之，则民有天性自然之孝慈可复矣。此即庄子所谓‘虎狼，仁也’。意虽虎狼亦有天性之孝慈，不待教而后能，况其人为物之灵乎？且智巧本为安天下，今既窃为盗贼之资，苟若弃之，则盗贼无有矣。然圣智仁义智巧之事，皆非朴素，乃所以纹饰天下也。今皆去之，似乎于文则不足，于朴素则有余。因世人不知朴素浑全之道，故逐逐于外物，故多思多欲。今既去华取实，故令世人心志有所系属于朴素之道。若人人果能见素抱朴，则自然少私寡欲矣。”[①] 憨山德清的解释，更加清楚明白，“本欲利民”的“圣智”，今“既窃以为乱，反为民害”；“本为不孝不慈者劝”的“仁义”，“今既窃之以为乱”；“本为安天下”的“智巧”，“今既窃为盗贼之资”。“圣智”“仁义”“智巧”带来如此弊害，难道不需要引起哲学家的反思和批判？老子最具有哲学上的超越精神，其反思和批判的思路，可谓釜底抽薪，相当彻底，那就是直接回归到“道”的“素朴”状态，回归到“上德不德”“复归于婴儿”的自然、淳朴境界。统治者需要“绝仁弃义”，弃绝孔子儒家“为政以德”的“德治主义”，而实行“无为而治”的“自然主义”；对于普通百姓而言，也需要“绝仁弃义”，不要被仁义污染自己的淳朴、孝慈本性，正如南宋范应元在《老子道德经古本集注》中所言：“盖仁义之名显，则寖失自然之本也。上（按：指统治者）失自然，则下（按：指百姓）生人伪，民鲜贞良。故绝世弃俗之所谓仁义之事，则民复孝慈而不知以为孝慈矣。”[②] 所谓“绝仁弃义”，就是要“绝世弃俗之所谓仁义之事”，即批判、超越世俗意义的仁义，回归“大道”之真朴状态。

三、“大道废，安有仁义”释辨

郭店楚简本《老子》（丙组）云：“故大道废，安有仁义。六亲不和，安有孝慈。邦家昏乱，安有正臣。”上述内容在通行本《老子》第十八章为：“大道废，有仁义。智慧出，有大伪。六亲不和，有孝慈。国家昏乱，有忠臣。”通行本《老子》多出了“智慧出，有大伪”这一句话。从思想上来看，是否有“智慧出，有大伪”这句话，都不影响老子的基本观点。“安有仁义”中的“安”可以作“于是”解，亦可以作“焉”解，在断句上可以为：“故大道废安，有仁义。六亲不和安，有孝慈。”憨山德清在《老子道德经解》中注解说：“大道无心爱物，而物物各得其所；仁义则有心爱物，即有亲疏区别之分。故曰：‘大道废，有仁义’。‘智慧’，谓圣人治天下之智巧，即礼乐、权衡、斗斛、法令之事。然上古不识不知，而民自朴素，及乎中古，民情

① 憨山德清：《老子道德经解》，尚之煜校释，北京：中华书局，2020 年，第 52—53 页。

② 范应元：《老子道德经古本集注》，黄曙辉点校，上海：华东师范大学出版社，2010 年，第 32—33 页。

日凿，而治天下者，乃以智巧设法以治之。殊不知智巧一出，而民则因法作奸，故曰‘智慧出，有大伪’。上古虽无孝慈之名，而父子之情自足。及乎衰世之道，为父不慈者众，故立慈以规天下之父；为子不孝者众，故立孝以教天下之子。是则孝慈之名，因六亲不和而后有也。盖忠臣以谏人主得名，上古之世，君道无为而天下自治，臣道未尝不忠，而亦未尝以忠立名；及乎衰世，人君荒淫无度，虽有为而不足以治天下，故臣有杀身谏诤不足以尽其忠者，是则忠臣之名，因国家昏乱而有也。”① 憨山德清的解释，颇为准确，吻合老子的本意。从价值层面上说，老子有两个价值层次，一个是“道”的层次或“自然”的层次，一个是通常世俗伦理意义上的层次，如仁、义、礼等道德规范，“道”的层次高于世俗伦理层次，所以若立足“道”的价值层次，必然批判世俗伦理层次，因为世俗流行的仁、义、礼等道德规范很不“自然”，违背了“道”的价值要求。老子哲学的根本目的、终极关怀就是回归“大道”、返朴归真，要回归大道就得绝仁弃义，仁义不绝，人们必然安然于仁义伦理现状，又何以能够回归“大道”？世俗的“圣智”“巧利”，如同世俗的“仁义”一样，从根源处说，都是违背了“道”之“自然”价值要求，都应该批判、否定，所以要“绝圣弃智”“绝巧弃利”。

在老子看来，仁义礼等世俗伦理规范，属于“下德”，属于“有为”层次，不属于“上德”的无为层次。所谓“上德”，就是无德之德，要对“下德”保持一种批判、否定的精神，使之返本、回归到“上德”、无为的层次。只有生活在“上德”、无为的层次，才真正体现了“道”之“自然”的价值，才算是无私无欲、自足、自正的生活。通行本《老子》第三十八章云：“上德不德，是以有德；下德不失德，是以无德。上德无为而无以为，下德为之（按：据王弼本改成“为之”，原作“无为”）而有以为。上仁为之而无以为，上义为之而有以为。上礼为之而莫之应，则攘臂而扔之。故失道而后德，失德而后仁，失仁而后义，失义而后礼。夫礼者，忠信之薄，而乱之首。”在老子那里，“上德”就是“上善”，相对完整地体现了本体论意义上的“道”之精神，超越了一切善恶对立意识的“善”，是“上善”，如《老子》第八章所云：“上善若水。水善利万物而不争，处众人之所恶，故几于道。”“下德”包括仁、义、礼的伦理规范，已经包含了善恶分别意识，属于“有为”的不“自然”层次，其中“仁”离“上德”（“道”）最近，“义”相对较远，“礼”几乎背离了“道”（“自然”），“礼”的约束性、强制性最强，使人感觉最不“自然”；仁、义的强制性相对较弱，具有更多的内在性、自觉性，但是仁、义依然具有一定的强制性，只不过自我强制多一些，还不属于真正的“自然”“无为”层次。在老子看来，仁、义、礼固

① 憨山德清：《老子道德经解》，第51—52页。

然属于“善”，但仅仅是一种伦理学意义上的善（建立在善恶分别意识基础上的善），而不是真正“自然”意义上的“善”（“上善”）。有学者认为：“以老子思想的意愿而言，老子的德跟我们一般伦理学上仁义道德，还甚至可以说是背道而驰。”[①]老子正面提倡的“德”的含义，不等同于世俗伦理意义上的“德”。通行本《老子》第五十五章云：“含德之厚，比于赤子。”郭店楚简本《老子》（甲组）亦有同样记载：“含德之厚者，比于赤子”。通行本《老子》第二十八章云：“常德不离，复归于婴儿。”赤子，是初生的婴儿，天真、纯朴，没有善恶、是非、美丑的分别对立意识。老子用“赤子”“婴儿”来比喻“德”，表明老子心中的“德”（“上德”），不是建立在善恶分别意识的基础上，而一般伦理学意义的“德”（“下德”）是建立在善恶分别意识的基础上，要求人们为善去恶，“就这一点而言，老子的德跟一般伦理学上的仁义道德的德是背道而驰的”[②]。老子心中的“德”或“上德”可以理解为“上善若水”的“上善”，是超越善恶之分别的“善”，其价值层次远远高于世俗伦理学意义上的“善”。老子所提倡的“德”就是超越善恶意义上的“德”，这完全不同于孔子及儒家善恶意义上的“德”。通行本《老子》第四十九章云：“圣人常无心，以百姓心为心。善者，吾善之；不善者，吾亦善之，德善。信者，吾信之；不信者，吾亦信之，德信。”所谓“圣人”，就是能超越善恶分别的人，平等对待、辅助一切人（物），无论善者还是不善者、无论信者还是不信者，都能平等对待、辅助，真正做到“无弃人”“无弃物”。《老子》第二十七章云：“是以圣人常善救人，故无弃人；常善救物，故无弃物。是谓袭明。故善人者，不善人之师；不善人者，善人之资。”圣人何以能此？因为圣人始终心怀“大道”，遵循“自然”而行，超越了善恶、爱憎。老子主张“以德报怨”，反对“以怨报怨”，而孔子却反对“以德报怨”，主张“以直报怨”。今本《老子》第六十三章和帛书本《老子》均有“报怨以德”（郭店楚简本《老子》无“报怨以德”）的记载。《论语·宪问》载：“或曰：‘以德报怨，何如？’子曰：‘何以报德？以直报怨，以德报德。’”南宋朱熹在《四书集注》中解释说：“于其所怨者，爱憎取舍，一以至公而无私，所谓直也。于其所德者，则必以德报之，不可忘也。或人之言，可谓厚矣。然以圣人之言观之，则见其出于有意之私，而怨德之报皆不得其平也。必如夫子之言，然后二者之报各得其所。然怨有不仇，而德无不报，则又未尝不厚也。”[③]在孔子看来，只能以正直的方式报答怨恨，以恩德的方式报答恩德，这样才能让怨、德“二者之报各得其所”，若“以德报怨”，就会陷入“有意之私”，违背了儒家圣人“至公而无私”的道德价值。事实上，从根本上说，孔子反对“以德报怨”，

① 钱新祖：《中国思想史讲义》，台北：台大出版中心，2013 年，第 143 页。

② 钱新祖：《中国思想史讲义》，第 145 页。

③ 朱熹：《四书集注》，王浩整理，南京：凤凰出版社，2005 年，第 169—170 页。

根源于其背后的善恶有别、爱憎有别的道德意识，所谓的“至公而无私”，仅仅局限于道德伦理意义的“公正”，与老子及道家的“公正无私”差别甚远，老子已经超越了善恶、爱憎的伦理意识，上升到本体论的“大道”高度，进入无善无恶而“德善”的“大道”境界。德国著名哲学家、神学家阿尔伯特·史怀哲（1875—1965）在评价孔子时说：“他（按：孔子）的伦理思想始终处于理性的范围之内，所以它只要求人们非常友善地，而不是全身心投入地去帮助别人。”[①]“那些我们西方人所理解的博爱在孔子这里是找不到的。在孔子这里只提出了对他人的友善的关怀，这种关怀局限在不需要自我牺牲的范围之内。”[②]由此看来，孔子的道德思想局限在道德理性范围之内，孔子伦理意义的“仁爱”，并不等于基督教神学意义上的“博爱”（神爱），原因在于孔子有着强烈的道德善恶意识、爱憎意识，而不像基督教上帝那样，超越了善恶、爱憎的道德意识，去宣扬“以德报怨”的宗教精神。

对仁、义、礼的反思和批判，是老子反思和批判周代礼乐文化传统的一个基本精神，是老子哲学思维不同于一般常识思维之深刻性的一个重要体现，这是不能否定的。春秋时期，仁义思想广泛流行并呈现出虚仁假义的弊病，所以才出现礼崩乐坏的社会局面。《诗经》《尚书》已经出现“仁”字，《左传》出现“仁”字次数四十多次，“义”字出现一百四十多次。老子批判仁义礼，并不是直接针对孔子及儒家，我们不能因为郭店楚简本《老子》没有“绝仁弃义”的词句，就大胆推测老子并不批判仁、义、礼。郭店楚简本《老子》没有“绝仁弃义”词句，但依然有“大道废，安有仁义”的词句，这亦足以说明老子对当时仁义思想的批判。郭店楚简本、帛书本、通行本《老子》均有“绝学无忧”的词句，所谓“绝学”，就是批判、否定智巧仁义之学。憨山德清注解说：“世俗无智之人，要学智巧仁义之事，既学于己，将行其志，则劳神焦思，汲汲功利，尽力于智巧之间。故曰：‘巧者劳，而智者忧，无知者又何所求？’是则有学则有忧，绝学则无忧矣。然则圣人虽绝学，非是无智，但智包天地而不用，顺物忘怀，澹然无欲，故无忧。”[③]老子的“绝学无忧”隐含了“绝圣弃智”“绝仁弃义”“绝巧弃利”的内容，世俗的仁义、智巧都需要批判、否定和超越。可以说，“大道废，安有仁义”“绝学无忧”，体现了老子深刻反思、批判仁义的精神归趣。郭店楚简本《老子》的出现，并未根本改变老子批判仁义的态度。张岱年先生说：“从年代上看，郭店《老子》应该比较早。‘绝智弃辩’和‘绝伪弃诈’也应该是《老子》原本的说法，‘绝圣弃智’‘绝仁弃义’是后人改动的（按：未必后人改动）。不过，竹简中也有‘大道废，有仁义’这句话。说明老子对仁义还是反

① 阿尔伯特·史怀哲：《中国思想史》，常暄译，北京：社会科学文献出版社，2009年，第54页。

② 阿尔伯特·史怀哲：《中国思想史》，第55页。

③ 憨山德清：《老子道德经解》，第54—55页。

对的。"[①] 老子的"绝仁弃义"，虽然不是直接针对孔子的思想，但是依然具有某种批判孔子及儒家仁义礼思想的意义，后来的庄子学派特别发挥了老子批判仁、义、礼、智这一精神传统，提倡"攘弃仁义，而天下之德始玄同矣"(《庄子·胠箧》)。老子这种批判仁义道德的思想，相当深刻，揭示了通常人看不到的仁义道德的另一面，根源于人类善恶意识的仁义道德隐藏着危险，并非人类最好的选择。当代德国汉学家汉斯·格奥尔格·梅勒评价说："《老子》会反对儒家思想说，德性不仅不是天生的，而且也不一定善的"，"道德是危险的，它很容易堕落成一种社会病症。一个人可能不仅会发展出过度的骄吝和个人主义的欣赏，而且，在一个高度'道德'化的社会中，人们倾向于把人视作不道德、无价值的人，甚至敌人。在战争和冲突的时代，流行着大量的道德语言和道德自我评价，这不是巧合。道家伦理学是消极的，它没有理所当然地认为道德评价，甚至道德情操必然会使一个人行善"[②]。在这里，梅勒揭示了老子反思和批判仁义道德的哲学意义，当然，我们不能说老子（道家）伦理学是"消极"的，只不过是通过"消极"的形式、即"正言若反"的方式，表达了老子安顿社会、安顿生命、回归大道的积极意义。

老子提倡"绝仁弃义""绝圣弃智"，并不表明老子提倡反道德主义的观点。长期以来，老子"'绝仁弃义'，一直是学术界把《老子》看成反道德主义的依据之一，《帛书老子》的出土，也基本没有改变这一定势"[③]。老子不仅反思和批判传统的仁义礼，而且正面提倡符合"大道"精神的属于道家的价值规范，如慈、俭、不争（不敢为天下先）"三宝"。通行本《老子》第六十七章云："我有三宝，持而宝之。一曰慈，二曰俭，三曰不敢为天下先。"

四、"天地不仁，圣人不仁"释辨

通行本《老子》第五章云："天地不仁，以万物为刍狗；圣人不仁，以百姓为刍狗。天地之间，其犹橐籥乎？虚而不屈，动而愈出。多言数穷，不如守中。"第五章的内容，帛书《老子》与通行本一样，只是个别词句有差异，而郭店楚简本《老子》却没有"天地不仁，以万物为刍狗；圣人不仁，以百姓为刍狗"，只是抄写为："天地之间，其犹橐籥与？虚而不屈，动而愈出。"学术界一种意见认为，郭店楚简本《老子》没有而通行本《老子》记载"天地不仁，以万物为刍狗；圣人不仁，以百姓为

① 王博：《张岱年先生谈荆门郭店竹简〈老子〉》，陈鼓应主编：《道家文化研究》第十七辑，第23页。

② 斯·格奥尔格·梅勒：《东西之道：〈道德经〉与西方哲学》，刘增光译，北京：北京联合出版公司，2018年，第146—148页。

③ 许建良：《先秦道家的道德世界》，北京：中国社会科学出版社，2006年，第49页。

刍狗”“多言数穷，不如守中”之类的词句，全是后人增补、妄添而已；另一种意见，如孙以楷先生认为：“郭店楚简《老子》节选本甲 23 简未选今本第五章前四句即后两句。或楚简本所据《老子》是与今本不同的版本，或前四句内容为节选者所不能同意。”[①] 孙以楷先生的意见，更加合理一些。在“天地不仁”的解释中，一般把“仁”理解为“仁爱”、慈爱，所谓“天地不仁”，就是指“天地”没有仁爱、慈爱之心。近代胡适先生对“天地不仁”做出了新的解释：

> 此处的“仁”字有两种说法，第一，仁是慈爱的意思。这是最明白的解说。王弼说：“地不为兽生刍而兽食刍，不为人生狗而人食狗。无为于万物，而万物各适其用。”这就是把不仁作无有恩意解。第二，仁即“人”的意思。《中庸》说：“仁者，人也”；《孟子》说：“仁也者，人也”；刘熙《释名》说：“人，仁也；仁，生物也”；不仁便是说不是人，不和人同类。古代把天看作有意志、有知识、能喜怒的主宰，是把天看作人同类，这叫作天人同类说。老子的“天地不仁”说，似乎也含有天地不与人同性的意思。人性之中，以慈爱为最普通，故说天地不与人同类，即是说天地无有恩意。老子这一观念，打破了古代天人同类的谬说，立下后来自然哲学的基础。”[②]

胡适从西方自然哲学观念出发，认为老子的天道观念的提出，打破了传统的天神观，故不宜从仁爱、慈爱带有浓厚道德情感色彩的词语去解释，主张将“天地不仁”中的“仁”理解为“人”。胡适先生对老子“天地不仁”的无神论意义理解，左右着许多人的观念，将老子哲学主要当作西方式的自然哲学去诠释和把握，说老子是一名无神论者或天神论的批判者。胡适先生对老子“天地不仁”的解释，在民国时代就遭到了学者的批评。钟泰先生（1888—1979）在 1929 年出版的《中国哲学史》中批评了胡适先生解读《老子》的思路：

> 吾统观《老子》全书，知其说（按：胡适的说法）之出于穿凿，未足据为定论也。夫胡氏以仁为人，其所以引为据者则《中庸》‘仁者人也’，《孟子》‘仁也者人也’二言。不知此二人字，皆言人之所以为人，非便指人身而言。以今逻辑论之，则二人字乃抽象名词，非具体名词也。故以人为仁之训则可，而以人易仁则不可。…… 以“天地不仁”为不是人，亦可谓“圣人不仁”为不是人

① 孙以楷：《〈老子〉注释三种》，第 16 页。

② 胡适：《中国哲学史大纲》，上海：华东师范大学出版社，2013 年，第 37—38 页。

乎？推胡氏之心，不过欲说老子不信天为有神，以见天道之果无知也。然“天网恢恢，疏而不失”，《老子》之言也；“天道无亲，常与善人”，亦《老子》之言也。老子果信天为无神无知者乎？抑信天为有神有知者乎？夫读一家之言，当合观其前后，而后可论其主张如何。今但称“天地不仁，以万物为刍狗”，而不顾“天网恢恢，疏而不失”，不顾“天道无亲，常与善人”，乃至不顾其下句“圣人不仁，以百姓为刍狗”，断章取义而为之说，又安得无误乎！[①]

说“天地不是人”容易理解，那怎样理解“圣人不是人”呢？胡适先生并没有做出说明。詹剑峰先生进一步指出，老子的“圣人”并非继承文武周公之道的圣人，而是“法自然”的人。法自然的圣人“无知无欲”，也没有自己的意志（圣人常无心，以百姓心为心），故“圣人不人”者，即指“圣人不是行私志而用私意的人”[②]。詹剑峰先生为了圆融“天地不人”和“圣人不人”的矛盾，将“圣人不人”中的“人”解释为“行私志和用私意的人”，似乎前后圆满通顺，实际上犯了偷换概念的错误。“天地不人”中的“人”乃是普遍的抽象概念，而“圣人不人”中的“人”却变成了“行私志和用私意的人”，成为一个相对具体的概念，同一个句子同一个“仁”（人），怎么一则抽象，一则具体，前后不一致呢？由此而言，用“人”代替“仁”去解释“天地不仁”和“圣人不仁”似乎不妥。

南宋范应元在《老子道德经古本集注》中对“天地不仁，以万物为刍狗”的注解为：“仁者，爱之理也。谓天地生育，其仁大矣，而不言仁。其于万物，譬如结刍为狗以祭祀。其未陈也，盛以箧衍，巾以文绣，非爱也，乃时也。及其已陈也，行者践其首脊，苏者取而爨之，非不爱也，亦时也。夫春夏生长，亦如刍狗之未陈；秋冬凋落，亦如刍狗之亦陈，皆时也，岂春夏爱之而秋冬不爱哉？气至则万物皆不知其所以然而然也。”[③]范应元对“圣人不仁，以百姓为刍狗”的注解为：“圣人体此道以博爱，其仁亦至矣，而不言仁，其于百姓亦如天地之于万物，辅其自然而不害之，使养生送死无憾，不知帝力何有于我哉。”范应元深受朱熹理学思想的影响，将“仁”理解为“爱之理”。朱熹在《四书集注》中对《论语·学而》中的“孝弟也者，其为仁之本与”作注解说：“仁者，爱之理也，心之德也。为仁，犹曰行仁。”朱熹并引用程子（北宋理学家程颐）的话加以论证：“谓行仁自孝弟始，孝弟是仁之一事。谓之行仁之本则可，谓是仁之本则不可。盖仁是性也，孝弟始用也，性中只有个仁义礼智四者而已，曷尝有孝弟来？然仁主于爱，爱莫大于爱亲，故曰：‘孝弟也

① 钟泰：《中国哲学史》，沈阳：辽宁教育出版社，1998年，第18-19页。
② 詹剑峰：《老子其人其书及其道论》，武汉：湖北人民出版社，1982年，第230页。
③ 范应元：《老子道德经古本集注》，第10页。

者，其为仁之本与！’”[①] 在宋代程朱理学看来，孔子或儒家的“仁”，属于“理”（理性）而非属于“情”（情感），“爱”属于“情”，“爱”或“情”必须以理性化的、普遍化的“理”为基础，“仁”本身是没有情感的，只是纯粹的“理”，“盖仁是性也”，而“性即理”。“情感”与“理性”既有联系又有区别，程朱理学凸显“理性”与“情感”的区别。一般人容易把“仁”理解为一种“爱”的情感，“仁”与“爱”往往相连，称之为“仁爱”或仁爱之心（“心”偏重于情感的表达）。程朱理学为了突出道德理性的普遍性、绝对性，将“仁”理解为一种纯粹的道德理性，将爱之情感排除在外，“仁”本身不是“爱”，所以说“仁，爱之理也”。范应元受到朱熹的影响，将“仁”理解为“理”，把“情”排除在“仁”之外。天地生育万物，遵循的自然之理，体现出来的是一种“爱之理”，本身并无好恶之情。天地生育万物，在常人、常识看来，容易联想到这是天地的一种仁爱表现，但是在老子、道家看来，这仅仅是天地遵循“自然”的一种表现，如同祭祀者手中的草狗（刍狗），当祭祀之前，草狗显得很“尊贵”，被“巾以文绣”，但是祭祀完毕后，草狗被丢弃，被人踩，被人拾回家烧火做饭，草狗显得很“卑贱”。草狗之“尊贵”或“卑贱”，并不根源于祭祀者自身的好恶、爱憎之情，而是根源于祭祀之“理”的必然性要求。天地生育万物，遵循的是仁爱之“理”，“理”本身是无情的，无好恶、无爱憎。圣人之于百姓，犹如天地之于万物，圣人亦只是遵循自然之理，只是辅助百姓，“利而不害”“为而不争”。由此看来，范应元承认“天地”具有仁德，如他说“谓天地生育，其仁大矣”。无论“天地”还是圣人，虽然无好恶之情，但都具有仁之“理”的普遍性。不同于范应元从“仁之理”的普遍性去解释“仁”，憨山德清在《老子道德经解》中从“好生爱物之心”去解释“仁”：“‘仁’，好生爱物之心；‘刍狗’，乃缚刍为狗，以用祭祀者。且‘天地’、‘圣人’，皆有好生爱物之仁。而今言‘不仁’者，谓‘天地’虽是生育万物，不是有心要生，盖由一气当生，不得不生，故虽生而不有。”[②]“圣人虽是爱养百姓，不是有心要爱，盖由同体当爱，不得不爱，虽爱而无心。”[③] 天地、圣人都具有“玄德”，何谓“玄德”？《老子》第五十一章云：“生而不有，为而不恃，长而不宰。是谓玄德。”憨山德清的解释，颇为谛当，吻合老子的本意。所谓“仁”，即生物、利物、爱人之意，天地和圣人，都具有“仁德”（玄德），因为天地生养万物、圣人爱养百姓；说“天地不仁”，是因为天地“不是有心要生”“虽生而不有”；说“圣人不仁”，是因为“圣人虽是爱养百姓”“虽爱而无心”。在憨山德清看来，“天地”类似于“圣人”，具有“仁德”的品质，不是一个单纯物理意义上的自然存在，“天

① 朱熹：《四书集注》，第49页。

② 憨山德清：《老子道德经解》，第28页。

③ 憨山德清：《老子道德经解》，第29页。

地”具有生命力，具有某种宗教情感色彩，带有浓厚的价值论意义。《老子》六十七章云：“天将救之，以慈卫之。”《老子》七十三章云：“天之所恶，孰知其故。”《老子》七十九章云：“天道无亲，常与善人。”老子此处的“天”带有某种赏善罚恶的价值论色彩，“都带有西周以来‘天’神论的孑遗，或许是在春秋末期哲学的突破初起而难免有传统的幽灵”[①]。由此看来，老子心目中的天地、天道具有价值论、意志论的色彩，不是单纯的自然界意义上的“天”或物理意义上的自然界。要注意的是，老子说“天将救之”“天之所恶”，并不表明老子提倡宗教人格神，根本原因在于老子“道法自然”的核心观念阻止了他的思想往宗教神学方向发展，而代之往自然主义、人文主义方向发展。从《老子》文本看，老子心目中的“自然”，不能单纯理解为自然界及其规律，“自然”是一个哲学价值论概念，而并非近代自然科学中的自然概念，正如刘笑敢先生所言：“特别在老子哲学中，自然显然是指与人类和人类社会有关的状态。道家讲自然，关心的焦点并不是大自然（按：自然界），而是人类社会的生存状态。”[②]有人把老子的“自然”理解为自然界，严重忽视了老子哲学以人生意义、社会意义为价值旨趣的思想特点。德国哲学家、神学家阿尔伯特·史怀哲（1875—1965）在分析老子及道家思想时说：“自然对于个人来说，不只关注个人的，而是整体的福祉。它不是不仁慈，而是一种不同的、更为广泛的以及更高境界的超乎个人的仁慈。”[③]在老子那里，“自然”即是“更高境界的超乎个人的仁慈”，“自然”是一个人生价值论或生命哲学论概念，“自然”就是一种超越的理想价值原则，本质上是“心”之自然，而非“物”之自然。

从《老子》文本的价值倾向看，“天地不仁”“圣人不仁”中的“不仁”应该理解为“大仁”“至仁”，“大”“至”蕴含着超越、绝对、圆满的意义。《庄子·齐物论》云：“夫大道不称，大辩不言，大仁不仁。”老子理想中的“圣人”形象是怎样？通行本《老子》第二章云：“圣人处无为之事，行不言之教；万物作而弗始，生而弗有，为而弗恃，功成而弗居。”通行本《老子》第四十九章云：“圣人常无心，以百姓心为心。”通行本《老子》第二十七章云：“圣人常善救人，故无弃人；常善救物，故无弃物。”由此看来，老子心中的“圣人”绝不是冷漠无情的人、断绝慈爱之心的人，只不过“圣人之心”以“大道”为基础，超越是非、善恶、爱憎之上，是绝对的“仁德”，是“上德不德”中的“上德”，非世俗“仁名”可以称之。“圣人不仁”，不能简单理解为圣人无所偏爱、圣人无所谓仁爱，“仁”没有“偏爱”的意思，只有“博爱”的意思，儒家的仁爱虽然有差等之别，但没有偏正之分。

① 陆玉林：《中国学术通史·先秦卷》，北京：人民出版社，2004年，第290页。

② 刘笑敢：《老子：年代新考与思想新诠》，台北：东大图书有限公司，2015年，第68页。

③ 阿尔伯特·史怀哲：《中国思想史》，第62页。

结语

关于《老子》不同版本的文献考据问题，往往仁者见仁、智者见智。在没有证据证明郭店《老子》就是唯一的《老子》传抄本、就是《老子》原始祖本的情况下，我们不能轻易说其他版本《老子》关于批评仁、义、礼的词句全部都是后人所妄添。郭店楚简本《老子》仅仅是历史上《老子》不同版本中的一种传抄本而已。我们不能局限于所谓的考证学，应该注意《老子》不同文本之间的思想观念的对比分析。我们不认同类似于日本学者池田知久教授这样的学术新观点：“老子是战国末期至西汉初期的人,而他成为道家的开山祖则是在西汉武帝时期。”[①] 老子（老聃）是春秋末期最具有反思和批判精神的哲学家，也是中国哲学史上第一个具有本体论思维的哲学家，他崇道贵无。“无”的哲学精神就是反思和批判精神，老子反思和批判现实中的一切，尤其是仁义、智巧、名利、欲望之类的世俗东西，提倡无为主义、自然主义。在仁义礼问题上，春秋末期的老子是明显具有“绝仁弃义”的批判态度，这根源于老子的思想性格和精神气质。郭店楚简本《老子》只是提供了老子没有“绝仁弃义”这样词句的文献依据，但并未提供老子没有批判仁义礼的思想依据。郭店楚简《老子》的“绝智弃辩”“绝巧弃利”“绝伪弃虑”“绝学无忧”这样的词句，足以直观反映老子的批判精神、否定精神。西方学者把老子“绝仁弃义”的这种“解构”传统伦理价值的批判、否定精神，类比于法国哲学家德里达（1930—2004）的解构主义。英国汉学家葛瑞汉（1919—1991）说：“《老子》‘反’的倾向与当代雅克·德里达对西方理性传统的对立链条的解构方案有相似之处。这种相似是如此引人注目，以至于存在着忽略二者差异的危险。”[②]

郭店楚简本《老子》虽然无“绝仁弃义”词句，但是有“故大道废，安有仁义”“绝学无忧”这样的词句。在这里，老子的思想价值倾向相当明显，只有超越、否定包括仁义、智巧在内的一切世俗之学，方能回归终极存在“大道”。当然，“大道废”，不能简单理解为“大道废弃了”，作为绝对客观、本体论意义上的“大道”，永远常存，何以能够废弃？“大道废”，只是表明人类背离了、背弃了“大道”，结果导致“盗贼多有”“六亲不和”“邦家昏乱”的局面。

老子对仁义礼规范的批判，并不表明老子是一个反道德主义者，老子不仅彻底批判传统仁义礼以及巧智财利等世俗价值，而且也善于重建符合“大道”“自然”的

① 池田知久：《道家思想的新研究》上册，王启发、曹峰译，郑州：中州古籍出版社，2009 年，第 11-12 页。

② 葛瑞汉：《论道者——中国古代哲学论辩》，张海晏译，北京：中国社会科学出版社，2003 年，第 263 页。

新价值规范。老子重视的价值规范除了特别重要的慈、俭、不争“三宝”之外，也相当重视忠信、孝慈、知足等价值规范，用以规范人们的行为。老子的无为而治，并不是无政府主义，老子的“绝仁弃义”，并非是反道德主义。老子思想在不少方面尤其在价值规范方面，与孔子思想有不少相似或相当之处，这相当正常，老子与孔子有着共同的思想文化背景、共同的思想文化资源，老子还是孔子的老师，孔子思想的某些方面与自己的老师一样，不觉得奇怪。如郭沂先生所说，“尽管简本《老子》也有一些讨论形上学的段落，但其大部分内容，却是在阐述伦理价值，这正与孔子思想相似。此外，这部《老子》的风格相当古雅、朴实，这又与《论语》相合。这就是说，侧重伦理价值、风格古朴是春秋哲学的共同特点。”[①] 郭店楚简本《老子》讨论形上学的段落极少，这是事实。说“侧重伦理价值、风格古朴是春秋哲学的共同特点”，这颇有见地，但不适合老子。老子是春秋战国时期首个自觉探讨形上学的哲学家，在当时普遍注重伦理价值的社会风潮中，虽然可以说《老子》讨论形上学的词句所占比重太少，但也可以说《老子》讨论形上学的词句很丰富，相对于孔子几乎没有形上学讨论而言。老子哲学之特点不在于“注重伦理价值”（此乃“春秋哲学的共同特点”），而在于形上学的探讨。五千言的《老子》讨论形上学的段落所占比重与郭店楚简本《老子》（二千言）形上学的段落所占比重差不多，都比较少，这体现了中国哲学的特点，即不喜欢做形上学的思辨。相对于孔子而言，老子的思想贡献不在伦理学，而在哲学（形上学）及其对道教的理论贡献。

表面上看，老子具有某种反智主义（绝圣弃智）和反道德主义（绝仁弃义）的思想倾向。老子公开主张“绝智弃辩”，反对一切世俗之智。所谓世俗之智，就是运用智慧谋求私利，伤害百姓。老子主张圣人有智慧，圣人的智慧属于“玄智”，就是无为的智慧、利益百姓的智慧。老子主张“绝仁弃义”“圣人不仁”，批判和否定的是宗法血缘意义上的“仁义”（这恰恰为孔子和儒家特别提倡）。孔子的仁义不仅以宗法血缘为基础，而且在老子看来，属于“有心爱物”，儒家“仁义则有心爱物，即有亲疏区别之分”（憨山德清语），违背了“大道”之自然、无为主义的价值要求，老子必然反对。老子批判的就是这种“有心爱物”的“仁义”，才去提倡“圣人不仁”的“大仁”。老子批判儒家式的仁义，不仅仅着眼于当时仁义的虚伪性、自私性，孔子也批判仁义的虚伪性、自私性，一切世俗道德都批判虚伪性。老子哲学的深刻之处，在于进一步批判在孔子看来的“真仁真义”，因为孔子的“真仁真义”建立在善恶分别意识的基础之上，“有心爱物”，违背了“道”之自然的无为主义精神。老子与孔子，在哲学的根源处，是根本对立的，道、儒相反，尽管二人在慈、仁等价值

① 郭沂:《楚简〈老子〉与老子公案》，姜广辉主编:《郭店楚简研究》，第 145 页。

规范的表现形式上相似、相合。老子的“慈”，类似于孔子的“仁”、释迦牟尼的“慈悲”、耶稣的“博爱”，岂能因为四者在规范人们行为上的相似（相合），就能说他们代表的思想传统没有根本区别？

“自然”的实现何以可能？

——论《老子》“自然”思想实现之依据

王　硕*

内容提要：“自然”是《老子》思想的至高价值原则，那么“自然”思想的实现是如何可能的呢？其实现的依据有哪些呢？《老子》提出“道法自然”命题，建立“人法道，道法自然”逻辑模式，用宇宙论支撑“自然”，为“自然”思想之实现提供系统性理论依据。《道德经明意》认为“人皆有自然之意”，使得“自然”实现之依据从“道”转向了“人”，在“人”与“自然”之间建立了直接联系，并为“自然”思想之实现提供了内在动力。

关键词：自然　道法自然　自然之意　《道德经明意》

《老子》的“自然”概念在近四十年受到学术界的广泛重视，刘笑敢、王中江、萧无陂、曹峰、罗安宪、叶树勋、罗祥相等学者对这一概念进行了深入的研究。“自然”是一种状态、是一种价值观，那么这种价值观的实现是如何可能的呢？其实现的依据有哪些呢？现在以《老子》《道德经明意》为中心，对“自然”思想实现之依据进行分析。

一、何谓“自然”

在对《老子》“自然”思想实现之依据进行分析之前，先对“自然”一词进行语言学分析，以界定其基本内涵。

“自然”是个合成词，由“自”与“然”这两个单纯词组成。首先对“自”进行分析。于省吾认为甲骨文中“自”的字形像鼻子，并且“自”有三种含义，一是鼻

* 王硕，安徽省亳州市涡阳县人，湖南师范大学公共管理学院哲学硕士，研究方向为中国哲学。

子，二是自己，三是引申为"由""从"。[①] 刘兴隆认为在甲骨文中"自"与"鼻"同字。[②] 在"自"的这三种含义中，"自"的鼻子这一含义逐渐消失，古人另造了"鼻"这个字来指代鼻子，因此后世的"自"主要保留了后面的两种含义。"鼻"这个字在《周易》中就已经出现，"噬肤灭鼻，无咎"[③]。"自"在《诗经》中出现了 83 次，在《尚书》中出现了 73 次，在《周易》中出现了 13 次，这三本经典中的"自"主要是后两种意思。《尔雅》关于"自"的解读是"遹、遵、率、循、由、从，自也"[④]。这里讲的是"自"的第三种含义。《说文解字》注释"自"为"鼻也，象鼻形，凡自之属皆从自"[⑤]。许慎在这里主要讲了"自"的鼻子这一含义，实际上此时"自"的这种含义已经很少使用。"自"在今天的主要含义仍然是"自己"和"自从"这两种，"自"的"鼻子"这一含义几乎彻底消失。

其次对"然"进行分析。在当前的甲骨文研究中没有发现"然"这个字，"然"最早出现在周代文献《诗经》《尚书》《周易》中。"然"在《诗经》中多次出现，《诗经》中的"然"主要有两种含义，一是无意义的语气助词，例如《诗经·南有嘉鱼》："南有嘉鱼，烝然罩罩。君子有酒，嘉宾式燕以乐。"[⑥] 二是"如此""这样"，表示事情的结果，例如《诗经·墓门》："墓门有棘，斧以斯之。夫也不良，国人知之。知而不已，谁昔然矣。"[⑦]《尔雅》关于"然"的解读是"俞、盒，然也。"[⑧] 这里的"然"是表示肯定的回答。《说文解字》注释"然"为"烧也"[⑨]。这里是把"然"当作"燃"的本字。段玉裁注之曰："通假为语词，训为如此，尔之转语也。"[⑩] 段玉裁在这里指出了"然"的"如此"这一含义。

"自然"一词最早出现于《老子》，《老子》中的"自然"一词的含义是由"自"的"自己"和"然"的"如此"这两种含义组合而成，意思是"自己如此"。"自然"一词在《老子》中出现五次，文本如下：

悠兮其贵言。功成事遂，百姓皆谓我自然。(《老子·第十七章》)[⑪]

---

① 于省吾：《甲骨文字诂林》，北京：中华书局，1996 年，第 673 页。

② 刘兴隆：《新编甲骨文字典》，北京：国际文化出版公司，2005 年，第 207 页。

③ 周振甫：《周易译注》，北京：中华书局，1991 年，第 79 页。

④ 十三经注疏整理委员会：《尔雅注疏》，北京：北京大学出版社，2000 年，第 16 页。

⑤ 段玉裁：《说文解字注》，北京：中华书局，2013 年，第 138 页。

⑥ 周振甫：《诗经译注》，北京：中华书局，2010 年，第 235 页。

⑦ 周振甫：《诗经译注》，第 181 页。

⑧ 十三经注疏整理委员会：《尔雅注疏》，第 65 页。

⑨ 段玉裁：《说文解字注》，第 485 页。

⑩ 段玉裁：《说文解字注》，第 485 页。

⑪ 楼宇烈：《老子道德经注校释》，北京：中华书局，2008 年，第 40 页。本文《老子》引文皆从此书出，下文引用不再列出脚注，仅在文中夹注所在章节。

希言自然。(《老子·第二十三章》)

人法地，地法天，天法道，道法自然。(《老子·第二十五章》)

道之尊，德之贵，夫莫之命而常自然。(《老子·第五十一章》)

是以圣人欲不欲，不贵难得之货；学不学，复众人之所过。以辅万物之自然而不敢为。(《老子·第六十四章》)

这五章文本中的“自然”的意思都是“自己如此”。

在对“自然”一词进行语言学解读之后，可以在此基础上对这一概念的哲学意蕴进行更深入的分析。那么“自然”有哪些深刻的哲学意蕴呢？“自然”作为一个哲学概念是如何可能的呢？

首先，“自然”这一概念尊重事物的主体性，反对“他者”对事物自身的压迫。“自然”的意思是“自己如此”，指事物自己决定自己的状态。“自然”是一个反对外在干涉的思想概念，与“自然”这一概念相对的哲学概念应当是“他然”。与自己决定自己的状态相对的是让其他事物来决定自己的状态，“自然”不是让其他事物来决定自己的状态，“自然”反对“他然”。坚持“自然”的事物反对任何外在干涉，不屈服于任何外在强权。从这里看，“自然”这一概念是对主体性的高度认可，是“自我主义”的显现。对人类社会来说，“自然”首先保证的是人之为人的尊严，是对人权的最大限度的保护。“自然”之“自”肯定了人之为人的主体性，肯定了个人独立行使自身能力的权力，“自然”思想反对一切外在势力以任何形式、任何理由对个人的主体性进行压制与迫害，为人的主体性与自由尽可能的拓展空间，“自然”能够发展出人之自由。从国家的层面来看，“自然”尊重各国的主权，反对霸权主义和大国沙文主义，“自然”思想主张不干涉他国内政。从这里可以看到“自然”对事物主体性的尊重。

其次，“自然”在反对外力干涉的基础上，也反对自身欲望的膨胀。事物之间的联系是普遍的，一个事物的行为会对另一个事物产生相应的影响，一个事物在争取外在事物不干涉自己的同时，也应该不去干涉其他事物。“自然”思想虽然尊重个体的主体性，但是这种尊重是有限的，不会放任主体性的无限扩张。“自然”思想展现在人类社会时，它支持与鼓励人们保护自己的合理利益，支持人们追求自由，但是这种支持是建立在追求自由的行为不会伤害到其他人的自由的基础上的。换句话说，“自然”支持的是合理的诉求，“自然”思想在人类社会中的要求是个人在不妨碍他人的基础上保持主体性。“自然”思想在思想修养方面的要求是个人不被情感和欲望蒙蔽。告子曾说:“食色,性也。”[①]追求美食和美色是人的本性,但是人不能被美食和美色迷惑,被过分的情感和欲望迷惑的人会容易做出违反规则的事情,从而导致“他者”感到“不自然”。因此,“自然”的含义之一是反对自身欲望的无限膨胀。

最后,在“天人之辩”的角度看,“自然”也能够引申出“非人为的、天然的”含义。对于天地间自然界的万物而言,人类为了自身更好的生存所做出的扩张运动会干扰到它们的正常发展,会破坏万物的本来面目,以“人为”破坏“天然”,损害万物的生存。《庄子》推崇万物的天然状态,“牛马四足,是谓天;落马首,穿牛鼻,是谓人。故曰,无以人灭天,无以故灭命,无以得殉名”[②]。“自然”的“天然”含义在《庄子》中有所表现,例如,“汝游心于淡,合气于漠,顺物自然而无容私焉,而天下治矣”[③]。对事物天然状态的推崇会引申出反对人的干扰行为,最终引出批判性的“无为”甚至是消极性的“不为”,这是“自然”的这一含义的弊端。

“自然”思想尊重人的主体性与自由,能够在社会生活中发挥重要作用,那么“自然”实现的依据有哪些呢?这些依据的优缺点是什么呢?在对“自然”进行语言学和哲学的解读之后,现在可以对“‘自然’的实现何以可能”这一问题进行思考,以及探究道家是如何处理这一问题的。

二、道法自然:“自然”实现之宇宙论依据

“自然”首见于《老子》,在《老子》思想中,“自然”是最高的价值标准,是《老子》政治思想的理想图景。为了让天下归于“自然”,《老子》创造性地提出“道生万物”的宇宙论思想体系,并且使“自然”成为这一思想体系的最高价值标准,这就是“道法自然”。在“道生万物”的世界观中,“自然”是“道”所奉行的价值标准,这就给“自然”之实现提供了宇宙论依据。

《老子》之前的宗教性世界观不能作为“自然”实现的依据。《老子》之前的世界观主要是宗教性的世界观,这种世界观认为天地万物都是由主宰性的神灵创造的,“天生烝民,有物有则,民之秉彝,好是懿德”[④](《诗经·烝民》),“天作高山,大王荒之”(《诗经·天作》)[⑤]。万物由神灵所创造,所以这个创造了世间万物的神灵也掌管万物的命运,“出自北门,忧心殷殷。终窭且贫,莫知我艰。已焉哉!天实为之,

① 朱熹:《四书章句集注》,北京:中华书局,2012年,第332页。
② 郭庆藩:《庄子集释》,北京:中华书局,2012年,第589页。
③ 郭庆藩:《庄子集释》,第300—301页。
④ 周振甫:《诗经译注》,第443页。
⑤ 周振甫:《诗经译注》,第466页。

谓之何哉”（《诗经·北门》）[①]。“我生不有命在天”（《尚书·西伯戡黎》）[②]。创世神灵也具有赏罚性，“自天佑之，吉，无不利”（《周易·大有》）[③]。“昊天不佣，降此鞠讻。昊天不惠，降此大戾”（《诗经·节南山》）[④]。在宗教性的世界观中，创世神灵具有宰治性，它统治着世间万物，个人的命运由这个神秘莫测的神灵掌管，个人在面对命运的时候没有自主性可言。在宗教性世界观深入人心的情况下，否决神灵的宰治性而言其自然性，这种观点是难以让人接受的，因此在这个时代“帝法自然”“天法自然”的命题说服力不足，不能用宗教神灵给“自然”思想之实现做依据。

在宗教性世界观与“自然”思想相互冲突的情况下，《老子》创立了以“道”为核心概念的宇宙论思想体系来解释世界，并用这种“道生万物”的宇宙论来给“自然”思想之实现作依据。

在《老子》的宇宙论思想体系中，世界万物不是由神灵创造的，而是由亘古以来就存在的“道”生成的。“道生一，一生二，二生三，三生万物。”（《老子·第四十二章》）在《老子》之前的宗教性神话创世体系中，天地万物是由有意识的神灵创造的，《老子》的“道”则不是“帝”或“天”那样宰治万物的神灵，《老子》的“道”是无意识的混成之物，“有物混成，先天地生。寂兮寥兮，独立不改，周行而不殆，可以为天下母”（《老子·第二十五章》）。“道”是一种混沌之物，这个混沌之物在世界出现之前就存在着，它运转不息，生育了万物。《老子》中的“道”虽然是一种物，但是这个物和世间万物是不同的，它是混沌之物，没有具体形象。“孔德之容，惟道是从。道之为物，惟恍惟惚。惚兮恍兮，其中有象；恍兮惚兮，其中有物。窈兮冥兮，其中有精；其精甚真，其中有信。”（《老子·第二十一章》）“道”这个恍恍惚惚的物似有似无，它能不能被具体的语言所描述呢？《老子》认为非具体形象的“道”不可以被语言名号描述。“道可道，非常道。名可名，非常名。无名天地之始，有名万物之母。”（《老子·第一章》）世间的一般的物是可以被语言描述的，“道”不是普通的物，它无法被语言认知。这样的一个不具有具体形象也不能被语言描述的“道”，人们怎么能认识到它的存在呢？《老子》认为一般的方法认识不到“道”的存在，人们只能通过虚静去欲的修养之后才能感受到“道”的存在。“故常无欲，以观其妙；常有欲，以观其徼。”（《老子·第一章》）传统思想认为“帝”或“天”创造了天地万物，所以“帝”或“天”是世界的起点，《老子》为了突出“道”的先在性则提出了“道在帝先”的观点，“道冲而用之或不盈，渊兮似万物之宗。挫其锐，解其纷，和

---

① 周振甫：《诗经译注》，第54页。

② 李民、王健：《尚书译注》，上海：上海古籍出版社，2004年，第184页。

③ 周振甫：《周易译注》，第58页。

④ 周振甫：《诗经译注》，第271页。

其光，同其尘。湛兮似或存。吾不知谁之子，象帝之先”(《老子·第四章》)。

在“道生万物”的宇宙论思想体系中，“道”不具有宗教神灵的宰治性，而是以“自然”为价值标准，以“无为”“不占有”的态度对待万物。在对“道生万物”的宇宙论思想体系论述之后，《老子》提出了“自然”概念，并认为“自然”是“道”效法的最高价值标准。《老子》认为，虽然“道”生成了万物，但是“道”并不以占有的心态对待万物，而是任万物顺应自己的本性发展，“大道泛兮，其可左右。万物恃之而生而不辞，功成不名有，衣养万物而不为主”(《老子·第三十四章》)。“道”虽然存在天地间任何角落，但是从不认为万物都归属于自己，不认为自己是万物的主人。“道”的这种虽生育万物但却不占有万物的品德叫作玄德。“生而不有，为而不恃，长而不宰，是谓玄德。”(《老子·第十章》)因为“道”不想着占有万物，所以“道”就不会去对万物主动施加影响，这就是“无为”。“道常无为而无不为。侯王若能守之，万物将自化。化而欲作，吾将镇之以无名之朴。无名之朴，夫亦将无欲。不欲以静，天下将自定。”(《老子·第三十七章》)“道”以“无为”的态度对待万物，不去干扰万物的生存与发展，其背后的原因是什么呢？是因为“道”秉持着“自然”的价值观，“人法地，地法天，天法道，道法自然”(《老子·第二十五章》)。“道”生成万物却不占有的根本原因是“道”以“自然”为价值标准，让万物自由自主地发展。

《老子》“道法自然”命题极大地提高了“自然”的地位，给“自然”思想之实现提供系统性的理论依据。在《老子》“道生万物”的宇宙论思想体系中，世间万物来自“道”，“道”是这个思想体系中的最高概念。在“道法自然”命题中，“自然”是至高无上的“道”所效法的对象，作为天地万物之根源的“道”还需要效法“自然”，可见“自然”地位之高。在“人法地，地法天，天法道，道法自然”的思维逻辑中，“自然”概念居于顶端，是“道”“天”“地”“人”共同的效法对象。通过这一设计，“自然”成了《老子》思想中的最高概念，在《老子》思想中拥有了至高无上的地位。这为“自然”思想之实现提供了强大的理论支撑。《老子》不是仅仅用“道”来支撑“自然”，而是用整个“道生万物”的宇宙论思想体系来作为“自然”思想实现之依据。

《老子》用“道生万物”的宇宙论给“自然”思想之实现做依据，虽然给“自然”思想之实现提供了系统性的理论支撑，但是在后世看来这种依据仍然有继续完善的空间。

首先，《老子》的宇宙论不能保证人们愿意效法“道”。在《老子》的宇宙论中，“道”是天地万物的根源，“道”生育了天地万物，“道”和万物之间的关系类似于母子关系。虽然如此，但是“道”是外在于人的，是异于人的“他者”，在“道”和人之间存在着绝对的差异性。因此当《老子》说“人法地，地法天，天法道，道法自然”的时候，人们可以提出为什么要效法“道”的质疑。虽然“道”生育了万物，但是人为什么要效法“道”呢？万物被“道”生下来后就成了独立自由的个体，万物有权决定自己的行为，因此《老子》的宇宙论是不能保证人们愿意效法“道”的。当人们不愿意效法“道”的时候，就更加不会去效法“道”所效法的“自然”，此时效法“自然”就成了“道”自家的事。当人们不愿意追随“道”去效法“自然”的时候，就不会去努力实现“自然”状态，此时“自然”思想的实现就无从说起。

其次，《老子》的宇宙论不能说明“道”为什么要效法“自然”。在《老子》思想中，当人们不愿意效法“道”的时候，“自然”是无法实现的。实际上，即使人们愿意效法“道”，“自然”也难以实现。当人们愿意效法“道”的时候，仍然可以提出疑问——为什么“道”效法的是“自然”而不是“仁义”等其他概念？在《老子》时代的宗教性思想体系中，作为至高神的“帝”或“天”是具有“赏善罚恶”等道德性内涵的，为什么《老子》思想中的至高概念“道”是“自然”的呢？《老子》虽然提出了“道法自然”命题，但是没有解释为什么“道”要效法“自然”，而只是用“道生万物”的宇宙论给“自然”作支撑。因此，有异议者可以提出“道法仁义”命题。从这里看，《老子》的“道法自然”命题不比“道法仁义”更有说服力。这是“自然”思想之实现的另一个困难。

最后，《老子》的宇宙论不能给“自然”思想之实现提供行动力。虽然《老子》给“自然”思想的实现提供了“道生万物”式的宇宙论依据，但是这种宇宙论中的“人”只是空洞冰冷的理性符号，几乎不具有情感、意志等非理性内涵。“自然”思想的实现归根结底还是由人来完成，对《老子》中的“人”进行分析会发现，《老子》宇宙论中的人是不具有行动力的，无法主动去实现“自然”，因此《老子》给“自然”思想之实现提供的宇宙论依据不能给人实现“自然”思想提供行动力。关于行动力的问题休谟在《人性论》中曾经讲过，理性只是认知工具而不是行动的根源，行动力的来源是情绪、情感、意志等概念，理性不能给人的行为提供行动力，“道德的区别不是从理性得来的”[①]，“道德的区别是由道德感得来的”[②]。因此，在“自然”思想之实现方面，因为《老子》宇宙论中的人是不具有情绪、意志的，所以《老子》用宇宙论给“自然”思想的实现提供依据的努力并不能给人的行动提供内在的行动力。从外在行动力的角度看，宗教性的神灵因为自身具有宰治性与赏罚性等宗教内涵，其对人是具有压迫性的，它能逼迫人们不得不按照某种规则行动，这就会给人的行

① 休谟：《人性论》，关文运译，北京：商务印书馆，2016年，第491页。

② 休谟：《人性论》，第506页。

动提供外在行动力。《老子》的"道"只是一个无形无为的存在，它不干涉万物的运转，所以在给"自然"思想之实现提供外在行动力方面它是不如宗教神灵的。因此，对"自然"思想之实现来说,《老子》"道生万物"的宇宙论思想体系不能给人的行动提供内在和外在的行动力。

三、人皆有自然之意:"自然"实现之人学依据

温海明的《道德经明意》吸收了西方哲学的优秀成果，从比较哲学、心灵哲学和世界哲学的角度对"'自然'的实现何以可能"这一问题进行了回答。在《道德经明意》中，温海明认为每个人都有对"自然"的需要，相应的也会有实现"自然"的意志，于是他提出了"人皆有自然之意"的思想。"人皆有自然之意"思想的提出，在"自然"和"人"之间建立了直接联系，将"自然"的实现直接归于人，并给"自然"的实现提供了内在动力。

在对"人皆有自然之意"思想进行分析之前，先对"意本论"哲学中的"意"和"自然之意"进行解读。

"意本论"哲学中的"意"是能动的、创生的意念、意识，是具有创造性的意志。"意"是温海明创建的"意本论"哲学体系中的核心概念，这一概念类似于今天讲的意识、意念、意志，也类似于王阳明所讲的"心"。"意"是能动的，他能推动人去行动。"当下的意念通达宇宙万物,意念与万事万物同时升起,共同创造。"[①]"意能通过对物的领会而成形,也就成就世事。"[②]在"意本论"哲学体系的其他作品中也可以看到"意"指的是能动的、创造性的意识。《儒家实意伦理学》中的"意"指的是创造性的意识，"实意伦理学，也就是让当下的意念坚实，从而实现'念下转命'的伦理思想，这跟传统实践儒家伦理生活的目标是一致的，其目的在于帮助人们在意念的反思状态中去粗取精，将合适的意念坚实，从而使心境广大，念及世界苍生万物，进而成就意念对世界的实际作用，以及人生的意义"[③]。《周易明意》中的"意"也是指创造性的意识，"心意之生，依意缘而成，心意之死，亦依意缘而灭，故心意之生机为世界创生之根本"[④]。《坛经明意》中的"意"也是如此,"在《坛经》'空有之意'的眼光当中，一切之有皆意念实化之有，一切有境皆意念实化之境"[⑤]。

"自然之意"是追求"自然"状态的意志。虽然"意本论"哲学所讲的"意"是

---

① 温海明:《道德经明意》，北京：中国社会科学出版社，2019年，第27页。

② 温海明:《道德经明意》，第153页。

③ 温海明:《儒家实意伦理学》，北京：中国人民大学出版社，2014年，"前言"，第6页。

④ 温海明:《周易明意》，北京：北京大学出版社，2019年，第61页。

⑤ 温海明:《坛经明意》，北京：宗教文化出版社，2021年，第55页。

人的意念、意识，但是这种意不仅仅是被动的知觉，更多的是意志，是主动的追求。静态的意没有创造力，动态的意天然就具有创造性。虽然温海明也没有对“自然之意”这一概念进行直接定义，但是在明确了“意”是能动的意志之后，“自然之意”的内涵就很清晰了。从语言学的角度看，《道德经明意》中所讲的“自然之意”指的是自然性的意识，是追求“自然”的意志。“自然”是一种理想状态，“自然之意”是人对“自然”状态的追求。“人虽有自由意志，但老子认为应当顺从自然之意。”①“心意的发动皆以通于自然之意为最高目的。”②“人修意念，通达自然之意，即人的意念发动，完全和顺于自然之意，故无主观的人意和私意。”③

“人皆有自然之意”意思是每个人自身都已具备实现“自然”的意志。温海明虽然没有明确说出“人皆有自然之意”，但是在《道德经明意》中却可以看到他的这种思想。“自然之意存在真实不虚，机体生机朗现，心思意念由生机而发，即使机体不在，其自然之意也永不磨灭。为了保养自然之意，需要收摄反听，让真气从五官与外物交流消散之中反观内视。”④在温海明看来，“自然之意”是实存于天地万物之间的，人的身体中也存有“自然之意”，人身实然具备“自然之意”，只有这样才可言“保养”。“自然之意是其所是，造就了世间的一切。自然之意成就自身、设定自身，另外也设定跟自身相关的一切存在，所以自然之意是一切存在的尺度，是一切存在物自然而然存在的尺度。”⑤“自然之意”创造了天地万物，是万物生存与发展所顺从的法则，万物皆是“自然之意”设定的相关存在，“自然之意”是人存在的尺度，所以作为万物一员的实存的人之自身也应当具备“自然之意”。作为独立主体的人，都有对自由生活的美好向往，都有追求自由状态的意志，“自然”不仅是每个人应该实现的目标，也是人之为人都具备的先天性的内在要求，每个人不需要后天的学习就会有对自由的向往。在温海明看来，“自然”不仅是人在应然层面的追求，还应该是人在实然层面的已具备。温海明的这种观点类似于孟子认为的仁义不仅是个人奋斗的目标，还是人生来就具备的品质。

那么“人皆有自然之意”的思想对“自然”之实现有哪些帮助呢？

首先，“人皆有自然之意”的思想认为每个人自身都具有“自然之意”，都具有实现“自然”的意志，这种观点能给人实现“自然”思想提供内在行动力。《老子》宇宙论中的“道”不像宗教神灵那样威慑人心从而逼迫人们去实现“自然”，这种思

① 温海明:《道德经明意》，第 52 页。
② 温海明:《道德经明意》，第 149 页。
③ 温海明:《道德经明意》，第 272 页。
④ 温海明:《道德经明意》，第 35 页。
⑤ 温海明:《道德经明意》，第 253 页。

想体系也不能给人实现"自然"提供内在行动力，因此可以说《老子》思想无法给"自然"思想之实现提供行动力。人的行动力不是来源于理性，而是基于情绪和外来压力，而意念、意识、意志和情绪是同类概念，它们都是行动力的内在来源。"人皆有自然之意"的命题认为，"自然之意"是要实现"自然"状态的人的意识，每个人都应该追求"自然"，每个人自身也都已经具备了实现"自然"的意识，人只要按照自身具备的这种意识去行动，就可以实现"自然"。当"自然"成为个人的主导性意识，这种意识就会和其他意识一样从内部推动人去实现自身，这就给"自然"思想之实现提供了内在动力。

其次，"人皆有自然之意"的提出使得"自然"实现之依据不再是物，而是从物转向了人，这在"人"与"自然"之间建立了直接联系。在《老子》中，"道"是"自然"实现之依据，"自然"的实现需要借助"道"这个概念，但是"道"毕竟是外在于"人"的，因此"自然"思想之实现的依据也是外在于人的。"自然"思想之实现是人来实现"自然"，因此可以直接讲"人之自然"，可以把"自然"实现之依据归于人，不必要在人之外再找一个依据。在《道德经明意》中，"自然"的实现不再依靠"道"而是依靠"人"，"自然"不再是"物之自然"而是成了"人之自然"。从这个角度看，通过"道"来促进人去实现"自然"可以说是走了弯路。温海明直接从人的意念讲起，认为"人皆有自然之意"，因此"自然"思想之实现不过是人的意识的展开，人只要顺应内在的追求"自然"的意志去做事，"自然"就能被实现。

结语

《老子》所处的时代宗教氛围浓厚，宗教的"帝""天"概念已经具备了宰治性、赏罚性等比较固定的神学内涵，这些宗教概念下的人是被动的、受支配的，效法"帝""天"的人是非"自然"的，所以《老子》不能继续使用具有意志的"帝""天"来给"自然"的实现作支撑，而只能另创出一个无名无形的"道"来效法"自然"。"道"不对人形成约束与控制，人才有自由的空间，才有"自然"的可能。虽然《老子》"道法自然"思想不能给"自然"思想之实现提供行动力，但它却为"自然"思想之实现提供了系统性的理论依据。《道德经明意》承续《老子》，其"人皆有自然之意"思想认为意志可以从内部促进人的行动，并且每个人都有实现"自然"的意志，这就为"自然"思想之实现提供了内在动力。和《老子》"人法地，地法天，天法道，道法自然"思想相比，在"人皆有自然之意"思想中"自然"的实现不再需要"道"作为中间概念，"人"与"自然"之间可以建立直接联系，减少了"人"与"自然"之间的阻碍，更有利于"人"去实现"自然"。温海明的"人皆有自然之意"

思想较好地回答了"'自然'的实现何以可能"这一问题，激发了道家"自然"思想在当代社会的生机与活力。同时，这一思想也凸显出了人的主体性地位与"自然"思想的人学价值，能够引导人们从人学的角度去深刻反思其他古代思想。

老子“自然”与“无为”概念的三重关系

郝　鑫*

内容提要：《道德经》中“自然”和“无为”的关系可以从“发生结果”“发生过程”“发生根源”三个层次加以理解。以“发生结果”来看，“自然”与“无为”分别实现了个体“形”之“实其腹”与“神”之“虚其心”，表现为“形神之辨”；就“发生过程”而言，“自然”由“为腹”延伸至“作”“息”“饮”“食”的结合，作为“体”标志着人自足、完整的存在形态，“无为”以当下的行为彰显精神的活动，可理解为“用”，后者直指通达于“自然”的手段，二者关系转换为“体用之辩”；追溯到“发生根源”，“自然”和“无为”的落脚点从人的存在导向于存在本身，前者代表“肯定性”的面向，后者象征“否定性”的面向，二者均以“显性”的存在方式一并揭示出“道”之“隐性”形象，故开拓出“显隐之辩”。“自然”和“无为”的三重关系揭示出，二者与个体的存在、“道”自身的本性息息相关，并彰显出独特的价值。

关键词： 道德经　自然　无为　关系

“自然”和“无为”的关系并不局限于单一面向，应结合具体的背景予以探究，主要延伸为两个相互关联的方面。一方面，“自然”和“无为”的现实价值应着眼于人的存在，尤其在于二者如何具体融入个体的生活世界。这一过程中，“自然”“无为”的关系表现出丰富的含义，且充满互动性；另一方面，“道”作为《道德经》中的第一和终极原理，可理解为存在本身，对“自然”和“无为”具有规定作用。“道”的存在虽不可说、不可名，却凭借人对“自然”“无为”的领会而使得“道”敞开自身。“自然”“无为”由“道”规定又凭借人的行为而开启。由此可见，“自然”和“无为”本身兼具两重内蕴，即指向于人的存在与“道”之本身，“道”“人”的贯通点便借助二者得以呈现。本文从“发生结果”“发生过程”“发生根源”研究“自

* 郝鑫（1992— ）南京大学哲学系·宗教学系博士研究生，主要从事道家思想研究。

然”和“无为”的三重关联，意在梳理二者所蕴含的丰富关联，从而有利于定位“道”“人”的各自存在特质。

一、形神之辩

在“发生结果”的视域下探讨“自然”与“无为”的关系，一方面，意味着二者对人的生活方式进行塑造、提升时，各自体现出不同的侧重；另一面，此背景下，“自然”“无为”彼此间的作用保持为互动、互融的特质，并不存在绝对的差异或隔阂。对个体的存在过程来说，“自然“和“无为”的内涵表现为独特性与共鸣性的双重品格。

作为《道德经》中的核心概念，从形式上来看，“自然”和“无为”非孤立存在，而是分别作为一系列相关词语的统称。区别在于前者等同于肯定义，后者意味着否定义。诚如刘笑敢指出：“自然以一种肯定的语法形式对各种事物的状态进行描述，无为以否定的语法形式对人类的行为加以限制。”① 相应地，池田知久对类属于“自然”的概念进行了界定：“‘自〇’意指个别的、具体的自然思想，而‘自然’则是‘自〇’综合后的抽象化词语。”② 显然，在老子那里，就“自然”而言，依次为“自宾”“自胜”“自化”“自正”“自富”所诠释。同理，“无为不是一个清晰的单独的概念，而是一个集合式的‘簇’概念，它包括或代表了一系列与通常观念不同的处世方法和态度”③。由此可见，“无为”代表着“无私”“无知”“无事”“无欲”。从价值领域出发，上述两类概念共同构成理想的生活范式，并融进个体的具体生命之中，引发后者的行为导向于理性化，进而达至自足、自得。有待进一步探究的是，二者贯通于个体生活世界的过程中，并非含混杂乱，而是井然有序、各尽其职，关键在于它们通过什么样的方式进行相互补充、印证，进而完善人的存在方式。

“自然”本身与个体的现实活动息息相关，王弼在《老子道德经注》中认为“自然，其端兆不可得而见也，其意趣不可得而睹也”④。“端兆”“意趣”并不导向于抽象神秘的思维模式，而是需要通过行为的展开予以揭示。老子提出的“自然”直指个体于实践中的生活状态，以保障形体的日常需求为旨向，一言以蔽之，即“为腹不为目”⑤。更进一步，保障意味着人对外物应进行恰当的使用，满足正常的需要，而

① 刘笑敢：《试论老子哲学的中心价值》，《中州学刊》1995 年第 2 期。

② 池田知久：《问道：〈老子〉思想细读》，王启发、曹峰等译，桂林：广西师范大学出版社，2019 年，第 515 页。

③ 刘笑敢：《老子之自然与无为概念新诠》，《中国社会科学》1996 年第 6 期。

④ 王弼：《老子道德经注》，楼宇烈校释，北京：中华书局，2011 年，第 43 页。

⑤ 陈鼓应：《老子注译及评介》，北京：中华书局，2009 年，第 443 页。

不是不加节制、挥霍无度，进而引发自身为欲望所蒙蔽，逐渐丧失生命的本然面貌，“为腹者以物养己，为目者以物役己”[①]。要之，于人而言，“自然”不外乎在侧重于“形”的前提下，实现其生活的安稳自足。与“自然”相关的诸多概念，从不同方面描绘出前者与人的丰富关联。“自宾”表明个体从杂乱无章的存在状态中向“自然”回归，“侯王若能守之，万物将自宾”[②]。“宾”有归顺、臣服之义，引发人的欲求从无序走向有序。相应，“自宾”则能“自胜”，后者强调对自我欲求过度状况的缓解，直至克服，故《道德经》中说:“胜人者有力，自胜者强。”[③]更进一步，二者带来的积极效应是个体完成生命的“自化”，凭借“自宾”“自胜”而得以主动、不假外求地培育自身，培育的精要仍是以不违背自我需求的合理化为先觉条件。个体恒守自然之道，可被视为对其存在过程的维护，“侯王若能守之，万物将自化”[④]。紧接着，人通过“自正”确保其行为的展开处处吻合于“自然”；“自富”则突出“自然”被看作一种合乎生命本然的价值，“我好静，而民自正；我无事，而民自富”[⑤]。从“自宾”“自胜”升华至“自化”“自正”“自富”，这个循序渐进的展开过程，说明“自然”自身的品格对个体的生活具有推动、滋养的作用。如果说“自宾”与“自胜”纯粹是在消极意义上对个体的欲望予以节制，侧重于后者对“自然”的回归，那么从“自化”的开启，在“自正”的过程中获得“自富”，显然是从积极意义出发，促使人对其现实需求进行理性看待，彰显自然之道在个体生活中的鲜明作用。通过“自然”与“为腹”的结合，得以看出前者的落脚点是偏重于“形”的生活实践之维，对“为目”的消解，则刻画出个体在欲求面前化被动为主动，以需求得当代替盲目攫取的倾向。

与“自然”相对应的“无为”，首先意味着无妄为，并非毫无作为，抑或对行为的片面排斥。冯友兰指出“无为”即“少为或寡为”[⑥]。这旨在突出“无为”对于刻意人为的减损。若从“发生结果”的背景下探究，则“无为”之“为”便揭示出较日常行为更为根本的精神活动。换句话说，“无为”真正实现的是个体精神的净化。譬如牟宗三说:“无为是高度精神生活的境界，不是不动。”[⑦]“无私”“无知”“无事”“无欲”均印证着“无为”对于精神的作用，即“意念”将其自身急躁妄动的状态进行平复。“无为”的着眼点与“自然”聚焦于“形”不同，前者立足于“神”。二者的

① 王弼:《老子道德经注》，第31页。
② 陈鼓应:《老子注译及评介》，第451页。
③ 陈鼓应:《老子注译及评介》，第452页。
④ 陈鼓应:《老子注译及评介》，第453页。
⑤ 陈鼓应:《老子注译及评介》，第462页。
⑥ 冯友兰:《贞元六书》，上海：华东师范大学出版社，1996年，第396页。
⑦ 牟宗三:《中国哲学十九讲》，台北：联经出版事业有限公司，2003年，第89页。

关系在《道德经》中表述为："是以圣人之治，虚其心，实其腹。"[①]显然"无为"直指"虚其心"，"自然"代表"实其腹"。"虚"在这里具有两重内涵，首先，牟宗三已强调，"虚（无为）"作为境界义指向人的精神状态，后者表现为从"无私""无欲"上升至"无事"。"无私"作为先导，刻画出"意念"从向外追逐转换为向内收缩的过程，前者侧重于精神向外不停地奔波、挖掘、占据，为"五色""五音""五味"所困，后者象征着精神自身一无所求的自足境地。《道德经》中说："非以其无私邪？故能成其私。"[②]故"无私"之"私"意味着对外物的迷恋，"成其私"之"私"即一无所求，遵从于自然的需求。后者进一步可理解为"我无欲，而民自朴"[③]。"无私"与"无欲"作为同义词，其引发的积极效应是"民自朴"，后者在前者不刻意干涉的原则下实现生活的自然。更深一层，"无私"或"无欲"引导精神走向"无事"，后者被老子诠释成"取天下常以无事"[④]。"无事"一方面强调精神不以妄动的私欲为事；另一面突出应以坚固自身的柔韧为事。其次，当"虚"作为对精神境界的形容时，"虚"的另一重维度则体现为工夫论——"无知"。"无知"一方面缓和个体对于知识的过度依傍，前者在此种语境下表现为一无所知，不以对知识的获得作为真知；另一面，"无知"之"知"实则无所不知，即精神时刻反观自身，涤除意念的妄动，进而通达于外，而不是禁锢在某处难以自拔，"明白四达，能无知乎？"[⑤]"无知"的上述两个面向即"向内归以反为学之外取，则不倾注于对象而洒然无所得（一无所有）；向后返以反为学之向前追，则不疲于奔命而洒然自适自在矣"[⑥]。"向内归"呈现出精神排斥对知识的过度依附，向前追彰显为精神向外的通达。

"自然"和"无为"在"发生结果"背景下各有偏重，前者以对形体的培育为旨向，聚焦于"实其腹"，引发个体从遵从自然达至展开自然；后者落脚于精神的自我净化，直指"虚其心"，推动个体在反观自身时，为通达于外提供了理论前提。从更为宽广的视域出发，二者并非决然独立，而是在良性的互动过程中相互依托、相互合作。一方面，"无为"若脱离于自然，则难免导致精神与现实的脱轨，丧失其本有的作用，故老子强调"致虚极，守静笃"[⑦]。"致虚"意味着个体将"虚"推行到生活世界中，付诸践行，而不是仅悬置在精神之内。"致"以对"自然"的实现作为其目

① 陈鼓应：《老子注译及评介》，第 440 页。
② 陈鼓应：《老子注译及评介》，第 441 页。
③ 陈鼓应：《老子注译及评介》，第 462 页。
④ 陈鼓应：《老子注译及评介》，第 458 页。
⑤ 陈鼓应：《老子注译及评介》，第 442 页。
⑥ 牟宗三：《智的直觉与中国哲学》，台北：联经出版事业有限公司，2003 年，第 262 页。
⑦ 陈鼓应：《老子注释及评价》，第 445 页。

标，即“辅万物之自然而不敢为”[①]。另一面，“自然”虽在个体的行为中体现其价值，假使疏远于人精神中的“无为”，便难以持久，甚至迷失其原本的方向，使个体沦丧于物欲之中，故“无为”的真正品格在于“为无为，则无不治”[②]。可见，“无为”是消极、冷静、不争，指引个体“形”之“自然”的理性开展；“自然”是积极、活泼、充实，印证个体“神”之“无为”的存在价值。“自然”与“无为”相互弥补、渗透，二者本一体两面，只有在彼此契合时，才能发挥出各自的功用，维护个体“形”与“神”的融洽关系。

二、体用之辩

从“发生结果”返回到“发生过程”，“自然”和“无为”的内涵及彼此间的作用相应发生了转变。一方面，“自然”不再仅仅以个体的“实其腹”为旨向，而是延伸开来，表现为生命的整体状态；另一面，“无为”之“为”由人的当下行为来代替“虚其心”。这一过程中，二者的关联具体表现为“无为”以什么方式真正构建“自然”，后者又如何具体引导前者。

对于“自然”和“无为”的关系，主要存在两种观点，其一侧重于将自然认定为规律，把“无为”理解成遵从规律的行为，以此揭示出二者的“本然”性状。王弼着重探究现象层面中万事万物的规律性变化，“道常无为”被其诠释为“顺自然也”[③]。更进一步，冯友兰提出“无为即是顺理而为”[④]。“理”意味着个体对于规律的把握，作为其实践展开的前提。相应，杨国荣认为“自然”和“无为”的关系表现为规律性与目的论的结合，“无为之‘为’的特点，在于利用对象自身的力量而不加干预，以最终达到人的目的”[⑤]。其二从价值论角度研究“自然”和“无为”，对二者的“应然”导向进行梳理，刘笑敢认为：“‘自然’是老子思想的中心价值，‘无为则是实现这一价值的行为原则或方法。”[⑥]综上来看，“自然”和“无为”的本然面向涉及本体论层面的内涵，应然面向指出“自然”与“无为”对人而言的价值或意义。上述观点值得商榷之处在于，一方面，对本然面向的偏重导致“自然”和“无为”走向抽象、神秘；另一面，单凭应然面向并不能对二者的价值本身予以明晰。换句话说，从人的生活世界入手更能切中“自然”和“无为”的具体特征，即“实然”面向。

---

① 陈鼓应：《老子注译及评介》，第464页。
② 陈鼓应：《老子注译及评介》，第440页。
③ 王弼：《老子道德经注》，第95页。
④ 冯友兰：《贞元六书》，第397页。
⑤ 杨国荣：《中国哲学二十讲》，北京：中华书局，2015年，第83页。
⑥ 刘笑敢：《试论老子哲学的中心价值》，《中州学刊》1995年第2期。

因“自然”与“无为”归根结底落脚于个体实践中的存在状态，二者的根基或价值离不开人的行为。典型如“虚其心”“实其腹”均着眼于对人而言的现实意义。一言以蔽之，“自然”和“无为”的实然面向如何贯彻、呈现，决定了其本然面向及应然面向的存在意义。故从实然面向着手分析“自然”与“无为”的关系，有利于准确把握二者如何融进个体的生命整体。

在人具体的存在过程中，“自然”的价值对其而言象征着生命本身的完整、充实状态。一方面，“自然”归纳出一切个体普遍的行为展开，如朱谦之所说：“‘日出而作，日入而息，凿井而饮，耕田而食，帝力于我何有哉！’此即自然之谓也。”[①]“作”“息”“饮”“食”在人的生存过程中共同构成基本且必要的环节，并未融入形而上的辨析；另一面，“自然”之“体”并非某种不变的抽象原则，而是直指“整体”，关乎个体形而下的日常生活。概而言之，对于何谓“自然”并不能给出一个准确的定义，其内涵依赖于对人实际生活状况的描述。虽然在社会规范层面，“自然”亦有其存在的价值，即“失道而后德，失德而后仁，失仁而后义，失义而后礼”[②]。老子对社会秩序的反思意味着，个体的自足自得更有利于导向理性的需求及自我和他者之间和谐、稳定的关系。当然，老子并未对人的个性及社会规范的存在意义予以恰当定位。准确地说，老子旨在突出社会规范的“自然”是手段，人存在的“自然”是根本，二者表现为“其政闷闷，其民淳淳”[③]。“自然”之“体”无外乎百姓日常需求的满足，“功成事遂，百姓皆谓：‘我自然’”[④]。“我自然”在“作”“息”“饮”“食”的串联下，进一步演化为“甘其食，美其服，安其居，乐其俗”[⑤]。

“自然”以朴素的日常生活来彰显个体生命的完整，并依赖于人的行为得以树立。故“自然”是“体”，无为是“用”，“体”可被理解为整体，“用”则归属于整体之中的部分。换句话说，“自然”是“一”，“无为”是“多”。一方面，“自然”的完整离不开“无为”的作用；另一面，“无为”因“自然”而不至走向分裂和杂乱。“无为”在朱谦之那里即“其动若水，其静若镜，其应若响”。[⑥]“动”“静”“应”均直指个体当下的某种行为，以推进人生命的完整为目的，后者进一步与“自然”相结合，并延伸至“食”“服”“居”“俗”等多个领域。“自然”与“无为”的互动表现为“体”和“用”的彼此促进，意在维持个体存在过程的平稳，避免其生活走向喧嚣和

① 朱谦之：《老子校释》，北京：中华书局，2019年，第74页。

② 陈鼓应：《老子注译及评介》，第454页。

③ 陈鼓应：《老子注译及评介》，第462页。

④ 陈鼓应：《老子注译及评介》，第445页。

⑤ 陈鼓应：《老子注译及评介》，第470页。

⑥ 朱谦之：《老子校释》，第153页。

混乱。故“体”在这里象征着多方面构成的生命整体，“用”表现为当下具体的行为。牟宗三对“无”和“有”的诠释从另一个角度彰显出上述二者的关系，“无是个虚一而静有无限妙用的心境……有就是无限妙用、虚一而静的心境的矢向性”[①]。“无”类似于当下不着痕迹的“无为”，“有”犹如前者的一贯旨向，即“自然”。区别在于，“心境”揭示出个体对于“自然”和“无为”的心领神会，“发生过程”下的“自然”与“无为”侧重个体实践过程中的自足。

“无为”非单一的、断裂的，而是涉及多个不同的方面，个体在其理性的存在过程中时时刻刻均落实着“无为”之“为”，后者进一步构成其生命的完整状态——“自然”。“无为”的连贯性在于其通达性，这体现出其不为某一固定的事物所禁锢，而是与个体的一切存在活动息息相关。老子指出：“无有入无间，吾是以知无为之有益。”[②]“无有”显然就代表“无为”的穿透性，“无间”象征前者的贯通性。换句话说，“无有入无间”即“无为”涉及任何领域，后者相应印证着“无为”的品格和价值。陈鼓应将“无间”解释为“没有间隙的东西”[③]。“没有间隙”用来形容物的坚硬，旨在衬托“无为”于个体行为中的畅通无阻。一方面，外在事物的“无间”象征其自身的独立性；另一面，个体在和外物接触时总是出于某种动机，这为其理解世界创造了可能。故“无间”中蕴含的“间性”真正将个体与世界关联在一起，在《道德经》种具体表现为：“将欲歙之，必固张之；将欲弱之，必固强之；将欲废之，必固举之；将欲取之，必固予之。”[④]由此看出，“间性”并非毫无预设，而是取决于个体对其自身存在的规定，即“自然”，接着通过“无为”把握世间万物中正反相依的道理，后者进一步融入个体生活的各个领域，而不是单纯悬置在理论层面。从积极意义出发，“正”和“反”的良性互动彰显为“长短相形，高下相盈，音声相和，前后相随。”[⑤]个体生命状态的“自然”凭借“无为”而实现自足，可见“无为”在把握现象规律的基础上能够做到不妄为，并尊重和运用这种规律，逐渐推行于外，“间性的理想状态就是通的境界”[⑥]。从更宽广的视域出发，一方面，由于“自然”和“无为”的意义因我而产生，故万事万物因我的存在而具有价值，周围一切事物围绕着我而相互联系，非完全孤立自身，可见“间性论将间性视为生养和包容万物的无限开放的‘普遍性’，间性将万物联系在一起，使它们相关相戚、相生相死在一个而非一元

① 牟宗三：《中国哲学十九讲》，第97页。
② 陈鼓应：《老子注译及评介》，第456页。
③ 陈鼓应：《老子注译及评介》，第232页。
④ 陈鼓应：《老子注译及评介》，第453页。
⑤ 陈鼓应：《老子注译及评介》，第439页。
⑥ 商戈令：《间性论撮要》，《哲学分析》2015年第6期。

的世界整体中间”[①]。另一方面，“间性”不仅仅局限于我对于物施加的作用，而且延伸至个体与他者相互沟通的领域，这便要求“间性论”背景下“无为”的通达性同时取决于个体之间是否能够形成协作、共鸣的关系，“老子‘无为’概念中的哲学真精神更在于：它要求我对于作为我的行为之对象的‘受者’的他人或它物的存在与独特性，给予一种根本性的承认和尊重，并因此反对任何对这种‘他者性’的承认和尊重的外来压制和侵犯”[②]。要之，“无为”在实现“自然”的过程中，印证出“间性论”自身的多元性、包容性、通达性。

“发生过程”框架下的“自然”和“无为”，在个体的实践活动展开中表现为“体”与“用”间的互动。一方面，“体”以“整体”来彰显“本体”，表现为“作”“息”“饮”“食”等多个方面的完善状态，是“一”；另一面，“用”归属于“体”之中的一切部分，直指个体当下的行为，是“多”。二者的相互依托即“自然”的完整形成取决于多个领域中“无为”之“为”的展开，“无为”以“自然”的完整为旨向而不至走向杂乱和分裂。更进一步，“无为”具有连贯性。“自然”蕴含着“整体性”，使二者彼此沟通的过程即“间性论”的通达性，后者的具体内涵同时为“自然”自身的品格与“无为”在行为中的展开所孕育、激发、诠释。

三、显隐之辩

从“发生结果”返回到“发生过程”，“自然”和“无为”的互动相应由“形神之辩”转换为“体用之辩”，这一变化过程离不开“自然”“无为”于人而言的现实价值，侧重从经验层面定位二者的独特品格。若从更为原初的背景出发，即追溯到“发生根源”，则“自然”与“无为”共同彰显出“道”自身的运行原理，后者进一步蕴含着本体层面和现象层面的沟通。

对人的存在而言，“自然”和“无为”既是目的，又是手段，目的表现为二重内涵，即“自然”和“无为”融合了其存在价值与个体的生命境界，手段突出人以理性的态度消解意念的妄动及行为的莽撞。若从存在自身出发，则“自然”和“无为”一并构成对“道”之发用流行机制的诠释，后者彰显出广阔的存在图景与深沉的思维方式。先就“道”的存在特征来看，第一，“道”无偏私，对万物施加作用时以平等、稳固为旨向，即“天之道，损有余而补不足”[③]。第二，“道”无停滞，其创生万物的力量不会衰竭、穷尽，如“道冲，而用之或不盈”[④]。第三，“道”无形象，本身

① 商戈令：《间性论撮要》，《哲学分析》2015 年第 6 期。

② 王庆节：《老子的自然观念：自我的自己而然与他者的自己而然》，《求是学刊》2004 年第 6 期。

③ 陈鼓应：《老子注译及评介》，第 469 页。

④ 陈鼓应：《老子注译及评介》，第 440 页。

并非可见的事物，不可命名，故“道常无名”[①]。从上述“道”涉及的多个方面中发现，首先，“无偏私”涉及对刻意人为的排斥，后者在其行为的展开中常常以目的性压抑自然的天性，标志着淳朴、自足生活状态的瓦解。准确地说，“无偏私”在《道德经》中正等同于“无为”。冯友兰认为“道”与人的意志无关，显然吻合于前者不夹杂人为干涉的存在特征，即“道之作用，并非有意志的，只是自然如此”[②]。其次，“无停滞”具有以“自然”为本性的两重向度，一方面，“道”自本自根，永久运行，不为外在力量所阻挠，是“独立不改，周行而不殆”[③]。另一面，“道”在发用过程中，呈现出往返运动的循环模式，对万物施以影响，“反者，道之动；弱者，道之用”[④]。最后，“无形象”直指“道”自身的存在被理解为“无”，与现象世界中的物并不属于同一序列，因“道”是无，则不可名，如杨国荣所说：“当‘道’以‘无’或无规定作为其存在方式的时候，它所体现出来的更多的是一种隐而不显的形态。”[⑤]故“道”的自身存在方式以“自然”和“无为”一并彰显，此二者作为“显性”的存在勾勒出“道”与万物的关系。相反，“道”却以一种“隐性”的存在遮蔽自身，不似万物具有多样化的，可区分彼此的外观。冯友兰从体用层面诠释作为“显”的“自然”“无为”和以“隐”为名的“道”之间的关联，“道非事物，只可谓为无。然道能生天地万物，故又可称为有。故道兼有无而言；无言其体，有言其用”[⑥]。其中的“有”对应于“显”，“无”等同于“隐”，“显隐之辩”实则可理解为“道”自身蕴含的“有无之境”。

当“自然”和“无为”作为“显性”的存在，诠释“道”的“隐性”内涵时，二者的侧重点各有不同。一方面，“自然”意味着“肯定性”的面向，这表现为“道”之本体周行不殆，在现象层面为生命的存在过程施以生灭交替的秩序，即“归根曰静，静曰复命。复命曰常，知常曰明”[⑦]。故“肯定性”揭示出“道”的发用过程本来如此，其背后并无主宰者或根据，在老子那里可根本归纳为“道法自然”[⑧]。另一方面，“无为”直指“否定性”的面向，且并不与“肯定性”形成对立，而是意在说明“道”的运行原理并不会违背“自然”，是无意识、无动机的。“自然”包含的“肯定性”与“无为”涉及的“否定性”完全是互融而非交错抑或对立的关系，“与自然相

① 王弼：《老子道德经注》，第84页。
② 冯友兰：《中国哲学史》，上海：华东师范大学出版社，2011年，第135页。
③ 王弼：《老子道德经注》，第65页。
④ 王弼：《老子道德经注》，第113页。
⑤ 杨国荣：《庄子的思想世界》，北京：北京大学出版社，2007年，第243页。
⑥ 冯友兰：《中国哲学史》，第136页。
⑦ 陈鼓应：《老子注译及评介》，第445页。
⑧ 王弼：《老子道德经注》，第66页。

辅相成的，是无为……前者主要从积极的方面——推行并合于道——展示了法自然的内涵，无为则首先从消极的方面——避免反乎道的行为——表现了类似的趋向”[①]。更进一步，从发展的角度看待“无为”，在《道德经》中可归结为“道常无为而无不为”[②]。在这里，“无不为”有无所不能、无处不在的意思，显然等同于“自然”。“无为而无不为”由此可理解为“无为而自然”。故“自然”和“无为”本就相互包含、融入，是一体两面，体现为不一不异的关系。换句话说，当涉及“自然”和“无为”与“道”之形而上的关联时，二者实乃你中有我、我中有你，谈及一方，另一方已经在场。

“自然”“无为”与“道”构成的“显隐之辩”，其实质表现为形而上的“道”与形而下的“器”之间的联系，这显然关乎“道”自身蕴含的本体层面及现象层面。从“道”本身来看，其作为万物从产生直至消亡这一过程的原理或根据，与日常经验无关，更多意义上应借助于直观体验，“视之不见名曰夷，听之不闻名曰希，搏之不得名曰微”[③]。“道”的这种属性要求个体应超越对于感官的绝对依赖，因“在真实的存在与现象的呈现之间有着某种本体论上的距离”[④]。海德格尔将“道”形象描述为“为一切开辟道路的道路”[⑤]。其中前一个“道路”侧重于可观测的现象世界，后一个道路作为事物存在背后的秩序，即“道”自身的存在形态——“无名”。在《面向思的事情》中，海氏更为具体地指出“道”便是“‘有’（它给出）中的它”[⑥]。“有”可以从事物的在场演化为“有”生灭，“它”则代表在场事物的背后，存在不在场的“道”。在老子的语境中，“在场”与“不在场”相当于“有名”和“无名”。更进一步，在“道”具体的运行过程中，因本体层面的“道”是“无名”，其为现象世界构造的积极意义在于“无状无相，无声无响，故能无所不通，无所不往”[⑦]。简而言之，“道”的无处不在，突出其自身充满变化的可能性，这使得其在创生万物时极具张力。“道”自身的独特存在，使得其能够不拘一格地对万物施以作用，后者因此具有多样化的表现。

总体而言，“发生根源”视域下的“自然”和“无为”不再局限于人的日常生活领域，而是涉及与“道”的互动，后者作为存在本身，其流行发用的机制为“自然”和“无为”所诠释。一方面，在经验层面，“自然”和“无为”与人的存在息息相关，

① 杨国荣：《中国哲学二十讲》，第 83 页。
② 陈鼓应：《老子注译及评介》，第 453 页。
③ 王弼：《老子道德经注》，第 35 页。
④ 杨国荣：《庄子的思想世界》，第 253 页。
⑤ 海德格尔：《在通向语言的途中》，孙周兴译，北京：商务印书馆，2016 年，第 191 页。
⑥ 海德格尔：《面向思的事情》，孙周兴译，北京：商务印书馆，1996 年，第 42 页。
⑦ 王弼：《老子道德经注》，第 35 页。

体现出其本有的存在意义；另一方面，在更为广阔的图景中，由“自然”和“无为”开启的“显”，是对“道”自身蕴含的“隐”进行揭示，这一过程中融合了“肯定”与“否定”，“道”因此具有了存在价值；同时，大道之“隐”作为“显”的背后存在，并将自身保持为“无名”，其“无偏私”“无停滞”“无形象”的多重特质为“自然”和“无为”的现实作用提供了本体论方面的依托。

结论

“自然”和“无为”的内涵在《道德经》中具有两重向度，一方面，二者对人的存在而言具有引导作用，并进一步作为价值融入个体的发展阶段中；另一方面，“自然”和“无为”一并构成对“道”之运行特征的揭示，后者表现为存在本身对万事万物形成过程的影响。在此背景下，“自然”和“无为”的互动呈现为三种关系，并涉及不同的方面。二者的“发生结果”与“发生过程”均关乎人的生活世界，并进一步体现为个体对其生存理念的定位。先就“发生结果”来看，旨在突出“自然”和“无为”蕴含着对人现实生活的推进作用，其中前者代表侧重于“形”的“实其腹”，后者意味着聚焦于“神”的“虚其心”，二者虽各有偏向，实则一体两面，在良性的协作中发挥各自的功用。当从“发生结果”返回到“发生过程”时，“自然”本身不再局限于“为腹”，而是延伸至个体存在的诸多领域，以“作”“息”“饮”“食”方面的充实，彰显出人自足的存在形态，标志着其生命的“整体”面貌。相应，“无为”由当下的行为代替精神的净化，以通达于“自然”为旨向，作为“用”去构造“体”。这一过程中，“无为”之“为”非单一、断裂的，而是多样、连贯的，即在个体处理任何事务中体验、把握现象世界中正反相依的规律，进而引发周围的一切事物，因个体的需求而具有关联性，彰显出“间性论”的多元性、包容性、通达性。换句话说，自我与物、他者打交道时，是以“自然”为理想的存在状态，将“无为”看作手段，二者显然导向为从属关系。追溯到“发生根源”，“自然”与“无为”各自特质发生了显著的变化，即不再落脚于人的存在之上，而是一并诠释“道”自身的品格。“道”作为“隐性”的存在，虽无形象、不可名，但其发用流行过程中蕴含着“无偏私”“无停滞”的原理，前者吻合于“自然”之“肯定性”的面向，后者契合于“无为”之“否定性”的面向。故“道”之“隐性”的存在得以被“自然”“无为”二者“显性”的存在所诠释，二者的关系实乃你中有我、我中有你，表现为相同的意思。综上来看，在不同视域下探究“自然”和“无为”的关系，有利于我们对二者的特质形成完整的认识。

《道德经》的美学思想

《道德经》“修德养生”观与当代中国音乐健康文化的内在关系

李　莉　黄剑敏 *

内容提要:《道德经》“修德养生”观与当代中国音乐健康文化之间具有理论的和实践的内在关系，是我们重新理解和认识当代中国音乐健康文化的一个重要内容，是当代中国音乐健康文化价值取向的出发点和落脚点。以往在对中华传统音乐健康文化的理解中，多强调中医理论的“阴阳学说、五行学说、经络学说”等传统养生哲学思想观，相对忽视老子《道德经》“修德养生”观所彰显的哲学思想。文章通过剖析《道德经》“修德养生”观与当代中国音乐健康文化之间的内在关系，从而提出，不仅要强调对中华传统音乐健康文化发展做继承传统的考量，同时更要强调做发展传统的思考，理解其文化构成，阐释和传播当代中国音乐健康文化价值，进而在《道德经》“修德养生”观与当代中国音乐健康文化的内在关系剖析过程中最终实现文化自信，这是构建当代中国音乐健康文化的重要途径之一。

关键词:《道德经》“修德养生”观　当代中国音乐健康文化

随着百年来对“中华传统音乐健康文化”与“西方音乐健康文化”的深入探讨，在“文化自信”语境中，如何基于中华传统文化的生活世界“建构当代中国音乐健康文化”已然成为我们这一代学者的一项紧迫任务。

《道德经》“修德养生”观与当代中国音乐健康文化之间具有理论的和实践的内在关系，是我们重新理解和认识当代中国音乐健康文化的一个重要内容，是当代中国音乐健康文化价值取向的出发点和落脚点。以往在对中华传统音乐健康文化的理

* 李莉（1973—），江西鄱阳人，博士，硕士生导师，豫章师范学院艺术健康教育研究中心专职研究员，豫章师范学院音乐舞蹈学院副教授，主要研究方向：音乐教育学，音乐治疗学，中国传统音乐。黄剑敏（1967—）江西上饶人，博士，硕士生导师，教授，豫章师范学院艺术健康教育研究中心专职研究员，豫章师范学院音乐舞蹈学院副院长，主要研究方向：音乐教育学，音乐治疗学，中国传统音乐。

解中，多强调中医理论的“阴阳学说、五行学说、经络学说”等传统养生哲学思想观，相对忽视老子《道德经》“修德养生”观所彰显的哲学思想。

老子认为，道生万物，德养万物，它们都是无私的。[①]老子《道德经》养生思想主要集中体现为其“修德养生”观，注重道德修养与人的身心健康发展的有机结合。“德”反映的人生智慧可以归纳为政治智慧、军事智慧、学习智慧、生态智慧、养生智慧、治身智慧等[②]。养生智慧表现为：无厚生、善摄生。可见，《道德经》中的智慧是方方面面的。很显然，《道德经》是中国古代重要的哲学著作之一。其文字简约而意蕴丰富，涵盖哲学、伦理学、政治学、军事学、管理学、生命科学等诸多学科，其内容博大精深，其思想深邃幽玄，被后人尊奉为治国、修身、养生的宝典[③]。《道德经》对于中国社会的发展具有深远的影响，也是古人世界观和人生观的一种体现。因此对《道德经》中“修德养生”观的研究具有重要的现实意义，可以将其与中华传统音乐健康文化结合起来深度思考，为现代社会生活养生思想及实践提供参考依据。

特此，本文拟通过剖析《道德经》“修德养生”观与当代中国音乐健康文化之间的内在关系，从而对中华传统音乐健康文化发展做继承传统与发展传统的思考，进而寻找到当代中国音乐健康文化构建的途径。

一、《道德经》“修德养生”观是中华传统养生文化的重要内容

生命和健康永远是第一位的。养生的本质在于对人以及生命的重视与珍爱。《道德经》第二十五章明确说：“域中有四大，道大、天大、地大、人大，人居其一焉。”[④]通过分析可知，《道德经》注重人的重要地位，与道、天、地并列，是关注人的生命的一种体现。另外，第四十四章提到“名与身，孰亲？身与货，孰多？”[⑤]以反问的形式将生命与名声、生命与财产进行比较，进而得到答案，也就是生命始终处于第一位，相较于一个人的名声、财富更为重要。老子创作《道德经》处于春秋时期，当时战乱并未结束，华夏大地呈现诸侯争霸的局面，百姓深受战争影响，流离失所。而《道德经》中的很多思想均充分体现对人自身地位和作用的关注与重视，充分表现了对人的生命的热爱与尊重，是一种积极向上的生命乐观精神的体现。

---

① 齐安甜：《〈道德经〉与管理》，上海：远东出版社，2019 年，第 165 页。
② 陈怡：《〈道德经讲读〉》，南京：东南大学出版社，2017 年，第 203 页。
③ 马瑞映：《古代历史与文化的现代阐释》，西安：陕西师范大学出版社，2019 年，第 163 页。
④ 王引之：《经义述闻》，上海：上海古籍出版社 2018 年，第 84 页。
⑤ 商育民：《〈道德经〉的逻辑》，武汉：武汉大学出版社，2018. 年，第 116 页。

中华传统养生文化中，一直以来就把道德修养作为养生的一项重要内容[①]。

老子《道德经》曰:“万物莫不尊道而贵德。”又曰:“重积德，则无不克。”[②]《黄帝内经》中写道:“以嗜欲不能劳其目，浮邪不能惑其心，愚智贤不肖不惧于物，故合于道。所以能年皆度百岁而动作不衰者,以其德全不危也。”[③]意思是有高尚道德修养的人，得享高寿，否则，被嗜欲、浮邪等牵累，思不合于德，行不合于道，就会受到灾难的侵害。另外,儒家代表人物孔子提出“德润身”“仁者寿”的理论[④]。孔子认为，仁德者长寿。所谓“仁者”“大德者”，就是具有高尚道德修养的人。这些人品行高尚，心胸开阔，必然获得长寿。孔子说:“知者乐水，仁者乐山。知者动，仁者静。知者乐，仁者寿。”[⑤]他在《中庸》中又进一步指出:“修身以道，修道以仁”，“大德必得其寿”[⑥]。他认为讲道德的人，待人宽厚大度，才能心旷神怡，体内安详舒泰，得以高寿。古代的墨家、法家、医家等，也都把养性养德列为摄生首务，并一直影响着后世历代养生家。唐代孙思邈在《千金要方》中说:“性既自喜，内外百病皆悉不生，祸乱灾害亦无由作，此养性之大经也。”[⑦]他又指出:“古养性者，不但饵药餐霞，其在兼于百行。会百行周备，虽绝药饵，……不祈善而有福，不求寿而自延。”[⑧]这是说:没有好的德行，无论服什么灵丹妙药，还是怎样去祈求，都不会延年益寿。明代的《寿世保元》说:“积善有功，常存阴德，可以延年。”[⑨]明代王文禄也在《医先》中说:“养德、养生无二术。”[⑩]

由此可见，古代养生家把道德修养视作养生之根，养生和养德是密不可分的。他们的养性、道德观，虽有其历史的局限性和认识上的片面性，但其积极的一面对道德修养、摄生延年还是有益处的。从生理上来讲，道德高尚，光明磊落，性格豁达，心理宁静，有利于神志安定，气血调和，人体生理功能正常而有规律地进行，精神饱满，形体健壮。这说明养德可以养气养神，使“形与神俱”，健康长寿。正如《素问·上古天真论》言:“内无思想之患，以恬愉为务，以自得为功，形体不敝，精神不散，亦可以百数。”[⑪]现代养生实践证明，注意道德修养，塑造美好的心灵，助人

① 胡天佑:《中医健康传播学》，南京：东南大学出版社，2017年，第306页。
② 张诗军:《中医养生文化与方法》，广州：广东科技出版社，2017年，第61页。
③ 董广民:《黄帝内经养生智慧大全》，北京：中医古籍出版社，2016年，第338页。
④ 李季林:《四书金言》，合肥：安徽人民出版社，2012年，第5页。
⑤ 马平安:《孔子之学与中国文化》，北京：团结出版社，2021年，第430页。
⑥ 王星魁:《朝圣孔子》，济南：齐鲁书社，2012年，第152页。
⑦ 胡天佑:《中医健康传播学》，南京：东南大学出版社，2017年，第306页。
⑧ 刘正清:《〈黄帝内经〉养生全书》，天津：天津科学技术出版社，2012年，第244页。
⑨ 张诗军:《中医养生文化与方法》，广州：广东科技出版社，2017年，第61页。
⑩ 杨祥全:《中国传统养生学》，太原：山西科学技术出版社，2015年，第319页。
⑪ 姚品荣:《养生古训录》，北京：人民体育出版社，1988年，第74页。

为乐，养成健康高尚的生活情趣，获得巨大的精神满足，是保证身心健康的重要措施。宋代养生家邵雍在《言行吟》中指出："始知行义修仁者，便是延年益寿人。"[①]清代著名养生家石天基则说："善养生者，当以德性为主，而以调养为佐。二者并行，不悖，体自健而寿命自可延长。"[②]明养生家王文禄在《医先》中写道："养德，养生无二术。"[③]这些都明确指出了养生与道德修养的密切关系。

但凡道德品行高尚之人，都会具备两个方面的基本素质：一方面他们能够正确地认识自己，知道自己想要的生活、想追求的东西，不苛求自己或者他人，懂得知足常乐；另一方面，他们在为人处世时不自私，能够顾全大局，为别人着想，能做到与人为善乐于奉献[④]。总之，道德品行高尚的人多心胸宽广、平和淡泊，健康的心理状态会为他们带来健康的体魄，长寿也是自然而然的事了。

何以能够长寿呢？对此董仲舒在《春秋繁露·循天之道》中解释说："故仁人之所以多寿者，外无贪而内清静，心平和而不失中正，取天地之美以养其身，是其且多且治。"[⑤]他认为仁者心地坦然平和，所以能够长寿，已开始从养生学的角度诠释"仁者寿"这一概念。孟子提出了著名的"养浩然之气"[⑥]，他认为"欲养其气，先持其正"[⑦]，"浩然之气"的养成必须通过道德的涵养，达到道德修养的目标。

道家也把修德作为养生的重要前提。晋代养生学家葛洪在《抱朴子》中强调"欲求仙者，要当以忠孝和顺仁信为本。而若德行不修，但务方术，皆不得长生也"[⑧]。他认为对养生来说，德行修养比神仙方术这些具体修行方法地位还要重要，德行是长寿的根本条件。唐代兼摄道、儒、释三家的名医孙思邈说"德行不克，纵服玉液金丹，未能延寿"[⑨]，认为如果没有德行修养，哪怕服用当时认为最为珍贵的灵丹妙药也不可能求得长寿。其后明代高廉在《遵生八笺》里说："君子心悟躬行，则养德养生兼得之矣"[⑩]，指出养德的同时也是养生。

龚廷贤在《寿世保元》中说："积善有功，常存阴德，可以延年"[⑪]，指出良好的道德情操能使人健康长寿。以上可见，不同时代对养生的认识和养生的方法虽然有所

---

① 黄根柱、黄大为：《名医养生》，北京：北京燕山出版社，2008. 年，第 39 页。
② 刘正清：《〈黄帝内经〉养生全书》，第 244 页。
③ 周少林、丁勇《中医养生》，北京：中国医药科技出版社，2019 年，第 103 页。
④ 董广民：《黄帝内经养生智慧大全》，北京：中医古籍出版社，2016 年，第 338 页。
⑤ 张诗军：《中医养生文化与方法》，广州：广东科技出版社，2017 年，第 61 页。
⑥ 周殿富：《孟子论君子人格与人性》，北京：时代华文书局，2016 年，第 161 页。
⑦ 张诗军：《中医养生文化与方法》，第 61 页。
⑧ 王易中：《医道同源》，太原：山西科学技术出版社，2020 年，第 67 页。
⑨ 陈中华：《孙思邈论养生及食疗》，北京：中国传媒大学出版社，2009 年，第 13 页。
⑩ 高濂：《遵生八笺》，杭州：浙江古籍出版社，2019 年，第 1 页。
⑪ 王守仁：《传习录》，北京：线装书局，2018 年，第 387 页。

不同，但养生的本质却始终如一，那就是养护生命、益寿延年，且任何养生理论都把道德养生作为第一养生方式。

综上所述，中华传统养生文化十分重视“修身立德”，十分关注人的地位，对生命充满了尊重与热爱，同时也充分表达出对人的生存状态的担忧。如，《道德经》第五十章明确写道：“出生入死，生之徒，十有三；死之徒，十有三；人之生，动之于死地，亦十有三。夫何故？以其生生之厚。盖闻善摄生者，陆行不遇兕虎，入军不被甲兵。兕无所投其角，虎无所措其爪，兵无所容其刃。夫何故？以其无死地。”[①]结合当时的时代背景对这段话的内涵进行分析，其内容主旨为人生在世需要面临一个又一个危害自身生命安全的因素，所以要加强对自身生命健康安全的重视，善于保护自己，不要轻视生命，过度放纵生命。只有重视生命，善于保护自己，才能积极、有效地应对一系列危险事件，做到化险为夷。这段话也从侧面说明了养生的重要性，人们需要重视生命、保全生命、养护生命，充分认识到养生的重要性，成为一名合格的养生者。

二、中华传统的道德规范主要体现为《道德经》的养生之德

中华传统的道德规范主要体现为《道德经》的养生之德。《道德经》中，养生之德的内容主要反映在书中明确提到的“处事不争”“见素抱朴”“少私寡欲”等。其中第十九章提到“见素抱朴，少私寡欲”[②]，主要指人们需要回归最初的质朴、无邪状态，减少内心的私欲、杂念，减少对名声、钱财物质的欲望。少私寡欲并非要求人们完全抛弃自己的正常欲望，而是以节制、控制为主，避免欲望过大造成严重损失和对身体的伤害。第六十七章提到“吾有三宝，持而宝之：一曰慈，二曰俭，三曰不敢为天下先”[③]，这里提到的“三宝”中的“慈”主要指人的仁爱和善，注重人与人的和谐相处；“俭”主要指俭朴、单纯的生活状态；“不敢为天下先”主要指一种处世不争的状态，与人、与事能够做到礼让谦逊。以上所描述内容均为《道德经》中提到的道德规范，这些基本道德规范，能够帮助养生者养成良好、平和的心态，同时对于构建和谐的社会关系也具有重要意义，所以对养生只有益没有弊。道德素养对于生命健康具有重要意义，目前现代医学诸多实践也能够证明。诸多研究表明，积极乐观的心态，可以促进人体分泌有益的物质，如乙酰胆碱、酶类等，这类物质对于改善血液循环情况，调节神经细胞兴奋均具有重要意义，进而强化机体的免疫力

---

① 老子:《老子》，广州：花城出版社，2018 年，第 106 页。

② 老子:《道德经》，北京：民主与建设出版社，2017 年，第 3 页。

③ 老子:《道德经》，长春：吉林文史出版社，2014 年，第 312 页。

与抵抗力，促进身体的健康。

“修德养生”的理想状态为“复归于赤子”[①]。《道德经》第五十章言：“含德之厚，比于赤子。毒虫不螫，猛兽不据，攫鸟不搏，骨弱筋柔而握固，未知牝牡之合而朘作，精之至也。终日号而不嗄，和之至也。”[②]对这段话的内涵进行分析，主要指道德素养高尚的人，如同新生的婴儿一样纯朴天真，没有任何心机和欲望，凶险的毒虫猛兽便不会对其造成伤害。并且这类人的精力充足，生命的根基更为牢固。其寓意在于希望人们可以返璞归真，回归至最初善良无邪的本性，在这一状态下更适宜健康与养生。

《道德经》的养生思想中，道德标准是评估养生水平的主要指标，十分重视躬行实践的德行修养方法。例如《道德经》第五十四章言：“修之身，其德乃真；修之家，其德乃余；修之乡，其德乃长；修之邦，其德乃丰；修之天下，其德乃博。”[③]因此，一个人的道德素养，决定其自我行为的控制能力、约束能力，决定生活道路的选择，因此与身体健康密切相关。如果只是为了追求一己私利，必然会受到其他人的妨碍，或者时常使自己处于不安、恐惧、沮丧或后悔的状态，必然会对身心健康造成不良影响。而对于高品德的人来说，因为人际关系和谐，内心也会处于安宁恬静的状态，有益于养生益寿。

三、《道德经》“修德养生”观是中华传统音乐养生的终极目标

中华传统音乐养生不同于形体保养，更为注重精神层面的修养，具有更深层次的蕴意和内涵，是在形体保养的基础上，融入精神，实现形神合一。因此，“修德养生”也是中华传统音乐养生的最终目标。

对音乐养生而言，一种理想状态是达到“长生久视”[④]。人的生命周期有限，生命的过程中难免会患上疾病，遇到灾害事件。因此，从古至今，人们多通过各类养生之道保持生命的健康，“长生久视”也是古人对生命延长或者生命超越的一种期望。随着科学理念的深入以及人们对自然规律认知水平的提高，能够充分认识到生老病死是人的正常生命规律。在这一背景下，养生者不但注重生命长度的延续，更为注重生命品质、水平的提高，“长生久视”也被赋予更深层次的内涵。《道德经》中第三十三章言：“不失其所者久，死而不亡者寿。”[⑤]对这句话的内涵进行深入分析，作者

① 张若楠：《道德经启示录》，长春：吉林文史出版社，2016年，第201页。

② 老子：《道德经》，长春：吉林大学出版社，2012年，第237页。

③ 老子：《道德经》，西安：陕西旅游出版社，2006年，第135页。

④ 老子：《道德经》，北京：民主与建设出版社，2017年，第261页。

⑤ 老子：《老子》，广州：花城出版社，2018年，第69页。

认为生命长久的关键在于精神的不朽，"寿"便是精神不朽的一种表现。后来，随着道家的发展，性命双修始终是其主要主张之一，主要指不但需要注重养生中生命长度的延续，更需要注重提高人的内在精神素养、道德品质，这样才能延展生命的宽度与长度，深化生命与养生的价值。修道者为了"性命双修，成仙证真"，每日早晚必须面对神灵，上殿诵经。道众把这种早、晚功课经，视为修身养性、长生久视的炼养实践，也就是养生之道。同样地，道家音乐养生在实践中并非对"纯粹"音乐的被动"依靠"，而往往都结合贯穿着"存思""运心""鸣鼓法（叩齿）""咽气"等内修法术[①]。以《澄清韵》为例，主要经文为"琳琅振响，十方肃清。河海静默，山岳吞烟，万灵振伏，招集群仙。天无氛秽，地无妖尘，寞寞洞清，大量玄玄也"。单从这诗意化的韵文即可感受到气象恢弘的意境，天地澄湛清寂的虚静的本质。再配之《澄清韵》的音律，起腔即用"商、羽、宫、清角"四音，散发出一种清虚淡雅的意韵，入拍后则句幅连绵不断，悠长婉转，环绕商音旋转，加之道士一唱三叹的抒咏诵唱，更加突出了此歌清雅闲适的情致；尾腔与起首的散板近似，构成首尾呼应的结构关系。该韵用于早功课的启首，使道众自早课始，即进入一种澄清尘埃的清幽境地，开启了养生的一个良好开端。

显然，道家音乐的养生机理，可以从"性命双修"这个角度进行探讨。而"性命双修"中的修"性"主要指的是对无形的"心神"的摄养，正所谓"修心养性"。"修心养性"是音乐养生的基本方法，其主要机理和途径在于，修道者通过"琴、歌、舞"等乐舞形式，修炼强化"心神"，心定神清则七情难以伤害，气机容易顺畅，五脏六腑得以正常运转，并能预防突发事端[②]。

因此，我们认为，"修德养生"便是中华传统音乐养生的最终目标。生命的过程中，人难免会受到欲望、诱惑等因素的影响。其中《道德经》第十二章提道："五色令人目盲，五音令人耳聋，五味令人口爽，驰骋畋猎，令人心发狂，难得之货，令人行妨。是以圣人为腹不为目，故去彼取此。"[③]无论是五色，还是五音，抑或五味，均为人生命中的重要组成部分，是确保生命存活的事物，也是维持生命的主要滋养物，但是如果一个人过于追求物质层面的享受，那么必然会带来不良后果。其中第四十六章提到"祸莫大于不知足，咎莫大于欲得"[④]，对这句话的内涵进行分析，主要指不知足是引发祸患的主要原因，欲望过大必然会造成严重损失。另外，第五十九

① 蒲亨强：《道教音乐学》，北京：宗教文化出版社，2013 年，第 208 页。

② 詹石窗：《道医养生》，成都：巴蜀书社，2014 年，第 195 页。

③ 蓝进：《道德经导论》，青岛：中国海洋大学出版社，2016 年，第 83 页。

④ 唐琳：《〈老子〉疏论》，武汉：华中科技大学出版社，2019 年，第 150 页。

章也明显提到“重积德则无不克”[①]，主要指具备高尚道德素养的人遇到什么事都会事半功倍。因此，中华传统音乐养生的最终目标就是让人具备道德观，通过音乐修身立德，以道德约束自身的欲望和贪念，抵抗外界的种种诱惑，这样才能实现生命的超然平和，对于提高生命质量具有重要意义。

四、当代中国音乐健康文化应当重视《道德经》的道德养生

当代中国音乐健康文化学界的学者们，应当浸润于丰厚的中华传统音乐养生文化所获得的文化自信，让中国音乐健康文化能够积极地拥抱世界优秀的音乐健康文化成果，使其为我所用，以个性化的创造使中华传统音乐养生文化焕发出新的生命力。为此，当代中国音乐健康文化更加应当重视《道德经》的道德养生。

经历了技术理念上积极借鉴他山之石的阶段，当代中国音乐健康文化学界的学者们更加关注当代生活，传统因发展的驱动焕发新的活力，创新因传统的承续呈现新的内涵，因借力技术成果得以提速。当前，中国音乐健康学者的文化自信在不断增强，他们从不同层次和不同维度汲取传统文化内涵，融现代性、民族性、独创性于一体。汲取优秀的中华传统音乐养生文化精髓，扎根现代音乐健康文化特征，依靠新技术、新媒体，在传播力、引导力上下功夫——当代中国音乐健康文化不断发展，为人们展现出可喜景观，从中可以获得有益的创造创新启示。

自然无为是道德养生的重要原则。“道”始终是《道德经》哲学思想的核心理念，其中第六十二章提到“道是万物之奥”[②]，也就是说“道”无所不在，不仅是构成宇宙，产生天地万物的根源，同时也是事物发展的规律，只有遵循道德法则、规律才能做到长久不衰。第四十二章提到“道生一，一生二，二生三，三生万物。万物负阴而抱阳，冲气以为和”[③]，说明“道”能够生成万物，这是由道的本性以及自然无为决定的。第二十五章提到“人法地，地法天，天法道，道法自然”[④]，也就是自然万物均具有属于自己的发展规律，万物均会顺从自身的发展规律而自生自灭，并不能有意识地进行干预其生长变化，破坏其发展规律，顺应其自然发展才是正确做法。因此，对自然无为而言，并非是单纯的闭目养神或者无所事事，而是需要遵循自然发展规律，不乱为、不强为。自然无为也并非完全摒弃人为，只是摒弃一些违背客观发展规律而随意强加的主观人为行为。刻意强求通常会导致适得其反的结果，《道

① 姜涛：《道德经的人生智慧》，哈尔滨：黑龙江人民出版社，2016 年，第 263 页。

② 张尚仁：《道德经解析》，北京：华夏出版社，2016 年，第 240 页。

③ 齐安甜：《〈道德经〉与心理健康》，第 165 页。

④ 唐琳：《〈老子〉疏论》，第 101 页。

德经》第二十四章提到"企者不立，跨者不行"[①]，二十九章提到"为者败之，执者失之"。自然无为的原则能够在道德养生方面充分体现，倡导人们洞察万物的本性，顺应世事发展的客观规律，不做影响身体、心智健康的事情，避免对养生造成影响，避免为争权夺利耗费人心，不为名利而伤神，能够保持豁达乐观、坦荡大方的心态，这样才能保证自身的生命活动与自然发展规律相符，实现养生的目的，尽享天年，如《道德经》第五十九章所提"深根固柢，长生久视之道"。死亡是人必然要面临的，面临死亡也要保持顺其自然的豁达态度，不要产生恐惧，也不要回避，人之生死也是自然发展的一大规律，万物有生才有死。这便是《道德经》所推崇的道德养生原则，很显然，当代中国音乐健康文化应当重视《道德经》的道德养生原则，这是一种更高的人生境界。

传统因发展而有活力。对任何一种文化传统而言，继承和发展都是其保持成熟和健康生态的两翼，缺一不可。《道德经》的道德养生原则是中华传统音乐养生文化的缩影。正是浸润于丰厚传统文化所获得的文化自信，让《道德经》的道德养生原则能够倍受重视，能够热情地拥抱世界优秀音乐健康文化成果，使其为我所用，以个性化的创新与创造使当代中国音乐健康文化焕发出新的生命力。

五、当代中国音乐健康文化应当融合《道德经》的道德养生内容

对于传统养生文化，需要做到取其精华去其糟粕，将其应用于现实生活中，为现代人养生提供服务，满足人们的养生需求。现代社会背景下，人们的健康意识明显增强，《道德经》中"修德养生"思想也深受重视，因此，我们对当代中国音乐健康文化如何融合《道德经》的道德养生内容的探究，具有一定的理论价值与现实意义。

新形势下，大众养生的方式、途径多样，如运动锻炼、环境改善、饮食干预、音乐养生、舞蹈养生等方面，但是，在如何融合道德养生的方法方面，一直重视不够。道德养生不但是生命健康的重要基础，同时对于国家的治理也具有一定的借鉴作用。在古代，儒家、道家等学派均主张"身国同治"养生观。《道德经》中的"身国同治"养生观在国家、社会层面的进一步延伸便是治国治世之道。《道德经》中，老子多次提及执政者自身品质、素养对社会稳定发展的重要性。其中第十三章提到"贵以身为天下，若可寄天下；爱以身为天下，若可托天下"[②]，对其内涵进行分析，主要指自己身体健康是最宝贵的，治理天下的人如果能够像珍视自己身体健康一般

① 齐安甜：《〈道德经〉与心理健康》，第90页。

② 老子：《老子》，广州：花城出版社，2018年，第26页。

珍视天下百姓，才能将治理天下的重任托付给他。针对治国者而言，养生不仅需要注重对自身生命健康的养护，更需要珍视他人的生命。执政者肩负重任，受万千民众的期望，如果随心所欲放纵自己，那么必然无法治理好国家。因此需要认识到道德养生的重要性，做到少私寡欲，注重德行品质的修养，这样有助于实现国家的长治久安，达到教化众生的目的。《道德经》第五十七章言："我无为而民自化，我好静而民自正，我无事而民自富，我无欲而民自朴。"[①] 在当时的时代背景下，道家学派的政治主张与实际存在一定的脱节，因此并未被执政者认可，只对当时开明的执政者具有一定的借鉴作用。《道德经》中道德养生思想对于国家的管理者的道德修养具有参考价值。

养生的目的在于身体的健康及长寿，养生是个人的一种行为表现，但是无论是健康，还是长寿，在人类社会中并非单指人体本身的问题，而是与整个社会密切关联。道德养生能够帮助人们自觉、自发、主动树立高尚的道德品质，在整个社会形成积极向上的氛围环境，使人们拥有追求美好道德品质的信仰，对于推动社会以及人与人之间的和谐、稳定发展具有重要意义。

结语

综上所述，文章通过剖析《道德经》"修德养生"观与当代中国音乐健康文化之间的内在关系，从而提出，不仅要强调对中华传统音乐健康文化发展做继承传统的考量，同时更要强调做发展传统的思考，理解其文化构成，阐释和传播当代中国音乐健康文化价值，进而在《道德经》"修德养生"观与当代中国音乐健康文化的内在关系剖析过程中实现文化自信，这是构建当代中国音乐健康文化的重要途径之一。

道德与生命健康密切相关，道德修养是提高生命质量的重要基础，也是养生的关键。《道德经》中多次提及道德养生的重要性，本文通过引用相关内容，对道德养生的内涵进行深入挖掘、分析，明确道德养生对于帮助人们形成健康养生观念，推动社会和谐稳定发展，实现社会长治久安的重要性。传统养生文化是中华优秀传统文化的重要组成部分，为民族的延续与发展注入了源源不断的活力，因此需要大力传承，挖掘其价值与内涵，同时也需要认识到其历史局限性，做到取其精华去其糟粕。

① 老子:《道德经》，北京：线装书局，2018 年，第 554 页。

上善若水与中国山水视域的开启

——兼论道门中人的山水之乐

袁方明*

内容提要：道家老子的“上善若水”与儒家孔子的“知者乐水，仁者乐山”共同开启了中国传统文化的山水视域，影响深远。道门中人通过山水之游、林泉之乐和岩穴之悟而修真悟道，参悟宇宙天地之大道，窥探人生社会之大理，并获得安身立命之所。对道门中人而言，山水是他们的云游参访之所、修心悟道之处和得道飞升之地。山水精神贯穿于中国文化的始终并延续至今。从山水文化可以一窥中国人的心灵世界和精神追求，山水文化是解读中国传统文化的一把钥匙。

关键词：上善若水　山水视域　山水精神　道门中人

在人类文明的轴心时期（Axis Period），道家学派创始人老子创造性地提出道—德学说并首次提出“上善若水”[①]的命题。“上善若水”与孔子的“知者乐水,仁者乐山”[②]命题一道开启了中国传统文化的山水视域,影响深远。[③]这不仅触发了传统文人（尤其是不得志、不遂意的士大夫和谪臣迁客）的山水之乐、山水之思、林泉之栖、

---

* 袁方明（1980—），男，四川内江人，哲学博士，自由学者，研究方向：道家道教文化。

① 《道德真经》,《道藏》第11册，文物出版社、上海书店、天津古籍出版社，1988年，第474页。

② 阮元:《十三经注疏·〈论语〉注疏·雍也》，上海：上海古籍出版社，1997年，第2479页。

③ 作为“大道之源，群经之首”的《周易》涵摄阴-阳，主张“一阴一阳之谓道”(《周易·系辞上》)，儒家主阳，道家主阴，各有分殊。在《道德经》中，“水”一共出现了2次，分别是第8章的“上善若水。水善利万物而不争，处众人之所恶，故几于道”和第78章的“天下柔弱莫过于水，而攻坚强者莫之能胜，其无以易之，故柔胜刚，弱胜强，天下莫不知，莫能行”，其他在字词上没有明言“水”而实质上说“水”的语句还有“江海所以能为百谷王者，以其善下之，故能为百谷王”（第66章），“天下之至柔，驰骋天下之至坚，无有入于无间”（第43章）等，代表“水”的阴柔意象贯穿整部《道德经》的始终。虽然《道德经》中没有出现一个“山”字，但这并不代表老子对“山”没有自己的态度，比如“善建者不拔”（第54章）就“提示了一种略似山之不移的坚固性”（赵汀阳:《历史·山水·渔樵》，北京：生活·读书·新知三联书店，2019年，第84页）。

岩穴之情，落实到具体的道家道教的修道悟道场域，也引发了道门中人幽居山水林泉。道门中人在山水之中不仅获得修道之场所，而且由此参悟宇宙天地之大道，窥探人生社会之大理，并获得安身立命之所。关于此点，学者们大多从道教的山水思想和山水之美、道教与山水诗画、道教山水悟道诗等诸方面进行了广泛论述[①]，并对儒释道的山水美学思想进行了简要对比[②]，然而，从老子“上善若水”命题的提出到中国山水视域的开启，再到道门中人的山水之游、林泉之乐和岩穴之悟，其中的发展衍变理路，尤其是“上善若水”对道门中人山水之乐的直接间接影响，在推动中华传统美学创造性转化、创新性发展的当下，从学理上仍有系统深入梳理阐释的必要。

一、上善若水的提出

老子在《道德经》第8章中指出：“上善若水。水善利万物而不争，处众人之所恶，故几于道。居善地，心善渊，与善仁，言善信，政善治，事善能，动善时。夫惟不争，故无尤。”[③]老子将最高的善（“上善”）譬喻为“水”，因为“水善利万物而不争，处众人之所恶”，最接近于“道”；同时，从水的善性出发，从卜宅择居、修身养性、待人接物、言论说话、为仕从政、为人处世、行动做事七个方面（“居善地，心善渊，与善仁，言善信，正善治，事善能，动善时”）阐发做人做事的原则，并提倡“无为”“不争”。

对于老子的“上善若水”，河上公认为其意是“上善之人，如水之性”[④]。唐朝高道杜光庭在前人“上善，标人也；若水者，喻也。至人虚怀，于法无住，忘善而善，是善之上。上善若水行，如水之能”[⑤]的诠释基础上，将“上善若水”理解为：“上善之士体道修心，应变随时，纵横利物。老君欲显上善之德，以勤后学之人，以水与道相邻，故举水为喻。上善有善而忘其善，如水之不矜其功。水不矜功，其功益大；

① 这方面的相关研究主要有：潘显一的《简论道教的“山水”美学观》，《中华文化论坛》2014年第6期；李裴的《唐代道教山水诗中的艺术化人生》，《四川大学学报》（哲学社会科学版）2008年第6期；詹冬华的《时间视域中的山水诗境——以中古为中心》，《贵州社会科学》2008年第3期；申喜萍、许孟青的《道教自然山水思想管窥》，《宗教学研究》2007年第4期；陈良运的《中国山水美学发轫考述》，《中国文化研究》2003年秋之卷；章尚正的《山水审美中的生命精神》，《中国文化研究》1998年秋之卷；傅谨的《超越与重构——论道教信仰中的自然山水和自然人生》，《学术月刊》1995年第7期；刘绍瑾的《中国山水文化与崇尚自然的审美趣味的形成》，《暨南学报》（哲学社会科学）1995年第4期等。

② 吴林桦，郭线庐：《比德·畅神·见性——儒、道、禅山水审美思想比较》，《求索》，2013年第7期。

③ 《道德真经》，《道藏》第11册，第474页。

④ 王卡：《老子道德经河上公章句》，北京：中华书局，1993年，第28页。

⑤ 杜光庭：《〈道德真经〉广圣义校理》，周作明校理，北京：中华书局，2020年，第164页。

善不伐善，其善益彰。既大且彰，为善之上矣。上惟南面之主，下洎栖岩之人，能如水焉，必得道矣。法喻者，以水为喻，以道为法，以上士为能行之人也。”[①]当代学者陈鼓应先生认为“上善若水”意为“上善的人好像水一样”[②],整个第8章是“用水性来比喻上德者的人格”。[③]虽然历史上诸家对“上善若水”有些微不同的解读，但其共同旨向是“上善之人”“上善之事”“上善之德”与“水”具有相通相似之处，即“利物”而“不争”，“不矜功”“不伐善”“应变随时，纵横利物”，这正是修行“得道”的“上士”的美德，“能行之人”的善德，也是得道悟道的体现，即所谓“上德不德，是以有德……上德无为而无以为”[④]是也。

在老子看来，“道”具有善性，“道冲而用之或似不盈，渊兮似万物之宗……湛兮似或存”[⑤]，具有无限的包容性，所谓“自本自根，未有天地，自古以固存;神鬼神帝，生天生地”[⑥]是也，所以“古之善为道者，微妙玄通，深不可识”。[⑦]得道之人能够参悟天地宇宙之玄理，知精达微，明几晓理，妙契大道，洞彻天机，“深不可识”。清朝黄元吉认为“水性善下，道贵谦卑，是以上善圣人，心平气和，一腔柔顺之意，任万物之生遂，无一不被其泽者焉，究之，功盖天下而不知功，行满万物而不知行，惟顺天地之自然，极万物之得所，而与世无忤，真若水之利济万物，毫无争心。不但此也，万物皆好清而恶浊，好上而怨下，水则处物以清，自处以浊，待物以上，自待以下。水哉水哉,何与道大适哉？”[⑧]“水”与“道”是相通的,即“与道大适”，而“道”具有善根善性，因此，不仅可以说“上善若水”，也可以说“大道若水”，即“道—水—善”；就“道”的“自本自根”性、“生天生地”性、包容性、无为有为性和“善”的无上性、圆满性、究竟性而言，“水性”是“道性”与“善性”的共通性的体现，此外，亦可将形上的“道”和“善”落实于形下的“水”。由此，通过“水”的至柔至刚、“善下”“柔顺”或可大致领悟“大道”的真谛和“上善”的美德。

善性与水性相通，山与水相连。就外在而言，有山则必然有水，有水也必然有山；就内在而言，大山之巍峨挺拔离不开细水的滋润惠泽，水波的浩渺奔腾也离不开大山的形塑伟力。具有水性的仁者与具有山性的智者也不可分割，所谓知者乐水，

① 杜光庭:《〈道德真经〉广圣义校理》，第164页。

② 陈鼓应:《老子注译及评价》，北京：中华书局，1984年，第91页。

③ 陈鼓应:《老子注译及评价》，第91页。

④ 《道德真经》,《道藏》第11册，第477页。

⑤ 《道德真经》,《道藏》第11册，第474页。

⑥ 郭象、成玄英:《〈南华真经〉注疏·大宗师》，曹础基、黄兰发点校，北京：中华书局，1998年，第145页。

⑦ 《道德真经》,《道藏》第11册，第475页。

⑧ 黄元吉:《〈道德经〉注释》，蒋门马校注，北京：中华书局，2012年，第33页。

仁者乐山。知者动，仁者静；知者乐，仁者寿”。[①]就山水的一体而论，正如赵汀阳先生所说："就山水概念而言，山与水必为一体，兼有变化与不变之理。"[②]"以山水而论，作为蕴含变化与不变之道的意象，山水总是一体而且必须一体：有水的山才是有灵的山，才是有生气的山，而有山的水才有曲折变化，才是有故事的水。"[③]大山稳重，象征着不变之道，表征阴，代表艮卦（☶）；流水灵动，象征着变化之道，表征阳，代表坎卦（☵），变化与不变统一于"道"（Tao），即"一阴一阳之谓道"[④]。这"道"不仅是道家之"道"，也是儒家、法家、墨家、兵家、农家等三教九流之"道"。虽然从理论学说上儒道对山水各有偏重，但他们都钟情于山水，而不是将山水分开而论。扩而言之，撇开学派宗派的门户之见，道家道教的"至人""神人""真人""仙人"与儒家的"仁者""仁人""圣人"乃至佛家佛教的"涅槃者""成佛者'也是相通的，都是领悟天地宇宙、人情万物至理的智慧者和得道者。道家老子的"上善若水"与儒家孔子的"乐山乐水"共同开启了中国山水文化的视域并影响至今。

二、中国山水视域的开启

在世人看来，大自然无疑是美的世界，是美的象征，如庄子所言"天地有大美而不言"[⑤]，天地蕴藏着无言之大美。万物春生夏长，秋收冬藏，春天草长莺飞，百花盛开，争奇斗艳，春雨绵绵；夏天郁郁葱葱，万物勃发，富有生气，夏雨急急；秋天天高气爽，农物成熟，瓜果飘香，秋雨绵绵；冬天万物归藏，银装素裹，白雪红梅，冬雨潇潇，无论春夏秋冬，大地都充满或蕴含着无限的生机与活力。在大自然中，山水具有形胜神胜之美，无疑更加富有诗情画意，山河大地正是无数文人、士大夫、艺术家、美学家、思想家等具有审美心灵的人的圣地。与西方对山水大自然主客对立的认识不同，受中国传统天人合一思想（"无始而非卒也，人与天一也"[⑥]，"人与天地相参也，与日月相应也"[⑦]）的影响和熏陶，在传统国人的心里，举目所见、五蕴所接、六识所触的山山水水不再是完全独立于人的意识之外的客观之物，而是消融进了人的心里的主观之物，人物相接，美感顿生，所谓"有我之境，以我观物，故物皆著我之色彩；无我之境，以物观物，故不知何者为我，何者为物"[⑧]。外在的山

① 《十三经注疏·〈论语〉注疏·雍也》，第2479页。

② 赵汀阳：《历史·山水·渔樵》，北京：生活·读书·新知三联书店，2019年，第84页。

③ 赵汀阳：《历史·山水·渔樵》，第86页。

④ 《十三经注疏·〈周易〉正义·系辞上》，第78页。

⑤ 郭象、成玄英：《〈南华真经〉注疏·知北游》，第422页。

⑥ 《南华真经》，《道藏》第11册，第603页。

⑦ 《〈黄帝素问灵枢〉集注》，《道藏》第21册，第456页。

⑧ 王国维：《王国维文学论著三种·人间词话》，北京：商务印书馆，2010年，第25页。

水进入人的内在的主观世界，从“无我之物”变成了“有我之物”，从“无情之物”变成“有情之物”，乃至于物我不分，物我一体，天人一体，山水由此变成了审美的对象，也具有洗心涤魂的审美功能。

作为老子道家的继承人和推动者，庄子也提出“山林与，皋壤与，使我欣欣然而乐与”[①]的山水林泉之乐。如上文所言，大自然中的山水丘壑不仅具有形胜神胜之美，也具有洗心涤魂之功，可由此澄怀观道，冥心参玄，参悟天地妙理，力抵造化之境，了悟人生真谛，因为中国“古代文人的山水审美观：他们审视山水的焦点不在山水而在人生，其宗旨是透过自然美景凝神探索冥契自然之道的人生真谛”[②]。世道凶险，江湖险恶，一方面，无论穷达顺逆，侧身官场仕宦的文人士大夫在官官相护、钩心斗角、尔虞我诈、党派纷争的庙堂里无不感到身心疲惫，战兢谨慎，临渊履冰，当他们置身于大自然的青山绿水之间时，无不感到一种内心的安慰和人生的解脱，从一己的小我走进了天地的大我，从眼前的名利走向了无限的时空，他们在山水之中得到了慰藉，压力得到了释放，情感得到了提升，人生境界得到了升华。另一方面，中国自古就有“危邦不入，乱邦不居。天下有道则见，无道则隐”[③]的传统，对于不得志的士大夫、落魄的文人来说，山水更是他们的知音和乐园。他们“栖于山林，伏于岩穴”[④]，纵情山水，放情江湖，“纵浪大化中，不喜亦不惧”[⑤]，与山水相亲，与大地相近，与鸟兽为邻，与草木为伴，与清风为友，与明月为朋，忘忧得乐，在无言而大美的山水之中获得内心的安宁和精神的自由，在游山玩水、乐山乐水中践履着“苦生—山水—乐生”的文人的心灵超脱模式[⑥]，由此获得了人生的解脱。

广富才情的文人士大夫们不仅纵情山水，也通过诗词歌赋文画曲等艺术形式将山水的大美付之于笔端，或歌或咏，或笑或悲，或自遣自适，或托物言志，或直抒胸臆，通过山水诗画浇灌胸中块垒，表达悠游自在之乐，比如陶渊明的《归园田

① 郭象、成玄英疏:《〈南华真经〉注疏·知北游》，第437页。
② 章尚正:《山水审美中的生命精神》，《中国文化研究》，1998年秋之卷，第85页。
③ 《十三经注疏·〈论语〉注疏·泰伯》，第2487页。
④ 郭象注、成玄英:《〈南华真经〉注疏·山木》，第388页。
⑤ 逯钦立:《陶渊明集·神释》，北京：中华书局，1979年，第37页。
⑥ 章尚正:《山水审美中的生命精神》，第85页。

居》[①]、谢灵运的《登池上楼》[②]、李白的《山中问答》[③]、范宽的《溪山行旅图》、王希孟的《千里江山图》等无不是这方面的典范和精品。此外，由于道家充满比较浓郁的出世思想和情怀，中国的山水诗、山水画与道家思想存在着天然的紧密关系。“中国近两千年里的山水画，所画的并不是像欧洲尼德兰时期风景画所描绘的那种纯粹意义上的自然对象，而是一种与道家和道教相关的人格追求，是一种处世方式和生活态度。”[④]无论是赋家的山水、画家的山水，还是诗文家的山水[⑤]，文人笔下的山水诗和画家笔下的山水画反映了作者的人格追求以及“处世方式和生活态度”。笔下纸上的山水不再是客观的山水，而是注入了自己的感情和思想在内的艺术作品，也是自己人格精神的投射和象征。“山水作为一种自然对象，不但充当了从老庄哲学上的自然之道向艺术审美上的自然之美转化的中介，而且在中国传统文化背景下形成的‘自然观’的影响下，启发、促进了自然美审美理论丰富内涵的展开和发展。”[⑥]山水诗画作为中介，体现了老庄哲学的自然之道和自然之美，与儒家美学、禅宗美学等一道丰富了中国的美学思想。

三、道门中人的山水之乐

洞天福地即仙境，天下名山僧占多，山水林泉逍遥乐，松涛沧浪荡碧波。山水归隐之乐不仅为文人士大夫们所喜爱，更为道佛中人所崇尚。道士即崇道慕道、修道得道之士，所谓“身心顺理，唯道是从，从道为事，故称道士”[⑦]云云，他们或出家或火居，或住观或云游，或打坐或诵经，或持戒或念咒，其目的无非是为了修真悟道，参玄明理，度己度人，造福众生。一方面，道门中人作为方外之人，他们远离红尘，近处白云，寄心龙华紫府，心怀出世出尘之心，情系慕道悟道之志，孜孜

① “少无适俗韵，性本爱丘山。误入尘网中，一去三十年。羁鸟恋旧林，池鱼思故渊。开荒南野际，守拙归园田。方宅十余亩，草屋八九间。榆柳荫后檐，桃李罗堂前。暧暧远人村，依依墟里烟。狗吠深巷中，鸡鸣桑树颠。户庭无尘杂，虚室有余闲。久在樊笼里，复得返自然。”（逯钦立：《陶渊明集·归园田居其一》，第40页）

② “潜虬媚幽姿，飞鸿响远音。薄霄愧云浮，栖川怍渊沉。进德智所拙，退耕力不任。狥禄反穷海，卧痾对空林。衾枕昧节候，褰开暂窥临。倾耳聆波澜，举目眺岖嵚。初景革绪风，新阳改故阴。池塘生春草，园柳变鸣禽。祁祁伤豳歌，萋萋感楚吟。索居易永久，离群难处心。持操岂独古，无闷征在今。（沈德潜：《古诗源·登池上楼》，北京：中华书局，2006年，第199页）

③ “问余何意栖碧山，笑而不答心自闲。桃花流水窅然去，别有天地非人间。”（李白：《李太白全集·山中问答》，王琦注，北京：中华书局，1977年，第874页）

④ 傅谨：《超越与重构——论道教信仰中的自然山水和自然人生》，《学术月刊》1995年第7期。

⑤ 陈良运：《中国山水美学发轫考述》，《中国文化研究》，2003年秋之卷。

⑥ 刘绍瑾：《中国山水文化与崇尚自然的审美趣味的形成》，《暨南学报》（哲学社会科学）1995年第4期。

⑦ 《洞真太上太霄琅书·讲议诀》，《道藏》第33册，第690页。

以求大道，寻寻以觅玄理；另一方面，作为具有审美能力的普通个体，当他们置身于山水之中时，当然也会赏心悦目，对满目的灵秀“山林”“皋壤”会“欣欣然而乐”。对于修行而言，“法地财侣”[①]缺一不可，“地”就是指修行的地方场所。对于修行修道之人而言，山水是他们的云游参访之所、修心悟道之处和得道飞升之地。

其一，山水是道门中人的云游参访之所。就道教而言，无论是正一教还是全真教，无论符箓派还是丹鼎派，无论是龙门派还是碧洞宗，除了住观修行以外，还提倡云游山水，到红尘廛市中去或体悟历练，或传道布道，因为大道不离人间，大道不离廛市，“须知大隐居廛市，何必深山守静孤”[②]，“志士若能修炼，何妨在市居朝”[③]，若要真正参悟大道，需要对方外方内、出世入世、人间世仙间世（尤其是对天道天心、人性人心）都要有透彻深入的了解。无独有偶，不仅道教，禅宗慧能大师也认为“法元在世间，于世出世间，勿离世间上，外求出世间”[④]，主张在世间悟道求法。全真教重视云游参访，认为：“凡游历之道有二：一者看山水明秀，花木之红翠，或玩州府之繁华，或赏寺观之楼阁，或寻朋友以纵意，或为衣食而留心。如此之人，虽行万里之途，劳形费力，遍览天下之景，心乱气衰，此乃虚云游之人。二者参寻性命，求问妙玄，登巇崄之高山，访名师之不倦，渡喧轰之远水，问道无厌。若一句相投，便有圆光内发，了生死之大事，作全真之丈夫，如此之人，乃真云游也。”[⑤]他们摒弃排斥“虚云游”，主张崇尚“真云游”。在其看来，“登巇崄之高山”“渡喧轰之远水”只是途径，其真正目的在于“参寻性命，求问妙玄”且“问道无厌”。比如上清派茅山宗陶弘景“遍历名山，寻访仙药。身既轻捷，性爱山水，每经涧谷，必坐卧其间，吟咏盘桓，不能已已”[⑥]。他“性爱山水”“性本爱丘山”，寻仙访道、采药觅芝、云游参访于山水之中，在“名山”“涧谷”的修道场所之中“吟咏盘桓”“相看两不厌”[⑦]，忘俗忘忧，乐此不疲。

其二，山水是道门中人的修心悟道之处。在道门中人看来，“山水被看作是道的化身”[⑧]，山水即道（准确而言是“山水近道”），道即山水（准确而言是“道通山水”），

① “贫者患无财，有财患无地，有地患无物，有物患无侣。侣者，外护也。着意寻者，先聚法财而后择地。”（《紫阳真人〈悟真篇〉三注》，《道藏》第2册，第985页。）

② 张伯端：《〈悟真篇〉浅解》，王沐浅解，北京：中华书局，1990年，第8页。

③ 张伯端：《〈悟真篇〉浅解》，第139页。

④ 慧能：《〈坛经〉校释》，郭朋校释，北京：中华书局，1983年，第72页。除了“法元在世间，于世出世间，勿离世间上，外求出世间”外，亦有“佛法在世间，不离世间觉，离世觅菩提，恰如求兔角”之说。

⑤ 《重阳立教十五论》，《道藏》第32册，第153页。

⑥ 李延寿：《南史·陶弘景传》，北京：中华书局，1975年，第1897—1898页。

⑦ 李白：《李太白全集·独坐敬亭山》，第1079页。

⑧ 赵汀阳：《历史·山水·渔樵》，第77页。

“山水是‘道’的映照”[①]，是道的具象化具体化，是道的化身，道的呈现，是形上之道落实展现于形下之象。“山水以形媚道，而仁者乐。”[②]山有形有状，方圆有常，水无形无状，随圆就方。如上文所述，山水以其动静、阴阳、刚柔象征着道，也以其有形无形表征着道，“道”形化具化为巍峨灵秀“妩媚”之山水，而“仁者”“至人”“神人”“真人”乐焉。“观照山水是悟道的重要方式与途径。”[③]道一术一体，“道”以“术”显，“术”以“道”存。修真悟道不仅需要特定场所，还需要具体可操的炼养方法，比如外丹 / 内丹、存想 / 守一 / 内视、服气 / 行气 / 胎息、导引、房中、符箓等，而“观照山水”也是一种修行的重要法门[④]，通过外物来观照内心，通过环境来净化心境，通过大美的山水来洗涤内心的尘翳，以流水的灵动来回向意识的奔流，以大山的沉静来制摄情欲的躁动，以此澄怀明道，虚静光明。“在道教中，自然山水的宗教价值并不是在于它对于人们生存的实际的功利作用，而在于它作为一种精神的象征，作为一种人们精神活动的氛围在起作用的，它实际上深刻体现了道教徒众们所追求的超凡脱俗的意境，因而它也体现出对于自然山水的一种特殊的审美的把握。”[⑤]“自然山水的宗教价值”是“一种精神的象征”，这精神就是“追求的超凡脱俗的意境”。在这里，不妨将参道悟道视之为一种“特殊的审美的把握”，修真悟道不仅是一宗教修行活动，也类似于一种审美观心活动，即对道一美[⑥]的追寻和领悟。比如南宗高道白玉蟾认为：“夫山中之人，其所乐者不在乎山之乐。盖其心之乐而乐乎山者，心境一如也。对境无心，对心无境，斯则隐山之善乐者欤？”[⑦]万物由心，心生万物，心生道生，心灭道灭，修道即修心，修心即修道。道门中人“所乐者不在乎山之乐”而在于“心之乐”，即不在于具体的一山一水、一丘一壑、一草一木、一禽一兽，而在于内心的修道悟道之乐，修心之乐，心与道合，在于尘心的去蔽和道心的澄明，亦即心的愉悦。

其三，山水是道门中人的得道飞升之地。对于文人士大夫而言，“文人热爱山水，寄情山水，逍遥山水，使自己活得更为坚韧与充满生趣，最大限度地满足对自由人生的憧憬”[⑧]。这是中国文人的山水人生模式，以山水为依托，以山水为归宿，不仅

---

① 吴林桦，郭线庐：《比德·畅神·见性——儒、道、禅山水审美思想比较》，第 121 页。

② 北京大学哲学系美学教研室：《中国美学史资料选编·画山水序》（上），北京：中华书局，1980 年，第 177 页。

③ 吴林桦，郭线庐：《比德·畅神·见性——儒、道、禅山水审美思想比较》，第 121 页。

④ “观”是一种重要的认识和修行方法，包括外观和内观，比如《周易》的“观卦”（童观、窥观、我观……）和邵雍的观物等。兹不赘述。

⑤ 傅谨：《超越与重构——论道教信仰中的自然山水和自然人生》，第 69 页。

⑥ 潘显一：《“道一美”：道教美学的核心范畴》，《宗教学研究》1996 年第 1 期。

⑦ 白玉蟾：《海琼问道集》，《道藏》第 33 册，第 143 页。

⑧ 章尚正：《山水审美中的生命精神》，第 88 页。

“最大限度地满足对自由人生的憧憬”，而且在一定程度上抵达了自由之境。“仁者智者借得山水的尺度以观历史，因此能够平静理解人世。山水的尺度象征天地之无限与不朽，因而人能够借之度量历史之道。”[①] 他们是仁者智者，通过“天地之无限与不朽”而“度量历史”，超越世俗而抵达无限，获得身心的彻底解放。比如会通儒道易、具有道家情怀的邵雍就有较多的山水诗文（如《伊川击壤集》《渔樵问对》），并自题“松桂操行，莺花文才。江山气度，风月情怀。借尔面貌，假尔形骸。弄丸余暇，闲往闲来”[②]。他的“江山气度，风月情怀”正是对山水风月的钟情，其观物之说和“元会运世”之论也是对历史的自成一家的解读，也由此超越其当下而致永恒。

修真修仙是为了摆脱束缚，以此获得身心的自由和内心的安宁，得到人生安身立命之处，其终极目的是超越生死，长生不老。[③] 对于道门中人而言，道人们云游参访、修心悟道离不开山水，他们得道飞升也同样离不开山水，离不开洞天福地。“当‘山水’之美与修仙者的‘洞天福地’的理想境界结合以后，道教对自然风物的审美，就增加了宗教理想化的色彩。”[④] 道教徒们通过虔诚精进的修炼，超越自身，力抵道境，最后得道飞升，证悟道果。在《神仙传》《续仙传》《列仙传》《历世真仙体道通鉴》等传世道经道书中就记录了很多道门修行之人通过精进潜修而在山中得道飞升的故事。比如，陈抟老祖“肆意山水间”[⑤]，“烟波钓徒”玄真子张志和“天下山水，皆所游览”[⑥]，萧史“放浪山水间”[⑦]，郭文举“少爱山水，常游名山”[⑧] 等。张道陵在创教传道之余亦不忘山水之乐，他“至苍溪县云台山，睹山水秀异，群峰朝挹，地无邪毒，乃谓王长曰：‘此山乃吾成功飞腾之地。’遂卜居，以修九还七返之功，一心存念大道。经四十九日，复聆昔日鸾佩天乐之音……”[⑨] 果如其言，云台山后来成了他的得道飞升之地。此外，颇有名的还有葛玄，他“南游江左，逍遥丘壑。适丹阳句容，见其山水秀丽，风俗淳厚，深合雅意……玄秉性愚钝，不通世用，负辜先绪，谢干禄之客，辞负鼎之士。尝绝志岩穴，栖心烟霞，流浪山水，以此为乐……后仙公于阁皂白日升天，至今方山犹有煮药铛及丹臼在焉”[⑩]。又如玄天大圣真武大帝“入武当山修

① 赵汀阳：《历史·山水·渔樵》，第 67 页。

② 邵雍：《邵雍全集·自作像赞》，郭彧、于天宝点校，上海：上海古籍出版社，2015 年，第 452 页。

③ “死亡是人类焦虑、失落的总根源。神仙信仰就是来源于对于死亡的反抗和对于自然生命的热情。”（干春松：《仙与道：神仙信仰与道家修身》，海口：海南出版社，2016 年，第 60 页。）

④ 潘显一：《简论道教的“山水”美学观》，《中华文化论坛》2014 年第 6 期。

⑤ 《历世真仙体道通鉴》，《道藏》第 5 册，第 368 页。

⑥ 《历世真仙体道通鉴》，《道藏》第 5 册，第 306 页。

⑦ 《历世真仙体道通鉴》，《道藏》第 5 册，第 119 页。

⑧ 《历世真仙体道通鉴》，《道藏》第 5 册，第 263 页。

⑨ 《历世真仙体道通鉴》，《道藏》第 5 册，第 204 页。

⑩ 《历世真仙体道通鉴》，《道藏》第 5 册，第 229—236 页。

道四十二年，功成果满，白日升天”[①]。“玄帝在岩，潜虚玄一，默会万真，四十二年矣，大得上道……跳足拱手，立于紫霄峰上。须臾，五炁龙君捧拥，驾云而升，至大顶天柱峰乃止。”[②]玄天真武大帝经过四十多年的精进苦修，从岩上一跃，五龙捧拥，驾云而升，完成了人生的升华。

在非修道人士看来，白日飞升冲举或为虚幻缥缈之事，但在玄门中人看来，这是确乎其真，毋庸置疑的。飞升冲举是修道悟道的结果，而山水是道人们的飞升之地，也是其得道的见证。云台山、阁皂山、武当山等道教名山不仅成就了道教，也成就了无数的修真得道高人。他们在山水林泉中勤修苦练，完成了从“人”到“仙”角色的转换，经历了慕道→修道→得道→证道→飞升的人生之旅，完成了人生的终极之行，以实际行动书写了道门的传奇。灵山秀水见证了道人们的云游参访、修心悟道。这些山水已经内化为了道门中人心中的圣地。

结语

从老子“上善若水”命题的提出到中国山水视域的开启，再到道门中人的山水之行、山水之乐和山水之得，山水精神贯穿于中国传统文化的始终并延续至今。“自有人类历史以来，这山水就和人类血肉相连，人类世世代代的情感、思想、希望和劳动都在这山水里刻下了深刻的烙印。中国的山水已具有中国人民的精神面貌。”[③]山水是中国人的精神乐园，是心灵的休憩场，是灵魂的桃花源，具有洗心涤魂之功。山水文化从总体上塑造了中国文化，影响了包括方内世内文人士大夫和方外世外道家道教修行者的精神世界，影响了“中国人民的精神面貌”。山水与心灵息息相关，“山水之精神即为心灵之精神”[④]。从中国山水文化可以一窥中国人的心灵世界和精神追求，这也不失为解读中国传统文化的一把钥匙。

---

① 《太上说玄天大圣真武本传神咒妙经》，《道藏》第17册，第112页。

② 《玄天上帝启圣录》，《道藏》第19册，第574页。

③ 宗白华：《艺境》，北京：商务印书馆，2011年，第327页。

④ 章尚正：《山水审美中的生命精神》，第89页。

海外老学研究

日本近百年《老子》文献学研究述评

钟　琳*

内容提要：日本昭和前期“中国学”开始出现，《老子》相关研究热潮也随之兴起，其文献学领域的《老子》研究值得借鉴。本文梳理并分析了日本近百年日本《老子》文献学研究的论文和专著。总体来看，日本学者专注于《老子》版本与文本，利用校勘、训诂等多项研究方法，立论清晰，考据严谨。以武内义雄为首的疑古派在日本掀起了对老子其人及《道德经》成书时间的质疑，开相关研究之先河。金谷治、池田知久等学者对《老子》出土文献进行研究，具有一定的参考价值。同时，山城喜宪对日本刊刻版本及相关文献进行辨析、校勘。目前国内学界对“日本《老子》文献学研究”的综合性论述有待完善。

关键字：《老子》　版本研究　校勘研究　文献学　日本老子研究

一、相关研究概况

《老子》一书最初传入日本的时间，并没有记录。不过，在圣德太子[①]所撰的《三经义疏》（成书于公元610年左右）中引用了《老子》的话；另外，藤原佐世《日本国见在书目录》（成书于公元891年左右）列举了以《老子河上公注》《老子王弼注》为代表的《老子》文本达二十种以上。所以，大体上讲，至迟在隋代以前《老子》已经传到日本了[②]。《老子》传入日本后，产生了许多研究《老子》的著作。21世纪的日本，目前正在出售的各类老子书籍，合计有两百种左右[③]。昭和时期（1926—1989）[④]是日本向西方学习的重要时期，其间西方的研究方法、学科分类等相继传入

* 钟琳（1997—），女，重庆市万盛人，闽南师范大学闽南文化研究院硕士研究生。

① 圣德太子（574—621年），本名厩户，日本飞鸟时期政治家。

② 池田知久:《问道:〈老子〉思想细读》，桂林：广西师范大学出版社，2019年，“序言”，第1页。

③ 池田知久:《问道:〈老子〉思想细读》，桂林：广西师范大学出版社，2019年，“序言”，第1页。

④ 昭和时期：昭和是指日本天皇裕仁在位期间使用的年号，昭和时期为1926—1989年。

日本，昭和前期正式创立了“中国学”。“中国学”脱胎于明治时期（1868—1912）[①]的“京都学派”，时任京都帝国大学文科大学校长的狩野直喜建立起以实证、考据为主要研究方法的“支那史学”即“中国学”。昭和初期，日本便建立起大量汉学组织，例如：九州帝国大学 1929 年成立支那学会，京都帝国大学 1933 年成立东亚研究会等，日本国内掀起“汉学热”。《老子》是“中国学”的重要研究对象，研究者以武内义雄、长谷川如是闲、津田左右吉为代表。三人的研究领域不同，武内义雄以文献学研究为重点，长谷川如是闲和津田左右吉以《老子》思想研究为重点。近现代，中国出土了敦煌文献、马王堆汉墓帛书、郭店楚简等重要文献，日本专门成立“中国出土文献研究会”参与研究，产生了许多优秀的著作。

国内学者则较为关注“老子思想”对日本的影响，且多从文化传播与交流角度展开论述，如徐水生《老子思想对日本近现代名家的影响》[②]、张谷《道家思想对日本近世文化的影响》[③]等。除此之外，学界也有从个体研究的角度，例如许建良《从“势”看老子与慎到法家的关联——武内义雄道家研究系列》[④]、郭永恩《长谷川如是闲的〈老子〉研究》[⑤]等，此类论文通过分析国外代表性学者的研究观点与方法，重点探究国外相关研究现状。与此同时，日本《老子》文献学研究却较少获得关注，仅郭永恩在《1945 年以前日本的〈老子〉研究》[⑥]中梳理了《老子》传入日本后的研究概况，列举了部分学者的著作，但并未对著作内容进行介绍。王玉环也对日本河上公《老子》注本做了相关研究，但主要集中在版本问题上[⑦]。其他相关著述角度单一且多泛泛而谈，整体性的综述研究较少，研究成果缺乏一定的深度与广度。本文旨在梳理并分析日本近百年关于《老子》文献学研究的论文和专著，丰富了国内《老子》研究。

二、日本关于《老子》版本的研究

（一）金谷治《关于帛书老子》

金谷治《关于帛书老子》一文以马王堆出土文献为材料，从五个方面对帛书老子的资料性进行了探讨。一是甲本和乙本的关系。作者通过避讳字得出甲本早于乙

① 明治时期：明治是指日本天皇睦仁在位期间使用的年号，明治时期为 1868—1912 年。

② 徐水生：《老子思想对日本近现代名家的影响》，《商丘师范学院学报》2015 年第 1 期。

③ 张谷：《道家思想对日本近世文化的影响》，博士学位论文，武汉大学哲学系，2006 年。

④ 许建良：《从“势”看老子与慎到法家的关联——武内义雄道家研究系列》，《湖南科技学院学报》2013 年第 3 期。

⑤ 郭永恩：《长谷川如是闲的〈老子〉研究》，《外国问题研究》2009 年第 3 期。

⑥ 郭永恩：《1945 年以前日本的〈老子〉研究》，《日本学研究》2011 年。

⑦ 王玉环：《〈老子〉一书在日本的传播与研究》，《中国道教》2019 年第 1 期。

本的结论，其次是关于甲乙本是否有相承的关系，作者对甲乙本的内容进行对比，认为甲乙两本一致之处甚多，应是同一体系的异本，由此推断出《老子》的祖本应是在战国时代。二是今本与甲乙本上下编的逆顺。作者从甲乙本之间的关系推断出《老子》在战国末期便有诸多异本通行，关于甲乙本上下编的逆顺尚无确切的定论。三是关于甲本的分章问题。作者注意到“甲本中本来有划分句读的点，此外，少数地方有约占一个字位置的小的圈点”[①]。该圈点多与今本分章开头处一致,作者推测是分章符号，虽不是所有的圈点都与今本吻合，但圈点的位置都可以作为分章点，因此作者推测其为分章标记，例如：现行的通行本中，在圈点处有“故”字，将两者联系起来，此后又作“道生之德畜之”多一“德”字以和最初之文相呼应，如采用今本的形式视作一章也是可以的。然而因为从甲乙本的形态看来，当视作两章，所以圈点处有着分章的意义是明确的，虽和现行本分章不同，但是依照甲本的圈点也可以分章，所以这里的圈点也可认为是表示分章[②]。四是分章顺序的问题。作者指出今本与帛书本分章顺序的三处不同，然后利用文章前后逻辑进行推理，认为《老子》传本有许多顺序不一致的情况。五是帛书《老子》与今本字句的异同。作者认为部分内容，帛书本更为合适，例如：第二十三章的末尾，无“信不足焉，有不信”句。这一章，甲乙本基本相同。这句话，一般认为是和此章开头的“希言自然”相对应，但照今本那样理解，中间的“同于道”“同于德”等文字则过长，而如果不那样看，则和中间的文字连续不好，末句游移[③]。作者认为若依照帛书，除去末句，大概可解决此问题。再如第三十章中，无“大军之后，必有凶年”句。这两句，在景龙碑、龙兴观碑、敦煌一本等版本中也没有，据严可均说，或系是上文“师之所处，荆棘生焉”的注文而混入文本中的。

（二）山城喜宪《〈老子鬳齋口義〉伝本攷略》[④]

这篇论文是对林希逸所著《三子口义》中《老子鬳斋口义》的诸本以及现存传本的流传系统所做的一份调查报告。作者主要对比了诸版本手抄本出现的先后顺序，但是由于许多部分验证困难，因此不得不暂时搁置验证困难的部分。影印本的名字缩写为“同”置于底本篇名旁边，印记引文中 ¨ 表示未识别的文字，记录了参考引

① 金谷治:《关于帛书〈老子〉》，陈鼓应编:《道家文化研究》(第三辑)，上海：上海古籍出版社，1993年，第306页。

② 金谷治:《关于帛书〈老子〉》，陈鼓应编:《道家文化研究》(第三辑)，上海：上海古籍出版社，1993年，第307页。

③ 金谷治:《关于帛书〈老子〉》，陈鼓应编:《道家文化研究》(第三辑)，上海：上海古籍出版社，1993年，第313页。

④ 山城喜宪:《〈老子鬳齋口義〉伝本攷略》，《斯道文库论集》，东京：庆应义塾大学出版社，2004年，第1—68页。

用的文献，但没有记载仅作目录的文献。文章中网罗了各种版本的《老子鬳斋口义》，对于老子鬳斋口义版本研究有十分重要的价值。

（三）山城喜宪《河上公章句〈老子道德経〉古活字版本文系統の考索》[①]

该论文分为上、中、下三篇，将老子河上公注本三大系统[②]之间的流传关系、概略用图示的方式表现出来。古活字版本和诸本之间的比较包括形态和内容两个方面，形态部分比较了分卷、分章的差异，章题的有无、题名题署的差异，讨论了和建安虞氏刊本的关系以及序文出现差异的原因。内容部分，作者在把握古活字版本文本的真实情况基础上，确认了诸本之间的异同，着重对比了古钞本以及建安虞氏刊本。在比较质和量异同的基础上，也考察了诸本之间的亲疏关系、是非优劣。旨在通过古活字版本和诸本的比较、校勘，立证、确认古钞本系统的假想，使文本的本来面貌广为人知。

（四）王迪《〈老子鬳齋口義〉の明曆三年刊本と延宝二年跋本との比較》[③]

这篇论文分三个部分对两个版本的《老子鬳斋口义》进行了对比，第一部分是通过书的印刷及刊刻特点进行比较，采用了列表的方式，使得对比更加清晰（如图1）。第二部分对比了卷头注解以及注头的差异；第三部分对比了两个版本中德仓昌坚的注解。通过此三个部分的比较，王迪认为明历本是延宝拓本的底本。该篇论文是对《老子鬳斋口义》两个具体版本的精细比较，有利于人们深入了解《老子鬳斋口义》的版本情况。

上述四位日本学者的相关研究，金谷治对中国先秦思想研究较为全面，对帛书《老子》进行探讨时，不囿于当时的主流观点，而是大胆提出质疑，认为帛书老子并非《老子》最原始的形态，且立论严谨，注重考据。事实上，郭店楚简的出土也证实了金谷治的这一想法。这一猜想为当时学者研究帛书《老子》拓展了新思路。日本关于帛书《老子》版本的研究还有今枝二郎《馬王堆出土〈老子〉古写本について》，该文详细介绍了帛书本与今本的差异，收录于《大正大学研究纪要》[④]。山城喜宪师从阿部隆一，有扎实的文献学功底，进行版本对比时，不仅对比其内容差异，且分析差异产生原因，利用多种方式，还原《老子》文本，例如制作诸本异同表，

① 山城喜宪:《河上公章句〈老子道德経〉古活字版本文系統の考索》,《斯道文库论集》，东京：庆应义塾大学出版社，1999 年，第 37—345 页。中篇与下篇 2001 年收录于《斯道文库论集》中。

② 三大系统：即道藏本系、宋刊本系、古钞本系。

③ 王迪:《〈老子鬳齋口義〉の明曆三年刊本と延宝二年跋本との比較》,《お茶の水女子大学中国文学会報》2002 年第 21 号。

④《大正大学研究纪要》是大正大学于 1927 年创办的学术刊物，学校官网可查询第 98 辑之后的电子版论文，第 1 辑至 93 辑未电子化。

对比诸本异同的数量，异同表内容包括异体字、缺文、倒文、异文等。其次，再通过异同量考察版本之间的亲属关系，探究诸本是否出自同一底本。《〈老子鬳齋口義〉伝本攷略》网罗了大量《老子鬳斋口义》的版本，对版本研究有重要的价值，但由于传本流失、损坏等情况，内容验证方面仍不够完善。王迪对两个版本的《老子》进行对比，论据清晰合理，使《老子鬳斋口义》两个版本的先后问题得到了解决。

表一「明暦本と延宝跋本の書誌比較表」

書誌＼刊本		明暦三年刊本（一六五七）	延宝二年跋本（一六七四）
表紙		縹色	縹色
簽題		老子　上／下	増補首書老子經　乾／坤
内題		老子鬳齋口義	老子鬳齋口義
寸法		縦二十七糎・横十九糎　美濃本	縦二十七糎・横十九糎　美濃本
冊数		二冊	二冊
綴じ方		四針目	五針目[10]
版式・匡郭寸法など		親子枠・四周単辺無界・縦二十五糎×横十七・五糎（子枠縦十八糎×横十四糎）。訓点・返り点あり。	親子枠・四周単辺無界・縦二十五糎×横十七・五糎（子枠縦十八糎×横十四糎）。訓点・返り点あり。
行格	巻頭	上巻巻頭の注解、半葉二十二行三十六字、首頁右上・下及び下巻首頁上・中・下蔵書印あり。	上巻巻頭の注解、半葉二十二行三十二字。
	頭注	半葉十八行・十字（子枠欄外書脳寄り、四行・三十六字）小字、本文と同書体。	半葉十八行・十字（子枠欄外書脳寄り、四行・三十六字）小字、本文と異書体（痩体）。
	本文	半葉八行十八字（口義注文字稍小低一格）	半葉八行十八字（口義注文字稍小低一格）
版心名		老子經巻上／下（十一～十三葉は「上巻」となる）	老子經巻上／下（十二～十四葉は「上巻」となる）
魚尾		単黒魚尾	線白魚尾（巻上第一・五・六葉のみ単黒魚尾）
丁数（丁付）		巻上一～五十；巻下一～五十一	巻上一～五十一；巻下一～五十一
小口書		老子經　天／地	老子經　天／地
奥書		羅山子道春考焉	延寳二年甲寅秋七月德倉昌堅跋あり。
刊記		明暦三年丁酉年孟夏吉辰　二條通玉屋町上村次郎右衛門新刊	二條通玉屋町上村次郎右衛門重刊

『老子鬳齋口義』の明暦三年刊本と延宝二年跋本との比較　一九

图 1

三、日本学界关于《老子》校勘的研究

武内义雄是昭和时代“中国学”成立以来，对《老子》版本研究的代表人物，先后撰著了《老子原始》《老子的研究》《老子与庄子》《诸子概说》等，继承了狩野直喜考证学的方法，尝试依据音韵论复原《老子》原典。他通过精密的文献考证，逐一详论其中存在的问题，并以《老子》思想为依托区分现存本《老子》中的非《老子》内容，最终获得了成功[①]。

（一）武内义雄《老子の研究》

《老子研究》[②]分为上下两册，第一册介绍了老子其人以及对老子的真实性提出质疑，也对道德经的成书时间进行了分析，介绍了道德经的研究方针，第二册便是根据研究方针对道德经所做的校勘和考证。武内义雄的研究方法主要有三点：一是考察文体有韵的部分和无韵的部分，将其做一个区分；二是通过韵改正本文中的误字、错简，再做章节的区分；三是考虑到韵文中也有老子后学创作的部分，于是根据道家变迁删除了文本中后起的思想部分。

（二）《诸子概说》之《老子篇》[③]

武内义雄在《老子篇》中先介绍了老子的生平，其次对老子其人的存在提出了质疑，并提出太史儋就是老子或者老子并不存在的假设。武内义雄在《老子原始》中已提出该观点，在此本专著中又进行了论述，通过史料记载和老子与孔子的关系分析，认为老子其人，应是孔子时代约百年后出现的人物，是一名居住在宋国的隐士，道德经是后世的学者对老子所说的话的整理。

（三）山城喜宪对《老子》不同版本的解题、校异

山城喜宪对中国先秦古籍的研究十分深入，主要是对先秦古籍进行校勘、解题、校异等文献学研究，发表了一系列《老子》文献学研究论文和专著，例如：《神宫文庫蔵〈老子経抄〉解題篇》[④]、《河上公章句〈老子道德経〉古活字版本文系統の考索》[⑤]系列、《天理大学附属天理図書館蔵〈老子道徳経河上公解〔抄〕〉翻印並に解題》[⑥]系列。对于《老子》在日本的传播和发展有十分重要的意义。

解题是指对该书的作者、体裁和内容等做大致的解说。山城喜憲对不同版本的《老子》进行了解题和校异，例如：《天理大学附属天理図書館蔵〈老子道徳経河上公解〔抄〕〉翻印並に解題》《京都大学附属図書館蔵清家文庫〈老子経抄〉翻印並び

① 郭永恩：《1945年以前日本的〈老子〉研究》，《日本学研究》2011年00期。

② 武内义雄：《老子研究》，东京：改造出版社，1940年9月。

③ 武内义雄：《诸子概说》，东京：弘文堂书房，1935年12月。

④ 山城喜宪：《神宫文庫蔵〈老子経抄〉解題篇》，《斯道文库论集》，东京：庆应义塾大学出版社，1998年，第207—270页。

⑤ 山城喜宪：《河上公章句〈老子道德経〉古活字版本文系統の考索》，《斯道文库论集》，东京：庆应义塾大学出版社，1999年，第37—345页。中篇与下篇2001年收录于《斯道文库论集》中。

⑥ 山城喜宪：《天理大学附属天理図書館蔵〈老子道徳経河上公解〔抄〕〉翻印並に解題》，《斯道文库论集》，东京：庆应义塾大学出版社，1994年，第349—437页。

に校異・解题》[①]、《神宫文庫蔵〈老子経抄〉解题篇》[②]。以《京都大学附属図書館蔵清家文庫〈老子経抄〉翻印並びに校異・解題》为例，解题、校异主要分为以下几个部分：

①该文在凡例中指出参照校对的底本，底本中的误字、衍字、脱字不做主观修改，只在旁边添加注释（如图 2）。

②底本中删除、更正的部分不做更改，将经书原貌在校异中标出。

③保留底本中原有的标点、批注点，但为了方便阅读，在底本的基础上再添加标点和批注点。

④底本中含有汉字异体字或异体假名，都更改为通行的字体。省略附于底本中的人名、地名、书名等。

⑤两底本校异方法不同，作者提出了两个底本校异的重点。

⑥底本中磨损、缺漏的字，用符号标注出来。

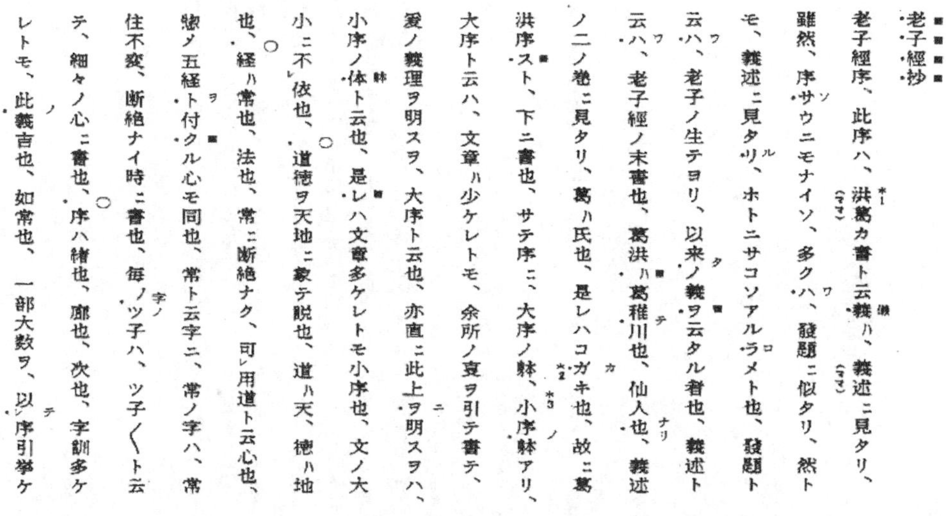

老子經抄
老子經序、此序ハ、洪葛カ書ト云義ハ、義述ニ見タリ、
雖然、序サウニモナイソ、多クハ、發題ニ似タリ、然ト
モ、義述ニ見タリ、ホトニサコソアルラメト也、發題ト
云ハ、老子ノ生テヨリ、以来ノ義ヲ云タル者也、義述ト
云ハ、老子經ノ末書也、葛洪ハ葛稚川也、仙人也、義述
ノ二ノ巻ニ見タリ、葛ハ氏也、是レハコカキ也、故ニ葛
洪序スト、下ニ書也、サテ序ニ、大序ノ躰、小序躰アリ、
大序ト云ハ、文章ハ少ケレトモ、余所ノ事ヲ引テ書テ、
爰ノ義理ヲ明スヲ、大序ト云也、亦直ニ此上ヲ明スヲハ、
小序ノ体ト云也、是レハ文章多ケレトモ小序也、文ノ大
小ニ不レ依也、道徳ヲ天地ニ象テ説也、道ハ天、徳ハ地
也、経ハ常也、法也、常ニ断絶ナク、可レ用道ト云心也、
惣メ五経ト付クル心モ同也、常ト云字ニ、常ノ字ハ、常
住不変、断絶ナイ時ニ書也、毎ノツ子ハ、ツ子〱ト云
テ、細々ノ心ニ書也、序ハ緒也、廊也、次也、字訓多ケ
レトモ、此義吉也、如常也、一部大数ヲ、以レ序引挙ケ

图 2

（四）山城喜宪《老子》本文、训读本的校异

山城喜宪对斯道文库所藏南北朝[③]抄写《老子道德经》进行了校异，共分为四个部分[④]，均收入斯道文库论集。该论文的特点是上半部分为底本原文，下半部分为训

① 山城喜宪：《京都大学附属図書館蔵清家文庫〈老子経抄〉翻印並びに校異・解題》，《斯道文库论集》，东京：庆应义塾大学出版社，1991 年，第 265—402 页。

② 山城喜宪：《神宫文庫蔵〈老子経抄〉：解题篇》，《斯道文库论集》，东京：庆应义塾大学出版社，1998 年，第 207—270 页。

③ 指日本南北朝（1336—1392 年）时期。

④ 慶應義塾大学附属研究所斯道文庫蔵（南北朝）写老子道德經：本文並びに訓読文　附本文校異記（一）（二）（三）（四）。

读文（如图 3），并在每章末尾配以校异记，校异开头的数字对应本文右边的数字，便于读者对比阅读。列出《老子经序》长句的标点符号，其余文本皆省略了标点符号，在下段的训读文中进行断句处理。底本经文、翻印、注文、训读文的排列有改动。底本存在异体字的情况，作者尽可能保留异体字原貌，但是不符合 JIS[①] 一级、二级以及统一字符标准的字，作者将其进行了音译，将训读文中不符合标准的异体字改写为现行的通行字。训读本对底本中伪字、缺字以及叠字等情况用不同的符号表示[②]，便于查询和阅读。作者对比了底本和其他古钞本，认为该本与建安虞氏家塾刊本相近，且该古钞本有一些独特的特征，推测是受当时流传的宋刊本或元刊本的影响。

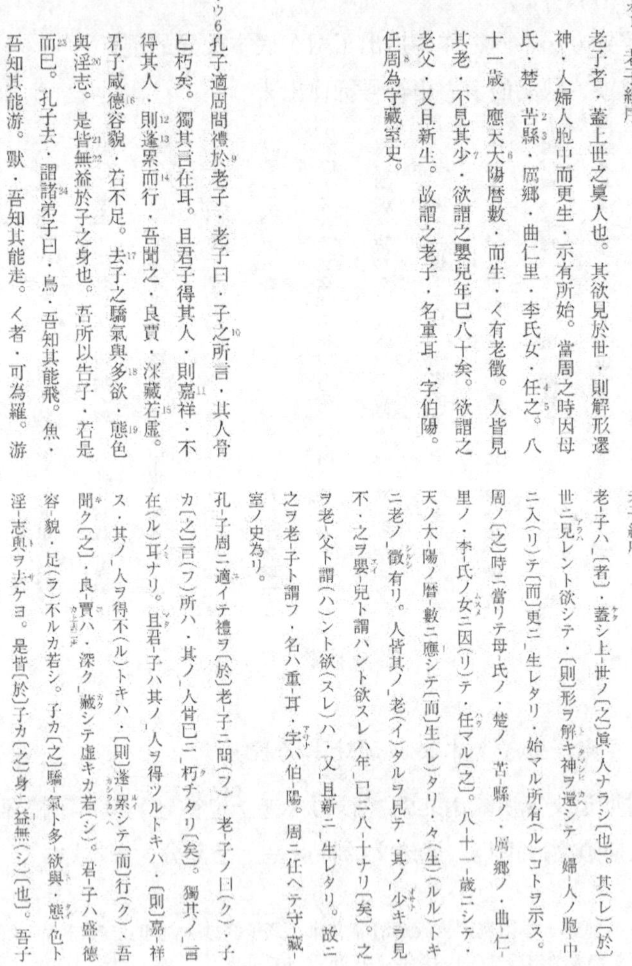

1オ1 老子經序[1]
老子者・蓋上世之眞人也。其欲見於世・則解形還
神・人婦人胞中而更生・示有所始。當周之時因母
氏・楚・苦[2]縣[3]・厲鄕・曲仁里・李氏女・任之[4][5]。八
十一歲・應天大陽曆數[6]・而生・く有老徵。人皆見
其老・不見其少[7]・欲謂之嬰兒年巳八十矣。欲謂之
老父・又日新生。故謂之老子・名重耳・字伯陽。
任周[8]為守藏室史。

1ウ6 孔子適周問禮於老子[9]・老子曰・子之所[10]言・其人骨
巳朽矣。獨其言在耳。且君子得其人・則嘉[11]祥・不
得其人・則[12]逢[13]累而行[14]・吾聞之・良賈・深藏若[15]虛。
君子咸德[16]容貌・若不足。去[17]子之驕氣與多[18]欲・態[19]色
與[20]淫志。是皆[21]無[22]益於子之身也。吾所以告子・若是
而巳[23]。孔子去・謂諸[24]弟子曰・鳥・吾知其能飛。魚・
吾知其能游。獸・吾知其能走。く者・可為羅。游

老子經序
老子ハ〔者〕・蓋シ上世ノ〔之〕眞人ナラシ〔也〕。其(レ)〔於〕
世ニ見レント欲シテ・〔則〕形ヲ解キ神ヲ還シテ・婦人ノ胞中
ニ入(リ)テ〔而〕更ニ生レタリ・始マル所有(ル)コトヲ示ス。
周ノ〔之〕時ニ當リテ母氏ノ・楚ノ・苦縣ノ・厲鄕ノ・曲仁
里ノ・李氏ノ女ニ因(リ)テ・任マル〔之〕。八十一歲ニシテ・
天ノ大陽ノ曆數ニ應シテ〔而〕生(レ)タリ・々(生)(ルル)トキ
ニ老ノ徵有リ。人皆其ノ老(イ)タルヲ見テ・其ノ少キヲ見
不・之ヲ嬰兒ト謂ハント欲スレハ年已ニ八十ナリ〔矣〕。之
ヲ老父ト謂(ハ)ント欲(スレ)ハ・又且新ニ生レタリ。故ニ
之ヲ老子ト謂フ・名ハ重耳・字ハ伯陽。周ニ任ヘテ守藏
室ノ史為リ。

孔子周ニ適イテ禮ヲ〔於〕老子ニ問(フ)・老子ノ曰(ク)・子
カ〔之〕言(フ)所ハ・其ノ人皆已ニ朽チタリ〔矣〕。獨其ノ言
在(ル)耳ナリ。且君子ハ其ノ人ヲ得ツルトキハ・〔則〕嘉祥
ス・其ノ人ヲ得不(ル)トキハ・〔則〕逢累シテ〔而〕行(ク)・吾
聞ク〔之〕・良賈ハ・深ク藏シテ虛キカ若(シ)。君子ハ盛德
容貌・足(ラ)不ルカ若シ。子カ〔之〕驕氣ト多欲與・態色ト
淫志與ヲ去ケヨ。是皆〔於〕子カ〔之〕身ニ益無(シ)〔也〕。吾子

图 3

① JIS，日本工业标准的简称，由日本工业标准调查会组织制定和审议。

② 因为误写而产生的伪字，校异时保持原貌，在训读文中在该字下用 { } 标出正字；因为虫蛀而缺漏的字，用表示，根据墨痕等可以推断出的字，将其填写在其中。

（五）池田知久《老子》文本校勘

池田知久对中国的出土文献有深刻的研究，涉及中国哲学思想、出土文献校勘等多方面，例如:《马王堆汉墓帛书〈周易〉之〈要〉篇释文》《〈老子〉的形而上学与“自然”思想——以北大简为中心》《孔子的宗教批判》等。池田知久探究老子思想时立足于出土文献，探究思想的过程中也对《老子》文本进行了校勘，提出了自己的见解。

《〈老子〉的形而上学与“自然”思想——以北大简为中心》主要探究了《老子》中所含形而上学与“自然”思想间相互矛盾、对立的关系，在最后一节以“积正”一词为线索，推测北大汉简《老子》的抄写年代应该为西汉晚期。作者查阅古典文献中“积正”出现的时间，发现“积正”一词在西汉、东汉以前的文献中所存甚少，仅为四例，后通过文献分析认为“积正”是儒家用语，该用语最早出现在西汉晚期。作者又从东汉晚期《潜夫论》为出发点，认为“积正”是深受战国晚期荀子“积微”思想影响产生的词汇，由此推断，北大汉简第十六章的抄写者，应是从外部摄入了当时儒家的用语，且“积正”一词与第十六章主旨脱节，经文受到如此改变再结合儒家思想走向极盛的时代，作者推测其抄写年代为西汉晚期[①]。

《〈老子〉的形而上学与存在论——基于出土资料本〈老子〉》通过三点探讨了《老子》关于“道”的思想，在行文中亦通过版本对比、古典文献考证的手段，考证《老子》中有争议的字词，例如：器、中、万物等。

“器”字考证：底本（马王堆甲本）第五十一章的“器”字，在乙本中同样作“器”字，而到了北大汉简中，变成了埶（勢）字，后通行本（王弼本、河上公本）将“势”字继承了下来。作者根据《庄子·马蹄》内容论述了“道”—“万物”、“朴”—“器”之间的关系，“朴”字在《庄子》中直接指成“器”之前的原材料，在《老子》中皆是作“道”的比喻象征，《老子》诸章中的“器”，全部为“万物”“物”的比喻象征，因此作者认为通行本中写作“勢”的文字，应作马王堆两本中的“器”字[②]。

武内义雄是昭和时代老子研究最重要的学者之一，《老子研究》梳理了《老子》研究史，考证严谨，见解独特，自此开始构建武内义雄老子研究体系，形成专题研究，其《老子原始》《老子研究》《诸子概说》等著作都具有十分重要的参考价值。山城喜宪对《老子》进行解题、校异、标点过程中极大保留了底本原貌，但又使得

① 池田知久、曹峰:《〈老子〉的形而上学与“自然”思想——以北大简为中心》,《文史哲》2014年第3期。

② 池田知久、廖娟:《〈老子〉的形而上学与存在论——基于出土资料本〈老子〉》,《杭州师范大学学报》(社会科学版) 2016年第5期。

《老子》文本更易懂，有利于后世学者查阅。池田知久基于出土文献资料，主要通过古典文献考证的方法探究通行本中有争议的字。他在文中提出自己的见解和思考，为《老子》文本研究提供了新的思路。

四、日本“中国出土文献研究会”关于老子文献的研究

新中国成立后，考古事业进入新的阶段，获得了空前的发展，取得了世界瞩目的研究成果。日本于1998年成立了“中国出土文献研究会”，该研究会起初称为“战国楚简研究会”，于2010年更名为“中国出土文献研究会”。该研究会共有七名成员，注重中国出土文献的研究，其中包含了对《老子》的文献研究。

（一）福田哲之《老子》谱系学研究

福田哲之以中国出土文字资料为研究对象，对中国古文献及汉字的历史进行研究，著有《清华简研究》、《战国秦汉简牍丛考》。福田哲之《簡帛〈老子〉諸本の系譜学的考察》[1]用对比的方法，探讨了老子北大本、马王堆本的关系。该论文从文献学的角度出发，着重从两个方面探讨《老子》诸本的关系。第一，北大本和马王堆本《老子》属于不同系统的文本，马王堆《老子》作为西汉时期书写的两种文本（甲本·乙本）具有划时代的意义，由于这两个本子的文本与祖本相同，因此又浮现出了许多新的问题。北大本的发现揭示了汉代《老子》诸本多样形态的一部分，并通过与北大本的比较研究，使马王堆本的定位更加明确。第二，北大本是郭店本、马王堆本和传世本之间的桥梁。北大本与传世本之间的关系比与马王堆本的关系更紧密，福田哲之对《老子》的成书和发展过程提出一定的见解。以简帛诸本为中心，采取异文整合的方式对诸本进行了谱系建立。（如图4）

① 福田哲之:《简帛〈老子〉诸本的谱系学考察》，大阪大学文学部中国哲学研究室编:《中国研究集刊》，丰中：大阪大学中国哲学研究室，2015年，第63页。

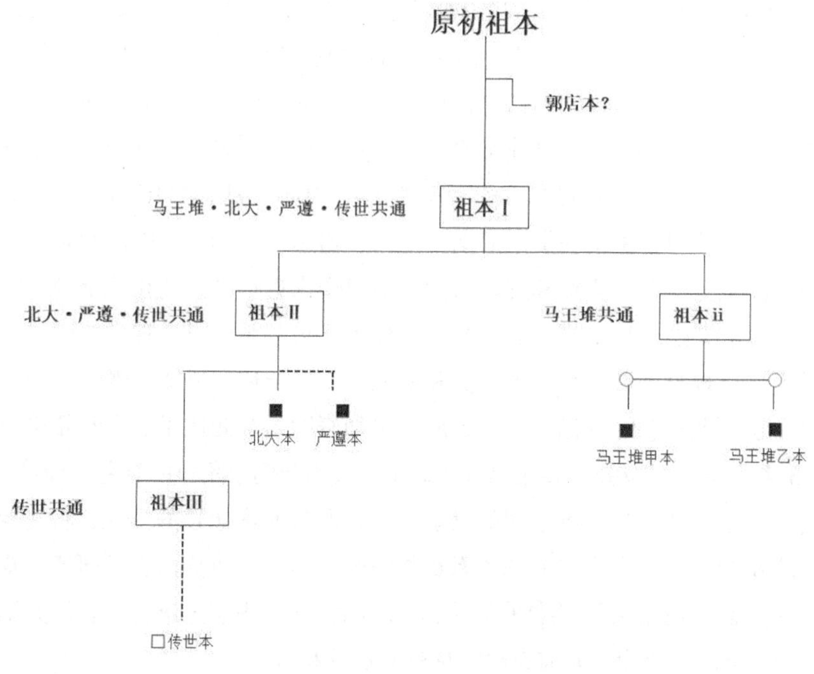

图 4

（二）福田一也《老子》出土文献对比研究

福田一也以中国出土文字资料为研究中心，以中国古代思想史为研究重点，在研究老子和儒家思想、老子与庄子后学的关系时也涉及老子文献学方面的研究。著有《道家思想の形成過程：新出土資料を中心として》《上博楚簡〈鄭子家喪〉にみえる天人相関思想》等。关于《老子》文献学的研究主要集中在《〈老子〉と儒家思想》[①]和《帛書系〈老子〉の成立事情——莊子後学との関係を中心に》[②]两篇论文中。

福田一也在《〈老子〉と儒家思想》中不仅讨论了老子和儒家的关系，也根据《孟子》和《荀子》文本推定了《老子》的成书时期。福田一也认为：郭店本成书时期晚于《老子》完整本成书时期。作者对比了王弼本和郭店甲、乙、丙三个文本，发现王弼本六十四章除部分与甲本和丙本相同外，其余部分完全没有重复，作者认为这应该是有意识地避免重复。郭店本的甲本、乙本、丙本都有与今本相对应的部分，且与今本的框架相契合。因此作者认为《老子》完整本应是出现在郭店本之前。

① 福田一也：《〈老子〉と儒家思想》，大阪大学文学部中国哲学研究室编：《中国研究集刊》，丰中：大阪大学中国哲学研究室，2002 年，第 21—41 页。

② 福田一也：《帛書系〈老子〉の成立事情——莊子後学との関係を中心に》，大阪大学文学部中国哲学研究室编：《中国研究集刊》，丰中：大阪大学中国哲学研究室，2004 年，第 1—24 页。

《帛書系〈老子〉の成立事情——荘子後学との関係を中心に》主要探究汉初《老子》写本对帛书《老子》中强烈的反儒家色彩的改变，以及反儒家色彩出现的具体时间，其中也有对老子成书时间的探究，福田一也根据郭店一号墓的入葬时间推测帛书系《老子》（包括傅奕本·王弼本等今本）的成书时期应是公元前300年左右至战国末期（公元前222年）这80年。作者反驳了谷中信一战国中期仅存在郭店老子的观点，但是十分赞同谷中信一提出的老庄学派参与帛书系老子成书的观点。该篇论文前四节考察了《庄子》内篇和外篇、杂篇中对儒家进行批判的相关部分，第五节“郭店系《老子》から帛书系《老子》へ”分析了帛书系老子出现的要因。作者认为，庄子后学出现时，帛书系《老子》并未成书，庄子后学增加了老子中的反儒家色彩，帛书系《老子》的反儒家色彩比原本更加鲜明，推测庄子后学是希望通过此种方式来获得更多人的支持，使帛书系《老子》成为和儒家论争的有利工具。

福田哲之建立了《老子》文本之间的谱系关系，通过文本比较的方式，将《老子》各种文本联系起来，使文本之间的关系更加清晰，是一种较为新颖的研究。福田一也根据郭店楚简推测帛书系《老子》的成书时间，又从内容上进行分析，力证帛书《老子》的成书时间应为公元前300年左右至战国末期。

结语

昭和时代“中国学”创立以来，众多日本学者投身老子研究，其中包括《老子》文献学的研究。以武内义雄为首的疑古派在日本掀起了对老子其人及《道德经》成书时间的质疑，武内义雄通过多种方法分析、推理论证他提出的观点，并且用音韵学的方法，对老子原本进行了校勘。山城喜宪专注老子版本与校勘的研究，其著作、论文对老子研究有十分重要的意义。但因其收藏于日本各大学图书馆无法传递，因此无法概括其主要内容。还有许多学者对日本刊刻的老子及相关文献做了整合，例如清水信子整合了近代日本与《老子》老子相关的文献，编成了《日本近世における〈老子〉関連文献について》[①],山口谣司整理了《经籍访古志》中《老子》相关文献。这种《老子》文献的整理性著作有利于文献查找。目前国内老子学界尚未梳理“日本《老子》文献学研究”的研究脉络，因此在研究的时候易对一个学术群体或学者个人的研究情况产生错误的理解。昭和时期受明治维新的影响，众多学者不仅仅立足于中国的本土文献，也受西方文化与学说的影响，例如，“日本中国学”中“新儒家学派”的主要学者，几乎都在德国学习和研究过，他们几乎都热衷于俾斯麦、

① 清水信子:《日本近世における〈老子〉関連文献について》,《二松：大学院纪要》，东京：二松学舍大学大学院文学研究科，1999年，第205—234页。

斯坦因、盖乃斯德等的国家集权主义学说[①]，但是昭和以来对《老子》进行文献学研究的学者大都立足于文献，且一定程度上继承了狩野直喜“实证主义”的研究方法。国内对《老子》版本对比研究多结合文字学、音韵学，此类研究专著除对比出土文献与通行本的异同之外，也探究文字可能蕴含的特殊意义或是历史文化内涵，如丁原植《郭店竹简〈老子〉释析与研究》和魏启鹏《楚简〈老子〉柬释》等。但值得注意的是，日本学者山城喜憲同样是对老子不同版本进行比较和校释，但主要通过列表的方法将版本差异表现得更加清晰。山城喜宪还对版本形式进行描述和考证，以确定版本。王迪《〈老子鬳齋口義〉の明暦三年刊本と延宝二年跋本との比較》也使用了此种方法。

与国内相关研究进行对比之后，我们可以发现日本学者比较注重版本依据、异文比较，强调保持原貌，主张说明译文的正误。在研究方法上，日本学者多利用图表法，或从书版样式角度，考察通行本的缺漏问题。国内对《老子》文献学方面的研究可从多学科角度出发，拓宽研究视野，在一定程度上加强与日本学界的交流，丰富研究方法，特别是以“断代”的方式整理日本学者对《老子》的文献学研究，具有十分重要的意义。

① 严绍璗:《对海外中国学研究的反思》,《探索与争鸣》2007 年第 2 期。

《道德经》之“道”英译的哲学重诂[①]

周新颖*

内容提要：语言是一项持续的、时刻都在向前发展的活动，不同的民族有不同的思维模式和道德观念。随着英译状况的日渐兴盛，作品的翻译效果、翻译方式等引起了多方面关注和探讨。翻译者作为一个社会个体，在翻译的过程中会受到自身立场和外界的各种影响，因而不可避免地带有各自的文化特色。不同的英译都为读者带来了语言、文学、哲学等方面的启示与思考。

关键词：《道德经》 道 英译 有 无

一、跨语际实践的哲学认识和想象

截至2020年4月共有各类《道德经》英译本（含全译本、节译本、改写本以及借《道德经》之名进行的创作本）562种，[②] 国外译本如理雅各、韦利本等；国内译本如林语堂、冯友兰、辜鸿铭本等；当代新出译本如闵福德、刘殿爵等常作为研究和比较的经典范本。本文以闵福德、韦利和刘殿爵译本为主要参考，简单列举其各自第一章节选段作为主要分析对象进行展开。

闵福德版本第一章如下：

The Tao that can be Told
Is not the True Tao;
Names that can be Named
Are not True Names.[③]

---

* 周新颖（1998—），吉林德惠人，吉林大学哲学社会学院硕士生。

① 本文所用《道德经》引于王弼注，楼宇烈校释：《老子道德经注》，北京：中华书局，2011年。后文所引相关内容不再列举具体出处。

② 王华玲、辛红娟：《道德经的世界性》，《光明日报》，2020年4月18日11版。

③ John Minford, *Tao Te Ching:The tao and the power*, New York:Viking,2018 p.49.

闵福德首先对其书名选用 Tao 做出解释说明，他首先宣告了语言存在自身不足，道本身是很难发现和描述的，任何译词的应用都无法传达道的奥秘，无法传达没有知识的更深层次的知识，选用音译的 Tao 是因为“道”的不可译，他认为这个词本身确实是最好的“复述”，即“音译”的道。语言很难表述，只有通过人的真实体验，通过内部精神世界和外部现实世界的充分生活才能理解和传达出道的真正本质，而非通过语言。他将内部的精神世界和外部的现实世界落实在对无欲和有欲的理解上，他认为通过欲望和感官，人能够更好地感受现实世界之美，这有利于人们去感受落在现实生活中的道。由此他表示，道家并不否认感官和欲望，只是相较于有欲而言，无欲意味着的沉思、冥想可以使修道者真正走得更远。无欲的作用就是通过感受外在的现象世界和对内在世界的沉思，达到更深层的自我修养以及更深层的道。

韦利版本第一章如下：

> The Way that can be told of is not an Unvarying Way;
> The names that can be named are not unvarying names.①

韦利则认为，老子所讲的“常道”不仅不能用普通的感官来理解，也不能用文字来描述。老子的“道”是一个由没有任何名称语言的事物组成的世界，是“玄妙”的世界。而现实主义者的视野被欲望扭曲，只看到“最终结果”，即那些本质的结果，而非本质本身。所以韦利认为，整个宇宙存在两种形态，一是道家眼中的世界，二是日常生活的世界。这两个世界源自“道”的同一性，但名称不同，严格来讲，“道”是没有真实名字的，只是方便理解的权宜之计。

刘殿爵版本第一章如下：

> The way that can be told
> Is not the constant way;
> The name that can be named
> Is not the constant name.②

刘殿爵认为，可以被描述、引用为权威和赞美的道不是不变的“道”。事实上，没有适用于“道”的名称，因为语言完全不足以达到这样的目的。然而，如果一定

① Arthur Waley,*The Way and Its power* ,New York:Grove Press,Inc,1988,p.141.

② D.C.LAU,*Tao Te Ching*,Hong Kong:The Chinese University Press,2001,p.57.

要传达“道”，就必须找到一些方法去表示“道”。无论其概念多么不充分，仍然要给人一个关于“道”的概念。因此，“道”并不是它的专有名称，而是我们为了想要表达更确切的东西而使用的名称，但无论何种表达，总是并不完全恰当。另外在翻译的过程中，刘殿爵认为，找到合适的语言来描述“道”的困难在于：虽然道在老子看来是被认为负责创造和支撑宇宙的存在，但老子的表达方式是用有形的品质来描述“道”，这就很容易将道落实成为一个具体的东西，但事实上老子的道并非如此。

老子在释“道”的过程中运用了哲学语言和比喻语言两种，这也是翻译本在释道的过程中的难点所在。从语言翻译上来看，“道”不过是一抽象名词，道之存在不以世间的万事万物为依托，没有任何一个具体的事物是道，“道”的系统始终有自身的超越性意义。对于智性思维来说，任何事物都必须通过语言描述才能呈现出来。而对于抽象名词的描述，因为其并不指向某一具体事物，所以只能采用“比喻”或“取譬”的方式来尽可能地去实现其真实意义。譬如，水的种种特征比较符合道的特征，老子以水为喻讲“水善利万物而不争”，通过水的无意识的普遍性去表达道的自然和无处不在，再如老子借用“治大国，若烹小鲜”来表明他的治国理念。这样一来，原本晦涩难懂的文意通过比喻即可获得生动的体现。老子的“道”就是借助这种比喻语言来阐述的。从哲学翻译来看，道存在于第一、第二、第三世界之中，在第一世界人不能直接体验道，因此选用了假名和隐喻。

“道”以比喻的形式出现，增加了读者的理解，生发出了更多的哲学思想。但因为其超出了理性的范围，理性规定不适用，不能用理性思考来界定，所以无论何种比喻都不能完整地将其展示出来，越是执着于理性思考，就越是难以掌握“道”。因此思考哪个假名更能将道引向超越的最高存在就成了翻译学者和哲学学者必须考虑的问题。所以老子反复感叹“为学日益，为道日损”（《道德经》）。“为学”追求的是知识，“为道”追求的是境界。老子认为知识越积累越多，而境界却要尽量舍弃各种知识和外界的牵累。知识需要与外物接触，而境界却要靠内心的关照和反省才可以成就。万物虽然纷繁复杂，但最终都逃不脱回归“道”的命运，这是一条永恒的法则。因此，比喻语言只是方便人们的理解，真正的“道”还需要哲学语言的加持，“道可道，非常道”，就是哲学语言的运用。老子警示我们道不能被下定义，人类的语言不足以完整描述道的真实本质，它是无名，是不可名状的，更是超绝言象的。人类通过本体论或是逻辑分析都不能够获得关于“道”的全面认识。

老子看到了道的无限性，所以从不予道以具体命名，因为一旦命名即沦为“常名”，泯灭了道译的无限可能性。这一超越的诗意世界我们无法去直接把握，只能通过直觉去不断地把握。尽管哲学语言与比喻语言在概念应用上可以证成，可在道家世界里这些具体的描述则是被消解了的。

在傅伟勋的解释中，“道”包含有作为现实的道、作为起源的道、作为准则的道、作为功用的道、作为德性的道和作为技术的道等内涵。这六个方面不是西方概念中的属性或范畴，而是解构老子“道”的不同视角，这些视角很难分割且彼此联系。这六个维度并不意味着一定要通过确定的概念去感受究竟何者为道，道不过是形而上学的一个符号象征。傅伟勋认为，问题并不在于几个维度，重要的是在众多视角中，“道”所指向的世间万物的自身本质是和谐统一的。

以上译者的翻译有一共性指向，即是道的翻译总是伴随着语言的局限而使表达受限。在翻译的过程中，如何处理语言的有限性与道的无限性的矛盾关系，如何将个体明晰化，克服形上学的道对象化、客体化的困难等均是各位译者和哲学思考者难以绕过的问题。这是中国的语用特征落实在文本中的结果，在中国的传统思想文化里，抽象的概念世界总有具体的事物与其相对应，现实的具体事物是对抽象的概念的世界的参照。例如，真正的大人在中国的世界观里就是圣人的形象。无论面对何种抽象名词，都需要有一种比喻的方式来描述，比喻多半是抽象与具体的对照。比喻语言即是借其他事物寄托其要表达的意思，是针对一般人思考问题的方式而设计的语言表达形式。中国人倾向横向思维善用修辞，如明喻、暗喻、类比、拟人等，这是与善用概念思维和范畴思维的欧洲文化比较而来的。我们的逻辑或名学，不遵循同一律、矛盾律、排中律等。老子的哲学语言，更恰当地讲应是“玄言”，玄之又玄高深莫测。这种哲学语言贯穿《道德经》全文，将老子的道家思想紧紧地维系在一起。那么在道的理解和翻译上保留这种隐喻是否具有必要性，如若有必要，哪种比喻更加容易引向中国的道，如何才算积极的策略表达也是值得探讨的。

二、对道翻译的哲学评价

《道德经》的用词之隐晦和模糊，语法之简单和不规则，使得文本本身存在很大的复杂性和理解分歧。所以如果仅仅是对文字直接进行翻译，而不加以适当的语言分析或是单纯从语言分析入手，就会存在一系列问题。能够成为共识的是，关于道的认识如果仅是一味地停留在概念的语言分析上是始终无法通达道的本质的。因此除了对文字进行翻译，还需要对全文的文化语境和篇章语境有一个相对的了解再恰当地发挥语言作用，仿佛可以形成一个较为合理的翻译表示。

在诸多英译本中，“道”的翻译大致有三种情况，一是根据对道的幻想音译的，如 Tao 或是 Dao 的使用；二是根据文本理解保持隐喻的，如 Way，The Tao-path，Finite Cosmic Consciousness，Existence 等；三是超脱隐喻的另外再建构一词的表达，如通过表述 logos 去解释道。前两种表达在闵福德、韦利和刘殿爵的著作中均能找到，第三种方式在姚小平的《logos 与“道”》中有体现。

《道德经》中表达道的不仅有“道”一词本身，还存在着其他多种词语表现形式。究竟哪种方式能够更加贴近道的本质，使用哪一层面的译词更能涵盖更广的意义，我们可以借助道的“无”与“有”的关系加以分析。老子讲“天下万物生于有，有生于无”（《道德经》），“有”从“无”中产生的过程，是否只是单纯的时间接续的关系。从智性思考的方面来看，如果我们分析事物的存在（有），我们看到的首先是存在着存在（有），然后才能有这些我们对其分析的各种事物。道是“无”，是万物得以真实成真的最原始的存在。按照老子所讲，道确实产生了世间万物，在现实世界里也总是无法避免先后的问题。无论如何，在“有”之前，必须有“无”，必须有“无”才能保证“有”的产生。而在本体论层面上，“有”从“无”中产生，与时间、现实无关。在时间中、在现实的物理的现象世界里，没有“有”，只有“有的万事万物”，“无”与“有”在逻辑上具有共生性，而不是历史时间的相生关系。因此，译本在语言形式的处理上使用不同具体译词以解决此处的矛盾，表示“道”和万物的关系，加强人们对于万物自身的重视，重视万物的自生自长和各自遵循的准则，具有一定的合理性。

另一方面，老子讲“道常无名”（《道德经》），以“无名”喻道，表示道永远是无名而质朴的，虽然幽微而不可见，但推动了万事万物的运转，这表现出道具有超越言象的基始性。这难以言说的道我们还是希望对其有所表达，于是只好勉强给它某种代号，于代号而言是“道”。不可言说的道和语言代号的道之间就存在“无”和“有”两个道，一是由老子命名的无名的道，是从本体论和认识论层面都不可加以区分的超绝言象的道；二是人所能构思表达出来的道，“能道”，有了言说的道，意味着有个别具体的产生，言说的道必然是超绝言象之道的替代品，而且是多样性的替代品。无名的道近似于“终极实相”，不是作为真实客体而存在的，因为他不能被说成具体存在或是不存在，因此也不仅仅停留在宇宙论层面，既然不是宇宙论的，就是属人的，就有人的感知和意味的介入，即存在着语言表达上不可避免的多样性和诗性。现实的道同样也不是具体的某一条原则或是某一类别，而是宇宙万物运行的自然轨迹。无名的道和现实的道只是以两种途径说一件相同的事。

以不言的方式进入无名的道，使得道自己展示自己，二者融会贯通揭示道的真正奥秘。那么在翻译上，以某一具体的译词去表示道能否与之契合还需要进一步的思考。道拒绝理性分析不意味着其不能进行理性分析，而是理性分析不能获得终极认识，但是运用概念优势是不可避免的。知识在体验和修行中，不在言筌中，无言筌也失去了接近道的可能，因此翻译的目标就是寻求一种契合，而且这种契合是历史的、时间性的、暂时的、多样的。

我们还可以从“道生一，一生二，二生三，三生万物”(《道德经》)中，体会道同现实世界的万事万物的关系。冯友兰认为，“一”是指统一的存在或是如庄子所讲的“天地为一”的“大合一”；“二”即是天和地；“三”即是阴阳和阴阳相互作用所产生的各种物质。还有学者认为此处所言乃是对于《易经》“易有太极，是生两仪，两仪生四象，四象生八卦”的注释，即是说在变化的体系中，有太极作为原始的终极本原，他产生“两仪”阴阳，阴阳产生春夏秋冬四种现象世界，这四种形式产生了“八卦”，乾、坎、坤、离、巽、艮、震、兑这八种象征元素，最后化生万物以至于无穷。而与《易经》不同的是，中国的道并不预设一个永恒不变的本体的存在。老子所说“飘风不终朝，骤雨不终日”(《道德经》)，举“天地”以概括经验世界之万有总体，万有不存在不变，唯有不属于经验世界者，超脱言象世界者可久可常。此即万物所遵循之规律，老子命之曰“道”。规律本身非经验事象之一，以超乎“天地”之语来反映现实世界的迁流变化。然而仅仅认识到没有什么是永恒的还不够，在万物不断变化超越发展的过程中，还存在着普遍变化的东西，在此过程中，万物总有其对立面，构成一对辩证的对立关系。自然界万物变化生长的永恒原则推动着万物运转的终极意义的实现，即回归自己真正的本原。只有这样，才能实现并遵循真正的“道”。因为这意味着的是对本性的真实回归，没有任何扭曲、偏转，所以“三生万物”的“生”也不是某一个个体有意的创造，而是遵循万物各自本性的结果。

傅伟勋先生借助语言诠释学提供了另一解释维度。第一，“道”在实际的实践过程中，作为起源被理解为是万物存在的真正的自然原因，如 James Legge 翻译为 produced，Arthur Waley 翻译为 gave birth，是认可道的本源性和生成性的。此处涉及一个小问题，万物自发地按照自己的道作为其自身的原则，道又拥有无所不在之特性，所以“道”产生“一”“二”和“三”乃至世间万物或许无所谓过去时态。第二，老子的道乃是永恒形式的本体论解释，“一”“二”“三”作为表示本体论的符号，指出一个形而上学的一个真理，即非分化的东西是分化的东西在现实的物理世界的依赖。不可理解、不可言传的道总是高于可理解可言传的道。因此所有的道的译文都是假言，具有暂时性、多样性。所有的译文都是概念的道的分化，这本身也是道的属性。这种分化是体验的获得、感知和认识的获得，正因为道是最高存在，才始终没有终极获得。道的整体性决定了理解它衍生的个别性的结果是无限的。从形而上学的角度看，“道法自然”的“自然”乃是本体论上的非分化；从形而下学的角度看，“自然”便是本体论的“道”之于现实的物理世界的显现。在这永恒的形式下，非分化的本体论先于现象世界的分化，然而这也并不意味着最初有一种叫作“道”的东西，被不断地细分再细分。

老子的“道”作为“浑然整体的象征”，是世间万事万物的最高存在，它综合地表现出人、自然和社会各个方面，也在现实世界的各个方面显示自身，老子的“道”的系统则始终有一个超越性的玄虚之道与现实相关照、相融合。简言之，一方面是超越的，另一方面又与大千世界、人文社会密切相关。老子的哲学系统讲的即是这样一个整体。

以上所引译文中的任何翻译词都具有一定的合理性，因为其蕴含着译者在不同的立场上对于道的独特理解。个体对不可描述的道的解释，通过个体之间的共同语言实现，但是由于个体又有个体的世界，所以对于同一个文本，对于道的不同的体验都具有相当的哲学启示性，即具有将汉语的“道”解放出来的功能，这亦是道本身的生成性的体现。同时，任何具体的翻译，都在一定程度上消除了道的动态生成性、创造性和原发性，这也揭示出翻译的局限性，同时翻译也鼓励我们对重诂道的进路有所探查。

“道”是超越二元论的存在，很难用理性分析加以掌握，东西方理解上的出发点存在着差异，引起了理解和翻译上的多种可能。无论是将道翻译为宇宙意识、道路或是“存在”等都仅仅是表达出了“道”的一个方面，都只是对“道”的部分内涵的描述。音译词 Tao 的出现和使用似乎在一定程度上解决了该问题。一方面使译文避免了千篇一律的翻译重复，将 Tao 远离主体指称，使其成为一个客体，以非特指表示道之超越主客二分，能够更加方便西方读者理解，以便思考其真实的内涵。另一方面音译 Tao 能否承担适应全文的功能也是值得怀疑的，因为直接将 Tao 作为音译导入全文，意味着将汉语的部分文字系统转入英文翻译中，而对于译者和读者来讲，无论如何精通一国语言，总是很难避免站在该系统之外去思考，因此对于音译我们不能抱有不切实际的期望，因为道的概念和围绕着道的蕴含不是单单依靠音译就能解决的，因此在这种意味上，只能说是一种空符号。

三、从翻译中引出的哲学的思考

《道德经》中最高的哲学范畴即是“道”，用以解释宇宙万物的本体和本原。主张“道法自然”和“无为而无不为”。《说文解字》中讲“所行道也”，道的本义是人们所走的路，后引申为规律或规范。《道德经》开篇第一句话“道可道，非常道”，即点明此处的“道”不是常言所指的道路。关于“道”的具体内涵，大致是有三种公认解释：一是指形而上的实存者，构成世界以及宇宙万物的本原，是一切存在的根源及发起者，如“道生一，一生二，二生三，三生万物”；再则是指宇宙万物存在、发展的背后所运行的规律的终极根据，如“道法自然”；三是人类社会的一种道德法则、行为标准，如“道生之，德畜之，物形之，势成之，是以万物莫不尊道而贵德”。

从这三种解释可以看出，老子所以为的、应当追求的“道”是一种看不见、摸不着的、虚幻的、不可言说，不可智思、玄之又玄的道。

与天相应的“道”叫作“天道”，与人相关的道叫作“人道”。在老子看来，“道”首先就是天地万物的最初本原，天地万物均由道所生，而这种生其实是不生之生。所谓不生之生，王弼解释为“不禁其性，不塞其源”，即万物自己生自己长。“飘风不终朝，骤雨不终日。孰为此者？天地。天地尚不能久，而况于人乎？”（《道德经》）老子列举“天地”以概括经验世界的万有，万物万象皆变逝无常，唯道超万物而为常。风雨天地等都不是恒常不变的，经验世界里的内容没有“能常且久者”，“能常且久者”唯有“道”。在概念比喻上，道可以是现象世界所追寻的规律，但同时“道”又不仅仅是经验规律，其本身并不是经验现象，而是一种超乎天地的、先于天地而存在的存在。所以老子讲：“有物混成，先天地生，寂兮寥兮，独立而不改，周行而不殆，可以为天下母，吾不知其名。字之曰道，强为之名曰大。大曰逝，逝曰远，远曰反。”（《道德经》）道内在于万事万物之中，但却是独立不改、周行不殆，覆盖于万物而无终止的。任何事物和每个事物都是由道而生，在现象世界里永远有万物，所以道永远不去，道的名也永远不去，永远不去的名就是常名，但这样的名又不是根本意义上的名。所以总体而言，“道”的概念，是一个形式化的空概念，不是某一具体，他在哲学上是“无名”，是语言上的术语，它从隐喻而来，不是物，不占有空间同时也不占有时间。但是在概念上，道没有解释“万物之所从生者”的过程是否占有时间，能够说的只有一点：“道”是万物之所从生者，它必然不是万物中之一物。因为它若是万物中之一物，它就不能同时是万物之所从生者。每类物都有一名，“道”不属于任何一物，是具有本原性而非经验的实体，是概念的实体。但是作为符号，它必须通过经验符号建立其所指，起点是已知的符号，所有的符号理解都是从已知走向未知。道的翻译也是以已知符号为基础来认识、理解和翻译。

另一方面，目前我们仍然缺乏关于大量单词、短语和句子的真实性的确凿证据。文本评论家之间对于最早的《道德经》版本的问题仍然存有争议。对文本证据的研究需要一种哲学性的指导，即“哲学意义的研究”，即使《道德经》的原著是可以恢复的，但这也并不意味着我们可以完美地揭示老子的“道”的秘密。正如海德格尔所说，每一个翻译都已经是一种解释。每一次翻译都是与作品的对话、与名言的对话。如果每一次对话都顽固地将自已局限于直接陈述，那么这种翻译也是一种徒劳，既然译词的多样性不可避免，不妨放弃凝聚型的翻译，接受翻译的离散化。

总结

从《道德经》文本结构上看，道的内涵十分丰富且都蕴含有极深刻的哲学思想，无论是中文还是外语都很难完整地诠释其内容，尤其是对于一些极度富有哲学意义的词，在语言世界里很难找到与之一一对应的解释。

从“道”的字义上看，在古代汉语中和现代汉语里都是一个常用的多义词，“道”是道家思想的唯一主旨。语言和文化的两方面的因素使得道在翻译成外语的过程中没有固定搭配，存在多重单词对应，在将道翻译成外语中的相关概念时，也不可能完全达意。

由于《道德经》的中文注疏就有很多，古汉语与现代汉语之间又存在一定的差异。翻译者在忠于原著，不违背原文要领的同时还会再加入自己的理解和思考，另外再加之表达方式的不同自然而然就会产生不同的翻译版本。各个翻译版本由于时代、背景、译者阶层的不同，对于“道”的解释亦是各有特色，这种多样性的翻译启发了哲学的思考。

《道德经》现代应用价值研究

《道德经》教学中课程思政的实践与思考

包文静　谢清果*

内容提要：《道德经》是中华文化的重要元典，其中蕴涵着古代先贤丰富的智慧结晶。"课程思政"作为高校教育改革的重要力量，推动其与专业课程资源有机融合，寓思想政治教育于中华优秀传统文化之中，有助于在构建全员全程全方位育人大格局基础上，弘扬青年一代的文化自信。

关键词：《道德经》　课程思政　立德树人　教学实践　中华文化

习近平总书记在全国高校思想政治工作会议中强调："高校思想政治工作关系高校培养什么样的人、如何培养人以及为谁培养人这个根本问题。要坚持把立德树人作为中心环节，把思想政治工作贯穿教育教学全过程，实现全程育人、全方位育人，努力开创我国高等教育事业发展新局面。"① 为深入贯彻落实习近平总书记关于教育的重要论述与精神，将思政教育贯穿人才培养体系，教育部印发《高等学校课程思政建设指导纲要》以全面推进高校课程思政建设，发挥好每门课程的育人作用。

培养什么人、怎样培养人、为谁培养人是教育的根本问题，立德树人成效是检验高校一切工作的根本标准。落实立德树人根本任务，必须将价值塑造、知识传授和能力培养三者融为一体、不可割裂。全面推进课程思政建设，就是要寓价值观引导于知识传授和能力培养之中，帮助学生塑造正确的世界观、人生观、价值观，这是人才培养的应有之义，更是必备内容。② 党的十九大以来，习近平总书记多次指出，"当今世界正经历百年未有之大变局"。身处时代变革的浪潮之中，新时代的中国青

* 包文静，厦门大学新闻传播学院博士研究生；谢清果，厦门大学新闻传播学院教授，博士生导师，华夏老学研究会副会长兼秘书长。

① 习近平：《把思想政治工作贯穿教育教学全过程》，http://edu.people.com.cn/n1/2016/1208/c1053-28935842.html，2016 年 12 月 8 日。

② 教育部关于印发《高等学校课程思政建设指导纲要》的通知，教高〔2020〕3 号，2020 年 5 月 28 日。

年有责任、有义务从自身做起，自觉为实现中华民族伟大复兴的奋斗目标而贡献出自己的力量。

一、新时代《道德经》教学凸显出其深厚的课程思政价值

为深入推进美育与通识教育改革，培育德智体美劳全面发展的时代新人，厦门大学着力推进美育与通识教育课程建设，完善体制机制。其中通识教育课程旨在通过普及高等知识、训练通用技能、开拓综合素质三个方面，培养和提升学生的知识、能力、素养。由厦门大学新闻传播学院谢清果教授讲授的以《道德经》为课名的课程，致力于以中国道家文化与哲学，帮助学生全面系统地理解老子的智慧，促进学生学以致用，提升国学水平。引导学生以自强不息的姿态，追寻止于至善的境界。《道德经》成书于人类精神与思想繁荣发展的“轴心时代”，是了解中国道家哲学的经典著作。中华文明何以五千年不断流？细细考究，这其中不仅仅是主流的儒家思想在发挥作用。儒家注重经世致用，道家注重对个体生命自由的提倡。历史的脉络已经向我们揭示了中华文明内用黄老，外示儒术的一贯主张。儒与道正如阴与阳的协奏，共同带来了中国社会的稳定与进步，共同推进了中华文明的有序发展。“道”作为老子哲学系统的核心观念，它无形无名，视之不可见，听之不可闻，搏之不可得。大道至简，今天的我们应超越历史时空的局限来看待“道”的学说，“道”既是遥远的，又是在当下的。《道德经》作为中华优秀传统文化的核心组成部分，理应将其中所蕴含的价值理念与当代大学生课程思政有机结合，并融入教学实践当中去，成为提升学生素质教育与道德素养的重要力量。我作为助教参与了课程建设的全过程，深切体会该门课程的主讲人老师精心设计和推动了《道德经》课程的讲授，现将有关经验与大家分享。

二、道隐无名：自然且深入地推进课程思政与通识课程融合

课程思政，即将思想政治教育元素，包括思想政治教育的理论知识、价值理念以及精神追求等融入各门课程中去，潜移默化地对学生的思想意识、行为举止产生影响。[①]“课程思政”其实质不是增开一门课，也不是增设一项活动，而是将高校思想政治教育融入课程教学和改革的各环节、各方面，实现立德树人润物无声。[②]思想

① 王学俭，石岩：《新时代课程思政的内涵、特点、难点及应对策略》，《新疆师范大学学报》（哲学社会科学版）2020年第2期。

② 高德毅，宗爱东：《从思政课程到课程思政：从战略高度构建高校思想政治教育课程体系》，《中国高等教育》2017年第1期。

政治教育方面体现为包含马克思主义科学理论、习近平新时代中国特色社会主义思想等理论知识；价值理念方面体现在社会主义核心价值观、“四个意识”“四个自信”和“两个维护”等人生观、价值观；精神追求则体现在以传统中华文化为根基，培养学生见贤思齐、明辨是非及正确处理事物关系的态度。那么，当代大学的课程思政应该怎样与《道德经》课程的学习相融合？这里仅以课堂教学中几个案例为线索，朴实呈现课程思政的开展情况。

（一）以百姓心为心：落实立德树人根本任务

国无德不兴，人无德不立。全面推进课程思政建设，其首要与关键任务在于加强教师课程思政能力建设。只有在广大教师进一步强化育人意识，找准育人角度，提升育人能力的基础之上，才能确保课程思政建设见行见效，使各类课程与思政课程形成协同效应。第四十九章云：“圣人常无心，以百姓心为心。”“以百姓心为心”一句曾被习近平总书记在阐释中国治国理政方针中多次引用，如何从教育视角对“以百姓心为心”进行解读与实践？若将其置于教师视角之下，则可以理解为以学生为本位，围绕学生、关照学生、服务学生，充分了解并遵循学生成长规律与学习需求，才能激发学生积极学习的内在动机。

“圣人常无心”，无心者，无私心也。老子所说的圣人是否真的没有私欲？有了私欲的圣人是否还能称之为“圣”？《道德经》第七章言：“天地所以能长且久者，以其不自生，故能长生，是以圣人后其身而身先，外其身而身存，以其无私，故能成其私。”所谓“圣人”，实际是后世赋予先贤的一种经过美化后的称谓，与其说圣人是实存的，倒不如将其视为一种并不存在的参照“虚像”，他是中国人通过不断修身克己来追求的一种理想人格榜样。圣人的“私心”如同范仲淹所说的“先天下之忧而忧，后天下之乐而乐”（《岳阳楼记》），是将百姓的诉求放在高于个人私欲之上，因而能够受到尊崇与爱戴。从掌握知识多寡和理解深度的层面来看，教师角色如同老子所说的“圣人”或“上士”（第四十一章），而学生如同正在不断学习进步而逐渐趋近于“道”的“中士”“下士”。教师无论是作为“圣人”或“上士”，都需要依“道”而行，不对他人施加知识压迫，而应效仿“以百姓心为心”的平等理念，秉持“以人为本”的教育方式，将自身完全融入受教育者的内在心理状态与学习情境之中。在第三十七章中，老子认为“道常无为”所带来的结果是“万物将自化”。作为传者的教师只有在全面充分地为学生考虑，才能在践行立德树人的教育任务中帮助学生由“他化”实现“自化”。谢老师的讲课充满激情，洋溢着自信，深深地以身作则地讲述着《道德经》的智慧，感染着同学们学习《道德经》的热情，并结合当代价值思考自己的人生。

（二）执古之道：厚植文化自信基础

《道德经》所蕴含的思想是中华优秀传统文化的重要组成部分，如何将《道德经》与实际生活相结合，学以致用？谢清果教授在课程设计中采用每章讲授和专题讲授相结合的方式，同时结合中国大学 MOOC 线上同名精品课程，旨在引导学生灵活将知识提炼成智慧，自如运用于日常生活之中。

1. 知古始：探索中华文化本源

结合习近平总书记祝贺仰韶文化发现和中国现代考古学诞生 100 周年的致信①，谢教授在课程中以“古”这一字眼为切入点，带领同学们一起探究贺信中所蕴含的主要精神。“古”即为历史之意。中华文明何来？中华文明何往？中华文明具有怎样的独特气质？谢教授引导同学们，考古工作的重要性就在于它能够从源头上解释这些对中华文化具有重大意义的问题。仰韶文化的发现为中华文明是原生文明提供了重要证据，为增强民族自信心、树立文化自信提供了坚实的基础。

第十四章有言：“执古之道，以御今之有。能知古始，是谓道纪。”“执”表示理解与掌握；“御”则指统御、运用；“古始”则指历史进程。老子立足于先贤的思想之上，认为要在充分理解并掌握古代先贤的治国安邦思想基础之上，才能够更好地将其优秀的思想理念运用于对现世的治理当中。以历史的得失作为鉴戒来治理国家，也正是历史留给后人的宝贵资源。老子对待历史的姿态为今天的我们提供了一个把握中华文化本源的视角。回顾历史是为了掌握未来，只有把握历史的脉络，才能够在当代更好地学习和传承中华文化，向世界阐释中华文化的内在精神之源。谢教授引导同学们在学习过程中，要在通读的基础上逐步细读，从而准确把握老子智慧与中华文化缔造进程中的内在关系，为树立文化自信观念、弘扬中华优秀传统文化贡献自己的一分力量。

2. 惟道是从：老子思想与雷锋精神的共通

雷锋精神是自新中国成立以来鼓舞中国人民的崇高品质，其中凝练着以爱国主义为核心的伟大民族精神。在第二个一百年奋斗目标到来之际，我们更加需要发扬雷锋精神，为建成富强民主文明和谐美丽的社会主义现代化强国贡献自己的力量。谢清果教授通过专题讲授的课程设计，以雷锋精神与老子思想进行了古今对话。老师指出，雷锋精神具有与时俱进的品质，应该保持其实质与内核不变的情况下，使其内容和形式体现时代性、把握规律性、富于创造性、具有实效性。课程以雷锋精神与老子思想的对话即是一种传播中华文明精神的重要努力。

---

① 《习近平致信祝贺仰韶文化发现和中国现代考古学诞生 100 周年》，http://www.gov.cn/xinwen/2021-10/17/content_5643145.htm，2021 年 10 月 17 日。

雷锋所表现出的先进思想和道德观念在价值取向趋于多元化的今天，并未过时。这是因为其精神与中华民族的传统美德与民族精神始终相联系。如何让中华文化中的优秀精神扎根当下，使其内涵在新的历史条件下不断得到丰富和升华？第三十五章云："执大象，天下往。往而不害，安平太。乐与饵，过客止。道之出口，淡乎其无味，视之不足见，听之不足闻，用之不足既。""执大象"即遵循"道"。那么我们为什么要以"道"为信仰、循"道"而行？在老子的哲学体系中，"道"不但用之不竭，而且拥有巨大的向心力。人处于世间应遵循合"道"的社会规范，人的自觉性也正体现在懂得运用"道"来指导自己的生活。"雷锋精神"体现在教育中就是一种"向上"的态度，它不仅是对传者（教师）不断完善专业素养与师德建设的启示，也是对受者（学生）"闻道勤行"（第四十一章）学习习惯的要求。我们为什么崇敬雷锋？是因为他知行合一，身体力行地践行心中的信仰，正如老子对"道"的践行。这种始终把爱国主义精神、集体精神装在心中，不因个人力量的微小而弃"道"而行的品质，也不断激励着一代又一代的中华儿女。雷锋的品格也因此在时代的发展之中，能够不断获得更广泛、更深沉的力量，正如老子所言的"执大象，天下往"。

雷锋精神对青年学子的启示就是要从我做起，从身边做起，从小事做起，进而扩展到为构建人类命运共同体服务。其内涵在新时代的发展同时需要青年一代学习雷锋那样无私奉献的精神。"圣人后其身而身先，外其身而身存"（第七章），中华民族素有尊圣敬贤的榜样观，中国人所广泛推崇的圣贤榜样也正如老子所言，具备无私奉献、先人后己的崇高德行。华夏文明这一心怀天下的核心内涵就在一代代先人的传承中，不断得以延续发展。榜样的示范作用正要求青年一代在今天始终坚持国家利益至上、人民利益为先，秉持着吃苦在前，享乐在后的思想，不计得失，甘于奉献，以勤勉的学习态度，才能不负韶华，真正成为有责任、有担当的新时代青年。

3. 处下不争：中国国家治理与国际交往中的和谐取向

第八十一章有言："天之道，利而不害；圣人之道，为而不争。"老子所说的利而不害、为而不争正是当代中国在国际社会交往中一贯遵循的原则。为引导学生深入理解中国国家治理与国际交往观，谢教授结合时政，以习近平主席在中华人民共和国恢复联合国合法席位 50 周年纪念会议上的讲话与同学们展开交流讨论。讲话中始终贯穿着中华民族以和为贵的德性交往观。第五十四章云："修之于身，其德乃真；修之于家，其德乃余；修之于乡，其德乃长；修之于邦，其德乃丰；修之于天下，其德乃普。"以民为本的思想促使中国在解决国内民生问题上不断取得重大进展；在处理好国内人民生活水平的基础之上推己及人，中国在新时代继续阐扬中国自古以来"天下大同"的世界观，以包容的、和平的发展的理念在过去的 50 年间践行多边主义，为国际社会交往提供了一份"互惠共赢"的可行范本。

从国家安全的视角切入，中国多年来与世界各国人民合作，为世界和平与发展所做的努力则印证了老子所言的“以道佐人主者，不以兵强天下”（第三十章），中国所倡导的安全观是一种在依法治国的国内方针基础之上，追求全世界“共同安全”的观念，如同老子文本中一以贯之的反战思想，以“知其雄，守其雌”（第二十八章）的“和合”观念来共同治理国际社会才是切实可行的方案。正如讲话中所说：“中国人民致力于推动共同发展，从坦赞铁路到一带一路，向发展中国家提供力所能及的帮助，不断以中国发展为世界提供新机遇。”①

中国所遵循的合作共赢理念是中国情怀的一种体现，这种情怀在中华文化的历史脉络中被不断传承。霸权主义和强权政治作为“兵”的现代化表达，是不符合历史潮流的。当今中国作为国际社会中举足轻重的大国，始终秉持着“大邦者下流”（第六十一章）的国际交往观，积极推动世界各国共同和平发展，陈鼓应先生对于此句认为：“人类能否和平相处，系因于大国的态度。”② 第六十六章所述的“不争”理念同样是“惟道是从”原则的体现。“不争”就是“处下”，就国际关系层面而言，中国构建人类命运共同体的观念正体现出了中国的气度，这在我们的历史文本当中可以找到许多印证。从修之于身到于家、乡、邦最后再到天下，这种对于德性的修养已然内化于中国教育的策略之中，进而促成其内化于学生的品格之中。在这一观念下接受教育的新时代青年，同样促成了其对于世界和谐秩序的追求。中国古代先贤素有“行胜于言”的传播取向，用行动来阐明中国的共生交往观念，这也是站在新时代的起点，我们回顾历史、展望未来的意义所在。

三、授人以渔：引导学生树立坚定正确的人生方向

《礼记·学记》有言：“是故学然后知不足，教然后知困。知不足，然后能自反也，知困，然后能自强也。故曰：教学相长也。教师作为知识的传播者，有责任和义务帮助、引导学生学以致用，将知识提炼成智慧。教师也能够通过将课程思政融入课程当中这一举动与学生形成良性互动，重新在新时代语境下从《道德经》文本中发掘出历史文本的新内涵，进一步提高自身专业素养。这一实践应遵循历史脉络，秉持着客观辩证的原则。“师者，所以传道授业解惑也。”（韩愈《师说》）教师的教学内容以传授知识为中心，然而教育改革背景下，“传”已经并不仅局限于纯粹的知识传授，而应向传“道”的更高要求落实对学生价值观与精神追求的引领。授课老师

① 《习近平在中华人民共和国恢复联合国合法席位 50 周年纪念会议上的讲话》，http://www.gov.cn/xinwen/2021-10/25/content_5644755.htm，2021 年 10 月 25 日。

② 陈鼓应：《老子今注今译》，北京：中华书局，2021 年，第 276 页。

十分注重引导学生培养自己的思维方式，以宽广的胸襟来知道，明道，行道，悟道，证道，做中华优秀传统文化的践行者。以“自强者强”“强行者有志”作为人生格言，并在“惟道是从”中，开创自己精彩的人生之路。

（一）为学日益，为道日损：辩证领悟知识与智慧的关系

中国哲学素有辩证的传统，如老子所说的“冲气以为和”（第四十二章），万事万物都是在阴阳和合的调适之中、在对立与统一的调适之中，生长化灭。学好《道德经》的方法就在于领悟“为学日益，为道日损”（第四十八章）的辩证思想。“为学日益”就要求学生在专业知识的学习中，注重知识的积累；“为道日损”则表示智慧是注重提炼的，即“损”的方法，减损琐碎的，留下精华，则为智慧。是谓吹尽黄沙始到金，无论是教师抑或学生都不能仅仅停留在知识的层面，而是要在不断汲取知识的过程中不断反思、否定和超越，才能最终获得启迪，通过“学道”不懈努力的过程而最终“悟道”，以达到“无为而无不为”之境。可见知识与智慧，为学与为道，两者并行不悖。

“无为”与“辩证”的思想是《道德经》的核心观念，何为“无为”？何为“辩证”？我们应该如何在当今社会中把握并运用这两个概念？“无为”即可理解为一种“损”的过程，指在日常言谈举止与社会实践当中不断磨合来认识和接近真理的过程，进而使自身更加接近事物的本质，把握事物的客观规律。用孔子的话说，“无为”就是“随心所欲不逾矩”。如此看来，无为便是一种无不为，老子称之为“为无为”，通过积极合理地“为”达到“无为”，或者以“无为”为最高境界来指导当下的“为”。中国作为社会主义国家，是秉承了中华先人的天下大同思想，当下追求“共同富裕”，并通过乡村振兴等一系列举措来缩小城乡的差距，便是“天之道，损有余而补不足”（第七十七章）思想在制度上的体现。进而，道家的“玄同”思想与儒家的大同思想一定程度上是为马克思主义在中国的传播提供了接受的文化土壤。因为我们的先贤始终以天下一家为终极追求，是一种素朴的共产主义思想，这样思想在当代通过创造性转化与创新性发展，成为“人类命运共同体”的思想源泉，这也是为什么习近平总书记在2021年的“七一讲话”中指出“坚持把马克思主义基本原理同中国具体实际相结合、同中华优秀传统文化相结合”[①]的根本原因所在。道家思想在华夏文明千百年的发展中被不断传承，内化为中华民族重要的文化基因，其也正是在此基础上彰显了《道德经》对于中华传统文化传播之重要性，也是青年学生需要学习老子思想的根本原因与价值所在。

① 习近平：《在庆祝中国共产党成立100周年大会上的讲话》，http://www.xinhuanet.com/politics/leaders/2021-07/01/c_1127615334.htm，2021年7月1日。

（二）自知者明：借助课程思政力量完善学生价值理念

思想政治教育是一种培养学生信念、塑造优秀品格的教育实践。教师应“深入挖掘各类课程的思想政治教育资源，在传授专业知识过程中加强思想政治教育，使学生在学习科学文化知识过程中，自觉加强思想道德修养，提高政治觉悟”[①]。第三十三章云：“知人者智，自知者明。胜人者有力，自胜者强。知足者富，强行者有志。”如果说“知”还只是知识层面的认识结果，那么“明”则是知而后行而得到确证的“知”。[②]“明”是明白通达之意，指能够以系统全面的视角、用辩证的方法看待事物，需要教师与学生共同运用知识与智慧，由表及里、去粗取精、去伪存真地对自我和真理进行探索。而“胜”则应作“超脱、超越”解。即当我们在现实世界中面临诸多诱惑时，不应沉迷其中，而是应以理性精神不断提高自身修养，在不断的自我审视中达到精神世界的“富”。

如何才能使课程思政与专业知识的传授同向同行，将思政教育落实到教学实践中去？中国古人在知识传授的过程中，讲求“接受主体性”的传播接受观。主张从外在的路径转向内在的路径，从“他（她）”的视角转向“我”的视角，从受众转向受者乃至“受体”。[③]作为受者的学生，应以“勤”作为指导学习活动的根本原则。“上士闻道，勤而行之”（第四十一章）。除了将“勤”字理解为勤奋努力地践行“道”，还可以从“上士”的视角切入。上士由“闻道”到“得道”的过程，“勤”是作为一种推动力量，帮助人们将“道”不断内化为自我修养，并在这一过程中成为一种日常生活的自然常态。而这种自然化的常态正需要我们从“自知”“自胜”的角度出发，充分发挥学生个体的主观能动性，以“知足者富，强行者有志”的态度，努力发展自我，成为有理想、有信念、有奋斗目标的时代新青年，才能在中华民族伟大复兴的道路上不断谱写新篇章。

（三）知常曰明：溯源华夏文明本质，引领学生精神追求

第三十三章言：“死而不亡者寿。”在帛书甲、乙本中，“死而不亡”均作“死而不忘”，“亡”有消逝、死亡之意，而“忘”则是忘记、忘怀。从文本的历史语境出发，“死而不亡”其实是指人在生前所做的事情对社会产生了影响，并以“道”的形式存在下去。老子认为，对“寿”的追求不应仅停留在追求生命长度的层面，更应追求生命的厚度，这也正体现了中华民族对可持续发展的时间偏向的追求。只有从

---

① 何红娟：《“思政课程”到“课程思政”发展的内在逻辑及建构策略》，《思想政治教育研究》，2017年第5期，第61页。

② 谢清果：《道德真经精义》，北京：宗教文化出版社，2015年，第74页。

③ 邵培仁：《华夏传播理论》，杭州：浙江大学出版社，2020年，第171页。

“道”的立场来把握“寿”的观念，才能够实现人生价值与意义的永存，这同时契合了老子的自然观。

第二十三章曰：“希言自然。故飘风不终朝，骤雨不终日。孰为此者？天地。天地尚不能久，而况于人乎？”老子说“飘风不终朝，骤雨不终日”，再大的狂风也刮不过一个早上，再大的暴雨也下不了一整天。天地兴风起雨尚且不能持久，“而况于人乎”？因此老子说“希言自然”。“希言”即不言、无言；“自然”即自身本原之样。万物均有其自身规律性，自然是不以人的意志为转移的客观存在。不同于西方将人与自然视为主客体二分对立的观念，中国自古以来便将自然看作一个能够自主运行、并在不断运动中生生不息的整体，形成了一种带有神秘色彩的朴素自然观，区别于西方之介入、改造并征服自然的观念。老子通过观察自然环境的运行，呼吁人们要遵从自然本身之规律，不能妄加人为的干涉，要秉持“辅万物之自然而不敢为”的态度，从自然之道中体悟“人之道”。《道德经》中从多种细微观念对“人之道”提出了独到见解，如“有无”“多少”“宠辱”等等。万变不离其宗，其本质均可理解为在“反”中循“道”。“反者道之动，弱者道之用”（第四十章）。在《道德经》文本中，“‘返’和‘复’，与‘周行’同义，都是循环的意思。”[①]这表明万事万物都在变化中，是道不断运转的结果。这种运动为我们引入了一个变量——“度”。那么“道”的度应该如何理解并指导教育实践？

从“度”这一视角来看，老子的宠辱观实则意指我们在经验世界中得到与失去的“度”。“宠为下，得之若惊，失之若惊，是谓宠辱若惊。”（第十三章）老子之所以提倡宠辱不惊，是因为明白物极必反、物盛必衰的道理。罗萨曾指出，生产速度的提升使现代世界产生了一种“丢弃结构”，物理消费已被道德消费替代。置于生命个体中，为其身份认同的模式与主体形式带来了深远的影响。个体处在弹性的、情境式的自我认同中，人生变得随波逐流，但这一切都是暂时的，而非恒常的。[②]现代社会物质与技术的快速发展使人的世界观、价值观产生了某种形式上的异化。然而得失与盛衰变化是世间常态，人们应明白“守中”的道理。“喜怒哀乐之未发，谓之中；发而皆中节，谓之和。”（《中庸》）“中庸观念，既是哲学本体论和方法论，也是道德价值观。”[③]“宠辱不惊”即为“守中”的一种表现形式，其不仅是一种抽象的思想观念，也是一种具体的实践方法。老子也说“多言数穷，不如守中”（第五章）。

---

① 陈鼓应：《老子今注今译》，北京：中华书局，2021 年，第 10 页。

② 哈特穆特·罗萨，《新异化的诞生：社会加速批判理论大纲》，郑作彧译，上海：上海人民出版社，2018 年，第 59—61 页。

③ 谢清果：《共生交往观的阐扬——作为传播观念的“中国”》[J]，《西北师大学报》（社会科学版）2019 年第 2 期。

"道"就是守中后所达到的一种恰到好处的状态。事物各以某种度在世间变化发展，无论在何种度之中，都由"道"来统摄。这就要求人们在事物渐进的变化中，及时体察可能引起祸端的细微可能性，以道的规律来修养自身之"德"，才能不因外部世界而患得患失，正所谓道体德用。也可以说，掌握了合适的"度"，人道就能够顺应天道，达到天人合一的理想境界。

结语

开展"课程思政"教育这一战略举措，担负着培养青年一代的重大责任，努力将显性教育和隐性教育相统一，对构建全方位育人格局、实现教育立德树人的根本任务有着重要意义。自古以来，中华民族就讲求天下一家的"大同"思想，憧憬和平稳定的美好世界。当代中国提出的以合作消弭对抗，以交流互鉴为基本原则与路径等中国交往战略正彰显了华夏文明以和为贵的思想观念。如果我们把"中国"作为一个符号概念理解，那么当今的中国更像是一种生活方式，体现的是一种极具包容性的和谐共处观念。在构建课程思政体系过程中，教师应与学生一道，"执古之道，以御今之有"（第十四章），不断从深厚的中华传统文化中汲取养分，在历史文明的积淀中寻找向世界阐明"文明中国"的理论基础，为"中国智慧"和"中国方案"做出贡献。厦门大学的《道德经》课程自然生动地将"课程思政"有机融合，水乳交融，既可以帮助学生陶冶情操，又为树立文化自信夯实了思想基础。正如习近平总书记在七一讲话中所言:"未来属于青年,希望寄予青年。"[①]当代大学生积极学《老》，用《老》，用新时代的丰富实践回应《道德经》圣典的古老而常青的生命智慧，让中华文明在世代传承中走向复兴。典籍如灯，我们都是传火者，都是追梦人！

① 习近平:《在庆祝中国共产党成立100周年大会上的讲话》，http://www.xinhuanet.com/politics/leaders/2021-07/01/c_1127615334.htm，2021年7月1日。

强者如何更强

——《道德经》柔道的启示

王　焱　钟启文*

内容摘要:《道德经》的言说对象，是君主王侯，是这个世间的强者。老子告诉强者如何走向更强，柔道是其重要法宝，即谦卑逊让、以退为进。与柔或柔弱相反的概念就是强或刚强，意味着锋芒毕露、好勇斗狠。老子认为：柔弱胜刚强，柔更具生命力。老子的理想人格是柔弱的强者，有雄强的实力，却抱守雌柔的态度，这正是水的品格，故"上善若水"。柔弱更像是示弱，而非软弱。柔弱是强者的德行，强者恰恰是通过示弱走向更强。

关键词:《道德经》　强者　柔弱　刚强

一、为强者而书

常有优秀的朋友跟笔者抱怨："我觉得自己挺优秀的，自我优越感挺强的，别人在我面前经常会感到压力，我也总感到有人嫉妒我，排挤我，打压我，让我不开心，我该怎么办？" 如果一个人感受到了作为强者的痛苦，笔者会建议他好好读读老子的《道德经》。

我们先来了解一下老子的身份。老子是周王室的史官，担任守藏史，掌管史册，相当于当时的国家图书馆馆长、档案馆馆长，其实就是君主王侯的顾问，是帝王之师。

因此，《道德经》的主要内容，在笔者看来，就是班固在《汉书·艺文志》里所说的是给人教授南面之术[①]。什么是"南面之术"，这跟中国古代的建筑有关。中国古代的宫殿是面南而建。我们知道，上好的风水是坐北朝南，宫殿正是这样建造的，

---

* 王焱，广东外语外贸大学中国语言文化学院教授，广东省国学学会会长；钟启文，广东外语外贸大学 2022 级文艺学研究生。

① 顾实:《汉书·艺文志讲疏》，北京：商务印书馆，2021 年。

所以君臣相见之时，君主南面而坐，臣子北面而立。老子教授南面之术就是告诉君主该如何治理国家。

所以《道德经》这本书的言说对象，是君主王侯，是这个世间的强者。这跟庄子的写作对象有着很大的区别。我们常常“老庄”并称，老庄虽然同为道家，本质上的思想有很大的共通性，但也有很大的差别。《道德经》这本书是为强者而作，而《庄子》这本书是为弱者而作。在春秋战国时期，几乎所有的思想家都是面对强者去说话，告诉君主王侯如何拿到一手好牌；而唯独庄子转过身去面向那些芸芸众生——被侮辱与被伤害的弱者，去告诉他们如何安顿好自己，如何打好一手烂牌，如何在乱世中实现自我身心的安顿和救赎。

《道德经》在向强者传授智慧——如何让强者能够走向更强？在这里，我们要对“强者”这个概念有个宽泛的认识，一个与时俱进的认识。强者其实就是一种优势。以某些人作为参照，你是强者；但以另外一些人作参照，你又是弱者。省队的运动员跟市队的运动员相比，他可能是强者，但是他到了国家队，可能又变成了弱者。所以在不同的参照系里，这种强弱的身份是发生变化的，我们每一个人既是强者，又是弱者。所以在中国古代，你也可以看到很多强者，甚至是帝王将相也喜欢庄子，因为一个人不可能每个时候都强，不可能在任何人面前都强。当一个人遭遇重大挫折的时候，当一个人遇到更强大对手的时候，当一个人生命轨迹下行的时候，他都会成为弱者。

二、柔道的内涵

如何让强者走向更强，老子有个非常重要的思想，笔者把它称之为“柔”道。《吕氏春秋》里讲：老聃贵柔[①]。老子是个柔道高手，柔在《道德经》里面时候述为柔弱。柔弱是老子所追求的一种很完善的君子人格境界，柔弱并不代表实力的弱小，而是态度的柔软。笔者把这种柔或者柔弱的态度概括成八个字：谦卑逊让，以退为进。

谦卑逊让，用我们今天的话来说，就是低调。是有起高调的实力，却压低调门，这叫低调。《道德经》这本书是为强者而作，强者当然有起高调的能力，但老子告诫强者不要起高调，要低调。为什么要低调？因为高调容易跑调，还容易被干掉。人常言：木秀于林，风必摧之。人的心中，好像有把剪刀，看到比自己高的人，恨不得一剪子剪下去。嫉妒是所有人人性共同的弱点。基督教七宗原罪中的一种就是嫉妒。

---

① 《吕氏春秋译注》（修订本），张双棣等注译，北京：北京大学出版社，2011 年。

美国心理学家杜威说:“人类天性中最深切的冲动,就是‘显要感’。”[1]英文中有一个单词叫“outstanding”,意思是杰出,按照字面的意思,outstanding,就是因显要引人注目。人常言:人往高处走,水往低处流。每个人都希望自己能够出人头地,这是人的天性。明白了人的这个天性后,我们就明白了让他人喜欢自己的心理策略,就是满足他人强烈渴望的显要感。满足别人的显要感,别人就会喜欢你。一般的人是要追求满足自己的显要感,但如果你是个智者,你想让自己更强,你就要满足别人的显要感。而高调意味着侵犯他人的显要感,会对他人的天性构成压抑,所以会招致怨妒。

出人头地、获得显要感,这是人的本性;而在老子看来,一个真正智慧的人,是懂得收敛自己追求显要感的本能欲望的人,是懂得逆着人性去处世的人。逆着人性处世,总是困难的,但强者要变得更加强大,就需要克服人性的弱点,做本能的主人。

我们可以看到中国传统文化存在大量这种谦卑逊让的智慧。老子讲要“和其光,同其尘”[2],要“光而不耀”。你是强者,当然会自带光芒,但这种光芒是养眼的光芒,而不是耀眼的光芒。这种光芒是用来照亮别人的、温暖别人的,而不是刺激别人的、贬低别人的。庄子讲“葆光”,也是这个道理。

古人常说:谦谦君子,温润如玉。玉的光芒就是一种养眼却不耀眼的光芒。玉的光芒很温润,它是在吸引你的目光,把你的目光吸进去,而不是把你的目光反射出去。玉的光芒不同于西方的钻石的光芒。钻石的光芒,是亮得你睁不开眼睛的璀璨。钻石的工艺越精巧、切面越多,越璀璨,越耀眼,价格也越昂贵。

中国人还追求人淡如菊。中国代表人格的花木都是很清雅的,梅兰竹菊四君子有哪一个特别芬芳、特别浓艳?中国人眼中的君子人格就是清心淡雅的感觉。而西方人喜欢玫瑰,芬芳浓艳,而且还带刺。这就是东西方两种截然不同的文化人格。

还有中国古代的书法——藏锋,指的是落笔、出笔的时候要将笔锋收纳在笔迹之间,而不是外露在笔画的边缘。笔画起笔的时候是很有讲究的,横画是欲右先左,如果直接从左边写到右边,字很单薄。怎样写得有劲道?先往左边回一点,再往右边写。竖画也是同样的道理,欲下先上,先往上面回一点,再往下边写。点的笔法也是如此,首先逆起,最后回锋收笔。这样写出的字浑厚有力,力在内不外泄,含蓄又有力量。

再来看“柔”的第二层含义——以退为进。以退为进在我们日常生活当中有很

---

① 转引自戴尔·卡耐基:《人性的弱点》,华梅译,北京:九州出版社,2016年,第11页。

② 陈鼓应:《老子今注今译》(修订版),北京:商务印书馆,2003年,第277页,本文《道德经》引文均引自此书,限于篇幅,恕不一一注明。

多应用，比如我们蹲下身，是为了跳得更高；跳远的时候，先往后退，来一段助跑会让我们跳得更远；羽毛球如果要打出力量感，要把球打到对方的后场，就要打好高远球，高远球是一切上手击球动作的基础，它的技术要领是侧身和大臂后引，这种以退为进的动作所产生的力量，比直接往前扑球所产生的力量要大得多；古人的名字亦有以退为进的智慧。韩愈，字退之，愈有一层含义是胜过，要胜，先退；朱熹，字元晦，熹含义是光亮，懂得养晦，更加光明。

我们可以总结一下老子的"柔"或"柔弱"的内涵，即谦卑逊让、以退为进，与之相反的概念就是"强"或者"刚强"。"强"或者"刚强"在《道德经》里往往是个贬义词，意味着锋芒毕露、好勇斗狠、横冲直撞。

三、柔弱胜刚强

老子认为：柔弱胜刚强。老子的老师常枞教导老子的方式，就是《道德经》里讲的"不言之教"。常枞什么也不说，只把他的嘴巴张开，老子在年迈的老师的嘴巴里，看到了灵活的舌头和稀疏的牙齿，于是明白了一个道理：舌柔常存，齿坚易折，柔弱更具生命力。

《道德经》有一段话："人之生也柔弱，其死也坚强。草木之生也柔脆，其死也枯槁。故坚强者死之徒，柔弱者生之徒……强大处下，柔弱处上。"人活着的时候总是柔软的，死后则是僵尸一具。充满生机的草木可随风摇曳，死后则变得枯槁。狂风可以把大树连根拔起，但却吹不断柳丝。善于从自然宇宙当中总结规律的老子，领悟到了一个道理：刚强导致衰亡，柔弱才是生命的法则。

《道德经》中还讲道："飘风不终朝，骤雨不终日。"大风是刮不了一整天的，大雨也是下不了一整天的。太过刚强的东西，往往难以持续。反而是梅雨时节的绵绵细雨，能下得一个月看不见日头，有很强的生命力。

老子说："揣而锐之，不可长保。"揣锤击使之尖锐的东西，往往早夭。比如说文房四宝，笔的寿命是以月来计算的，几个月就要换笔；墨的寿命是以年来计算的，几年就要换墨；而砚的寿命是以一辈子计算的。明代的陈继儒从中领悟了一个深刻的道理：笔的寿命最短是因为笔最锐，砚的寿命最长，是因为砚最钝。[①] 老子想以此启发世人，强人锋芒毕露的结果是由强而弱。《道德经》讲到"强梁者不得其死"，意思是说暴戾强硬、好勇斗狠、骄横称霸的人最后不得善终。人常说：软的怕硬的，硬的怕横的，横的怕不要命的。仿佛这世间不要命的会君临天下，但若是不要命的碰到另一个不要命的，结局会怎样？一个人连命都不要，命还会要他吗？

---

① 《〈小窗幽记〉评注》，成敏译注，北京：中华书局，2016年。

老百姓常说：做强者多不得好死，做弱者多不得好活。前者如《红楼梦》里的王熙凤；后者如《红楼梦》里的香菱。做强者，容易找人嫉恨，容易树敌，容易墙倒众人推；做弱者，又容易被人欺负，被人当软柿子，随意拿捏。强也不是，弱也不是，那我们应该做什么样的人？答案是：柔弱的强者。

《道德经》言："知其雄，守其雌"，知道自己有很强的实力，但是要抱守雌柔的态度。这就是老子的理想人格——柔弱的强者。强者，意味着有更大的能力去维护自己的尊严和自由，但越是强者，越要柔弱。这也正是老子讲的"是以圣人被褐而怀玉"，得道圣人穿着粗衣，却内怀美玉，这就是老百姓常说的：高人不露相，露相非高人。俗话说得好：低头的稻穗，昂头的稗子。稻穗因为结了饱满的穗子，低着头；而稗子是一种恶性杂草，正是因为果实空空如也，反而昂着头。

《道德经》言："生而不有，为而不恃，长而不宰，是谓玄德。"创造但不占有，有所作为但不骄傲，领导但不主宰，这就是最深的德性。拥有玄德，就能成为最受欢迎的领导人。

强者通常有个认知的闭环：我很强所以我很正确，我很正确所以我很强。所以，强者总是有种出类拔萃的显要感和真理在握的优越感，从而产生征服他人的强大冲动：我掌握着话语权，你们都得听我的，你不听我的，我用强权压迫你听我的。而老子的"柔"，则意味着强者对自我占有欲与支配欲的节制，对他者显要感的尊重。

强者咄咄逼人的强势沟通方式简单、直接、粗暴，可能短时见效，但其实后患无穷。这在家庭教育当中，表现得尤为明显。孩子小的时候，孩子若不听话，家长发现吼他几句，他就听了，吼不管用的时候，打一顿就管用了。但当孩子进入青春期后，家长发现这一招不奏效了，孩子的自我意识越来越强，叛逆心很强，他会开始反抗甚至对抗。面对青春期的孩子，家长若还不懂得迷途知返，不懂得尊重孩子，不懂得示弱，不懂得以柔克刚，是很难跟青春期的孩子和谐相处的。

《道德经》讲"柔弱胜刚强"，这在中国传统文化中有诸多表现，太极就是如此。杀敌一千自损八百，没有必要，太极有一种更高效的解决问题的方法。太极不会跟对手进行硬碰硬的直接对抗，他不顶不抗不丢，举重若轻，看似绵绵无力，却能四两拨千斤。太极讲究后发先制，他一般不会先出招，会让对手先出招，然后抓住有利时机进行反击，掌握后发优势。古代兵器鞭亦是如此，收如锦鼠入洞，放如猛虎出笼，虽是纯柔之物，却有千斤之力。

水是老子心中最高德性的化身，也是柔的力量的代表。《道德经》讲："上善若水。水善利万物而不争，处众人之所恶，故几于道。"

水的第一个特点是：水往低处流，"处众人之所恶"。我们常说：人往高处走，水往低处流。人性是要追求显要感的，所以要往高处走；但水却独往低处流。有个成语叫海纳百川。大家想一想？为什么是百川归海，而不是海归百川？《道德经》给出了答案："江海之所以能为百谷王者，以其善下之，故能为百谷王。"海的位置最低，所以百川奔赴大海。老子说："处众人之所恶"，低处是一般人都不想待的地方，而得道之人愿意待。一般人都想追求显要感，要出人头地，而得道之人不与人争高下，有谦下之德。

水的第二个特点是"善利万物"。水是生命之源，滋润万物，运载生命能量。没有水，生命将不复存在。

水的第三个特点是它很强大。《道德经》言："天下莫柔弱于水，而攻坚强者莫之能胜。"水看起来很柔弱，但是他力量无穷。小则可以水滴石穿，大则可以穿山透地、摧枯拉朽、排山倒海。

水的品性跟道的品性很接近，水拥有强大的力量，给万物带来福祉，却处在一个最低的姿态，所以说"上善若水"。真正的强大，像水一样谦卑处下。水低成海，人低为王。

强其实就是一种优势，当一个人具备这种优势时，难免会把优势转化为一种优越感，这是人的本性。而老子认为，如果强者要做到更强的话，就必须对优越感进行节制，因为一个人的自我节制程度跟其智慧程度成正比。强者不必炫耀他的强，强本身对别人来说已经是种罪了，因为你强显得别人弱，你美显得别人丑，你聪明显得别人蠢，你有钱显得别人穷，如果你再恃强凌弱的话，那就是罪上加罪。这是不合，与人不合，与天也不会合。而柔弱则可以消弭这种罪，把别人的嫉妒转化为加持。

《道德经》这本书主要是写给强者看的，柔弱更像是示弱，而不是真正的软弱。柔弱是强者的德行。强者不等于逞强，示弱不等于弱者，强者恰恰是通过示弱走向更强。世间真正的高手是能胜而不一定要胜，有谦让他人的胸襟；能赢而不一定要赢，有善解人意的慈悲。聪明之人喜得患失，而智慧之人以失为得。这就是光而不耀的智慧。

《老子》“上善若水”中的道家管理智慧发微

孙柏林　曾雅琪*

内容提要:《老子》之“上善若水”即言“道如水”，这其中蕴涵着一种独特的“自下而上”的管理智慧，对于国家、社会、个人而言均具有重要指导价值和意义。在国家治理方面，应“政善治”，以百姓心为心，无为而治；当以“大国者下流”之包容处理国际关系，合作共赢。在社会管理方面，应“安平泰”，以与善仁、言善信，保障社会安定；当“自均与补不足”，促进社会公平。在个人梳理方面，应“心善渊”，虚怀、静寂、厚重，关照内在真实自我；当“柔弱胜刚强”，从容面对生活。正是效法“水”（道）之谦卑不争、柔弱处下、利物虚静、自然无为，个人将安居乐业、社会将和谐稳定、国家将长治久安。

关键词:《老子》　上善若水　管理智慧　无为　虚静

基金项目： 湖南省社科基金青年项目“湖湘文化视域下的老庄学文献整理及思想研究”（项目编号：19YBQ021）。

导 论

现代管理学发展至今已有百余年，该学科的本质在于探讨人性与效率之间的关系问题，其历史脉络中至少有三个节点值得特别关注。[①] 其一，1911年泰罗（Frederick W. Taylor，1856-1915）在标志着现代管理学诞生的《科学管理原理》一书

* 孙柏林（1985—），男，湖南岳阳人，昆明学院人文学院教师，湖南大学岳麓书院博士后，副研究员，研究方向：道家哲学。曾雅琪（1999—），女，江西赣州人，昆明学院文艺学硕士研究生。

① 参见罗海元、方振邦:《管理思想百年脉络》，《政府管理评论》2017年第1期；龙晓琼等:《管理人性观向文化观的转变——对XY理论、超Y理论与Z理论的比较分析》，《东华理工大学学报（社会科学版）》2012年第4期。另沙因（Edgar H. Schein）在《组织心理学》（1965）一书中把“人性假设”分为四种类型：经济人、社会人、自我实现人、复杂人。莫尔斯（John J. Morse）和洛希（Jay W. Lorsch）1970年提出《超Y理论》强调“胜任感”是对“复杂人”假设的进一步论证；有研究者认为“Z理论”大体是一种“文化人”和“自我实现人”色彩的“社会人”假设（参见葛新斌:《试析西方管理理论中“人性假设”的基本形态及其关系》，《华南师范大学学报·社会科学版》1999年第2期）。

中基于对人性的考量，主张采用强制性合作和标准化方法让工人按工作量来获得报酬，也即对工人（即“经济人”）进行标准化控制以提高工作效率；但与此同时管理者被排除在科学管理范畴之外。麦格雷戈（Douglas M. Mc Gregor，1906-1964) 提出的“X 理论”是对此的总结。其二，1933 年梅奥（George E. Mayo，1880-1949）在《工业文明的人类问题》提出“社会人”假设，认为对金钱的需要只是工人想要满足的需要的一部分，工人的大部分需要是情感慰藉、安全、和谐、归属 。管理就必须着眼于社会和人的技能，在正式群体的经济需要与非正式群体的社会需要之间达成平衡，而且应该关注人际关系，从而促进了人本主义管理学的转向，如马斯洛。其相应大体为“Y 理论”。其三，1954 年后现代管理理论大师德鲁克（Peter F. Drucker，1909-2005）在《管理的实践》中把人视为“文化人”，抛弃了传统人性的理性观，主张通过充分发挥人的主观能动性来提高组织效率，注重企业文化的发展。1981 年大内（William Ouchi）研究日本企业管理提出的“Z 理论”是对此的深化，该理论重视文化环境中的信任感、微妙性及亲密性（即伦理情感因素），其中揭示了一种从“人性论”到“文化观”研究的转变，即风格迥异的组织文化环境当是差异化人性以及参差化效率的真正根源。

当代中国管理学在借鉴西方的同时也试图构建中国式管理学——东方文化特色的管理模式，其在企业管理中的实践表征是讲面子、重关系，强调人情的价值；代表如成中英的“C 理论”（1995），曾仕强的“M 理论”（2005），两者都是儒家管理思想和文化的总结之作。[①] 而葛荣晋总结了中国传统文化中儒、法、兵、道四家“修己治人”的管理思想核心，并初步建立了以人性假设、理想人格、人生价值、管理模式和管理境界等五层次的中国管理学理论架构；其中将《老子》的“上善若水”与塑造管理者的“圣人”品格相结合，对企业管理者提出要求。[②] 专门论述《老子》之管理思想的成果如潘乃涎的《老子与现代管理》讨论了“处柔守弱”的软性管理以及“处下不争”管理智慧；熊礼汇等编著的《老子与现代管理》则提出“守柔执中”的管理谋略以及“上善若水”式公正无私的管理者品格修养。[③] 徐彦伟、葛柏麟则指出《老子》的“水”性管理思想更符合以软性的、人本管理为主的当代管理趋势，其具体可分为利万物而不争的管理核心、处众人之所恶的管理品格、七善之管

---

① 刘祖云、王太文:《“中国式管理”的认知进路：一个文献学的考察》,《中国文化管理》2020 年第 2 期；成中英:《C 理论——中国管理哲学》，北京：人民大学出版社，2006 年；曾仕强:《中道管理：M 理论及其应用》，北京：北京大学出版社，2006 年。

② 葛荣晋 :《中国哲学智慧与现代企业管理》，北京：中国人民大学出版社，2006 年，第 94—96 页；葛荣晋 :《中国管理哲学通论》，北京：中国人民大学出版社，2012 年，第 207—217 页。

③ 潘乃涎:《老子与现代管理》，北京：中国经济出版社，1996 年，第 136—140 页，第 165—184 页；熊礼汇、袁振明:《老子与现代管理》，上海：学林出版社，1999 年，第 76—88 页，第 190—196 页。

理境域，以及柔弱胜刚强的管理方式等四个方面，对当代的企业管理具有重要价值。[①]本文相对已有之研究，将尝试在以下两个方面进行更为深入的探讨：一是，结合《老子》诸简帛本文字对勘考辨“上善若水”之含义；二是突破企业管理的局囿，从国家、社会、个人三方面来讨论“上善若水”之意义。

一、“上善若水”之文本探微

“上善若水”之文本见于传世本《老子·第八章》[②]，如王弼及河上公本为：“上善若水。水善利万物而不争，处众人之所恶，故几于道。居善地，心善渊，与善仁，言善信，正[③]善治，事善能，动善时。夫唯不争，故无尤。”其文未见于郭店楚简本；马王堆帛书乙本及北大汉简本作“上善如水”；帛书甲本为“上善治水”（“治”读为“似”）。另一句文本有较大差异之处为传世本之“不争”，帛书甲本作“有静”；汉简与帛书乙本为“有争”，此“争”亦应读作“静”。[④]若、如、似三字含义相近，为譬喻之词，像、似之意；不争、有静则意有共通之处。由此可知，就“上善若水”之核心文本而言，《老子》诸本之相关内容实无本质之差别。

关于“上善若水”之含义的最普遍之理解为“上善之人，如水之性”，其语出河上公注，陈鼓应亦引此；[⑤]蒋锡昌则进一步明确言：“‘上善’，谓上善之人，即圣人也。”[⑥]其解于文义有通融之处。然从文本出发，“上善若水”其语同“水几于道”，故“上善”者，实“道”也。进而言之，圣人为“得道者”，故圣人之性当如水之性：谦卑不争、柔弱处下、利物虚静、自然无为……[⑦]“上善若水”，也即以水喻道，由此隐秘之道（无）得以形象化地呈现（有）。[⑧]又参考《老子》中的其他文本，第一，言“道”具有水之性。如“道冲而用之，或不盈，渊兮似万物之宗。”（《第四章》）“孰能浊以静之徐清，孰能安以动之徐生。”（《第十五章》）“大道氾兮，其可左右。”

① 徐彦伟，葛柏麟：《老子的“水”性管理思想及其企业价值》，《吉林师范大学学报》（人文社会科学版）2017年第1期。

② 下文所引《老子》原文，如无特殊说明则均参照王弼本，引文后将随文注明章节。

③ “正”通“政”，想尔注本（敦煌文献）及傅奕古本均直接作“政”；故下引将作“政善治”。

④ 参见北京大学出土文献研究所编：《北京大学藏西汉竹书（二）：老子》，上海：上海古籍出版社，2012年版，第147页、第194—195页；王弼、楼宇烈：《老子道德经注》，北京：中华书局，2011年版，第22页；王卡：《老子道德经河上公章句》，北京：中华书局，1993年版，第28—30页；高明：《帛书老子校注》，北京：中华书局，1996年版，第253—254页。

⑤ 陈鼓应：《老子今注今译》，北京：商务印书馆，2006年，第102页。

⑥ 蒋锡昌：《老子校诂》，上海：商务印书馆，1937年，第44页。

⑦ 有关水之特质的讨论可参见：艾兰：《水之道与德之端——中国早期哲学思想的本喻》，张海晏译，北京：商务印书馆，2010年。

⑧ 王弼注：“道无水有，故曰‘几’也。”王弼之说“以无为本”，似有偏颇之处；《老子》之“道”为有、无一体，“无”当言隐，而“有”则言显。

(《第三十四章》) 第二，直接以水喻道。如:“譬道之在天下，犹川谷之于江海。”(《第三十二章》)“江海所以能为百谷王者，以其善下之，故能为百谷王。……以其不争，故天下莫能与之争。”(《第六十六章》)“知其雄，守其雌，为天下溪。为天下溪，常德不离，复归于婴儿。”(《第二十八章》) 也即《老子》通过“水”贯通了道—世界—圣人之间的关联:“道”的自然性—水之处下—圣人无为;“道”的隐秘性—水之澄明—圣人玄览;“道”的无私性—水之利物—圣人无心;“道”的创生性—水之变化—圣人自然等。

《老子》之观“水”而取其自然意象，乃是中国传统“取象比类”思维（“象”思维）[①] 的具体表现。较早如《尚书·洪范》:“水曰润下。”相似者如《孙子》之以水喻兵:“夫兵形象水。水之形，避高而趋下；兵之形，避实而击虚。水因地而制流，兵因敌而制胜。故兵无常势，水无常形；能因敌变化而取胜者，谓之神。”(《孙子兵法·虚实篇第六》)《老子》之后继者则如《文子·符言第四》:“士处下，不争高，故安而不危。水流下，不争疾，故去而不迟。”但需要注意的是，“观物”在《老子》与儒家之间的不同,《老子》重“水”之自然意象（天道），而非“比德”（人伦），如《荀子·宥坐篇第二十八》:“孔子观于东流之水。子贡问于孔子曰:‘君子之所以见大水必观焉者，是何？’孔子曰:‘夫水，遍与诸生而无为也，似德。其流也埤下，裾拘必循其理，似义。其洸洸乎不淈尽，似道。若有决行之，其应佚若声响，其赴百仞之谷不惧，似勇。主量必平，似法。盈不求概，似正。淖约微达，似察。以出以入就鲜洁，似善化。其万折也必东，似志。是故君子见大水必观焉。’”（又《孔子集语》引《说苑·杂言》）

由此可知，“上善若水”乃是《老子》以“水”之喻而形象言说“不可道”之“道”。水之自然意象——处下、柔弱、虚静、无间、利物等乃是对作为本源性终极价值的“道”的诗性言说，圣人效法此，期许世人（尤其是侯王）亦应以此为行事之准绳。下文我们将从国家治理、社会管理、自我梳理等三个方面具体来讨论“上善若水”中所蕴含的管理智慧。

二、“上善若水”与国家治理

国家治理是公共行政管理的新提法，相对以往突出政府的统治性而言，更强调其服务性，主张小政府、民主行政、公民参与，这是民主化、全球化、市场化等诸

① 王树人:《中国的“象思维”及其原创性问题》,《学术月刊》2006 年第 1 期；王前:《中国传统科学中“取象比类”的实质和意义》,《自然科学史研究》1997 年第 4 期。

多力量共同影响的结果。[①]

（一）政善治

“上善若水”体现了管理者的大格局，虚静、无私，“圣人无常心，以百姓心为心”（《第四十九章》）。因此在国家治理中，应以人民的利益和幸福为出发点，减少政府行政干预，增强服务意识，这便是“政善治”的表现，更深入分析则是《老子》“无为而治”的具体要求。“无为”不是懒政，而是简政放权、优化服务、公开透明，在把握历史大方向及发展趋势的情况下，少一些人为的扰动，而破坏整体的和谐；顺应水（民心、市场、全球化）的流动，堵不如疏，不倒行逆施。这其中也包含中国传统思想的一个重要观念——虚静生慧，“水静极则形象明，心静极则智慧生”（《昭德新编》）。“浊而静之徐清，安以动之徐生。”（《第十五章》）在国家“无为而治”的情况下所能达到的理想效果就是“甘其食，美其服，安其居，乐其俗”（《第八十章》）。因此国家治理将是顶层设计、民主行政、公民参与之间互动互构式的良性运作。

（二）大国者下流

水遵循自身，成就万物，体现了自身的意义；国家与国家的交往也应树立利他原则，只有“利他”才能“自利”，国际关系绝非“零和博弈”。《老子·第六十一章》云：“大国者下流，天下之交，天下之牝。……大国不过欲兼畜人，小国不过欲入事人。夫两者各得所欲，大者宜为下。”这段话里面包含着多重启示：第一，国家之间各有所需，大国应作为国际关系的交汇处、包容者；第二，大国当有大国风范——谦逊、担当；第三，应超越地缘政治与文明冲突论，树立人类命运共同体式国际观。中国坚持不卑不亢、合作共赢的外交原则，不恃强凌弱，不俯首称臣，如“水”一般，婉转浸润，无往不利，是为圆融之道。中国一贯主张和平、发展、公平、正义、民主、自由的全人类共同价值，主张维护以联合国为核心的国际体系、以国际法为基础的国际秩序。若国家与国家之间囿于冷战思维、零和博弈、自筑壁垒，就是反全球化趋势，最终失利的必将是自身。恶性竞争，为争而争，或为一时之快，损人亦不利己，只有合作才能共赢，谦逊礼让的柔性姿态必将战胜霸权主义之刚强。国家实力的体现不是靠蛮横的军事武力、霸凌的技术封锁、任意的经济制裁，而应是靠对全人类谋求幸福生活的责任担当，正是这种不争之争，无为而无不为，使中国赢得了良好的国际声誉。

总而言之，从当代中国国家治理的具体实践中可以看到《老子》“上善若水”之柔性管理智慧的意义。但同时也要注意的是，现代的国家治理是一种综合的模式，

---

① 佟德志：《当代西方治理理论的源流与趋势》，《人民论坛》2014 年第 14 期。

道家的“水性”管理智慧具有“柔弱胜刚强”（《老子·第三十六章》）的力量，其中不仅有谦卑，也会有被动的回击，“抽刀断水水更流”（李白《宣州谢朓楼饯别校书叔云》），如2021年3月19日在美国阿拉斯加州安克雷奇举行的“中美高层战略对话”，面对美方的盛气凌人，中方力求平等对话的可能，如杨洁篪言：“你们没有资格在中国的面前说，你们从实力的地位出发同中国谈话。”①

三、“上善若水”与社会管理

社会管理指政府、组织、社区、个人等多种主体通过合作、对话、协商等方式，对社会公共事务、社会生活及社会价值进行引导，最终实现公共利益最大化的过程。其以实现和维护人民的权益为核心，发挥多元管理主体的作用，针对国家治理中的社会问题，完善社会保障、改善民生和社会福利，化解社会矛盾，促进公平、公正，从而推动社会有序、和谐发展。概而言之，社会管理的最终目标为社会公平、社会安定。

（一）安平泰

“执大象，天下往，往而不害，安平泰。”（《第三十五章》）遵循道的原则，如水般自然而下，滋养万物，社会定能安定、和谐。“水善利万物而不争”，水为物之本，命之源，始终如一，父于天下而不争、不居功，甘于处下。这其中蕴涵了一种无私奉献的精神，以及热心公益、服务社会的操守。如水般“与善仁、言善信”，我为人人，人人为我；大家都献出一份爱，对世界保持善意，社会将变得更美好！作为管理者（政府）则应当“果而勿矜，果而勿伐，果而勿骄，果而不得已，果而勿强”（《第三十章》），承认自己能力和力量的有限性，充分发挥社会本身的自治功能。“圣人云：‘我无为而民自化，我好静而民自正，我无事而民自富，我无欲而民自朴。’”（《第五十七章》）

（二）自均与补不足

“天地相合，以降甘露，民莫之令而自均。”（《第三十二章》）这其中揭示了天道自然运行中的公平原则，因此社会公平乃是一种最底层的逻辑和最基本的诉求。《论语·季氏第十六》亦言：“不患寡而患不均，不患贫而患不安。”如何实现社会公平呢？“天之道，其犹张弓与！高者抑之，下者举之；有余者损之，不足者补之。天之道，损有余而补不足。”（《第七十七章》）这里的损、补之间的合力将促成一种新

① 杨洁篪：《你们没有资格在中国面前这样说话》，http://v.cctv.com/2021/03/19/VIDEG0fIOQx-WS0SPXxAaK1Jw210319.shtml，2022年1月1日。

的和谐，从而达到最终的共同发展。政府应让利于民，实行税收优惠、加强公共建设等，促进民富国富、民强国强！令人振奋的如2021年2月25日习近平同志宣布我国"脱贫攻坚战"取得全面胜利，成功消除了所有人的绝对贫困。与此同时中国将全面推进乡村振兴，继续改善社会民生，全面建成小康社会，逐步实现共同富裕。

社会的公平、安定，离不了各主体之间的和衷共济、团结互助；虽现实中仍有种种的发展不平衡，如城乡、地区等，以及贫富悬殊等，坚持开放、共享的发展理念，随着时代发展、社会进步，如水之滋养，必将人人受惠。

四、"上善若水"与自我梳理

自我梳理，即通过内观的方式进行自我反省、自我疏导，促进自我管理，从而利用个人内在力量改变行为。《老子》之"上善若水"为自我梳理提供了原则和方法，有利于我们人格的塑造，强化生命韧性，提升精神修养，从而超越自我，敢于迎接一切挑战与困难。

（一）心善渊

"上善若水"，水，柔驰而下，惠泽万物，无声滋养，不图回报。缘何能有如此之境界？其根本在"心善渊"。《庄子·内篇·应帝王第七》中有"九渊"；《说文》云："渊，回水也。"另《管子·度地第五十七》："出地而不流者，命曰渊水。"由此可知"渊"为虚怀、静寂、厚重。"致虚极，守静笃；万物并作，吾以观复。夫物芸芸，各复归其根。"（《第十六章》）心善渊，即虚极静笃，由此便能静观，观照内心之真实。《说文》："观，谛视也"，即仔细审察，通过"以物观物"[①]从而找寻真我，积累生命前行的力量。

（二）柔弱胜刚强

"天下莫柔弱于水，而攻坚强者莫之能胜，以其无以易之。弱之胜强，柔之胜刚，天下莫不知，莫能行。"（《第七十八章》）"天下之至柔，驰骋于天下之至坚。无有入无间。"（《第四十三章》）水为天下至柔之物，以此喻"道"之精微，无处不在、无物不可入。"坚强者死之徒，柔弱者生之徒。"（《第七十六章》）此处《老子》强调了一种"贵柔"之精神，同时也揭示了生命形态的大趋势。在《老子》看来，凡事物之中原本皆为柔中带刚、刚柔并济，但人们之行事往往过于刚强、忘却了柔弱，从

---

① 《皇极经世全书解·观物外篇十》："以物观物，性也；以我观物，情也。性公而明，情偏而暗。"参见（宋）邵雍撰、郭彧整理：《邵雍集》，北京：中华书局，2010年，第152页；又《周易》中有"观卦"（第二十，下坤上巽）。

而招致不必要之忧患，故当凸显柔弱之重要性。在水之“柔弱胜刚强”(《第三十六章》)中蕴含着阴阳和合、生生不息的生命大智慧。现实中难免碰到坚硬、困难而受挫折，以水之柔韧、坚持、包容去面对生活，或许在硬碰硬地头破血流之时，遵循水之智慧“事善能，动善时”，换一种方式、换一个思路，难题可能就迎刃而解了。

“上善若水”中蕴含着自我梳理之智慧，如水之虚怀静观，便能“涤除玄览”(《第十章》)，自我澄明真实；如水之以柔克刚，便能“抟[①]气致柔”(《第十章》)，生命从容不迫。

结 语

《老子》“上善若水”中蕴涵的管理智慧对于国家治理、社会管理和个人梳理均具有重要指导价值和意义。相较于西方管理学由人性论到文化论以及中国儒家式管理强调“情感”而言，道家更注重个体之自然、自主之中所蕴含的无穷力量，也即追求一种自下而上的管理方式——在终极生命意义及价值（对美好幸福生活的追寻）的关照下，所有权力和责任落实到每个个体之上，个人自治、自我完善、相互给予、主动行动、发挥创造力，最后达成整体之和谐、圆融。通过效法“水”（道）之谦卑不争、柔弱处下、利物虚静、自然无为，从而个人安居乐业、社会和谐稳定、国家长治久安。

① 王弼本原作“专”，河上公、想尔注及傅奕本同此；郭店本无此章，帛书甲本阙文；帛书乙本及北大汉简本作“槫”，通“抟”，《说文》：“抟，圜也”。